MANIPULATION

ANDY McNAB

MANIPULATION

ROMAN

Traduit de l'anglais
par JEAN BOURDIER

Éditions de Fallois
PARIS

TITRE ORIGINAL :

REMOTE CONTROL

22, rue La Boétie, 75008 PARIS

ISBN 2-87706-348-8

GIBRALTAR : DIMANCHE, 6 MARS 1988

Je le repérai immédiatement.

Je me branchai aussitôt sur le réseau : « Alpha, Delta. Confirmation : Bravo Un en mouvement sur la droite, approchant Bleu Deux. Rayures marron sur bleu passé. »

Il arborait son éternel veston à fines rayures marron ; il l'avait depuis si longtemps que les poches pendaient lamentablement de chaque côté et qu'à force de l'avoir porté en voiture, il avait, dans le dos, des froissures indélébiles. Il avait aussi le même vieux jean passé et usé, dont la braguette était descendue à mi-chemin entre ses couilles et ses genoux. Trapu, légèrement voûté, cheveux courts et longs favoris, il s'éloignait en me tournant le dos, mais j'avais reconnu sa démarche. Je savais que c'était Sean Savage.

Je revins en ligne : « Sujet dépasse Bleu Deux, direction Bleu Sept. » Avant le briefing de Simmonds, tout le Rocher avait été ainsi divisé et répertorié : chaque point particulier était désigné par une couleur et un nombre.

Bleu Sept était une petite place en bas de Main Street, près de la résidence du Gouverneur. C'était également le parc de stationnement où la fanfare du bataillon d'infanterie en garnison allait se regrouper après la relève de la garde. C'était là que la bombe devait se trouver.

Alpha, la station de base contrôlant dorénavant l'opération, répercuta le message pour que chacun sache quelle direction avait prise Savage. Je savais, quant à moi, que Kev et Pat le Décontracté n'allaient pas tarder à venir en appui.

Il y avait six ou sept voitures garées le long du mur d'une vieille maison coloniale, profitant de l'ombre. Je vis Bravo Un s'en approcher en plongeant la main dans la poche de son veston. Pendant une fraction de seconde, je crus qu'il allait actionner le dispositif de mise à feu, et je repensai au briefing et à ce qui y avait été dit.

Simmonds n'avait pas été en mesure de nous indiquer la marque ou le modèle de la voiture qui serait utilisée ; tout ce qu'il savait, c'est qu'il s'agissait d'une grosse bombe et d'un EERTEC – Engin Explosif Rudimentaire Télé-Commandé. Ses derniers mots avaient été :

— Rappelez-vous, messieurs, que n'importe quel membre de l'équipe de la PIRA – ou peut-être même tous – peut se trouver en possession du dispositif de mise à feu. Cette bombe ne doit pas exploser. Des centaines de vies pourraient être en danger.

Sans ralentir son allure, Savage se dirigea vers l'un des véhicules.

« Alpha, Delta, appelai-je. Bravo Un est maintenant à Bleu Sept. Identification plaque minéralogique : Mike Lima 174412. »

Je me représentais Alpha devant sa batterie d'ordinateurs dans la salle de contrôle. Il ne tarda pas à confirmer.

« Bien compris, Mike Lima 174412. C'est une Renault Cinq blanche. »

« C'est la troisième voiture sur la droite en partant de l'entrée », précisai-je.

Savage avait maintenant les clés en main.

« Stop, stop, stop. Bravo Un est à la voiture. Il est à la voiture. »

J'étais maintenant obligé de passer tout près de lui – je ne pouvais pas changer brusquement de direction. Le voyant de profil, je m'aperçus que, comme toujours lorsqu'il se trouvait sous pression, les boutons d'acné de son menton et de sa lèvre supérieure avaient éclaté.

Il restait devant la Renault. Il se retourna et fit mine de trier ses clés, mais je savais qu'en réalité, il vérifiait, en examinant les indices qu'il avait laissés, si personne n'avait touché à la voiture. Ce pouvait être un morceau de papier collant en travers d'une porte ou une certaine disposition d'objets sur une banquette. Ce qui était sûr, c'était que si tout n'était pas en ordre, Savage filerait aussitôt.

Golf et Oscar – Kev et Pat le Décontracté – devaient se trouver quelque part près de l'entrée de la place, prêts à intervenir. Si je risquais par trop d'être repéré par notre objectif, l'un d'eux prendrait ma place, et si je me retrouvais dans le pétrin et devais aller au contact, ils auraient à finir le boulot.

Toute une partie de la place était à l'ombre. Je ne sentais pas le moindre souffle de vent, juste un changement de température au moment où je quittai la zone ensoleillée. Savage me tournait toujours le dos.

J'étais maintenant trop près de lui pour pouvoir utiliser la radio. En dépassant la voiture, je l'entendis tourner la clé dans la serrure.

Je me dirigeai vers un banc de bois à l'extrémité de la place et m'y assis. Il y avait des journaux dans une corbeille à papiers près du banc. J'en pris un et fis mine de le lire tout en surveillant Savage.

Je revins sur le réseau : « Alpha, Delta – Bravo Un maintenant en voiture. Non, pas tout à fait... attendez... attendez... Il a toujours les pieds dehors, il fouille sous le tableau de bord, il fouille sous le tableau de bord. Attendez... » J'avais le doigt sur le poussoir, et je conservais donc le contrôle de la transmission.

Pendant que je faisais mon numéro de ventriloque, je vis un vieux type arriver vers moi, tenant son vélo à la main. Cet ahuri avait visiblement envie de me faire un brin de conversation. Je retirai mon doigt du poussoir et attendis. Je me plongeai consciencieusement dans le journal local, mais je n'avais pas la moindre idée de ce qu'il pouvait raconter. Le vieux type pensait certainement le contraire. Je n'avais aucune envie de discuter avec lui du temps qu'il faisait, mais je ne pouvais pas non plus l'envoyer paître, car il aurait risqué de me faire une scène et d'attirer ainsi l'attention de Savage.

Il s'arrêta devant moi, une main tenant le guidon de son vélo et l'autre brassant l'air. Il me posa une question et je ne compris pas un mot de ce qu'il racontait. Je fis une grimace tendant à indiquer que j'ignorais moi aussi où allait le monde et me replongeai dans le journal. Mais ce n'était apparemment pas ce qu'il attendait de moi. Il me gratifia de quelques noms d'oiseaux et s'éloigna avec son vélo, un bras continuant à remuer l'air ambiant avec ce qui ressemblait fort à de l'indignation.

Je revins une fois de plus sur le réseau. Je ne pouvais voir exactement ce que faisait Savage, mais ses deux pieds étaient toujours sur le sol, à l'extérieur de la Renault. Il avait le derrière posé sur le siège du conducteur et se penchait vers l'extrémité opposée du tableau de bord. On aurait dit qu'il tentait de sortir quelque chose de la boîte à gants. Je ne pouvais voir ce qu'il faisait. Était-il en train d'opérer le dernier branchement de son engin ?

Quant à moi, j'étais totalement absorbé par mon petit univers personnel, totalement concentré. L'air était vif et pur sous un ciel méditerranéen d'un bleu aveuglant, et le soleil matinal commençait à tout réchauffer alentour. Les arbres qui bordaient la place abritaient des oiseaux si petits que je ne pouvais les distinguer à travers l'épais feuillage, mais qui faisaient assez de bruit pour noyer celui de la circulation dans les rues voisines.

Je me sentais comme un boxeur sur le ring. J'entendais le public et l'arbitre, je comptais les secondes, je guettais la cloche annonçant la fin de la reprise, mais, avant tout, j'étais concentré sur mon adversaire. Rien d'autre n'importait. Rien. J'étais totalement détaché de ce qui se passait autour de moi. Les seuls personnages importants dans le monde entier étaient moi et Bravo Un.

Ewan continuait à travailler comme un possédé, s'efforçant de traquer les deux autres cibles. Je connaissais ce type comme un frère – probablement mieux, en fait, car je n'avais vu aucun membre de ma famille depuis plus de vingt ans. Il se vouait tout entier à sa tâche. Je savais exactement comment il fonctionnait. Je savais que ce qu'il dirait sur le réseau serait très calme, très clair et très précis.

Kev et Pat continuaient à m'appuyer ; les deux autres, Zoulou et Lima, étaient avec Ewan. Tous quatre allaient continuer, en suivant nos indications sur le réseau, à rester hors de vue de nos objectifs, mais assez près pour intervenir si nous nous retrouvions dans la merde.

Ewan signala sur le réseau que Bravo Deux et Écho Un venaient maintenant dans notre direction.

Bravo Deux, c'était Daniel Martin McCann. Contrairement à Savage, qui avait fait de bonnes études et était un artificier compétent, « Danny-le-Fou » était un boucher de profession et un boucher de nature. Il avait été exclu du mouvement par Gerry Adams en 1985 car il menaçait de lancer une campagne de terrorisme ponctuel qui aurait nui à la nouvelle stratégie politique. Cela revenait un peu à être chassé de la Gestapo pour brutalité, mais McCann avait ses partisans au sein du mouvement, et il fut vite repris. Marié et père de deux enfants, il avait vingt-six assassinats à son actif. Les loyalistes d'Ulster avaient tenté, une fois, de le tuer, mais avaient échoué. Ils auraient dû recommencer.

Écho Un, c'était Mairead Farrell. Issue de la bonne bourgeoisie et ancienne élève des bonnes sœurs, elle était, à trente et un ans, l'une des femmes les plus élevées en grade de l'IRA. Un vrai petit ange quand on regardait sa photo. Mais elle avait passé dix ans en prison pour avoir posé une bombe à Belfast, et dès qu'elle avait été libérée, elle avait repris le collier. Depuis, elle avait eu des malheurs : quelques mois plus tôt, son amant, terroriste lui aussi, s'était fait sauter accidentellement. Comme Simmonds l'avait souligné lors du briefing, nous avions sur les bras une Écho Un très en colère.

Ewan détaillait point par point leur itinéraire. Tout le monde savait donc où ils se trouvaient, et tout le monde se tenait soigneusement à l'écart pour leur laisser le champ libre. « Bravo Deux et Écho Un à Bleu Deux. Se dirigeant droit sur Bleu Sept. » Ils allaient, eux aussi, vers la Renault.

Je les reconnus dès qu'ils tournèrent le coin. Farrell, avec son physique délicat et son air presque innocent, et McCann, avec ses cheveux blonds frisés et sa bouche mauvaise. Je les connaissais bien tous deux ; j'avais travaillé sur eux pendant des années. Je revins sur le réseau pour confirmer leur identité.

Tout le monde était en place. Le seul problème était que la responsabilité de l'opération n'avait pas encore été déléguée aux militaires. Alpha, notre contrôleur du moment, devait se trouver avec le principal responsable de la police, des gens du Foreign Office, des gens du ministère de l'Intérieur. Tout le monde devait être là, voulant à toute force mettre son grain de sel et veiller jalousement à ses intérêts. Tout ce que nous pouvions espérer, c'était que Simmonds veillerait aux nôtres. Je n'avais rencontré le responsable SIS [1] pour l'Irlande du Nord que deux jours auparavant, mais il paraissait à coup sûr tenir son rôle. Sa voix avait cette assurance qui se forme sur les terrains de jeux d'Eton, et son débit était lent et contrôlé, comme celui d'un avocat d'assises jouant la montre.

Quant à nous, tous nos soucis se situaient directement sur le terrain : nous avions les trois sujets ensemble, et, si nous n'y prenions pas garde, ils allaient tuer tout ce qui se trouvait sur la place – nous compris. Nous voulions qu'une décision soit prise sur-le-champ. Mais je savais que de grands débats se déroulaient sans doute dans la salle des opérations, où la fumée de cigarette devait être à couper au couteau. Notre officier de liaison nous écoutait sur sa radio, expliquant en détail nos faits et gestes à la police, confirmant que l'équipe était en position. Au moment crucial, c'était la police et non pas nous qui déciderait de notre intervention. Dès que l'affaire aurait été remise entre les mains des militaires, Kev prendrait le contrôle de l'équipe.

L'attente était insupportable. Tout ce que je voulais, c'était qu'on en finisse.

Farrell était maintenant adossée à la portière de la voiture et les deux hommes lui faisaient face. Si je n'avais pas su la vérité, j'aurais pu penser qu'ils essayaient de la draguer. Je ne pouvais entendre ce qu'ils disaient, mais aucun signe de tension ne se lisait sur leurs visages, et, de temps à autre, ils riaient. Savage produisit même un paquet de bonbons à la menthe, qu'il tendit aux deux autres.

---

1. Secret Intelligence Service.

Je continuais à rendre compte.
« Alpha, Delta, sans changement, sans changement. »
« Alpha, reçu. »
Puis Alpha revint sur le réseau :
« À tous, à tous. J'ai contrôle, j'ai contrôle. Golf, confirmez. »
Kev confirma la bonne réception du message. La police avait passé le flambeau. Maintenant, c'était Kev le patron.
À ce moment, j'entendis sur ma gauche :
— Oh, si on s'asseyait là, qu'on se repose un peu...
Et un vieux couple britannique vint s'asseoir sur le banc, juste à côté de moi. L'un et l'autre étaient munis de journaux et de petites bouteilles d'eau d'Évian qu'ils débouchèrent pour se désaltérer un peu. J'avais maintenant droit à un flot de banalités sur le temps qui commençait à se réchauffer et une veste qu'on avait malencontreusement perdue.
En même temps, j'entendais Golf qui m'appelait : « Delta, rapport de situation, rapport de situation ! » Je ne pouvais rien faire. Je ne pouvais parler sur le réseau et je ne voulais pas bouger d'où j'étais. Golf insistait : « Delta, signalez. Delta, signalez. »
Je pressai deux fois le poussoir. Ainsi, Golf savait que je ne pouvais parler.
« Bravo Un, Bravo Deux et Écho Un toujours à la voiture ? »
Clic, clic.
« Se savent repérés ? »
Rien.
« N'ont pas l'air de se savoir repérés ? »
Clic, clic.
« Portes du véhicule toujours fermées ? »
Clic, clic.
« Fermées à clé ? »
Clic, clic.
« Est-ce qu'ils parlent ? »
Clic, clic.
« Écho Un a toujours son sac ? »
Il avait peur que le dispositif de mise à feu soit dans le sac à main.

Clic, clic.

« Ont-ils pris quelque chose dans la voiture ? »

Rien.

De l'autre oreille, j'entends toujours les deux vieux bavarder. Ils commentent un article de journal à propos d'une vedette pop et de frénétiques orgies sexuelles avec des filles de seize ans – alors qu'en première page du journal figurent quelques dondons de trois fois cet âge en porte-jarretelles et bas noirs.

— Tu as vu cela ? dit la femme en engloutissant une énorme barre de chocolat aux fruits et aux noix. Moi, je te dis qu'il n'y a pas de fumée sans feu...

Nos cibles commencent à s'éloigner du véhicule, et je presse quatre fois le poussoir.

Golf revient sur le réseau : « Alerte, alerte ! Ils bougent ? »

Clic, clic.

« Ils vont vers Jaune Six ? »

Rien.

Bien sûr que non. Ils reprennent le chemin par lequel ils sont venus, vers le bas de Main Street. À refaire.

« Ils vont vers Bleu Deux ? » C'est mieux.

Clic, clic.

« Bien compris. À tous les postes : Delta a Bravo Un, Bravo Deux et Écho Un en mouvement vers Bleu Deux. »

C'était parti.

Je laissai mes trois clients prendre un peu d'avance, puis me levai. Je savais que nous ne tenterions rien à cet endroit. Il y avait beaucoup trop de monde, et nous ne pouvions prendre le risque que nos oiseaux décident subitement de partir en beauté, descendant quelques civils, les prenant en otages ou, pire encore, jouant les kamikazes en télécommandant l'explosion de leur bombe.

J'étais maintenant hors de portée d'oreille du vieux couple. « À tous. Bravo Un, Bravo Deux et Écho Un en mouvement. À mi-distance Bleu Sept et Bleu Deux. »

J'avais la situation en main, et les autres n'avaient pas encore besoin de se rapprocher. Je pouvais escorter tranquillement les clients jusqu'à Main Street.

Mais, tout à coup, Alpha revint sur le réseau :

« À tous postes, à tous postes – annulez, annulez, annulez ! Je n'ai pas le contrôle ! Annulez ! Golf, rendez compte. »

Je pouvais presque l'entendre réfléchir. Puis vint la réponse assez peu polie de Kev :

« Qu'est-ce que c'est que cette merde ? Qu'est-ce qui se passe ? »

Alpha revint en ligne : « Attendez… attendez… »

Il était, de toute évidence, sous pression. On entendait des voix derrière lui, à l'arrière-plan.

« À tous les postes, à tous les postes, c'est Alpha. La police a besoin d'une autre identification. Elle a besoin d'être sûre. Golf, rendez compte. »

Qu'est-ce qu'ils voulaient ? Des présentations en bonne et due forme ? « Salut, je m'appelle Sean, assassin, terroriste, membre de l'IRA. J'aime les voyages et les enfants. »

Si nous n'agissions pas, nous risquions de les laisser passer la frontière espagnole et de les perdre pour de bon.

Alpha revint sur le réseau : « À tous les postes, artificier va examiner le véhicule. Delta, il nous faut cette confirmation. »

Je pressai deux fois le poussoir. *Clic, clic.* Il y avait, de toute évidence, du sport dans la salle des opérations.

Quant aux clients, ils risquaient de passer la frontière d'une minute à l'autre. J'étais maintenant de l'autre côté de la route. Je voulais arriver au moins à leur hauteur pour pouvoir revoir leurs visages. Il fallait que je reconfirme leur identité et que je ne les lâche plus. Je revins sur le réseau : « Bien reçu. C'est confirmé : Bravo Un, Bravo Deux, Écho Un en mouvement, Rouge Un vers Bleu Six. »

Pour laisser un espace normal se créer entre les clients et moi, je me penchai et fis semblant de relacer l'un de mes tennis. Ce faisant, je sentis le chien du Browning 9 mm me rentrer dans les côtes. L'étui du pistolet était dissimulé à l'intérieur de mon jean, de façon que seule la crosse soit visible si j'ouvrais mon blouson de nylon noir. Je préférais porter mon pistolet à l'avant. Des tas de types portent le leur sur le côté, mais je n'ai jamais pu m'y habituer. Quand vous avez trouvé l'emplacement qui vous convient, vous n'en changez pas. Autrement, vous risquez de vous trouver un jour dans la merde, de chercher à tirer votre arme et de ne pas la trouver immédiatement – elle est à quelques centimètres plus loin sur la droite, et vous, vous êtes mort.

J'avais dans le Browning un chargeur prolongé de vingt cartouches qui dépassait légèrement de la crosse. J'avais également à ma ceinture trois chargeurs réglementaires de treize cartouches, et j'estimais que si, avec cinquante-neuf coups à tirer, je n'arrivais pas à faire le boulot, je n'avais plus qu'à changer de métier.

Alpha avait laissé la ligne ouverte. On pouvait maintenant sentir toute la tension qui régnait dans la salle des opérations, entendre des téléphones sonner et des gens s'agiter.

Golf intervint brutalement sur le réseau :

« Qu'ils aillent se faire foutre ! On fait ce qu'on peut jusqu'à ce que quelqu'un, quelque part, ait pris une foutue décision ! Lima et Zoulou, est-ce que vous pouvez vous porter en avant de Bleu Six ? »

Tout essoufflé, Zoulou répondit pour Lima et lui-même :

« Zoulou et Lima, on... on peut y arriver. »

« Bien reçu. Allez-y et rendez compte. »

Kev voulait qu'ils aillent se poster au-delà du centre médical représenté par Bleu Six. De cette façon, ce seraient les clients qui viendraient vers eux. Ils se mirent à courir très vite vers le point indiqué sans se soucier de qui pouvait les voir, à condition que ce ne soient pas les clients eux-mêmes. Nous n'avions toujours pas le contrôle officiel de l'opération. Qu'allions-nous bien pouvoir faire s'ils passaient la frontière ?

Kev revint sur le réseau : « Alpha, Golf. C'est le moment de vous décider. Nous allons les perdre. Qu'est-ce que vous voulez qu'on fasse ? »

Alpha se hâta de répondre : « Golf, attendez, attendez... »

Je continuais à entendre des bruits de fond : beaucoup de paroles, d'autres sonneries de téléphone, des gens se lançant des instructions. J'entendais aussi le sang battre à mes tempes, lentement, très lentement.

« Attendez, attendez... »

Il y eut une pause, un silence presque étrange, puis, enfin, j'entendis au loin quelqu'un prendre une décision. C'était la voix de Simmonds, très claire, calme et précise, une voix qui n'incitait pas à la contestation : « Dites au responsable sur le terrain qu'il peut continuer. »

« À tous postes, à tous postes, ici Alpha. J'ai le contrôle. J'ai le contrôle. Golf, à vous, parlez. »

Kev vint en ligne, et, au lieu d'accuser réception de la façon classique, déclara : « Merci pour tout. À tous postes, s'ils vont jusqu'à l'aéroport, on les sautera à ce moment-là. Sinon, ce sera à mon commandement. Je répète : à mon commandement. Zoulou et Lima, où en êtes-vous ? »

La réponse vint aussitôt : « Sommes en position à Bleu Neuf. Pouvons reprendre à Bleu Neuf. »

C'était à la fin de Main Street et au début de Smith Dorrien Avenue, la principale artère se dirigeant vers l'Espagne. Nos clients n'étaient qu'à quelques centaines de mètres de la frontière.

Golf intervint de nouveau : « Bien reçu. Delta, rendez compte. »

« Delta, bien reçu. J'ai toujours Bravo Un, Bravo Deux et Écho Un sur ma droite – à peu près à mi-chemin Bleu Six et Bleu Neuf. »

« Golf, bien reçu. Décrochez, décrochez à Bleu Neuf. »

« Delta, bien reçu. Toujours sur la droite, toujours en route vers Bleu Neuf. »

Zoulou intervint : « Bien reçu. Je peux prendre à Bleu Neuf. »

« Delta, bien reçu. Situation inchangée. »

Mon rôle était presque terminé, et j'allais bientôt pouvoir décrocher. J'avais fait le travail qui me revenait et pour lequel on m'avait amené ici, à Gibraltar. Je me préparais à décrocher, alors que nos clients tournaient dans Smith Dorrien Avenue, toujours en direction de la frontière.

Mais là, soudain, ils s'arrêtèrent.

Merde ! « Stop, stop, stop ! criai-je. J'ai Bravo Un, Bravo Deux et Écho Un arrêtés à vingt mètres au-delà de Bleu Neuf, toujours sur la droite. »

Tout le monde se mit à converger sur la position. *Allez, qu'on les saute ici et tout de suite, et qu'on n'en parle plus !*

Tout à coup, Savage se sépara des deux autres et rebroussa chemin, se dirigeant vers le centre de la ville.

C'était la vraie vacherie. Nous avions maintenant deux éléments à contrôler, et nous ne savions pas qui avait le dispositif de mise à feu.

Je pris Savage et vis Kev venir en appui. Bravo Un était dorénavant notre problème.

C'était au reste de l'équipe de s'occuper de Bravo Deux et d'Écho Un avec Ewan pour responsable. Je pus entendre par la radio qu'ils remontaient la Winston Churchill Avenue les uns à la suite des autres. De l'époque où j'avais été jeune soldat dans cette ville, je me souvenais qu'il s'agissait d'une grande artère à deux voies, orientée nord-sud et conduisant à la frontière. D'un côté, il y avait un grand groupe d'immeubles locatifs appelé la Cité Laguna, et de l'autre il y avait une station d'essence Shell.

Tandis que Kev et moi suivions Savage vers le centre-ville, il tourna soudain à gauche dans une ruelle. J'étais sur le point de le signaler par radio lorsque j'entendis une sirène de police suivie de coups de feu qui venaient de l'arrière.

Au même moment, Ewan vint sur le réseau : « Contact ! Contact ! »

Puis d'autres coups de feu.

Que pouvait-il bien se passer ?

Kev et moi, nous nous regardâmes. Nous nous précipitâmes vers le coin de la ruelle et nous vîmes arriver Savage. Il avait, lui aussi, entendu les coups de feu, et il avait rebroussé chemin. Même à distance, je pouvais voir ses yeux, exorbités comme s'il allait avoir une attaque.

Il y avait une femme qui se trouvait entre nous. Savage fit de nouveau demi-tour et se mit à courir.

Kev, lui, se mit à crier :

— Arrêtez ! Forces de sécurité ! Arrêtez !

Il dut, de la main gauche, repousser la femme et l'expédier contre un mur pour la retirer du champ d'action. Elle s'effondra, avec la tête qui saignait un peu. Au moins, elle n'allait pas se relever pour se retrouver dans le champ de tir.

Elle se mit à hurler, et tout le monde à proximité commença à faire de même. Cela devenait le bordel général.

Kev fit voler vers l'arrière le pan droit de son veston de sport pour pouvoir atteindre l'étui à pistolet qu'il portait sur les reins. Nous mettons toujours un objet de poids – un chargeur plein fait parfaitement l'affaire – dans une poche de veston pour dégager plus facilement et d'un seul mouvement le pan de celui-ci.

Mais je ne regardais pas vraiment ce que faisait Kev, je regardais Savage. Je le vis faire un geste vers le côté droit de son veston. C'était le moment crucial. Il ne fallait pas qu'il puisse utiliser ce dispositif de mise à feu.

Savage était conscient de ce qui se passait. Ce n'était pas un arriéré. Dès le moment où il nous avait vus, il avait su que son heure avait sonné.

Kev tira son pistolet, ajusta et pressa la queue de détente.

Rien.

— Incident de tir ! Merde, Nick, merde et merde !

Tentant de désenrayer son arme, il se laissa tomber sur le sol afin d'offrir une cible plus réduite.

On en était arrivé au moment où tout semble se passer au ralenti et où les sons eux-mêmes paraissent curieusement étouffés.

Savage et moi nous trouvions face à face, les yeux dans les yeux. Il savait ce que j'allais faire. Il aurait pu s'arrêter, lever les mains.

Mon blouson semblait clos de bas en haut par une fermeture à glissière, mais, en fait, il n'était maintenu que par une bande adhésive, de sorte qu'en des moments comme celui-là, je pouvais l'ouvrir d'un coup pour saisir mon pistolet.

La seule méthode pour tirer et utiliser rapidement une arme consiste à décomposer le mouvement en plusieurs stades. Stade un : tout en continuant à fixer l'objectif, je saisis le devant de mon blouson et le tirai violemment, arrachant la bande adhésive. En même temps, je rentrais l'estomac et bombais la poitrine pour faciliter mon accès à la crosse du pistolet. Il faut se dire que, dans ces cas-là, on n'a droit qu'à une chance.

Nous étions toujours les yeux dans les yeux. Il se mit à crier, mais je ne pouvais l'entendre. Il y avait trop d'autres cris un peu partout, dans la rue et dans le microphone logé dans mon oreille.

Stade deux : je plaquai la paume de ma main droite sur la

crosse du pistolet. Si j'exécutais mal ce mouvement, je ne serais pas en mesure de viser correctement ; je raterais la cible et mourrais. Quand j'eus la paume sur la crosse, je refermai le médius, l'annulaire et l'auriculaire autour de celle-ci. L'index restait le long du pontet, parallèle au canon. Je ne tenais pas à presser prématurément la queue de détente et à m'autofusiller. Savage continuait à me regarder en criant.

Sa main se portait toujours vers le côté droit de son veston, là où son arme ou le dispositif de mise à feu était dissimulé. Que ce fût l'une ou l'autre, il fallait arrêter le mouvement à tout prix.

Stade trois : je tirai mon arme, faisant dans le même mouvement sauter le cran d'arrêt avec mon pouce.

Nos regards étaient toujours vissés l'un à l'autre. Je pus voir que Savage savait qu'il avait perdu. Ce fut juste une petite moue, mais il savait qu'il allait mourir.

Je braquai le pistolet parallèlement au sol. Pas le temps d'étendre les bras et de prendre une position de tir stable.

Stade quatre : ma main gauche continuait à écarter le pan de mon blouson, et le pistolet se trouvait à la hauteur de ma boucle de ceinture. Je n'avais pas besoin de regarder : je savais où il était et ce vers quoi il était pointé. Je n'avais pas quitté ma cible des yeux, et le regard de Savage n'avait pas non plus quitté le mien. Je pressai la queue de détente.

La détonation fit brusquement cesser l'impression de ralenti et parut tout ramener en temps réel. La première balle l'atteignit. Je ne vis pas où, mais je n'en avais nul besoin. Son regard me disait tout ce que je voulais savoir.

Je continuai à tirer. On n'assure jamais trop un coup. S'il pouvait continuer à bouger, il pouvait faire exploser la bombe. S'il fallait tout un chargeur pour être sûr d'avoir écarté la menace, je devais tirer tout un chargeur. Quand Savage tomba, je cessai de voir ses mains. Il était roulé en boule, se tenant l'estomac, réaction normale à ce qu'il venait d'encaisser. J'avançai et lui tirai deux balles bien ajustées dans la tête. La menace avait cessé d'exister.

Kev accourut et se mit à fouiller les poches et le veston de Savage.

— Rien, dit-il. Pas d'arme et pas de dispositif de mise à feu.

Il essuya ses mains ensanglantées sur le jean de Savage.

— L'un des autres devait l'avoir, reprit-il. Je n'ai pas entendu la voiture sauter. Et toi ?

Je ne savais pas au juste. Avec tout ce bruit et cette confusion, je n'avais rien remarqué. Ce n'était pas important, sur le moment.

— Non, je ne pense pas, dis-je.

La mère de Kev Brown venait du sud de l'Espagne, et il aurait pu passer pour un autochtone : 1 mètre 75 environ, les cheveux très noirs et les yeux les plus bleus du monde. Sa femme prétendait qu'il était un véritable sosie de Mel Gibson, et ayant, à trente-huit ans, conservé un côté très adolescent, il faisait mine d'en ricaner mais appréciait profondément la chose.

À ce moment, cependant, la joie n'éclatait pas sur son visage ; il savait qu'il m'avait fait faire une connerie à sa place. J'avais envie de lui dire : « Ça va, ce sont des choses qui arrivent », mais cela ne semblait vraiment pas le moment. Il valait mieux que je fasse mine de l'engueuler.

— Tu sais que tu as vraiment le talent de te foutre dans la merde ? lui dis-je.

Après quoi nous échangeâmes nos armes après avoir remis le cran de sûreté.

— J'aime mieux être à ma place qu'à la tienne, ajoutai-je. Tu ferais bien de préparer un peu ton dossier.

Il sourit, revint sur le réseau et envoya un rapport de situation. Il pouvait prendre son temps, mais Ewan et moi devions disparaître avant l'arrivée de la police.

Je glissai le pistolet de Kev dans mon jean et commençai à m'éloigner. Ewan et moi avions été détachés par le Régiment [1] pour travailler en sous-marins avec l'Intelligence Group 14, dont le rayon d'action était limité à l'Irlande du Nord. Il était illégal pour ses membres d'intervenir ailleurs.

---

1. Le Régiment (avec majuscule) est le surnom donné par ses propres membres au Special Air Service (SAS), la principale unité d'intervention et d'opérations spéciales de l'Armée britannique. *(N.d.T.)*

1997

1

Si vous travaillez pour le Secret Intelligence Service britannique et êtes officiellement convoqué à son quartier général, à Vauxhall, sur la rive sud de la Tamise, vous pouvez avoir droit à trois genres de réception. Le premier comporte café et biscuits, ce qui veut dire qu'on va vous tapoter moralement la joue. À l'étage en dessous, les restrictions commencent ; il y a du café, mais pas de biscuits, ce qui signifie qu'on va vous donner des consignes impératives sans envelopper le paquet. Enfin, s'il n'y a ni biscuits ni café, c'est que vous êtes dans de mauvais draps. Depuis que j'avais quitté le Régiment en 1993 pour travailler pour le SIS sur des opérations ultra-spéciales, j'avais connu tous les styles d'accueil, et, ce lundi-là, je ne m'attendais pas à voir un cappuccino bien mousseux au programme des réjouissances. J'avais, au contraire, très mauvaise impression, car ma dernière mission ne s'était pas bien passée.

Quand je sortis du métro à la station Vauxhall, rien, d'ailleurs, ne semblait de bon augure. Se préparant pour les vacances de Pâques, le ciel de mars était gris et lourd, des travaux bloquaient le trottoir, et un marteau-piqueur se mit à crépiter comme une salve de peloton d'exécution. Vauxhall Cross, siège de ce que la presse appelle le MI 6 mais qui est en fait le Secret Intelligence Service, se trouve à un kilomètre et demi du Parlement en remontant le fleuve. Beige et noir, le bâtiment a la forme bizarre d'une pyramide dont on aurait coupé le sommet, des étages en gradins, des tours de chaque côté et une terrasse-bar dominant la Tamise. Il suffirait de lui ajouter un peu de néon pour qu'il ait l'air d'un casino. Il ne serait pas déplacé à Las Vegas. Quant à moi, je regrettais Century House, l'ancien siège du Service près de la gare de Waterloo. Carré, massif, plein de baies vitrées, de rideaux en voilage et surmonté de multiples antennes, il avait certes la hideur des années soixante et beaucoup moins de facilités d'accès, mais il me semblait plus accueillant.

À quelque deux cents mètres de Vauxhall Cross, au-delà de la route, passe une ligne de chemin de fer surélevée et perchée sur des arches entre lesquelles ont été installées des boutiques, dont un vaste magasin vendant des motocyclettes. Étant en avance, je m'y rendis afin de rêver un peu sur la Ducati que j'allais m'offrir quand j'aurais une augmentation – ce qui n'allait vraisemblablement pas arriver le jour même. De toute façon, avec la veine que j'avais pour le moment, je me serais probablement tué à la première sortie.

J'avais sérieusement merdé. J'avais été expédié en Arabie saoudite pour encourager puis entraîner quelques Kurdes du nord de l'Irak à tuer trois dirigeants du parti Baas. On espérait apparemment que ces assassinats allaient créer une effervescence contribuant à déstabiliser le régime de Bagdad.

Mon premier travail consistait à prendre livraison en Arabie saoudite d'armes en provenance de l'ex-bloc soviétique qui y avaient été introduites clandestinement : des fusils à lunette Dragounov, deux pistolets Makharov et deux fusils d'assaut AK 47 – la version troupes aéroportées à crosse repliable. Tous les numéros de série avaient été effacés.

Pour porter le chaos à son maximum, les trois attentats devaient avoir lieu simultanément à Bagdad et dans les environs. L'un devait être une opération rapprochée, exécutée avec les Makharov. Deux de nos hommes devaient se présenter à la maison du personnage visé, frapper à la porte, éliminer toute opposition éventuelle, entrer, frapper l'objectif et prendre la fuite.

Le deuxième attentat devait être accompli au fusil à lunette. La victime présomptive se présentait comme adepte de l'entraînement physique, ce qui voulait dire qu'elle émergeait chaque matin de chez elle en survêtement vert-citron pour faire au petit trot un tour de piste de 400 mètres. C'était là tout son effort de la journée. Mes deux tireurs devaient abattre le sujet au moment où il commencerait à ralentir pour souffler – ce qui, à en juger par son apparence, interviendrait certainement au bout d'une centaine de mètres. Je devais être présent pour coordonner les tirs et m'assurer qu'ils aient lieu simultanément.

Le troisième sujet devait être éliminé alors qu'il se rendait à son ministère. Deux motocyclistes devaient l'encadrer à un feu rouge et le traiter à l'AK 47.

J'atterris dans le nord de l'Irak sans le moindre problème et mis en route mon programme d'entraînement. À ce stade, les Kurdes eux-mêmes ne savaient pas ce qu'allait être leur tâche. Les Dragounov étaient de pâles saloperies. Et l'arme n'est jamais aussi importante que la munition, qui, en ce cas, était pire encore : du 7,62 fabriqué en Inde. Si j'avais eu le choix, j'aurais utilisé des Vaime Mk 2 finlandais, les meilleurs fusils du monde pour le tir de précision un peu vicieux, mais les munitions occidentales auraient risqué de vendre la mèche.

Les cartouches indiennes occasionnaient un nombre alarmant de ratés. Et, en plus, les Dragounov sont des fusils semi-automatiques, alors qu'il vaut cent fois mieux se servir, pour ce genre d'action, de fusils à répétition avec levier d'armement. D'abord parce que la précision n'en est que meilleure, et ensuite parce qu'il n'y a éjection de l'étui vide que si l'on actionne de nouveau le levier. Mais il était convenu que les armes devaient être russes et impossibles à identifier plus clairement.

Ces trois opérations ponctuelles exécutées, les armes auraient dû être détruites. Elles ne le furent pas. De plus, on m'avait dit que tous les numéros avaient été effacés au départ, et je l'avais cru. Je n'avais pas vérifié – c'était une faute professionnelle de ma part.

Pour Londres, la seule façon de rattraper le coup consistait à tuer les Kurdes que j'avais entraînés. C'était là une terrible façon de limiter les dégâts, mais cela devait être fait. Chaque détail compte. Si les Irakiens remontaient la piste des armes, ils risquaient de soupçonner une intervention britannique. Et si ensuite ils capturaient les Kurdes et réussissaient à leur faire avouer qu'ils avaient été entraînés par un Occidental nommé Nick Stone, il ne leur faudrait pas des trésors d'astuce pour déterminer de quel pays venait celui-ci. Cela me retourna vraiment l'estomac d'avoir à tuer les Kurdes, car j'en étais venu à très bien les connaître. Je portais encore la montre que l'un d'eux m'avait donnée. Nous avions fait un pari alors qu'il s'entraînait sur le pas de tir, et il avait perdu. Je savais pouvoir le battre, mais j'avais quand même triché, car, pour mon prestige, il fallait à toutes forces que je gagne. Je l'aimais bien, à la fin.

Une enquête avait été déclenchée à Londres, et chacun cherchait à se couvrir. Comme j'étais un agent K – préposé aux missions illégales – ils avaient tous en moi le bouc émissaire rêvé. Les armuriers et techniciens du Service soutenaient que tout était ma faute pour n'avoir pas vérifié. Que pouvais-je dire ? Je n'existais même pas. Je me cuirassais déjà pour encaisser le choc.

J'entrai à Vauxhall Cross par une petite porte métallique d'où un couloir conduisait à la réception principale. À l'intérieur du bâtiment, on aurait pu se croire dans n'importe quel siège de grande société de n'importe quelle grande ville ; tout était très propre, très net et très fonctionnel. Les gens travaillant sur place avaient accès aux bureaux en glissant simplement une carte dans un lecteur électronique, mais moi, il me fallait aller au bureau de réception. Deux femmes y siégeaient derrière une épaisse vitre blindée.

Par l'interphone, je dis à l'une d'elles :

— Je dois voir Mr. Lynn.

— Pouvez-vous émarger, s'il vous plaît ? fit-elle en glissant vers moi un registre par une fente au bas de la vitre.

Je signai dans les deux cases prescrites, et elle décrocha un téléphone.

— Qui dois-je annoncer ? demanda-t-elle.

— Je m'appelle Stamford.

Le registre contenait des étiquettes détachables. Une moitié devait être retirée et glissée dans un étui en plastique que je devrais ensuite porter à la boutonnière. L'étui contenait également une carte bleue précisant : « À escorter partout ».

La femme de la réception raccrocha son appareil et me dit :

— Quelqu'un va venir vous chercher.

Un jeune employé apparut quelques minutes plus tard.

— Monsieur Stamford ? demanda-t-il.

— Salut, camarade, fis-je.

Il sourit à moitié et dit :

— Si vous voulez bien venir avec moi.

Nous gagnâmes l'ascenseur, et il me précisa :

— Nous allons au cinquième.

Le bâtiment tout entier est un vrai labyrinthe. Je me contentais de suivre le guide ; je n'avais pas la moindre idée de l'endroit où nous nous rendions. On n'entendait presque aucun bruit, hormis le ronronnement des appareils de conditionnement d'air, et on n'apercevait, dans les bureaux, que des gens studieusement penchés sur des papiers ou installés devant des écrans d'ordinateurs. Tout au bout d'un couloir, nous débouchâmes dans une pièce où, à côté de vieux classeurs métalliques, on avait réuni deux longues tables supportant, comme dans tant d'immeubles de bureaux, une bouilloire électrique, des tasses, des boîtes de café soluble, des paquets de sucre et des cartons de lait. Je ne pensai pas une seconde que tout cela me fût destiné ce jour-là.

Le bureau du lieutenant-colonel Lynn se trouvait un peu plus loin. Le garçon qui m'accompagnait frappa à la porte, et un « Entrez » lancé d'une voix sèche et précise lui répondit immédiatement. Le garçon ouvrit la porte et s'effaça pour me laisser passer.

Lynn se tenait debout derrière son bureau. Âgé d'une quarantaine d'années, il était de taille moyenne et de physique banal, mais il se dégageait de lui une incontestable impression d'autorité. En revanche, il n'avait plus, comme j'avais toujours plaisir à le remarquer, tellement de cheveux. J'avais eu à le rencontrer de façon intermittente depuis une dizaine d'années environ. Au cours des deux dernières années, son travail avait consisté à assurer la liaison entre le ministère de la Défense et le SIS.

Ce ne fut qu'après m'être avancé vers lui que je me rendis compte qu'il n'était pas seul. Assis à côté du bureau, de sorte que le panneau de la porte ouverte me l'avait dissimulé jusque-là, se trouvait Simmonds. Je ne l'avais pas vu depuis Gibraltar. Il s'était merveilleusement débrouillé à cette occasion, manipulant l'enquête de main de maître et, surtout, faisant en sorte que ni Ewan ni moi n'existions. J'éprouvai, à le voir là, une surprise mêlée de soulagement. Il n'avait rien eu à voir avec l'affaire des Kurdes. Peut-être, après tout, la poussière allait-elle retomber, de ce côté.

Simmonds se leva. Un mètre quatre-vingts, approchant de la cinquantaine, d'allure plutôt distinguée. Et très courtois, pensai-je, quand il me tendit la main. Il portait un pantalon de velours couleur moutarde, et une chemise dans laquelle il semblait avoir dormi.

— Enchanté de vous revoir, Nick.

Nous nous serrâmes la main, et Lynn me demanda :

— Un petit café, Stone ?

Le ciel s'éclaircissait.

— Volontiers, merci. Avec du lait et pas de sucre.

Nous nous assîmes tous. Je parcourus rapidement le bureau des yeux tandis que Lynn commandait nos cafés par l'interphone. Il se trouvait à l'arrière de l'immeuble et donnait sur la Tamise. Il était très fonctionnel et très impersonnel, si l'on exceptait la photographie d'une femme avec deux enfants encadrée sur le bureau et deux œufs de Pâques dans leur emballage de papier multicolore sur le rebord de la fenêtre. Dans un coin de la pièce, un téléviseur sur l'écran duquel défilaient sans bruit les dépêches d'information internationales. Sous le téléviseur était posée l'inévitable raquette de squash.

Sans autres formalités, Lynn se pencha et me dit :

— Nous avons un travail urgent pour vous.

Je lançai un regard en biais à Simmonds.

— Stone, poursuivit Lynn, vous êtes dans la merde jusqu'au cou après votre dernier boulot, mais vous pouvez rattraper le coup avec celui-là. Je ne promets rien pour la suite, mais, au moins, vous êtes toujours en activité. C'est à prendre ou à laisser.

— Je prends, dis-je.

Il savait parfaitement ce que j'allais répondre Il tendait déjà la main vers un dossier contenant des photographies et une liasse de papiers. Il l'ouvrit, et j'aperçus, en marge de l'un des papiers, un griffonnage à l'encre verte qui aurait pu être du grand patron du Service. Simmonds n'avait encore rien dit.

Lynn me tendit une photographie.

— Qui est-ce ? demandai-je.

— Michael Kerr et Morgan McGear. En ce moment même, ils sont en route pour Shannon, de là, ils gagneront Heathrow pour attraper un vol à destination de Washington. Ils ont retenu un retour sur Virgin et ils voyagent avec de faux passeports irlandais. Je veux que vous les preniez en charge de Shannon à Heathrow, et, de là, jusqu'à Washington. Voyez ce qu'ils font et qui ils rencontrent.

Il m'était déjà arrivé de prendre des clients en Irlande et j'entrevoyais un problème.

— Et que se passe-t-il, demandai-je, s'ils ne suivent pas le plan prévu ? S'ils ont de faux passeports, ils peuvent très bien les utiliser pour gagner la zone d'embarquement, et, ensuite, se servir des vrais pour prendre un autre vol, pour Amsterdam ou Dieu sait où. Cela s'est déjà vu.

Simmonds sourit.

— Je comprends ce que vous voulez dire, fit-il, et j'en prends bonne note. Mais eux, ils vont aller à Washington.

Lynn me tendit une feuille de papier.

— Voici tous les détails sur leur vol. Ils ont pris leurs billets hier à Belfast.

On frappa à la porte et trois cafés arrivèrent. L'une des tasses portait l'effigie d'un démon tasmanien, une autre s'ornait d'une voiture de collection et la troisième était blanche et veuve de toute illustration. Simmonds la prit, et Lynn s'empara de la voiture. On me laissait le démon de Tasmanie.

— Et qui les prend de Belfast à Shannon ? demandai-je.

— C'est Ewan, dit Simmonds. Il est sur le coup en ce moment même. Il vous passera le flambeau à Shannon.

Je souris intérieurement en entendant mentionner le nom

d'Ewan. J'étais maintenant, quant a moi, hors du système et simplement utilisé comme agent K sur des opérations illégales. Mon seul mobile était de pouvoir financer d'autres activités ultérieures. Je ne savais pas encore lesquelles, d'ailleurs ; j'avais trente-sept ans et des aspirations encore indéfinies. Ewan, en revanche, se sentait encore totalement intégré au système. Il se sentait encore le devoir, l'obligation morale de mener le bon combat – quoi que cela pût entraîner – et il serait là, présent, jusqu'au jour où on le foutrait à la porte.

Simmonds me tendit un classeur.

— Prenez connaissance de cela, me dit-il. Il y a treize pages. Je veux que vous signiez la prise en charge dès maintenant. Vous le remettrez à l'équipage de l'hélicoptère quand vous aurez fini. Bonne chance.

Il n'en pensait pas un mot.

— Je pars tout de suite ? demandai-je. Je n'ai pas mon passeport sur moi.

— Vous avez un passeport ici, me dit Lynn. Vous avez bien vos autres papiers ?

Je le regardai comme s'il m'avait insulté.

Passeport, permis de conduire, cartes de crédit sont les premiers éléments nécessaires pour donner substance à une couverture. Après quoi un agent K renforce celle-ci en procédant à des achats avec les cartes et même en utilisant des prélèvements directs pour régler des abonnements à des revues ou des cotisations à des associations. J'avais mes cartes sur moi, comme toujours, mais non mon passeport. Celui que Simmonds me remit avait probablement été établi le matin même, et il était absolument identique au mien. Tout était conforme, jusqu'aux visas et au degré d'usure.

Je n'eus pas le temps de terminer mon café. Le jeune employé réapparut et me conduisit jusqu'en bas. Avant de partir, je signai pour chacune des treize pages qu'on m'avait remises. Puis je dus signer pour le classeur. Foutue bureaucratie.

Une voiture m'attendait devant la porte. Je montai à l'avant, à côté du chauffeur. Quand j'étais gosse, je me disais, en voyant les gens qui se faisaient conduire par un chauffeur : « Mais pour qui est-ce qu'ils se prennent, ceux-là ? » Il m'en est resté quelque chose. Je fis la conversation au chauffeur et lui cassai vraisemblablement les pieds. Il me supporta stoïquement.

Un hélicoptère Squirrel civil nous attendait sur la piste à l'héliport de Battersea, les rotors tournant au ralenti. J'avais une dernière chose à faire avant d'embarquer. D'un téléphone mural, j'appelai la famille qui complétait ma couverture et était prête à répondre de moi en cas de besoin. La famille en question n'avait pas à intervenir pour mon compte, mais si, par exemple, je me faisais arrêter, je pouvais dire aux policiers que je vivais chez eux et qu'ils n'avaient qu'à téléphoner pour en avoir confirmation.

Ce fut une voix d'homme qui répondit.

— James, c'est Nick. J'ai l'occasion d'aller voir des amis aux États-Unis. J'y resterai sans doute une semaine ou deux. Si cela se prolonge, j'appellerai.

James comprit au quart de tour.

— Tiens, fit-il, sais-tu que les Wilmot, à côté, ont été cambriolés ? Quant à nous, nous allons voir Bob dans le Dorset pour le week-end de Pâques.

C'étaient là des choses qu'il me fallait savoir, car je les aurais fatalement connues si j'avais vraiment vécu là. Pour la même raison, on m'expédiait régulièrement le journal local à mon véritable domicile.

— Eh bien, salut, camarade, dis-je finalement. Et quand tu verras ton fils, rappelle-lui qu'il me doit toujours un dîner.

— C'est comme si c'était fait... Bonnes vacances.

Pendant que nous survolions la mer d'Irlande, j'ouvris le classeur et parcourus les documents qui s'y trouvaient. J'aurais aussi bien pu m'en dispenser. Tout ce qu'on savait avec une quelconque certitude, c'était que ces deux types avaient pris des billets pour Washington, et on voulait découvrir pourquoi. On voulait savoir qui ils rencontreraient et ce qui allait se passer ensuite. Je savais d'expérience que j'avais de bonnes chances de me casser le nez. Même s'ils s'en tenaient au scénario prévu et allaient à Washington, comment allais-je faire pour les pister ? Ils étaient deux, j'étais tout seul, et s'ils respectaient un tant soit peu la procédure classique anti-filature, il était sûr qu'ils allaient se séparer à un moment ou à un autre. Mais, en fin de compte, je n'avais pas le choix : le Service me tenait fermement par les couilles.

À en juger par l'un des documents, c'était l'époque de l'année où tous les collecteurs de fonds de l'IRA Provisoire entreprenaient leur circuit de dîners à Boston, New York, Washington – en allant même parfois jusqu'à Tucson, en Arizona, pour taper les Irlando-Américains sympathisants qui avaient pris leur retraite au soleil. Il semblait que la saisie, en septembre 1996, de dix tonnes d'armes et d'explosifs dans un entrepôt de Londres avait déclenché une crise financière. Les gens de l'IRA n'en étaient pas encore à demander une autorisation de découvert à leur banque, mais il existait des moyens un peu moins voyants de faire rentrer les sous, et j'étais à peu près sûr que mes deux nouveaux amis étaient liés à cette opération.

À part cela, le dossier ne brillait pas par sa richesse. Je n'avais pas l'ombre d'un renseignement sur les couvertures de mes deux gaillards ni sur leurs éventuels points de chute dans Washington ou près de Washington. Tout ce que je savais, c'est qui ils étaient et à quoi ils ressemblaient. Michael Kerr avait appartenu aux groupes d'action de l'IRA dans le Sud Armagh. Il avait participé à quatre attaques au mortier sur des bases des forces de sécurité et à des dizaines d'affrontements armés avec l'armée, la police ou les loyalistes. Il avait même été blessé, mais s'était enfui en Irlande du Sud. Un dur.

On pouvait en dire autant de Morgan McGear. Après une petite carrière de porte-flingue sur la frontière, cet ancien maçon de trente et un ans avait été bombardé membre du service de sécurité de l'IRA Provisoire. Son travail était de déceler et d'interroger les indicateurs. Et son outil favori pour les interrogatoires était une perceuse électrique Black et Decker.

2

L'hélicoptère appartenant à une compagnie-écran civile, les formalités d'arrivée à Shannon ne furent pas différentes de celles que j'aurais eu à accomplir si j'avais été un éleveur de chevaux venu inspecter ses étalons à Tipperary ou un homme d'affaires arrivant de Londres pour se remplir les poches avec les subsides de la CEE. Je passai la douane et, suivant docilement les flèches indicatrices, me dirigeai vers la file de taxis. Au dernier moment, je fis demi-tour et gagnai le hall de départ.

Au comptoir d'Aer Lingus, je retirai mon billet pour Heathrow, qui avait été retenu au nom de Nick Stamford. Quand on choisit un pseudo, il vaut toujours mieux conserver son vrai prénom, car on y réagit naturellement. Il est également préférable de prendre un patronyme avec la véritable initiale, la signature venant beaucoup plus aisément. J'avais choisi Stamford à cause de la bataille de Stamford Bridge [1]. J'ai toujours été féru d'histoire médiévale.

J'allai directement à la boutique de l'aéroport pour m'acheter un sac de voyage. Tout le monde a toujours des bagages à main, et je me serais fait immédiatement remarquer si j'étais monté à bord de l'avion sans rien d'autre qu'une boîte de Coca-Cola à la main. Je ne voyageais jamais,

1. Lieu du Yorkshire où, en 1066, le roi Harold battit et repoussa des envahisseurs nordiques. *(N.d.T.)*

en revanche, avec des bagages qu'il fallait enregistrer, car, à ce moment-là, on se met entre les mains de farceurs tout à fait capables d'expédier à Buenos Aires des valises destinées à Tokyo. Et même si votre bagage arrive à bon port, il y a toujours le risque qu'il apparaisse sur le carrousel cinq minutes après que l'homme que vous filez a quitté l'aéroport.

J'achetai aussi du dentifrice et quelques autres bricoles tout en cherchant du regard Ewan. Je le connaissais assez pour savoir qu'il serait collé à Kerr et à McGear comme une sangsue.

L'aéroport semblait plein de familles irlandaises partant chercher le soleil à l'occasion des vacances de Pâques et d'Américains fraîchement retirés des affaires et venus à la recherche de leurs racines supposées, avec leurs sweat-shirts Guinness flambant neuf, leurs parapluies, leurs casquettes de base-ball, leurs leprechauns en pacotille et leurs petits pots de trèfle.

Les bars faisaient de bonnes affaires. Je finis par repérer Ewan assis à une table, lisant un journal devant un café fumant. J'avais toujours trouvé étrange qu'il se prénommât Ewan. En entendant ce nom, on imaginait un Highlander en kilt parcourant la lande en brandissant une claymore. En fait, il était né à Bedford et ses parents venaient d'Eastbourne. Ils devaient avoir tout simplement vu un film qui se passait en Écosse et aimé le nom. Il était petit, avec des cicatrices d'acné sur le visage et la plus grosse motocyclette qui se puisse imaginer ; le problème était qu'il ne pouvait s'y tenir à l'arrêt car ses orteils touchaient à peine le sol.

Il y avait un bar sur la gauche, et, compte tenu de l'endroit où Ewan s'était installé, c'était là que se trouvaient nos clients. Je ne pris pas la peine de m'en assurer. Je savais qu'Ewan me les désignerait le moment venu. Pas de panique.

En sortant de la boutique, je fis comme si je venais de remarquer sa présence et avançai vers lui à grands pas, avec un large sourire, comme si je venais de retrouver un ami perdu de vue depuis longtemps. Si jamais quelqu'un le surveillait, il savait qu'il voyageait seul, et si je venais m'asseoir auprès de lui et engageais la conversation sans autre formalité, la chose paraîtrait suspecte. Il fallait que la rencontre ait l'air d'être fortuite. Elle ne devait pas être trop tapageuse pour autant, car moins les gens, alentour, remarquent de choses, mieux les pèlerins comme nous se portent. Personne n'allait se dire, bien sûr : « Tiens, voilà deux espions qui se rencontrent », mais une simple trace dans les mémoires est déjà superflue.

Ewan se leva à moitié, et me rendit mon sourire.

— Salut, petite tête ! fit-il. Qu'est-ce que tu fiches là ?

Il me fit signe de venir le rejoindre. Nous nous assîmes ensemble.

— Où sont-ils ? demandai-je, comme si je prenais des nouvelles de sa famille.

— Au bar. Au fond, assis devant la télé. L'un a un blouson en jean, et l'autre un manteau trois-quarts en daim noir. Kerr est à droite. Il s'appelle maintenant Michael Lindsay. McGear se fait appeler Morgan Ashdown.

— Ils se sont fait enregistrer ?

— Oui. Bagages à main seulement.

— Pour passer deux semaines à Washington ?

— Ils ont des complets dans des housses.

— Et ils ne sont pas allés à un autre guichet ?

— Non. On dirait qu'ils vont bien à Heathrow.

J'allai au comptoir demander deux cafés.

Je vis immédiatement que c'étaient les deux seuls Irlandais présents dans la salle de bar, car ils étaient aussi les seuls à ne pas boire de Guinness. Ils sirotaient de la Budweiser à la bouteille en regardant un match de football. Tous deux fumaient avidement cigarette sur cigarette. Si je m'étais trouvé en train de les surveiller dans un bar de Londonderry, j'aurais mis cela sur le compte de la nervosité, mais, les vols Aer Lingus étant non-fumeurs, ils faisaient simplement, sans doute, leur plein de nicotine avant l'épreuve.

Ils avaient pris l'un et l'autre une très bonne apparence de touristes, propres, bien rasés et bien peignés, sans ostentation aucune. Ils pouvaient passer parfaitement inaperçus, ce qui m'indiquait que j'avais un authentique problème sur les bras ; ce n'étaient pas des amateurs, ni même des joueurs de deuxième ou troisième division. Mes gaillards étaient bel et bien en classe de championnat, très loin des petits tueurs à la manque du Bogside.

Il y avait des gosses partout, piaillant et courant entre les tables, poursuivis par des mères affolées. Cela faisait bien notre affaire : plus il y avait de bruit et de désordre, plus nous passions inaperçus, Ewan et moi. Je revins à la table avec mes cafés. Je voulais recueillir le plus de renseignements possible sur nos deux clients avant de passer dans la salle d'embarquement.

— J'ai pris McGear en filoche à Derry, me dit Ewan. Il est allé à la permanence du Sinn Fein dans Cable Street, où on a dû lui remettre ses instructions, puis, de là, il s'est rendu à Belfast. Les gars du renseignement ont tenté d'utiliser leur système d'écoute à distance, mais cela n'a rien donné. Je ne vois pas grand-chose d'autre à te raconter. Nos deux oiseaux sont là depuis environ deux heures. Ils ont réglé leurs billets avec des cartes de crédit à leurs pseudos. Leur couverture tient bien la route. Ils ont même mis des étiquettes Virgin à leurs bagages à main. Ils tiennent vraiment à ce que rien ne cloche.

— Et où descendent-ils à Washington ?

— Je ne sais pas. Tout a été fait au dernier moment, et, à l'époque de Pâques, c'est toujours un peu la panique. Il y a une bonne dizaine d'hôtels en relation avec le groupe Virgin à Washington, et ils ont probablement des places retenues dans l'un d'eux. Nous n'avons pas eu le temps de vérifier.

— C'est tout ? demandai-je.

— Maintenant, c'est à toi de jouer, mon grand. Ce qui est à peu près sûr, c'est qu'ils vont bien à Washington.

En ce qui concernait Ewan, l'affaire était close. Il passa à un autre sujet.

— Tu vois toujours Kev ? me demanda-t-il.

J'avalai une gorgée de café et hochai la tête affirmativement.

— Oui. Il est à Washington, maintenant. Tout marche bien pour lui. Marsha et les gosses vont bien. Je les ai vus il y a environ quatre mois. Kev a eu une promotion, et il vient de s'acheter une vraie maison de cadre supérieur.

Ewan eut un sourire sardonique. Sa tanière à lui était une

maison de berger aux murs en pierres de taille située dans les Montagnes Noires du Pays de Galles, au milieu de nulle part. Son plus proche voisin était à trois kilomètres, de l'autre côté de la vallée.

— Marsha se plaît beaucoup à Washington, dis-je. Là, personne n'essaie de mitrailler la voiture.

Marsha, une Américaine, était la deuxième femme de Kev. Après avoir quitté le Régiment, il l'avait suivie aux États-Unis et était entré à la DEA [1]. Il avait trois grands enfants de son premier mariage, et deux petites filles du deuxième, Kelly et Aida.

— Pat le Décontracté est toujours là-bas ?

— Je pense, mais tu sais comment il est : un jour, il va se mettre à construire des maisons, et le suivant, il va devenir bûcheron ou apprendre le crochet. Dieu sait ce qu'il fait maintenant.

Pat avait eu pendant deux ans un emploi de tout repos qui consistait à garder la famille d'un diplomate arabe à Washington. La situation était plus que confortable – avec, même, un appartement de fonction à la clé – mais, finalement, la famille était retournée en Arabie saoudite, et Pat avait repris son bâton de pèlerin. Le fait était qu'il avait gagné tant d'argent pendant ces deux années que rien ne le pressait de retrouver un emploi.

Nous continuâmes à bavarder et à plaisanter ainsi, mais, pendant tout le temps, Ewan surveillait nos clients du coin de l'œil. Ceux-ci avaient commandé une autre tournée, et il était donc vraisemblable que nous allions rester là encore un moment.

— Où en es-tu de ton plan quinquennal ? demandai-je en souriant à Ewan.

— J'ai toujours des problèmes avec la chaudière.

Il s'était mis en tête d'installer lui-même le chauffage central dans sa maison, mais cela avait, bien sûr, tourné à la catastrophe. Il avait déjà dépensé deux fois ce qu'il aurait payé en faisant venir une véritable entreprise.

1. Drug Enforcement Administration, la principale organisation américaine de répression du trafic de stupéfiants. *(N.d.T.)*

— À part cela, affirma-t-il néanmoins, tout est en ordre. Tu devrais venir un de ces jours. J'ai hâte d'avoir fini ce putain de contrat. Ensuite, j'en ai encore pour deux ans à peu près, et terminé pour moi.

— Qu'est-ce que tu feras ?

— N'importe quoi, à condition que ce ne soit pas ce que tu fais en ce moment. Je pourrais aussi bien être éboueur. En fait, je m'en contrefous.

Je me mis à rire.

— Tu parles ! Tu vas faire des pieds et des mains pour rester. Tu es là à perpète. Tu passes ton temps à râler, mais, en fait, tu aimes cela.

Ewan jeta un coup d'œil vers nos clients, puis me regarda de nouveau. Je savais exactement ce qu'il pensait.

— Tu as raison, lui dis-je. Ne fais jamais le boulot que je fais en ce moment. C'est merdique.

— Qu'est-ce que tu as fait depuis ta petite aventure arabe ?

— J'ai pris un peu de vacances, fait une ou deux bricoles, pas trop. Maintenant, j'attends le résultat de l'enquête. Je pense que je suis dans la merde – sauf si ce boulot-là m'en sort.

Le regard d'Ewan se déplaça de nouveau.

— On dirait que c'est parti, fit-il.

Nos deux clients devaient s'apprêter à faire mouvement.

— Je te donnerai un coup de fil quand tout sera fini, dis-je à Ewan. Tu rentres quand en Angleterre ?

— Je ne sais pas. Peut-être dans quelques jours.

— Je t'appellerai et on tâchera d'organiser quelque chose. Tu as quelqu'un, en ce moment ?

— Tu veux rigoler ? Je suis sorti un moment avec une fille du bureau de Londres, mais elle voulait que je fasse ses quatre volontés. Elle s'est mise à me laver mon linge et toutes sortes de conneries. Cela me tapait sur le système.

— Tu veux dire que, quand elle repassait tes jeans, elle ne faisait pas le pli au bon endroit ?

Ewan haussa les épaules.

— Elle ne faisait pas les choses à ma manière, proclama-t-il.

Personne, en fait, ne faisait les choses à sa manière. Ewan était l'homme le plus maniaque du monde. Si vous vous étiez assis sur un coussin chez lui, vous pouviez être sûr que, dès que vous vous seriez levé, il allait venir le tapoter pour le remettre en forme. Il pliait ses chaussettes au lieu de les fourrer l'une dans l'autre comme tout le monde et rangeait ses pièces de monnaie en piles, par valeur. Depuis son divorce, il était devenu le champion des hommes d'intérieur et des bricoleurs réunis. Certains avaient commencé à l'appeler « Mr. Habitat ». L'intérieur de sa maison de berger ressemblait à une salle d'exposition.

Je pus lire dans le regard d'Ewan que nos deux clients avaient commencé à bouger, mais je n'avais nulle raison de leur coller aux fesses. Ewan me ferait signe quand le moment serait venu.

— Sur ta droite, fit-il d'un ton très naturel. Ils passent devant le stand des journaux.

Tout aussi naturellement, je me levai. Cela m'avait fait grand plaisir de voir Ewan. Ma mission allait peut-être se révéler une perte de temps, mais, au moins, elle m'avait permis de revoir le meilleur de mes meilleurs copains. Nous nous serrâmes la main et je m'éloignai. Puis je regardai sur ma droite et les vis, leurs housses à complets sur les bras.

La salle d'embarquement ressemblait à une foire folklorique irlandaise. Je commençais à m'y sentir déplacé. J'aurais dû m'acheter un chapeau Guinness.

J'ignorais ce que j'allais faire en arrivant à Washington. Je ne savais pas si quelqu'un allait chercher mes clients à l'aéroport, s'ils prenaient un taxi ou un bus, s'ils avaient un hôtel réservé. S'ils commençaient à se promener dans la ville, j'allais m'amuser. Je connaissais un peu Washington, mais pas en détail.

Mes deux oiseaux continuaient à fumer comme des volcans à pattes. Je trouvai un journal sur un siège vacant et m'y installai. McGear se mit à fouiller ses poches, cherchant visiblement de la monnaie. Était-ce pour les machines à sous ou pour le téléphone ?

Il alla au bar, sortit un billet de sa poche et demanda au

barman de le lui changer. J'étais assis presque directement derrière mes deux clients, à cinq ou six mètres environ, de sorte que même s'ils tournaient la tête à 45 degrés d'un côté ou d'un autre, je ne me trouve pas dans leur champ de vision.

McGear alla vers les machines à sous mais les dépassa. Ce devait être le téléphone.

Je me levai et me rendis nonchalamment jusqu'à la librairie, faisant mine de m'intéresser aux livres de poche exposés sur un tourniquet.

Il décrocha l'appareil, inséra deux pièces d'une livre dans la fente et composa son numéro. Il avait auparavant regardé un morceau de papier ; le numéro ne lui était donc pas familier. Je jetai un coup d'œil à ma montre. Elle marquait 16 heures 16. J'avais omis d'y toucher depuis un certain temps, et s'il y avait, dans la salle d'embarquement quelques Irakiens désireux de savoir l'heure qu'il était à Bagdad, j'étais leur homme.

Je fouillai à mon tour mes poches. J'avais environ deux livres et demie en monnaie, ce qui n'était pas suffisant pour ce que j'entendais faire. J'allai donc acheter un journal avec un billet de 20 livres. La caissière parut très impressionnée.

McGear mit fin à sa conversation téléphonique et regagna le bar. Il était maintenant évident que mes gaillards n'avaient aucune intention de prendre la tangente. Ils commandèrent de nouvelles bières, ouvrirent leurs journaux et allumèrent une cigarette de plus.

Je laissai passer deux minutes, puis me rendis à l'appareil téléphonique que McGear venait de quitter. Je décrochai le combiné, glissai deux livres dans la fente et cherchai un numéro sur l'appareil. Apparemment, il n'en avait pas. N'importe, l'opération prendrait un peu plus de temps, mais ce n'était pas grave.

Je composai un numéro londonien, et une voix de femme me dit :

— Bonjour. Votre PIN [1], s'il vous plaît.

---

1. Personal Identification Number *(N.d.T.)*

— 2422.

Ces chiffres étaient gravés dans ma mémoire ; ils représentaient tout simplement la première moitié du numéro matricule que j'avais eu dans l'armée depuis l'âge de seize ans.

— Avez-vous, demanda la voix, un numéro auquel on peut vous rappeler ?

— Non. Je garde la ligne.

— Un moment.

J'entendis un déclic, puis rien. Je continuai à couver mes deux clients du regard tout en remettant des pièces dans l'appareil. Une minute plus tard, la femme était de nouveau en ligne et je lui formulais ma requête.

Je rappelai dix minutes plus tard, comme il avait été convenu, je reprécisai mon PIN, la femme me dit :

— C'est un numéro de Washington, D.C., le 703 661 8230. Les Washington Flyer Taxis.

Je notai le numéro, raccrochai et appelai aussitôt après.

— Bonjour, Washington Flyer Taxis. Gerry à l'appareil. Que puis-je faire pour vous ?

— Bonjour. Je voudrais savoir si un taxi a été retenu pour Mr. Ashdown ou Mr. Lindsay. C'est simplement pour m'assurer qu'ils pourront être à l'heure à notre rendez-vous.

— Oui, monsieur, nous venons juste d'avoir la réservation. Aéroport Dulles, à l'arrivée du vol....

Je l'interrompis.

— Est-ce que vous les déposez à l'hôtel ou est-ce qu'ils vont directement me rejoindre à Tyson's Corner ?

— Un instant, monsieur... Ils vont au Westin, dans M Street.

— Parfait. Merci beaucoup.

Tout ce qu'il me restait à faire était de me trouver au Westin avant eux. Tout semblait marcher comme sur des roulettes. À moins qu'ils ne m'aient repéré et soient en train de me monter un cinéma.

On appelait le vol pour Londres Heathrow. Je vis mes clients se lever, sortir leurs cartes d'embarquement et se mettre en route. Je suivis le mouvement.

En ces circonstances, on voyage toujours en classe Club,

de façon à se trouver à l'avant de l'appareil. Là, on a le choix entre s'asseoir immédiatement et regarder les clients embarquer ou les laisser passer et fermer la marche. De même, lorsque vous arrivez à destination, vous pouvez soit attendre que vos hommes soient sortis de l'avion pour les prendre tranquillement en filature, soit sortir le premier et les attendre dans la salle des arrivées.

J'envisageai un instant de commander un verre, mais décidai de m'en abstenir ; il se pouvait que j'aie à entrer en action dès notre débarquement. Certes, mes gaillards avaient l'air assez professionnels, et ils n'auraient sans doute pas ingurgité autant de bière si un travail sérieux les attendait immédiatement, mais on ne pouvait jamais savoir.

En m'installant dans mon siège, je me mis à penser à Kev et à sa famille. J'avais assisté à sa première rencontre avec Marsha, j'avais été garçon d'honneur à leur mariage et j'étais même le parrain d'Aida, leur deuxième fille. J'avais renoncé pour elle à Satan, à ses pompes et à ses œuvres, et, même si je n'étais pas très doué dans le domaine religieux, je prenais mon rôle au sérieux.

Je savais que, quant à moi, je n'aurais certainement jamais d'enfants ; j'étais trop absorbé par des besognes de merde comme celles que j'étais précisément en train d'exécuter. Kev et Marsha en étaient conscients, et ils avaient fait de leur mieux pour que j'aie l'impression de faire un peu partie de leur famille. Celle-ci me semblait des plus réussies. Le premier mariage de Kev avait quelque peu raté, mais le second paraissait une union parfaite. Son travail à la DEA maintenait la plupart du temps Kev derrière un bureau à Washington, et il en était très content. « Cela me permet de passer plus de temps avec les gosses, mon vieux », me disait-il. « Tu n'as jamais vraiment grandi toi-même », lui rétorquais-je.

Heureusement, Marsha se trouvait être une fille raisonnable, avec les pieds sur terre. En tant que couple, ils se complétaient très bien. Il régnait dans leur maison de Tyson's Corner un climat extrêmement chaleureux, si chaleureux qu'au bout de trois ou quatre jours, cela devenait un peu trop pour moi, et il me fallait aller planter ma tente ailleurs. Ils en plaisantaient. Ils savaient que je les aimais beaucoup, mais que j'étais incapable de supporter longtemps de telles démonstrations d'affection. C'est sans doute pourquoi je m'étais toujours senti plus à l'aise avec Ewan. Nous appartenions tous deux à la même catégorie.

Et Pat ? Il était plus jeune que Kev, à peine la quarantaine, et vraiment agaçant : blond, les yeux bleus, beau garçon, intelligent, drôle et s'exprimant bien – tout ce que je détestais. Il avait 1 mètre 85 et était superbement bâti. C'était l'un de ces hommes qui ont à peine besoin de s'entraîner pour voir se développer une musculature de premier ordre. Sa coiffure même était impeccable et le restait en permanence. Je l'avais vu se mettre dans son sac de couchage admirablement frais et bien peigné, et en sortir de même. Le seul point positif que je pouvais lui trouver était sa nonchalance, qui l'avait fait surnommer « Pat le Décontracté ».

Lorsqu'il avait pris ses fonctions de garde du corps à Washington, un agent immobilier l'avait emmené visiter un appartement à Georgetown, près de l'université. De là, il avait vu, à ce qu'il m'avait raconté ensuite, un endroit où des gens ne cessaient d'entrer et de sortir.

— Qu'est-ce que c'est ? avait-il demandé.

— Un des meilleurs restaurants de Washington, avait répondu l'agent immobilier. Il paraît qu'une bonne moitié du Congrès le fréquente.

— Je prends l'appartement, avait-il dit.

Il était allé au restaurant tous les jours, et appelait toutes les serveuses par leur prénom. Il s'était même mis à sortir avec l'une d'elles. Peut-être était-ce elle qui l'avait initié à la drogue. Je n'avais rien constaté moi-même, mais j'avais entendu dire qu'il avait un problème de ce côté. Cela m'avait beaucoup attristé. Nous avions tous pu voir les résultats de ce genre de choses durant notre séjour en Colombie. Pat disait alors que tous les drogués étaient des paumés, et, maintenant, il semblait qu'il en était devenu un lui-même. J'espérais seulement qu'il ne s'agissait que d'une de ces toquades passagères dont il était coutumier.

3

Tout se passa sans problèmes à Heathrow. Mes gaillards ne firent l'objet d'aucun contrôle de sécurité – sans doute parce que la Special Branch[1] avait été prévenue – et l'avion de Washington décolla à l'heure.

Nous étions maintenant sur le point d'atterrir. Je bouclai ma ceinture, redressai le dossier de mon siège et regardai par la vitre l'Amérique approcher. C'était un spectacle qui me réchauffait toujours le cœur. Cette terre me communiquait une irrésistible impression d'espace, d'occasions offertes et de possibilités multiples.

J'espérais que McGear et Kerr allaient aller directement à leur hôtel. Quand on perd un client en route, mais qu'on le connaît, on a de nombreux endroits où le récupérer : son lieu de travail, son bistrot favori, l'école où vont ses gosses, même l'endroit où il va acheter ses billets de loterie. Mais, malheureusement, tout ce que je savais alors de McGear et de Kerr, c'était qu'ils aimaient la Budweiser et devaient se languir d'une cigarette. Il fallait donc bien que je démarre de l'hôtel.

Il fallait aussi que j'y arrive avant eux. Dieu merci, les passagers de la classe Club avaient leur propre navette pour les amener au terminal avant la piétaille. Mais comme ils avaient retenu un taxi par téléphone, il m'était nécessaire

1. Service de Scotland Yard équivalant à la DST. *(N.d.T.)*

d'en trouver moi-même un immédiatement si je voulais être au Westin le premier. J'aurais, bien sûr, pu en retenir un quand j'avais eu la compagnie Washington Flyer au téléphone, mais j'avais tenté de faire cela une fois, à Varsovie, dans des circonstances analogues, et j'avais, à l'arrivée, trouvé deux chauffeurs en train de se battre entre eux pour savoir qui prendre en premier, mon client ou moi. Depuis, je préférais trouver mes taxis moi-même.

Il y avait queue à la station de taxis, et je calculai rapidement qu'il n'y avait pas là assez de véhicules pour le nombre de candidats attendant. J'allai donc discrètement vers la fin de la file de voitures et agitai un billet de 20 dollars sous le nez de l'un des chauffeurs. Il me fit, avec un sourire complice, signe de monter rapidement. Un autre billet de 20 dollars me fit quitter en trombe, tous pneus crissant et hurlant, l'aéroport Dulles en direction de la Route 66 et de Washington. Les faubourgs résidentiels de la capitale commençaient à une bonne vingtaine de kilomètres après les pelouses immaculées entourant l'aéroport, de part et d'autre de la Beltway, avec, à perte de vue, de jolies maisons de bois ou de briques dont beaucoup étaient encore en construction. Nous passâmes devant un panneau indiquant un embranchement vers Tyson's Corner, et je me désarticulai le cou pour essayer de distinguer la maison de Kev, mais en vain. Comme eût dit Ewan, les résidences de cadres supérieurs se ressemblent toutes.

Nous traversâmes le Potomac et entrâmes en ville.

Le Westin, dans M Street, était typiquement un hôtel américain de bonne catégorie, propre, fonctionnel, bien tenu et totalement dépourvu de caractère. Pénétrant dans le hall de réception, je repérai rapidement les lieux, tournai à gauche et montai un escalier qui me conduisit à un salon-bar à mi-étage d'où je pouvais surveiller l'unique voie d'accès de l'hôtel. Je commandai un double express.

Quelques tasses plus tard, je vis Kerr et McGear passer la porte à tambour, l'air très détendu. Ils allèrent tout droit au bureau de la réception. Je reposai ma tasse, laissai un billet de cinq dollars sous la soucoupe et descendis nonchalamment vers le hall.

Le tout était maintenant de choisir le bon moment. Il y avait une petite file d'attente à la réception, mais l'hôtel était aussi bien organisé qu'il était impersonnel, et, en un clin d'œil, il y eut plus de monde derrière le comptoir qu'il n'y en avait devant.

Je ne pouvais entendre ce que disaient McGear et Kerr, mais il était évident qu'ils se faisaient enregistrer. La femme qui s'occupait d'eux tapotait un clavier d'ordinateur sous le comptoir. Kerr lui tendit une carte de crédit, et je jugeai le moment venu de m'approcher. Il y avait, au bout du comptoir de la réception, à la droite de mes deux oiseaux, un tourniquet avec des cartes publicitaires pour tout ce qu'on pouvait imaginer, des restaurants aux circuits touristiques en autocar. À deux mètres de mes clients et leur tournant le dos, je fis mine de m'absorber dans la consultation de ces cartes. Nul ne parut me remarquer.

— Voilà, messieurs, leur dit la femme, vous avez la chambre 403. Si vous tournez à gauche après ces piliers, vous trouverez l'ascenseur. Bonne journée à vous.

Tout ce qu'il me restait à faire était d'écouter leur conversation lorsqu'ils se trouveraient dans leur chambre, et, pour mettre cela au point, j'allai jusqu'à la batterie de téléphones au fond du hall et appelai le Service.

Une voix de femme me demanda mon PIN.

— 2422.

— Allez-y.

— Je voudrais une chambre d'hôtel, s'il vous plaît. Le Westin dans M Street à Washington – le 401 ou le 405, ou le 303 ou le 503.

— Y a-t-il un numéro où vous rappeler ?

— Non. J'appellerai dans une demi-heure.

Ils allaient maintenant téléphoner à l'hôtel de la part d'une compagnie écran pour demander l'une des chambres que j'avais indiquées. Peu importait qu'elle soit au-dessus, à côté ou au-dessous de celle des clients, pourvu que nous puissions installer des dispositifs d'écoute.

Je remontai au salon-bar de façon à pouvoir surveiller la porte de l'hôtel, et fis mentalement l'inventaire du matériel de surveillance que j'allais demander. J'allais installer la première série moi-même : dispositifs d'écoute muraux et téléphoniques, câbles capables de relayer des images sur l'écran du téléviseur se trouvant dans ma chambre. Il ne me faudrait guère que trois heures pour procéder à cette mise en place.

La deuxième partie de l'opération serait effectuée par des techniciens de l'ambassade dès que McGear et Kerr auraient daigné quitter leur chambre pour la journée. Sous leurs mains expertes, un téléviseur pouvait se muer en caméra et un téléphone en microphone.

J'attendis une demi-heure, rappelai mon numéro et donnai de nouveau mon PIN. Il y eut quelques cliquetis, puis les accents d'un quatuor à cordes. Au bout d'un moment, la femme revint en ligne.

— Vous devez suspendre l'opération et revenir aujourd'hui même. Est-ce compris ?

Je crus, avec le brouhaha régnant dans le hall de l'hôtel, que j'avais mal entendu.

— Pourriez-vous répéter, s'il vous plaît ?

— Vous devez suspendre l'opération et revenir aujourd'hui même. Est-ce compris ?

— Oui, c'est compris. Je dois suspendre l'opération et revenir aujourd'hui même.

La communication s'interrompit.

Je raccrochai, perplexe. C'était étrange. J'avais pourtant vu, à l'encre verte, en marge du rapport, l'écriture du patron du Service. Il arrivait qu'on soit retiré d'une opération, mais pas aussi vite. Peut-être Simmonds avait-il décidé que, finalement, ces deux types n'étaient pas si importants que cela.

Puis je me dis qu'après tout, je n'avais aucune raison de m'en faire. On m'avait demandé un travail, et je l'avais exécuté. J'appelai pour réserver ma place d'avion. Le seul vol disponible était celui de British Airways à 21 heures 35, ce qui me laissait pas mal de temps devant moi. Kev et Marsha n'habitant qu'à une heure de l'aéroport, je décidai de leur téléphoner.

Ce fut Kev qui me répondit. D'un ton très réservé, jusqu'au moment où il reconnut ma voix.

— Nick ! s'exclama-t-il alors. Comment ça va ?

Il semblait vraiment heureux de m'entendre.

— Pas trop mal. Je suis à Washington.

— Ah ? Et qu'est-ce que tu y fais ?... Non, je ne veux pas le savoir ! Tu viens nous voir ?

— Si vous êtes libres. Je repars ce soir pour l'Angleterre. Juste le temps de venir vous dire bonjour.

— Tu ne pourrais pas rappliquer tout de suite, par hasard ? Il y a une affaire sur laquelle j'aimerais bien avoir ton avis. Je te jure que tu vas aimer !

— Pas de problème, camarade. Je loue une voiture à l'hôtel et j'arrive.

— Marsha va vouloir mettre les petits plats dans les grands. Je vais la prévenir dès qu'elle rentrera avec les gosses. Tu dînes avec nous, et ensuite je te conduis à l'aéroport. Tu ne peux pas savoir sur quoi je suis tombé. Tes copains de l'autre côté de la mer ne chôment vraiment pas.

— J'en frémis d'avance.

— Nick, encore autre chose...

— Quoi donc, vieux ?

— Tu dois un cadeau d'anniversaire à Aida. Tu as encore oublié, crâne de piaf !

Sur l'autoroute, je me demandais de quoi Kev pouvait bien vouloir me parler. Mes copains de l'autre côté de la mer ? À ma connaissance, Kev n'avait rien à voir avec l'IRA. Il appartenait à la DEA, non à la CIA ou à un quelconque service anti-terroriste. De plus, son travail était devenu essentiellement administratif. Je me dis qu'il voulait sans doute quelques informations complémentaires.

Je repensai à ce moment à Pat le Décontracté et me promis de demander à Kev s'il avait son adresse.

Je ratai la meilleure sortie mais pris la suivante. J'aurais pu me trouver dans la banlieue élégante de Londres, avec ses arbres et ses confortables maisons individuelles. Je finis par gagner, en suivant mon nez, la route où se trouvait la demeure de Kev, Hunting Bear Path. Au bout de quelques centaines de mètres, j'arrivai à une sorte de centre commercial où j'achetai, pour Aida et Kelly, des sucreries que Marsha refuserait certainement de leur donner, et deux ou trois autres petits cadeaux.

Devant les boutiques s'étendait un terrain vague semblant appelé à devenir la prochaine zone à construire ; deux bulldozers y stationnaient et des matériaux divers s'y empilaient.

Au loin sur la droite, je pouvais apercevoir l'arrière de la maison « coloniale de luxe » de Kev et de Marsha. En approchant, je découvris, garée là, leur « familiale » Daihatsu, où, chaque matin, Marsha jetait de force les gamines pour les emmener à l'école. Il y avait un grand autocollant représentant le chat Garfield sur la vitre arrière. Je ne voyais pas la voiture de fonction de Kev, une Caprice Classic toute hérissée d'antennes, d'un modèle si hideux que seuls les agents du gouvernement l'utilisaient. Kev la gardait habituellement dans le garage, bien à l'abri des vandales.

J'étais très heureux de revoir les Brown, même en sachant qu'en fin de journée, je serais certainement plus épuisé encore que les enfants. Je tournai dans l'allée.

Nul ne m'y attendait. Je ne vis pas non plus de voisins à l'horizon, mais n'en fus pas surpris, la banlieue résidentielle de Washington étant pratiquement vide dans la journée.

Je m'attendais néanmoins, compte tenu des précédents, à une embuscade imminente ; les deux gamines allaient sûrement me sauter dessus, vite suivies de leurs parents. Les gosses se douteraient que j'avais des cadeaux pour elles. J'avais acheté une petite montre Tweetie-Pie pour Aida et une collection d'albums d'épouvante pour Kelly. J'allais bien me garder de dire à Aida que j'avais oublié son anniversaire ; j'espérais qu'elle avait elle-même oublié.

Je descendis de voiture et allai jusqu'à la porte d'entrée. Jusque-là, pas d'embuscade.

La porte était ouverte de cinq ou six centimètres. Je me dis que c'était là le piège qu'on me tendait. J'ouvris tout en grand et lançai :

— Bonjour, bonjour. Il y a quelqu'un ?

D'une minute à l'autre, sans aucun doute, les gamines allaient se précipiter, chacune sur l'une de mes jambes.

Mais rien ne se produisit.

Peut-être avaient-ils mis au point un autre dispositif et m'attendaient-ils, cachés quelque part dans la maison en ayant peine à ne pas pouffer de rire.

De la porte, un petit couloir conduisait à un vaste vestibule rectangulaire sur lequel ouvraient les diverses pièces du rez-de-chaussée. Venant de la cuisine, à ma droite, j'entendis une voix féminine énoncer l'indicatif d'une station de radio.

Toujours pas de gamines. Je commençai à aller sur la pointe des pieds vers la porte de la cuisine en disant à la cantonade :

— Bien, bien. Il va falloir que je parte... vu qu'il n'y a personne ici... C'est dommage, car j'avais des cadeaux pour deux petites filles.

Sur ma gauche, se trouvait la porte du salon, ouverte d'une trentaine de centimètres. Je ne regardais pas particulièrement dans cette direction mais y aperçus quand même quelque chose que, tout d'abord, je n'enregistrai pas. Ou peut-être l'enregistrai-je, en fait, mais mon esprit rejeta-t-il l'information qu'il recevait comme par trop horrible.

Il me fallut une bonne seconde pour en prendre conscience, et, à ce moment, tout mon corps se raidit.

Je tournai la tête lentement, tentant d'analyser ce que je voyais.

C'était Kev. Il gisait sur le côté, et sa tête avait été réduite en bouillie par une batte de base-ball. Elle se trouvait sur le plancher, à côté de lui. Il me l'avait montrée à ma dernière visite, une belle petite batte légère, en aluminium. Il m'avait dit en riant que certains petits durs du coin appelaient cela « un détecteur de mensonges d'Alabama ».

Je restais vissé sur place.

Je me disais : « Bon Dieu, il est mort ! » – ou, du moins, il en avait tout l'air.

Et Marsha et les gosses ?

Et le tueur ? Était-il encore dans la maison ?

Il fallait que je trouve une arme.

Il n'y avait rien que je puisse faire pour Kev à ce moment. Je me disais simplement qu'il me fallait mettre la main sur un de ses pistolets. Je savais qu'il y en avait cinq cachés dans la maison, toujours hors de portée des enfants et toujours chargés, avec une cartouche dans la chambre, prêts à tirer. Il y avait en effet un certain nombre de gens, dans le milieu de la drogue, qui avaient quelques raisons d'en vouloir à Kev.

Et je me dis que, malheureusement, ils avaient fini par l'avoir.

Très lentement, je déposai mes cadeaux sur le sol. Je tendais l'oreille, guettant le moindre craquement du plancher, le moindre mouvement dans la maison.

Le salon était une vaste pièce rectangulaire. Le long du mur de gauche, il avait une cheminée, avec, de part et d'autre, des alcôves avec des étagères chargées de livres. Je savais que, sur l'avant-dernier rayon à droite, trônait un gros dictionnaire des synonymes, et que, bien dissimulé aux regards mais aisément accessible, se trouvait un pistolet de bon calibre. Il était posé de telle sorte que, lorsqu'on le saisissait, on se trouvait immédiatement en position de tir.

Je me ruai vers l'étagère, sans même regarder s'il y avait quelqu'un d'autre dans la pièce. N'étant pas armé, je n'aurais pu, de toute façon, rien y faire.

J'atteignis l'étagère, étendis le bras, m'emparai du pistolet, me retournai et tombai à genoux, l'arme tendue. C'était un Heckler et Koch USP 9 mm, un engin fantastique, avec un viseur laser sous le canon.

Je respirai à fond plusieurs fois de suite. Puis, quand je me fus calmé, je vérifiai la chambre de tir de l'arme en actionnant la glissière, ce qui me permit d'entrevoir le culot cuivré de la cartouche engagée.

Qu'allais-je faire maintenant ? Ma voiture était dehors ; si elle était repérée et signalée, ç'allaient être des drames en cascade. J'étais toujours sous mon identité d'emprunt. Si on me découvrait, on découvrirait également que j'étais en mission, et je me retrouverais dans le pétrin jusqu'aux oreilles.

Je jetai un bref coup d'œil à Kev pour le cas où il respirerait encore. Pas l'ombre d'une chance. Sa matière cervicale s'était répandue et son visage était en bouillie. Il était mort, la batte de base-ball négligemment jetée à côté de son corps.

Il y avait du sang partout, sur le plateau de verre de la table basse et sur l'épaisse moquette. Il y en avait même qui barbouillait les vitres. Mais, curieusement, il ne semblait pas y avoir d'autres signes de lutte.

4

Il me fallait maintenant m'assurer que Marsha et les deux filles n'étaient pas dans les parages, ligotées dans une autre pièce ou un pistolet posé contre la tête. J'allais devoir fouiller systématiquement la maison.

Il est bien dommage que, dans la réalité, l'opération ne soit pas aussi simple que la fait paraître Don Johnson dans *Deux flics à Miami* – on se précipite vers la porte, on se plaque contre le montant de celle-ci, puis on se rue au milieu de la pièce, le pistolet braqué, et on a gagné. Une embrasure de porte attire tout naturellement le feu, et, dès que vous vous y tenez, vous devenez une cible. S'il y a, de l'autre côté, un gaillard avec un fusil de chasse, vous êtes mort.

La première pièce que j'avais à vérifier était la cuisine ; c'était la plus proche et du bruit en provenait.

Par rapport à la porte de la cuisine, je me trouvais à l'autre extrémité du salon. Je commençai à me mouvoir le long du mur. J'enjambai Kev en m'abstenant soigneusement de le regarder. Je tenais le pistolet braqué devant moi, prêt à tirer dès qu'une cible se présenterait, le canon de l'arme suivant mon regard.

Je divisai mentalement la pièce en vue d'une progression par bonds successifs. Le premier bond devait m'amener du canapé au milieu du salon, soit environ trois mètres. Je les franchis et m'immobilisai à côté d'un gros meuble combinant téléviseur et chaîne stéréo et m'offrant une certaine protection tandis que je couvrais la porte conduisant au vestibule. Elle était restée ouverte.

Il n'y avait rien ni personne dans le vestibule. Je refermai la porte du salon derrière moi et m'approchai de celle de la cuisine. La poignée se trouvait sur la droite et je ne voyais pas de gonds. Elle devait s'ouvrir vers l'intérieur. J'allai me placer du côté opposé à la poignée et écoutai. Hormis le bruit de ma respiration et celui de mon cœur battant à tout rompre, je ne pus entendre que la voix d'un quelconque crétin déclarant à la radio : « Accident du travail ? Obtenez réparation grâce à nos juristes spécialisés ! Et souvenez-vous : vous ne payez que lorsque vous gagnez... »

Je pesai sur la poignée de la porte, donnai une petite poussée à celle-ci, puis me reculai. J'attendis un instant, puis, me tenant toujours du côté des gonds, je poussai un peu plus le panneau pour voir si je déclenchais une réaction.

J'entendis la radio, qui continuait à fonctionner, et aussi le bruit mécanique d'une machine à laver en marche. Mais rien ne se produisit.

La porte s'étant ouverte de quelques centimètres de plus, je pouvais maintenant voir une partie de la cuisine. J'avançai et poussai complètement la porte, qui s'ouvrit en grand. Toujours pas de réaction. Restant couvert par le panneau de la porte, je me mis à progresser très lentement, découvrant progressivement l'intérieur de la cuisine. Du pouce droit, je déclenchai le viseur laser, et un petit point lumineux rouge vint se poser sur le mur de la cuisine.

Je me penchai en avant, de façon à présenter une cible aussi réduite que possible. Si quelqu'un se trouvait dans la cuisine, il ne verrait qu'un morceau de visage inquiet au lieu de découvrir Don Johnson grandeur nature.

La pièce ressemblait à la *Mary Céleste*, subitement désertée par tous ses occupants. Kev, en m'invitant, m'avait annoncé que Marsha allait se mettre en cuisine, mais l'opération semblait avoir été interrompue en cours de route ; il y avait des légumes et de la viande à peine déballés sur le plan de travail. Je refermai la porte derrière moi. La radio jouait maintenant de la musique douce, et la machine à laver tournait à plein régime. La table était à moitié mise, détail qui me mit soudain au comble de l'angoisse. Kev et Marsha se montraient très stricts quant aux petites corvées que devaient exécuter les filles, et la vue de cette table à demi dressée me rendit malade, car elle impliquait un fort risque que les deux fillettes soient déjà mortes ou se trouvent en haut, avec un 9 mm dans la bouche.

Je traversai prudemment la cuisine et allai fermer la porte communiquant avec le garage. Je ne tenais pas à me faire prendre par derrière.

J'avais des sueurs froides. Marsha et les gosses étaient-elles encore dans la maison ou avaient-elles pu fuir ? Il n'était pas question que je parte. Les ordures qui avaient fait cela à Kev étaient capables de n'importe quoi. Je commençai à sentir mon estomac se retourner. Qu'est-ce que j'allais trouver en haut ?

Je ressortis dans le vestibule. J'avais mon pistolet braqué vers l'escalier, auquel je faisais maintenant face. La seule pièce qui me restait à visiter en bas était le bureau de Kev. Je mis l'oreille à la porte et écoutai. Je n'entendais rien. J'entrai en prenant les mêmes précautions que pour la cuisine.

C'était une petite pièce, ne pouvant contenir qu'un bureau, un fauteuil et quelques classeurs métalliques. Sur le mur, face au bureau, des étagères regorgeaient de livres et de photos de Kev : Kev en train de tirer, Kev en train de courir et tout le reste. Les classeurs avaient été ouverts, et des papiers jonchaient le sol. Sur le bureau, l'ordinateur de Kev était couché sur le côté, portant toujours le protège-écran de l'armée britannique que je lui avais envoyé pour l'amuser. L'imprimante et le scanner se trouvaient sur le sol, mais c'était là leur place habituelle.

Je retournai dans le vestibule et jetai un coup d'œil à l'escalier. Il allait me poser un problème. Il y avait une première volée de marches, puis un tournant à angle droit, et une deuxième volée de marches conduisant au palier. Cela voulait dire que j'allais devoir recourir à des ruses de Sioux pour monter. Et il n'était plus question d'utiliser le viseur laser, qui n'eût fait que signaler ma présence et permettre de repérer mes mouvements.

Je mis le pied sur la première marche et commençai lentement mon ascension. Heureusement, l'escalier était recouvert d'une épaisse moquette, ce qui contribuait à étouffer le bruit de mes pas, mais il me fallait quand même monter comme si j'avais marché sur de la glace, guettant le moindre craquement et posant toujours le pied à l'extrémité intérieure de la marche, doucement et précisément.

Quand j'arrivai au niveau du palier, je pointai haut mon arme et, m'appuyant au mur, commençai à monter à reculons, marche par marche.

Toutes les deux marches, je m'arrêtais pour écouter.

J'étais seul et je n'avais, pour m'amuser, que treize cartouches, quatorze peut-être, si celle déjà engagée dans la chambre de tir venait en supplément d'un chargeur plein. Mes adversaires éventuels pouvaient avoir des armes semi-automatiques, ou même, pour ce que j'en savais, des armes automatiques. Si on m'attendait là-haut, cela risquait d'être sportif.

La machine à laver tournait toujours à plein régime, en bout de course, et la radio diffusait toujours de la musique douce. Rien d'autre.

Malgré l'air conditionné, j'étais, l'adrénaline aidant, inondé de sueur. Elle commençait à me couler jusque dans les yeux, que j'étais obligé d'essuyer de la main gauche, l'un après l'autre.

La chambre des filles me faisait face. D'après le souvenir que j'en avais, il y avait là des lits superposés et un véritable musée dédié à *Pocahontas* – T-shirts et affiches, draps et dessus de lit, et même une poupée qui se mettait à chanter lorsqu'on lui pressait le dos.

Je m'arrêtai et me préparai au pire.

J'ouvris la porte et examinai la pièce. Rien. Et personne.

Pour une fois, la chambre était même propre et bien rangée. Des animaux en peluche et des jouets étaient entassés sur les lits. Le thème dominant était encore *Pocahontas*, mais *Toy Story* arrivait juste derrière.

Je sortis lentement sur le palier, en le traitant comme s'il s'agissait d'une pièce nouvelle, car je ne savais pas ce qui avait pu s'y produire durant les trente secondes passées dans la chambre des filles.

Puis j'avançai lentement vers la chambre suivante, celle de Kev et de Marsha, le dos touchant presque le mur, le pistolet toujours braqué, le regard s'efforçant de balayer les alentours, tous les sens aux aguets.

En m'approchant, je pus voir que la porte était légèrement entrebâillée. Je ne pouvais encore rien distinguer à l'intérieur, mais j'avais commencé à sentir quelque chose. Une faible odeur de métal mêlée à une odeur d'excréments. Je sentis mon estomac commencer à chavirer. Je savais qu'il me fallait entrer.

En avançant centimètre par centimètre le long du montant de la porte, j'aperçus pour la première fois Marsha. Elle était à genoux à côté du lit, le torse posé sur celui-ci, les bras en croix. Le couvre-lit était couvert de sang.

Sous le choc, je me laissai glisser moi-même à genoux dans le vestibule. Je n'arrivais pas à y croire. Ce n'était pas possible. Pourquoi tuer Marsha ? C'était certainement à Kev qu'on en voulait, pas à elle. J'avais simplement envie de m'asseoir et de pleurer, mais je savais que les gamines avaient été dans la maison. Et qu'elles y étaient peut-être encore.

Je me repris en main et me contraignis à bouger. J'entrai dans la chambre en m'efforçant d'ignorer Marsha. Personne dans la pièce.

Restait à vérifier la salle de bains attenante. J'y amorçai une entrée dans toutes les règles mais ce que j'y vis me fit perdre totalement mes moyens. Mon dos vint heurter le mur, et je me laissai glisser jusqu'au sol.

Aida gisait sur le carrelage entre la baignoire et la cuvette des toilettes. Sa petite tête de fillette de cinq ans avait été sectionnée et presque détachée de son torse. Elle ne tenait plus que par quelques centimètres de chair et une colonne vertébrale que je pouvais clairement apercevoir.

Il y avait du sang partout. J'en avais déjà sur la chemise et les mains, même sur le fond de mon pantalon, car je m'étais assis en plein milieu d'une flaque rouge.

Détournant la tête vers la chambre à coucher, je regardai Marsha et faillis me mettre à hurler. Sa robe retombait normalement, mais son collant avait été arraché, sa culotte baissée et elle s'était souillée, sans doute au moment de mourir. Et on lui avait également fait la même chose qu'à Aida. Son sang s'était répandu sur le lit tout entier.

Je m'efforçais de respirer profondément tout en m'essuyant les yeux. Je savais qu'il me restait deux pièces à explorer : une autre salle de bains et un vaste studio au-dessus du garage. Il m'était impossible d'abandonner maintenant, car je risquais de me faire moi-même massacrer.

J'inspectai donc ces dernières pièces, puis je m'assis, en m'effondrant à moitié, sur le palier du premier étage. Je pouvais voir mes empreintes de pas sanglantes partout sur la moquette.

Arrête, calme-toi et réfléchis.

Que restait-il à faire ? Kelly. Où diable était passée Kelly ?

Puis je me souvins de la cachette. En raison des menaces dont Kev faisait l'objet, les deux fillettes savaient où elles devaient aller se cacher en cas de drame.

Cette pensée me fit reprendre mes esprits. Si Kelly se cachait là, elle était en sécurité pour le moment. Mieux valait la laisser pendant que je m'occupais de ce qui me restait à faire.

Je me levai et commençai à descendre l'escalier, le pistolet toujours braqué devant moi. J'aurais presque voulu voir surgir les auteurs du massacre. J'aurais voulu voir leurs têtes.

Je pris un torchon et un sac-poubelle dans la cuisine, et entrepris de faire le tour de la maison en essuyant les poignées de porte et toutes les surfaces où j'avais pu laisser des empreintes.

Puis je remontai à l'étage, me lavai le visage et les mains pour en faire disparaître le sang et pris dans les placards de Kev un jean, une chemise propre et des tennis. Ses vêtements ne m'allaient pas vraiment, mais il faudrait bien que je m'en contente provisoirement. J'entassai les miens, couverts de sang, dans le sac-poubelle que j'avais emporté.

5

Kev m'avait montré la cache qu'il avait installée sous un escalier à claire-voie menant du garage à un petit grenier où l'on rangeait des échelles. Les filles savaient que si jamais Kev ou Marsha criaient le mot « Disneyland », elles devaient aller se cacher là – et n'en sortir que si Papa ou Maman venait les y chercher.

Poussant légèrement la porte, je pouvais voir, à ma droite, l'arrière des grands panneaux basculants du garage. Celui-ci aurait pu facilement accueillir trois véhicules, en plus de la voiture de fonction de Kev. « Un sacré truc ! disait-il lui-même. Tous les gadgets et les bidules des années quatre-vingt-dix, et l'allure d'un frigo des années soixante... »

Les bicyclettes des gosses étaient accrochées au mur du fond, que balayait le point rouge du viseur laser. J'entrai finalement dans le garage et l'inspectai. Rien.

Je revins aux environs de l'escalier et commençai à appeler doucement :

— Kelly ! C'est Nick. Salut, Kelly, où es-tu ?

Je tenais toujours mon pistolet braqué devant moi, prêt à faire face à toute menace éventuelle.

Sous l'escalier étaient accumulés de grands cartons, dont l'un avait contenu un réfrigérateur et un autre une machine à laver. Kev s'en était servi pour construire une sorte de caverne où il avait disposé quelques jouets. M'en approchant, je glissai mon pistolet dans ma ceinture. Je ne voulais pas que Kelly aperçoive l'arme. Elle en avait sans doute assez vu et entendu comme cela.

Par un espace entre deux cartons, je repris :

— Kelly, c'est moi, Nick. N'aie pas peur. Je vais venir vers toi en rampant. Tu vas voir mon visage dans une minute, et moi, je veux voir un grand sourire…

Je me mis à quatre pattes et commençai à déplacer les cartons tout en continuant à parler. Je procédai très doucement, car j'ignorais comment elle allait réagir.

— Je vais maintenant me montrer, Kelly.

Je pris ma respiration et passai la tête au-dessus de l'un des cartons, souriant du mieux que je le pouvais mais m'attendant au pire.

Elle était là, juste en face de moi, les yeux écarquillés de terreur, repliée dans une position fœtale et se balançant d'avant en arrière, les mains plaquées sur les oreilles.

— Salut, Kelly, lui dis-je tout doucement.

Elle devait m'avoir reconnu, mais elle ne répondit pas. Elle continua à se balancer en me regardant avec de grands yeux pleins de frayeur.

— Papa et Maman ne peuvent pas venir te chercher pour le moment, mais tu peux aller avec moi. Papa m'a dit qu'il était d'accord. Tu viens avec moi, Kelly ?

Elle ne répondait toujours pas. Je rampai jusque auprès d'elle. Elle avait beaucoup pleuré, et des mèches de cheveux châtain clair étaient collées à son visage. Ses yeux étaient rouges et gonflés. J'écartai les mèches de sa bouche et lui dis :

— Tu es dans un drôle d'état, tu sais ? Tu ne veux pas que je te nettoie un peu ? Allez, viens !

Je la pris par la main et, marchant lentement, l'emmenai hors du garage.

Elle portait un jean, une chemise assortie, des baskets et un blouson matelassé en nylon bleu. Elle avait les cheveux qui lui tombaient juste au-dessus des épaules, et elle était grande pour une enfant de sept ans, avec de longues jambes maigres. Je la soulevai dans mes bras, et, la serrant fort contre moi, la portai jusque dans la cuisine. Je savais que toutes les autres portes étaient fermées et qu'ainsi elle ne pourrait rien voir. Je l'assis sur une chaise près de la table.

— Papa et Maman, lui dis-je, ont dû s'en aller pour un moment, mais ils m'ont demandé de m'occuper de toi jusqu'à ce qu'ils reviennent. Entendu ?

Elle tremblait si fort que je ne pus voir si elle hochait ou non la tête. J'allai jusqu'au réfrigérateur et l'ouvris. Il y avait, sur l'un des rayons, deux gros œufs de Pâques entamés.

— Mmm ! fis-je. Veux-tu un peu de chocolat ?

J'avais toujours eu de très bonnes relations avec Kelly. Je la considérais comme une gosse formidable, et ce pas seulement parce qu'elle était la fille de mon copain. Je lui souris, mais elle continua à fixer la table sans rien dire.

Je cassai quelques fragments de chocolat et les posai sur l'une des petites assiettes que Kelly elle-même avait sans doute, avec Aida, placées sur la table un peu auparavant. Je trouvai le bouton d'arrêt de la radio et le tournai ; j'avais eu mon compte de musique douce pour la journée.

En regardant Kelly, je me dis soudain que je m'étais collé dans un sacré pétrin. Qu'est-ce que j'allais bien pouvoir faire d'elle ? Je ne pouvais la laisser simplement là, avec les cadavres des membres de sa famille dans les diverses pièces de la maison. Et, qui plus est, elle me connaissait bien. Quand la police arriverait, elle pourrait dire : « Nick Stone était là. » Et les flics ne tarderaient pas à découvrir que Nick Stone était un ami de Papa, figurant sur d'innombrables photos affichées dans la maison. Puis, quand ils arrêteraient l'homme des photos, ils s'apercevraient qu'il ne s'agissait pas de Nick Stone mais du fils préféré de Mrs. Stamford. Autrement dit, nous n'avions pas intérêt à moisir là.

Le veston de Kev était accroché sur le dossier de l'une des chaises.

— Je vais te mettre le veston de ton papa, dis-je à Kelly. Il te tiendra bien chaud.

Je me disais qu'ainsi, il lui resterait quelque chose de son père. Elle ne me répondit que par un petit gémissement. Elle était toujours en état de choc, mais, au moins, elle avait tourné la tête vers moi. C'est là que, normalement, j'aurais laissé Marsha prendre le relais, les subtilités de l'esprit enfantin me dépassant un peu, mais, bien sûr, il n'en était pas question.

J'enveloppai Kelly dans le veston en tentant de plaisanter lourdement :

— C'est à ton papa, hein ? Tu ne le lui diras pas...

Je trouvai un téléphone portable dans l'une des poches et ajoutai :

— Tiens, regarde ! On l'appellera un peu plus tard...

Je jetai un coup d'œil par la fenêtre de la cuisine. Rien ne bougeait. Je saisis à la fois le sac-poubelle et la main de Kelly, mais me rendis compte à ce moment que, pour gagner la porte principale, il allait nous falloir traverser le vestibule.

— Attends-moi juste une seconde, dis-je à la fillette. J'ai quelque chose à faire.

Je vérifiai rapidement que toutes les portes étaient fermées. Je pensai de nouveau aux empreintes digitales, mais me dis que j'avais oublié d'en effacer quelques-unes, il était maintenant trop tard pour y remédier. Ma seule préoccupation était de vider les lieux et de tenir Kelly à l'écart de la police jusqu'à ce que j'aie pu régler la situation.

Je revins chercher la fillette. Elle semblait avoir peine à marcher. Je dus saisir le col du veston de Kev et la tirer ainsi jusqu'à la voiture. Je l'installai sur le siège du passager et lui souris.

— Voilà, lui dis-je. Tu es bien au chaud. Fais attention au veston de papa.

Je jetai le sac-poubelle sur le siège arrière, m'assis au volant, bouclai ma ceinture et mis le contact. Je démarrai à petite allure, soucieux de ne me faire remarquer en rien.

Nous avions déjà fait plusieurs centaines de mètres lorsque je m'avisai de quelque chose.

— Kelly, dis-je. Mets ta ceinture. Tu sais le faire ?

Elle ne répondit pas, ne tourna même pas la tête. Je dus lui boucler moi-même sa ceinture.

J'essayais de faire la conversation :

— C'est une belle journée, tu ne trouves pas ? Tu vas rester un moment avec moi, n'est-ce pas ?

Silence.

Je revins à mes préoccupations immédiates. Qu'allais-je faire ? Le plus important, pour le moment, était de s'éloigner, et, si possible, de se perdre dans la foule. Je pris la direction de Tyson's Corner.

Je me retournai vers Kelly en souriant et tentai de nouveau de jouer les oncles gâteaux. Mais cela ne marchait pas. Elle regardait anxieusement par la portière, comme si elle avait l'impression d'être arrachée à son univers familier et avait conscience de le voir pour la dernière fois.

— Tout va bien, Kelly, affirmai-je en tentant de lui caresser les cheveux.

Elle secoua la tête pour se dégager.

Je décidai de laisser courir. Avec un peu de chance, elle finirait par se calmer toute seule.

Je repensais à Kev. Il m'avait dit avoir des renseignements sur « mes copains de l'autre côté de la mer ». Se pouvait-il qu'il ait été tué par l'IRA ? Pourquoi diable ? Il me paraissait, de toute manière, très improbable que les terroristes irlandais fassent ce genre de fantaisies en Amérique. Ils n'étaient pas bêtes au point de mordre la main qui les nourrissait.

Il y avait encore d'autres choses qui ne collaient pas. Pourquoi n'y avait-il eu aucune résistance ? Marsha et Kev savaient l'un et l'autre où se trouvaient leurs armes. Pourquoi ne les avaient-ils pas utilisées ? Et pourquoi la porte était-elle entrouverte ? Les gens n'entraient pas comme cela, par hasard, chez Kev. Ceux-là avaient dû être invités.

Je sentis monter en moi une bouffée de colère. Si la famille avait été tuée dans un accident d'automobile, rien à dire, c'eût été le destin. Si les tueurs étaient entrés et avaient simplement fusillé tout le monde, à la rigueur ; qui frappe par l'épée doit s'attendre à périr par l'épée. Mais pas de cette façon. Pas de façon aussi cruelle et démente.

Je me contraignis à envisager les choses rationnellement. Je ne pouvais en aucune façon appeler la police pour exposer ma version des faits. Bien qu'ayant été libéré de ma mission, je me trouvais encore en train d'opérer dans un pays étranger sans le consentement de celui-ci. Si la chose apparaissait, elle serait considérée comme une déloyauté susceptible de braquer l'un contre l'autre les services des deux pays. Le SIS ne me soutiendrait en aucun cas ; ce serait contraire au principe même des opérations illégales. Je devais me débrouiller tout seul.

Il allait d'abord falloir que j'abandonne la voiture, car, si elle avait été repérée devant la maison de Kev, elle permettrait de remonter jusqu'à moi. Et je devais trouver, pour cela, un endroit où elle ne se trouve pas isolée et où il n'y ait pas de caméras de surveillance. En me dirigeant vers Tyson's Corner, j'aperçus sur la gauche un hôtel Best Western, et, sur la droite, une galerie commerciale que prolongeait un restauroute Burger King. L'un et l'autre avaient de vastes parcs de stationnement.

C'est bien beau d'abandonner une voiture au milieu de quelques centaines d'autres dans un parking bondé aux heures ouvrables, mais il y a toujours le risque que, celles-ci passées, votre véhicule reste seul sur place, repérable au premier coup d'œil et assuré d'attirer l'attention de toutes les patrouilles de police passant à portée. Ce que je cherchais, c'était un endroit restant occupé jour et nuit. Les parkings à plusieurs étages étaient exclus car ils comportent généralement des caméras de surveillance capables d'enregistrer le numéro de plaque minéralogique d'une voiture et même l'image de son conducteur.

— Si on allait prendre un burger et des milk-shakes ? dis-je à Kelly. Tu aimes les milk-shakes ? Et, ensuite, on pourrait même aller faire des courses.

Il fallait en effet que j'aie un prétexte pour aller me garer au parking du Burger King, qui présentait les avantages requis. Je ne pouvais y laisser simplement la voiture et gagner l'arcade commerciale, à plusieurs centaines de mètres de là. Cela n'aurait pas paru naturel, et tout comportement risquant de retenir l'attention de témoins était à éviter soigneusement.

— Fraise ou vanille ? Qu'est-ce que tu préfères ?

Silence.

— Chocolat ? Moi, je vais prendre chocolat.

Rien.

Je garai la voiture. Le parc de stationnement était presque plein. Je pris le menton de Kelly et, lui faisant un grand sourire, l'obligeai à me regarder.

— Milk-shake ?

Elle eut un très léger mouvement de la tête. Cela pouvait passer à la rigueur pour un signe affirmatif. C'était, au moins, un début de réaction.

— Tu restes là bien tranquille, lui dis-je. Je vais fermer la voiture à clé et aller chercher les milk-shakes. Et ensuite, nous irons voir les boutiques. Qu'est-ce que tu en dis ?

Elle détourna la tête sans répondre.

Je n'en descendis pas moins de la voiture en verrouillant la porte. J'avais toujours le pistolet glissé dans la ceinture de mon pantalon, dissimulé par la veste de Kev.

J'allai au Burger King, y achetai deux milk-shakes aux parfums différents et revins droit à la voiture.

— Et voilà, dis-je. Vanille ou chocolat ?

Kelly ne broncha pas.

— Je vais prendre la vanille, fis-je alors. Je sais que toi, tu aimes le chocolat. Prends-le avec toi, nous allons jeter un coup d'œil aux boutiques.

Je la fis descendre de voiture et refermai la porte à clé. Je ne tentai même pas d'effacer nos empreintes digitales. Avec toute la bonne volonté du monde, il était exclu que je puisse toutes les éliminer, alors pourquoi se donner la peine de commencer ? J'ouvris le coffre, en retirai le sac contenant les quelques bricoles que j'avais achetées à Shannon, et y jetai le sac-poubelle avec les vêtements ensanglantés.

On aurait dit qu'il allait pleuvoir. Tout en marchant vers la galerie commerciale, je continuais à essayer de parler à Kelly. J'étais mal à l'aise. Que faire avec une gosse qui n'est pas à vous et ne souhaite pas être avec vous ?

Je tentai de la prendre par la main, mais elle s'y refusa. Soucieux de ne pas attirer l'attention, je n'insistai pas, et me contentai de saisir l'épaulette du veston qui flottait sur elle.

Il y avait de tout, dans la galerie commerciale. Cela allait d'un magasin d'ordinateurs à une boutique de surplus militaires. Dans un magasin de vêtements à bon marché, je m'achetai un jean et une chemise. Je me changerais dès que j'aurais réussi à prendre une douche et à me débarrasser du sang que je devais encore avoir un peu partout.

À un guichet automatique, je tirai 300 dollars, le maximum autorisé par ma carte de crédit. Nous ne retournâmes pas à la voiture, mais nous dirigeâmes vers l'hôtel qui se trouvait à proximité.

6

Nous arrivâmes vers l'hôtel par l'arrière. Je me rendis compte aussitôt qu'il nous faudrait marcher des kilomètres pour en atteindre l'entrée principale par les voies normales et décidai de prendre un raccourci. La circulation était intense, et rien n'avait été conçu pour les piétons. Cela revenait presque à traverser une autoroute en Angleterre, à ceci près qu'il y avait quand même des feux ralentissant de temps à autre le flot des voitures. Serrant la main de Kelly dans la mienne, je m'efforçais de profiter de ces accalmies pour progresser par bonds successifs. Je regardai le ciel ; il était très couvert. La pluie n'était certainement pas loin.

Les conducteurs, qui n'avaient sans doute jamais vu de piétons de leur vie, klaxonnaient comme des malades, mais nous réussîmes quand même à traverser et à escalader les barrières métalliques pour gagner le trottoir. Puis, traversant un petit terrain vague, nous nous retrouvâmes dans le parc de stationnement de l'hôtel. En passant au milieu des voitures qui y étaient garées, je m'appliquai à mémoriser les lettres et les chiffres correspondant à un numéro minéralogique de Virginie.

Le Best Western était un vaste immeuble rectangulaire de quatre étages dans le style typique des années quatre-vingt, en béton peint d'un jaune anémique. Quand nous arrivâmes aux abords de la réception, je tâchai de jeter un coup d'œil à l'intérieur. Je ne voulais pas qu'on nous voie venir à pied du parc de stationnement, car ce comportement aurait certainement paru bizarre, la logique voulant que nous arrêtions d'abord notre voiture devant l'entrée de l'hôtel pour nous assurer qu'il y avait des chambres libres et pouvoir décharger nos bagages. J'espérais que Kelly resterait muette pendant que je nous inscrirais et ferais mine ensuite de rejoindre une voiture où serait censée m'attendre mon épouse.

Dans le hall de l'hôtel, je la fis asseoir sur une chaise et lui dis :

— Tu m'attends bien sagement là. Je vais nous prendre une chambre.

Au bureau de réception, une femme dans la bonne quarantaine mais persistant visiblement à jouer les minettes regardait un match de football américain à la télévision en rêvant sans doute de mettre quelques-uns des trois-quarts dans son petit lit blanc et rose.

— Il me faudrait, lui dis-je, tout sourire, une chambre familiale juste pour une nuit.

— Certainement, monsieur, fit-elle avec une amabilité qui faisait honneur à la qualité de la formation professionnelle dans la chaîne Best Western. Si vous voulez bien remplir cette fiche.

Tout en commençant à écrire, je demandai :

— Et combien est la chambre ?

— C'est soixante-quatre dollars plus les taxes.

Je levai un sourcil pour bien marquer que cela représentait beaucoup pour un père de famille tel que moi.

— Oui, je sais, me dit-elle avec un sourire compatissant. Désolée.

Elle prit ma carte de crédit tandis que je continuais à écrire sur la fiche toutes les sottises de rigueur. Cela faisait des années que je m'appliquais à mentir sur les fiches d'hôtel et j'avais acquis une certaine virtuosité dans ce genre d'exercice. Je mentionnai un numéro de voiture imaginaire et inscrivis deux adultes et un enfant. La réceptionniste me rendit ma carte.

— Voilà, monsieur Stamford. Chambre 224. Où est votre voiture ?

— Juste au coin, répondis-je, en esquissant un geste vague vers l'arrière de l'hôtel.

— Bien. Vous pouvez vous garer à côté des escaliers où vous verrez le distributeur de Coca-Cola et la machine à glace. Si vous tournez à gauche en haut des marches, vous tomberez sur le 224. Bonne journée.

J'aurais pu décrire la chambre avant même d'en avoir ouvert la porte avec la carte magnétique que m'avait remise la réceptionniste : un téléviseur, deux grands lits, deux fauteuils et toutes ces fausses boiseries qu'affectionnent les hôtels américains.

Je voulais installer Kelly le plus rapidement possible, de façon à pouvoir aller téléphoner. J'actionnai la télécommande et zappai d'une chaîne de télévision à l'autre, jusqu'au moment où je tombai sur des dessins animés.

— Je me souviens de celui-là. Il était très bon. On le regarde ?

Elle restait assise sur l'un des lits, me regardant fixement. Je voyais à son expression qu'elle n'aimait pas trop tout cela, et je ne pouvais que la comprendre.

— Kelly, lui dis-je, je vais te laisser juste quelques minutes, car j'ai un coup de fil à donner. Je te rapporterai quelque chose. Qu'est-ce que tu veux ? Un Coca ? Un soda ? Ou un gâteau ?

Devant son absence de réaction, je poursuivis :

— Je vais fermer la porte à clé et tu n'ouvriras à personne. Vraiment à personne. C'est entendu ? Je reviens dans cinq minutes.

Il n'y eut toujours pas de réaction. J'accrochai la carte « Ne pas déranger » au bouton de porte, m'assurai que j'avais bien la carte magnétique sur moi et m'en allai.

Je me rendais à une cabine téléphonique que j'avais aperçue à l'extérieur de l'hôtel, car je ne tenais pas à ce que Kelly entende la conversation que j'allais avoir. Je ne connaissais pas grand-chose aux enfants, mais ce que je savais, c'est que quand j'avais moi-même sept ans, rien de ce qui pouvait se passer chez moi ne m'échappait. Pour le cas fort peu probable où il n'aurait pas de code de protection, je sortis de ma poche le téléphone portable de Kev. Je pressai le bouton et un numéro de code me fut aussitôt demandé. J'essayai deux combinaisons primaires, les quatre zéros et le

1, 2, 3, 4. Rien ne se produisit. Il n'était pas question d'insister. J'éteignis l'appareil et le remis dans ma poche. Je demanderais à Kelly si, par hasard, elle connaissait le numéro.

Je gagnai la cabine et, après avoir mentalement préparé ce que j'allais dire, j'appelai Londres.

En termes voilés, je dis :

— Je viens de finir le travail, et je suis allé voir un vieil ami à Washington. C'est un type avec qui je travaillais il y a dix ans. Il travaille maintenant pour le gouvernement américain.

J'esquissai ensuite le problème et fis savoir que Kelly et moi avions besoin d'aide.

Le langage à mots couverts n'est pas un code miracle ; il ne peut vous servir qu'à laisser entendre ce qui se passe sans éveiller l'attention d'un auditeur fortuit. Cela ne peut tromper aucun professionnel – les codes et tout le reste ne sont pas faits pour rien. Mais tout ce que Londres avait à savoir, c'est que j'étais dans le pétrin, que j'avais la fille de Kev avec moi et que j'avais besoin qu'on m'aide. De toute urgence.

— Bien, me dit-on, je vais transmettre le message. Un numéro où vous joindre ?

— Non. Je vous rappelle dans une heure.

— Entendu. Au revoir.

Ces bonnes femmes n'ont jamais cessé de m'épater. Rien, mais vraiment rien, ne peut les étonner. Cela ne doit pas être facile d'être leur mari quand elles daignent rentrer chez elles.

Je raccrochai, me sentant déjà un peu mieux. Je savais que le Service allait prendre les choses en main et résoudre tous les problèmes. Il se pourrait qu'il ait à employer les grands moyens et tirer toutes les ficelles possibles dans les hautes sphères, mais il allait me tirer d'affaire – plus pour couvrir son opération que pour mes beaux yeux bleus.

Si mon humeur se faisait plus ensoleillée, il n'en était pas de même du temps. Le petit crachin qui m'avait accueilli à ma sortie de l'hôtel tournait à la pluie. Avec un peu de chance, nous serions récupérés, Kelly et moi, dès ce soir.

Kelly serait prise en charge, et je serais réexpédié en Angleterre pour une petite entrevue sans café et sans biscuits.

J'achetai de quoi manger et boire à la boutique de la station-service de façon que nous puissions rester à l'abri dans notre chambre sans avoir à en sortir, puis je revins à l'hôtel et frappai à la porte, avant de l'ouvrir.

— J'ai des tas de choses, dis-je à Kelly en entrant. Des bonbons, des sandwiches, des frites. Je t'ai même acheté un album pour que tu puisses lire.

Elle était couchée sur le lit, exactement comme je l'avais laissée, regardant dans la direction du poste de télévision sans paraître voir vraiment les images qui se déroulaient sur l'écran, les yeux fixes.

Je déposai mes achats sur l'autre lit et lui dis :

— Bien. Je crois que ce dont tu as besoin, c'est d'un bon bain chaud. J'ai acheté de quoi faire de la mousse.

Le bain aurait l'avantage de l'occuper, de la détendre un peu et, peut-être, de la faire sortir de l'état second où elle se trouvait. Et je souhaitais pouvoir la remettre propre et nette aux gens du Service. Après tout, c'était la fille de mon copain.

J'allai ouvrir les robinets de la baignoire, puis je revins dans la chambre.

— Allez, lui dis-je. Déshabille-toi.

Elle ne réagit pas. Je m'assis au pied d'un des lits et entrepris de lui ôter moi-même ses vêtements. Elle se laissait faire toujours sans réagir. Je lui enlevai sa chemise et son maillot de corps et lui dis :

— Tu t'occupes de ton jean.

Elle n'avait que sept ans, mais cela me gênait un peu de le faire.

— Allez, déboutonne-le.

En fin de compte, je dus le faire ; elle semblait être à des kilomètres de là.

Je la portai jusque dans la salle de bains. Je n'avais pas lésiné sur la mousse, qui montait très haut au-dessus de la baignoire. Je l'y déposai et elle resta assise dans le bain sans un mot ni un geste.

— Il y a du savon et du shampooing, lui dis-je. Veux-tu que je t'aide à te laver les cheveux ?

Elle ne répondit pas. Je lui donnai le savon, qu'elle regarda comme si elle ignorait ce dont il s'agissait.

Il était presque l'heure de rappeler Londres. Pour ce coup de fil au moins, je n'avais pas besoin d'aller jusqu'à la cabine ; de la baignoire, Kelly ne pourrait rien entendre. À tout hasard, je laissai marcher la télévision.

Dès que j'eus composé le numéro, on décrocha et j'entendis :

— PIN, s'il vous plaît.

Je l'indiquai.

— Un moment, dit mon interlocutrice.

Quelques secondes plus tard, la communication fut coupée.

C'était étrange. Je composai de nouveau le numéro, donnai mon PIN, et fus coupé une fois de plus.

Que diable se passait-il ? Je tentai de me raisonner, de me dire que c'était un simple concours de circonstances. Mais, au fond de moi-même, je connaissais la vérité ; ce ne pouvait être que délibéré. De toute manière, ruminer là-dessus ne servait à rien. Il fallait agir.

J'entrai dans la salle de bains et dis à Kelly :

— Le téléphone ne marche pas. Je vais aller jusqu'à la cabine, dehors. Veux-tu que je rapporte quelque chose ?... Non, je vais te dire, nous irons faire des courses tous deux ensemble dès que je serai revenu...

Elle continuait à fixer sans rien dire l'extrémité de la baignoire.

Je la sortis du bain et l'enveloppai dans une serviette.

— Tu es une grande fille, maintenant. Tu peux te sécher toute seule.

Je fouillai dans ma trousse de toilette et en sortis la brosse à cheveux, que je lui donnai.

— Quand tu te seras essuyée, tu te brosseras bien les cheveux, puis tu t'habilleras. Sois prête pour quand je reviendrai. Il se pourrait que nous ayons à sortir. En attendant, n'ouvre la porte à personne. C'est entendu ?

Elle ne répondit pas. Je débranchai le téléphone avant de sortir.

7

Je commençais à me sentir inquiet. Je n'avais commis aucune faute, et l'on me raccrochait au nez. Le Service me laissait-il tomber ? Je me mis à envisager toutes les possibilités. Les gens du Service pensaient-ils que c'était moi qui avais tué Kev ? Était-on sur le point de me renier totalement ?

Arrivé dans la cabine, je composai le numéro et la même chose se produisit. Je reposai lentement le combiné, sortis de la cabine et allai m'asseoir sur un muret voisin. Il me fallait réfléchir dur. J'en vins assez rapidement à la conclusion que la seule solution, pour moi, était de téléphoner à l'ambassade. Je violais ainsi toutes les règles du jeu, et je le fis allégrement. Je composai le 411, obtins les renseignements et demandai le numéro. Je l'appelai immédiatement.

— Allô, ambassade de Grande-Bretagne. Que puis-je faire pour vous ?

— Je voudrais parler à l'OLOS.

— Pardon ?

— À l'OLOS. Officier de liaison, opérations spéciales.

— Je suis désolée, mais nous n'avons pas de poste à ce nom.

— Eh bien, vous joignez l'attaché militaire et vous lui dites qu'il y a quelqu'un au téléphone qui voudrait parler à l'OLOS. C'est très important. J'ai besoin de lui parler immédiatement.

— Ne quittez pas.

Il y eut un déclic, et les accents d'un quatuor à cordes remplacèrent la voix de l'opératrice. Puis une autre femme vint en ligne.

— Allô, que puis-je faire pour vous ?

— Je voudrais parler à l'OLOS.

— Je suis désolée, nous n'avons personne exerçant ces fonctions.

— Alors, passez-moi l'attaché militaire.

— Désolée, l'attaché militaire n'est pas là. Que puis-je pour vous ? Pouvez-vous me donner un nom et un numéro de téléphone ?

— Écoutez, lui dis-je. Voilà le message, et je veux que l'OLOS ou l'attaché militaire le transmette. J'ai tenté d'appeler en donnant mon PIN, qui est 2422, et on me laisse en plan. Je suis dans une situation très grave en ce moment, et j'ai besoin d'aide. Dites à l'OLOS ou à l'attaché militaire que si je ne peux pas entrer en contact avec Londres, je vais déballer tout ce que j'ai en réserve. Je rappellerai dans trois heures.

— Excusez-moi, fit la femme. Pourriez-vous répéter ?

— Non, je sais que, de toute manière, vous enregistrez la communication. Et le message sera compris. Tout ce que vous avez à faire c'est de le transmettre à l'OLOS ou à l'attaché militaire – celui des deux que vous préférez, je n'en ai rien à cirer. Dites-leur que j'appellerai Londres avec mon PIN dans trois heures.

Sur ce je raccrochai. Je savais que le message serait reçu. Il y avait, de toute manière, de fortes chances que l'OLOS ou l'attaché militaire aient écouté la conversation.

Certaines des opérations auxquelles j'avais participé étaient si tordues que personne ne pouvait souhaiter qu'elles soient révélées, et j'étais toujours parti du principe que si quelqu'un se trouvait impliqué dans ce genre de missions sans prendre ses précautions pour le jour où l'on tenterait de le larguer, il méritait tout ce qui pouvait lui arriver. Mais l'arme dont on disposait lorsqu'on avait pris ce type de dispositions était évidemment à double tranchant ; elle pouvait inciter aussi les personnes menacées à tenter de vous liquider purement et simplement.

De toute façon, je ne pouvais plus reculer. J'avais joué ma carte d'atout, et je n'aurais jamais la possibilité de recommencer. Je pouvais aussi être sûr que la vie ne serait pas facile pour moi à l'avenir. Ma carrière au Service était terminée, et j'allais sans doute finir mes jours dans un village reculé du Sri Lanka à sursauter au moindre bruit.

Et si le Service décidait d'essayer de s'arranger avec les Américains en me sacrifiant froidement ? Mais non, ce n'était pas comme cela que cela marchait. Le Service ne pouvait savoir exactement ce que j'avais en réserve, et les dégâts que j'étais susceptible de faire en vidant mon sac auprès de la presse. Ses responsables devaient prévoir le pire, et me venir en aide. Ils n'avaient pas le choix.

Quand je regagnai la chambre, je trouvai Kelly étendue sur l'un des lits, enveloppée dans sa serviette. Les dessins animés avaient pris fin, et, du téléviseur, s'échappaient les accents d'une de ces voix catégoriques que semblent prendre automatiquement les présentateurs de journaux d'information, mais je n'y prêtai guère attention. J'étais beaucoup plus soucieux de sortir de son état de prostration la petite fille allongée sur le lit. Au train où évoluaient les choses, je risquais de me retrouver rapidement à court d'amis. Kelly n'avait certes que sept ans, mais j'aurais bien aimé la sentir de mon côté.

— Nous allons rester encore ici une heure ou deux, lui dis-je, puis quelqu'un va venir...

Puis la voix féminine catégorique provenant du téléviseur me heurta le tympan de plein fouet :

« ...des meurtres sanglants et un probable kidnapping... »

Mon attention se porta aussitôt sur l'écran. La journaliste assurant le reportage, une Noire d'environ trente-cinq ans, se tenait devant la maison de Kev. On voyait la Daihatsu, toujours garée dans l'allée, des policiers qui allaient et venaient, et deux ambulances dont les feux clignotaient. Je saisis vivement la télécommande et éteignis le poste.

— Kelly, vilaine ! dis-je avec un large sourire. Tu ne t'es pas lavé le cou. Tu vas me faire le plaisir de retourner immédiatement dans la baignoire...

Je la précipitai presque dans la salle de bains. Puis je remis la télévision en route en gardant le volume sonore au plus bas.

« Des voisins, poursuivait la femme-reporter, disent avoir aperçu un homme approchant de la quarantaine, blanc, de corpulence moyenne, mesurant un mètre soixante-quinze à un mètre quatre-vingts, avec des cheveux châtains coupés court. Il est arrivé vers quatorze heures quarante-cinq à bord d'une Dodge blanche immatriculée en Virginie. Nous avons maintenant avec nous le lieutenant Davies, de la police du comté de Fairfax... »

Un policier en civil avec un début de calvitie intervint alors :

« Nous sommes en mesure de confirmer la présence d'un homme répondant à ce signalement, et nous faisons appel à tous les témoins qui pourraient encore se présenter. Nous recherchons la fille des Brown, Kelly, âgée de sept ans... »

Parut sur l'écran une photo de Kelly dans un jardin en compagnie d'Aida, tandis que son signalement était donné oralement. Puis on revint au studio, où les deux présentateurs du journal déclarèrent que le massacre de la famille Brown – dont on présenta alors une photo de groupe – semblait être lié à des affaires de drogue. « Kevin Brown appartenait à la Drug Enforcement Administration... » De là, on passa à une discussion sur le problème de la drogue dans l'agglomération de Washington.

Aucun bruit d'eau ne venait de la salle de bains. Kelly allait certainement réapparaître d'un moment à l'autre. Je passai rapidement d'une chaîne de télévision à l'autre. Rien de plus sur les meurtres. Je revins à la chaîne destinée aux enfants et gagnai la salle de bains.

Je n'avais entendu aucun bruit d'eau pour la simple raison que Kelly n'était pas dans la baignoire. Elle était prostrée sur le carrelage, sous le lavabo, dans la position fœtale où je l'avais trouvée dans le garage de Kev, les mains plaquées sur les oreilles comme pour bloquer ce qu'elle venait juste d'entendre à la télévision.

J'aurais voulu la consoler, mais je ne savais comment m'y prendre. Je décidai de faire comme si je n'avais rien remarqué.

— Salut, Kelly, dis-je en souriant. Qu'est-ce que tu fais là ?

Elle gardait les yeux si hermétiquement clos qu'elle en avait le visage plissé. Je la pris dans mes bras et revins dans la chambre.

— Hé ! lui dis-je. Tu as l'air d'avoir sommeil. Que veux-tu faire : regarder la télévision ou aller simplement au lit ?

Cela sonnait terriblement faux à mes propres oreilles, mais je ne savais vraiment que dire ou que faire.

Je lui retirai la serviette qui l'enveloppait. Elle était maintenant sèche.

— Allez, habille-toi un peu et peigne-toi.

J'avais du mal à trouver mes mots.

Elle restait assise sur l'un des lits sans bouger. Comme j'entreprenais de lui enfiler son gilet de corps, elle me dit tout doucement :

— Maman et Papa sont morts, n'est-ce pas ?

Je repris ma respiration.

— Qu'est-ce qui te fait dire cela ? Je t'ai bien prévenue que je te gardais juste pendant un moment.

— Alors, je vais revoir Maman et Papa ?

Je n'eus pas le cran de lui dire la vérité.

— Bien sûr, répondis-je. C'est simplement qu'ils ont dû partir très vite. Je te l'ai dit, ils n'ont pas eu le temps de venir te chercher, mais ils m'ont demandé de m'occuper de toi. Dès qu'ils reviendront, je te ramènerai.

Elle réfléchit un moment en silence, pendant que je lui enfilais sa culotte.

— Pourquoi est-ce qu'ils n'ont pas voulu m'emmener, Nick ? me demanda-t-elle finalement d'un air triste.

Je me détournai pour aller chercher sur une chaise son jean et sa chemise. Je ne voulais surtout pas qu'elle voie mes yeux.

— Ce n'est pas qu'ils ne voulaient pas t'emmener, c'est qu'il y a eu une erreur de faite. C'est pour cela qu'ils m'ont demandé de m'occuper de toi.

— Comme dans *Maman, j'ai raté l'avion* ?

Je me retournai et vis qu'elle souriait. Je sautai sur l'occasion.

— Oui, exactement, comme dans *Maman, j'ai raté l'avion*. Ils t'ont laissée par erreur.

Je me souvenais avoir vu le film pendant un vol transatlantique. Une ânerie, mais avec quelques bonnes idées de pièges à cons.

— Alors, quand est-ce qu'on les verra ? demanda Kelly.

Je lâchai le jean que j'étais en train de triturer machinalement, comme pour me donner une contenance, et me décidai à aller vers le lit.

— Ce ne sera pas pour tout de suite, dis-je, mais je leur ai parlé encore tout à l'heure, et ils m'ont demandé de te dire qu'ils t'aimaient, que tu leur manquais, et que tu devais être bien sage et faire tout ce que je te dirais.

Elle eut un sourire radieux. Elle avalait cru tout ce que je lui disais. J'en eus le cœur fendu.

— Kelly, lui répétai-je, tu dois faire ce que je te dis. Tu comprends cela ?

— Bien sûr, je comprends.

Elle hocha la tête. J'avais devant moi une petite fille qui avait besoin d'affection. Je m'efforçai de lui sourire de façon un peu convaincante.

— Rappelle-toi, lui dis-je, tes parents m'ont demandé de veiller sur toi. Allez, viens ! On va regarder la télévision.

Mais, pendant que nous regardions un dessin animé en buvant du soda, je ne pouvais m'empêcher de penser au journal télévisé que je venais de voir. On y avait présenté la photo de Kelly. La réceptionniste, la vendeuse du magasin de vêtements, n'importe qui, en fait, risquait de la reconnaître. L'ambassade avait sûrement appelé Londres, et, de toute manière, tout le monde, là-bas, devait savoir ce qui s'était passé. Pourquoi attendre trois heures pour m'appeler ?

Il me fallait retourner à la cabine téléphonique, car je ne voulais pas que Kelly entende ce que je disais. Je remis le veston de Kev, glissai la télécommande de la télévision dans ma poche, dis à Kelly où j'allais et quittai la chambre.

Arrivé en haut des escaliers, près du distributeur de Coca-Cola, je regardai au-dehors. Deux voitures étaient arrêtées devant l'entrée principale de l'hôtel. Il n'y avait personne à leur bord, mais les portes étaient restées ouvertes, comme si les occupants venaient de sortir précipitamment des véhicules.

Je regardai mieux. En plus de l'antenne radio normale, chaque véhicule en avait une autre, d'une soixantaine de centimètres de longueur, à l'arrière. L'une des voitures était une Ford Taurus blanche et l'autre une Caprice bleue.

Je ne pris pas le temps de réfléchir. Seulement celui de tourner les talons et de courir comme un possédé vers la sortie de secours

8

Cela ne servait à rien, sur le moment, de se demander comment on nous avait retrouvés. Tout en courant, j'examinais mentalement les choix qui s'offraient à moi. Le plus évident était de laisser Kelly là où elle était, et de la laisser se faire recueillir par les autorités compétentes. Elle était pour moi un boulet à traîner. Seul, j'avais une chance de m'échapper.

Qu'est-ce qui me fit stopper sur place ? Je ne saurais le dire précisément. Mon instinct me dit que je devais la prendre avec moi.

Je rebroussai chemin et me précipitai jusqu'à la chambre.

— Kelly, il faut que nous partions ! Allez, lève-toi !

Elle était juste en train de s'assoupir, et une expression d'horreur se peignit sur son visage en entendant le ton de ma voix.

— Il faut partir !

Raflant sa veste au passage, je la soulevai dans mes bras et me dirigeai vers la porte. Je saisis ses souliers et les glissai dans mes poches. Elle laissa échapper un petit gémissement de frayeur et de protestation.

— Tiens-moi bien ! lui dis-je.

Elle avait les jambes nouées autour de ma taille. Arrivé dans le couloir, je repoussai derrière moi la porte de la chambre, qui se verrouilla automatiquement. Ainsi, nos poursuivants devraient l'enfoncer avant de nous donner la chasse.

Je tournai deux fois à gauche dans le couloir et arrivai à la sortie de secours. Elle donnait sur une volée de marches de béton à ciel ouvert, à l'arrière de l'hôtel. La galerie commerciale nous faisait face à quelques centaines de mètres.

Kelly se mit soudain à pleurer. Je n'avais pas le temps d'être gentil. Je lui saisis le visage et l'approchai du mien en lui disant :

— Il y a des gens qui sont venus essayer de te prendre. Tu comprends ?

Je savais que cela allait la terroriser et lui troubler l'esprit plus encore, mais je n'avais pas le choix.

— J'essaie de te sauver, ajoutai-je. Alors, tais-toi et fais ce que je te dis !

Je lui pressai fort la joue.

— Tu comprends ce que je te dis, Kelly ? Tais-toi et serre-moi fort.

J'enfouis son visage dans mon épaule et commençai à dévaler les marches de béton en cherchant des yeux mon itinéraire de repli.

Devant nous s'étendait un terrain vague d'une quarantaine de mètres, recouvert d'une herbe drue et délimité à son extrémité par un grillage métallique d'environ deux mètres de haut. Au-delà, on se retrouvait à l'arrière d'une rangée d'immeubles de bureaux dont les façades donnaient sur la route principale. Une sorte de sentier s'était creusé à l'usage dans le terrain vague, aboutissant à un endroit où toute une partie du grillage s'était effondrée, avec ou sans intervention humaine. Le personnel de l'hôtel l'utilisait peut-être comme raccourci.

En transportant Kelly dans mes bras, j'avais l'impression d'être chargé d'un havresac mis à l'envers. Cela n'allait certes pas m'aider à courir si le besoin s'en faisait sentir. Je la fis donc passer à califourchon sur mon dos. Arrivé au bas des marches, je m'arrêtai pour écouter. Rien. Je n'entendais encore personne hurler ou enfoncer la porte de la chambre. La chose qui s'imposait était de traverser en vitesse le terrain vague pour arriver à la brèche dans le grillage, mais il convenait de le faire dans les règles.

Portant toujours Kelly sur mon dos, je me mis à quatre

pattes sur le sol de béton et passai prudemment la tête à l'angle du mur pour observer ce qui se passait en offrant le moins possible de ma personne aux regards.

Les deux voitures étaient maintenant garées au bas de l'escalier menant au distributeur de Coca-Cola. Nos hommes étaient de toute évidence à l'étage. Je n'avais encore aucun moyen de savoir combien ils étaient.

Me rendant compte que, de là où ils se trouvaient, ils ne pouvaient certainement voir qu'une infime partie du terrain vague, je me mis à courir. La pluie, légère mais persistante, avait détrempé le terrain. Kelly ralentissait ma course vers la brèche du grillage. J'avançais à petites enjambées courtes et rapides, pliant juste assez les genoux pour supporter son poids et me courbant à partir des hanches, comme si je transportais un sac à dos. Elle laissait échapper malgré elle de petits grognements au rythme de la course.

Nous atteignîmes ainsi la partie du grillage tombée à terre et maintenant presque enfouie dans la boue. J'entendis alors des crissements de pneus et des bruits de moteurs maltraités. Je ne me retournai pas, me bornant à allonger ma foulée autant que je le pouvais.

Passé le grillage, nous nous retrouvâmes face aux murs arrière des immeubles de bureaux. Je n'arrivais pas à voir la ruelle que nous avions empruntée précédemment et je me mis à chercher des yeux une autre voie d'accès à la route principale. Il devait bien y en avoir une.

Maintenant que je me trouvais sur le bitume, je pouvais aller plus vite, mais lorsque je pressai l'allure, Kelly se mit à glisser sur mon dos.

— Tiens-toi bien ! lui criai-je. Serre-moi fort, Kelly. Très fort !

Comme elle ne semblait pas y arriver, je lui saisis, de la main gauche, les deux poignets et les tirai devant moi, presque jusqu'à ma taille. Kelly était maintenant bien installée sur mon dos, et je pouvais utiliser mon bras droit pour équilibrer ma course. Il était urgent que je prenne de l'avance, car nos poursuivants n'allaient pas tarder à surgir et à se mettre, eux aussi, à courir. Il fallait que je trouve cette ruelle.

Il est toujours curieux d'observer le comportement des

gens non entraînés lorsqu'ils sont poursuivis. D'instinct, ils cherchent à mettre le plus de distance possible entre eux et leurs poursuivants, et, qu'ils soient en milieu urbain ou en rase campagne, ils pensent qu'ils doivent, pour cela, courir en ligne droite. En fait, ce qu'on doit faire, c'est marquer, dans sa course, le plus d'angles possible, surtout dans une ville. Un lièvre pourchassé dans un champ ne court jamais en ligne droite ; il fait un bond, change de direction et repart, cassant ainsi le rythme de course de ses poursuivants et les contraignant à reconsidérer constamment leur itinéraire. J'allais faire comme le lièvre.

Je finis par trouver la ruelle. J'entendais des cris derrière moi, à cent ou cent cinquante mètres, mais je savais qu'ils ne s'adressaient pas à moi. Mes poursuivants étaient trop professionnels pour cela. J'entendis leurs voitures tourner. Ils allaient plutôt essayer de me couper la route. Je courus de plus belle.

Avec Kelly sur mon dos, j'étais maintenant hors d'haleine. J'avais la bouche complètement desséchée et je transpirais abondamment. Je tenais Kelly si serrée sur mes épaules que son menton se trouvait douloureusement pressé contre ma nuque. Elle eut si mal qu'elle se mit à pleurer en suppliant :

— Arrête, Nick, arrête !

Je n'écoutais rien. J'atteignis l'extrémité de la ruelle et me retrouvai dans un monde totalement différent. Devant moi, une contre-allée courait tout au long des façades des immeubles de bureaux. Elle était séparée par une pelouse de la chaussée principale. Au-delà, on distinguait des parcs de stationnement et des boutiques. Le bruit de la circulation, intense et rapide malgré la pluie, noya les cris de Kelly. Je fis halte un instant.

Nous devions offrir un curieux spectacle : un homme essoufflé et suant, avec une fillette sans souliers sur le dos. Je traversai la pelouse et escaladai la barrière métallique qui la séparait de la chaussée. Ensuite, nous commençâmes à jouer à cache-cache avec les voitures, qui klaxonnaient furieusement et faisaient des écarts pour nous éviter. Les conducteurs m'insultaient au passage, mais je continuais stoïquement à courir.

Kelly s'était mise à hurler. En plus de l'inconfort que lui causait la course, la circulation la terrorisait. Toute sa jeune vie, sans doute, on lui avait répété d'éviter la route, et elle s'y retrouvait sur le dos d'un adulte, évitant de justesse voitures et camions.

De l'autre côté de la route, à l'extrémité de la galerie commerciale, se trouvait un grand magasin de matériel électronique nommé CompUSA. C'est vers lui que je me dirigeai. Il y avait de bonnes chances qu'un magasin de cette taille, situé à un coin de rue, ait plus d'une issue. De la sorte, même s'ils me voyaient y entrer, mes poursuivants commenceraient à avoir des problèmes.

Je le savais, car je m'étais moi-même trouvé dans cette situation en Irlande du Nord. Si un homme que nous filions entrait dans un magasin à grande surface, nous ne mettions qu'une personne sur ses talons, les autres se précipitant pour surveiller les issues. Et si le sujet avait quelque connaissance des méthodes de contre-surveillance, il risquait de prendre soudain un ascenseur, de sortir par une porte pour rentrer par une autre, de monter deux étages et d'en redescendre un, de gagner brusquement un parking, et, finalement, de disparaître. Si mes poursuivants avaient de l'expérience, ils bloqueraient les issues dès qu'ils verraient où j'étais allé. Il fallait donc que je fasse vite.

Nous passâmes les portes automatiques. Il y avait là rayon sur rayon de matériel de bureau électronique, d'ordinateurs, d'imprimantes, de disquettes. Portant toujours Kelly sur mon dos, je passai les caisses sans prendre un chariot. L'endroit était bondé, et je me retrouvais là, au milieu de la foule, suant et soufflant tandis que Kelly continuait à pleurer. Les gens commençaient à nous regarder d'un drôle d'œil.

— Je veux que tu me poses ! grogna Kelly.

— Pas maintenant. On s'en va.

Je jetai un coup d'œil par la vitre, derrière moi et vis deux hommes traverser en courant le parc de stationnement en se dirigeant vers le magasin. À leur mise, ils ressemblaient fort à des policiers en civil, et ils s'apprêtaient visiblement à bloquer les issues. Il me fallait commencer à contre-manœuvrer sérieusement.

Je courus le long de deux rayons bondés de jeux électroniques, virai à droite et me mis à longer le mur extérieur, à la recherche d'une issue. Il ne semblait pas y en avoir. C'était le drame. Je ne pouvais rebrousser chemin, et, si je ne trouvais pas une sortie, j'allais passer le reste de la journée à tourner en rond à l'intérieur du magasin.

Un jeune vendeur me regarda, se retourna et s'éloigna en vitesse le long de son rayon, pour aller, de toute évidence, chercher le directeur ou un garde de sécurité. Quelques instants plus tard, deux hommes avec des badges épinglés à la chemise s'approchèrent en me demandant :

— Pouvons-nous vous aider, monsieur ?

C'était très poliment formulé mais voulait dire en fait : « Qu'est-ce que vous foutez ici, espèce de malfrat ? »

Je ne perdis pas de temps à leur répondre. Je courus vers le fond du magasin, guettant la moindre issue, porte ou fenêtre, disponible. J'aperçus enfin ce que je cherchais : un panneau « Sortie de secours ». Je m'y précipitai, poussai la porte, et un signal d'alarme se déclencha.

Nous nous retrouvâmes, Kelly et moi, à l'extérieur, sur une plate-forme devant servir au chargement et au déchargement des camions de livraison.

Je dévalai les quatre ou cinq marches métalliques me séparant du sol et partis en courant vers la gauche, criant à Kelly de bien se tenir à moi.

À l'arrière de la galerie commerciale s'étendait une longue bande de terrain déserte où s'accumulaient un peu partout les cartons vides et les sacs-poubelle pleins, tous les résidus d'une journée de travail presque achevée. Un grillage d'environ quatre mètres cinquante de haut délimitait la bande de terrain. Au-delà, on distinguait des arbres et des buissons. Mais, devant ce grillage, je me sentais comme un rat pris au piège.

9

Je ne pouvais songer à escalader le grillage avec Kelly sur mon dos, et si je tentais de la lancer d'abord au-dessus de l'obstacle, je ne parviendrais sans doute qu'à lui briser les deux jambes. Je partis en courant vers la gauche, mais m'arrêtai presque immédiatement. L'idée était mauvaise ; mes poursuivants avaient eu tout le temps de bloquer la route d'accès vers laquelle je me dirigeais.

Il me fallait prendre très vite une décision. J'allai vers un amoncellement de cartons et de sacs-poubelle et j'y déposai Kelly, que je recouvris comme je pus. Elle me regarda et se mit à pleurer, mais je continuai à entasser sur elle les cartons vides.

— Disneyland, Kelly ! lui dis-je. Disneyland !

Elle me regarda, les joues ruisselant de larmes, et j'ajoutai :

— Je vais revenir. Je te le promets.

Je repérai un conteneur garé contre le grillage. Il avait à peu près la hauteur d'un camion. Je continuai à courir. Sans les vingt-deux ou vingt-trois kilos de Kelly sur les épaules, je me sentais tout léger. J'avais l'impression d'avoir été libéré d'un boulet.

Courant de toutes mes forces, j'aperçus une voiture garée près d'une plate-forme de chargement. C'était un modèle des années quatre-vingt ; elle n'appartenait donc pas à mes poursuivants. Je décidai d'aller voir si la clé de contact était là. Si tel n'était pas le cas, j'irais vers le conteneur.

Je commençai à dépasser un camion rangé le long d'une autre plate-forme de chargement, mais, ce faisant, je me heurtai, tête la première, à un gaillard qui courait, à pleine vitesse lui aussi, dans l'autre sens. Nos têtes se cognèrent de plein fouet, et nous allâmes tous deux au tapis.

— Merde ! fis-je, en le regardant, la vue encore brouillée par le choc.

Il portait un complet, comme les deux hommes que j'avais aperçus courant vers le magasin, et je n'allais certainement pas prendre de risques idiots. Je me remis tant bien que mal sur mes pieds et fonçai sur lui, le projetant violemment contre la voiture. Il tenta de me ceinturer.

En le prenant moi aussi à bras le corps, je sentis une rigidité révélatrice ; l'animal portait un gilet pare-balles sous son veston.

Je le repoussai contre la voiture, reculai d'un pas et sortis mon arme en déclenchant d'un coup de pouce le viseur laser.

Puis, encore à demi assommé, je m'effondrai sur les genoux. J'avais la tête qui tournait, et mon adversaire devait être exactement dans le même état. Il me regardait d'un air incertain, tentant de réagir. Je braquai mon pistolet sur lui, et le point rouge du viseur laser vint se poser sur son visage.

— Ne fais pas cela, lui dis-je. Ne te fais pas tuer pour des prunes ! Lève les mains, et tout de suite !

Comme il s'exécutait, je pus voir qu'il portait une alliance.

— Pense à ta famille, poursuivis-je. Ça ne vaut vraiment pas la peine de te faire buter pour cela. Premièrement, tu te trompes ; ce n'est pas moi le coupable. Deuxièmement, je vais te tuer si tu fais le con. Mets les mains sur la tête.

Je commençais à reprendre mes esprits. Qu'est-ce que j'allais bien pouvoir faire maintenant ? Leurs voitures n'allaient pas tarder à être là.

— Reste à genoux, dis-je. Tourne-toi vers la droite. Va vers l'arrière de la voiture.

Je me levai alors, et le suivis. Les yeux continuaient à me piquer comme si j'avais reçu une décharge de gaz lacrymogène en pleine figure.

Nous nous trouvions entre la plate-forme de chargement et la voiture. J'espérais qu'il pensait à sa femme et à ses éventuels enfants. Je fis passer mon pistolet dans ma main gauche, allai vers mon interlocuteur et lui enfonçai le canon de l'arme sous l'aisselle, en appuyant très fort. Je sentis son corps se raidir, et il laissa échapper un petit grognement.

— Je vais t'expliquer un peu la situation, lui dis-je. Tu as cette arme pratiquement rivée à la peau. J'ai le doigt sur la queue de détente, et j'ai ôté le cran de sûreté. Si tu fais l'andouille, tu te tues toi-même. Compris ?

Pas de réponse.

— Allez, accouche ! Tu m'as compris ?

— Oui.

— Garde tes mains sur la tête.

De la main droite, je lui pris son arme. C'était un Sig P 220, calibre 45 [1], qu'il portait dans un étui ouvert sur le rein droit, avec trois chargeurs de rechange à la ceinture. Le Sig est une arme en dotation au FBI.

Il avait dans les trente-cinq ans et semblait sortir tout droit d'un feuilleton genre *Alerte à Malibu* : joli garçon, blond, bronzé, le menton carré et respirant la santé. Il sentait la lotion pour bébés. Il devait vouloir garder la peau douce. À moins que, tout simplement, il n'ait eu un bébé à la maison. Quelle importance ? Ce qui était important, c'était que s'il bougeait, il était mort.

Il y avait, derrière son oreille, un fil blanc relié à un écouteur.

— Qu'est-ce que tu es, au juste ? lui demandai-je.

Non que cela m'avançât, en fait, à grand-chose de savoir s'il était du FBI ou de la police ordinaire.

Pas de réponse.

— Écoute, repris-je, quoi que tu puisses penser, je n'ai pas tué ces gens. Je ne les ai pas tués. Tu comprends ?

Rien. Je savais que je ne le ferais pas parler. Du moins, je n'avais pas le temps de m'amuser à cela.

1. 45 centièmes de pouce, soit 11 mm 43. *(N.d.T.)*

Je lui pris son poste de radio et l'argent qu'il y avait dans son portefeuille. Puis, le pistolet toujours logé dans son aisselle, je dis entre haut et bas, comme si je m'adressais à quelqu'un placé derrière moi :

— Reste où tu es, Kelly ! Ne t'en fais pas, je reviens... On ne va pas tarder à y aller, Kelly.

S'ils pensaient que Kelly était toujours avec moi quand je m'enfuirais, cela pouvait contribuer à brouiller un peu les pistes.

Je me retournai vers l'échappé de *Malibu.*

— Je vais récupérer progressivement mon pistolet, lui dis-je. N'essaie pas de bouger. Cela n'en vaut vraiment pas la peine.

Je procédai en douceur à l'opération, en m'assurant que je pouvais tirer à tout moment. Je me retrouvai derrière lui, l'arme pointée vers sa tête, ce dont il était bien conscient.

— Tu sais ce qu'il me reste à faire, lui dis-je.

Il eut un léger hochement de tête résigné.

Je pris un morceau de ferraille et le frappai à la jointure de l'épaule et du cou, ce qui l'expédia au tapis pour le compte. Afin de faire bonne mesure, je lui donnai quelques coups de pied à la tête et au bas-ventre. Il n'en serait pas plus furieux contre moi pour cela ; il devait déjà vouloir me tuer de toute façon. Et il fallait que je l'empêche à toutes forces de donner l'alarme trop tôt. Ce gaillard était un professionnel ; il en aurait fait autant à ma place. Cela allait sans doute le neutraliser pour une dizaine de minutes, et c'était tout ce dont j'avais besoin.

J'émergeai de derrière la voiture et jetai un regard autour de moi. Personne en vue. Je courus vers le conteneur. Il y avait, juste à côté, une poubelle que je pouvais utiliser comme tremplin. Je sautai, m'accrochai au sommet du conteneur et grimpai sur celui-ci. Un saut de quatre mètres cinquante, et ce fut la liberté.

Tournant sur la gauche, je traversai un parc de stationnement et gagnai une petite galerie commerciale où, face à une cafétéria, je trouvai ce que je cherchais : des toilettes publiques. J'y entrai, allai droit vers l'une des cabines et m'y assis, afin de me calmer et de reprendre mes esprits.

Je glissai dans mon oreille l'écouteur pris à l'homme que j'avais assommé et mis en route son petit poste de radio. Je n'obtins que de la friture. Je devais me trouver dans une zone de non-réception.

Je m'efforçai de nettoyer autant que je le pouvais mes souliers et mon pantalon avec du papier toilette. Puis, m'étant assuré que les deux hommes qui se tenaient devant les lavabos quand j'étais entré dans les toilettes étaient partis, je sortis de la cabine pour aller me laver le visage et les mains. Je n'obtenais toujours que de la friture à la radio.

Sortant des toilettes, j'allai jusqu'à la cafétéria, pris un cappuccino au comptoir et allai m'asseoir à trois tables en arrière. De là, je pouvais surveiller les deux extrémités de la galerie. Le fil à mon oreille n'était pas susceptible d'attirer particulièrement l'attention, car tous les membres du personnel de sécurité des magasins voisins en arboraient un.

Soudain, j'entendis des voix sur le réseau radio. Elles s'exprimaient très librement, comme en toute sécurité. Je regardai de plus près le petit appareil et vis qu'il était muni d'un sélecteur de code. Cela expliquait la tranquillité avec laquelle les utilisateurs conversaient.

Certains de ceux-ci étaient en train de fouiller la zone à l'arrière des magasins, là où j'avais assommé leur collègue. D'autres faisaient de même en des endroits que je ne pus identifier. Ce qui était bizarre, c'est qu'il ne semblait pas y avoir de base centrale, pas de station de contrôle, sur leur réseau. Cela me donna à réfléchir, et, soudain, je commençai à me poser quelques questions précises : pourquoi étaient-ce ces gars en civil et non des policiers en uniforme qui s'étaient présentés à l'hôtel ? Après tout, j'étais censé être un assassin doublé d'un kidnappeur ; on aurait dû, normalement, voir des équipes d'intervention en bleu marine, armées jusqu'aux dents, jaillir de leurs cars Chevrolet. J'aurais dû fouiller plus avant l'homme que j'avais assommé pour voir quel genre de papiers d'identité il avait sur lui. N'importe : il était trop tard pour y penser.

Comment, d'autre part, ces gens m'avaient-ils situé si vite au Best Western ? Mon coup de fil à Londres leur avait-il permis de remonter jusqu'à la chambre ? Impossible ; il avait été trop bref. Était-ce ma carte de crédit ? Encore plus improbable. Seul le Service avait connaissance des détails de ma couverture, et il ne m'aurait certainement pas livré aux Américains en leur révélant du même coup qu'une opération illégale avait été déclenchée sur leur territoire. Ce devait donc être la réceptionniste. Elle devait avoir vu les informations télévisées et reconnu Kelly d'après sa photographie. Mais cela non plus ne paraissait pas très plausible. Je commençais à ressentir un vif sentiment de malaise.

Une chose était certaine : les gaillards lancés à mes trousses n'étaient pas des plaisantins. Quand je m'étais heurté à l'échappé d'*Alerte à Malibu*, il portait un veston croisé, et ce veston s'était très brusquement ouvert. Il ne s'était pas déboutonné normalement ; il était maintenu par une bande adhésive, comme celui de tout pistolero qui se respecte.

Il y eut brusquement de l'effervescence sur le réseau radio. Ils avaient trouvé ma victime. Celle-ci s'appelait Luther. Mais le responsable sur le terrain ne semblait pas trop se soucier de son état de santé ; il voulait surtout savoir s'il était en état de parler.

— Ouais, ça va.

— Il est seul ?

— Oui, il est seul.

— A-t-il vu la cible ?

— Non. Il dit qu'il n'a pas vu la cible, mais qu'ils sont toujours ensemble.

— Sait-il dans quelle direction ils sont partis ?

Il y eut une pause, puis :

— Non.

J'imaginais Luther assis sur le sol, adossé à la voiture, en train de se faire panser et de ruminer de sombres projets à mon égard. Je pouvais l'entendre bredouiller à l'arrière-plan. On aurait presque dit qu'il était ivre.

— Aucune idée de la direction, reprit le transmetteur. Et, encore une chose, il est armé. Il avait une arme de poing avec lui, et il a pris aussi celle de Luther... Attendez...

Il y eut un déclic, et l'homme revint sur le réseau, le débit très précipité :

— Nous avons un problème ! Il a pris la radio ! Il a pris la radio...

— Merde ! lança le responsable. À tous : coupez les transmissions. Immédiatement. Silence radio !

Ils allaient maintenant changer de code. La radio de Luther ne me servait plus à rien.

10

Luther avait dit n'avoir pas vu la cible. C'était donc Kelly qu'ils pourchassaient, et non moi. La colère m'enflammait le visage. Ces gens étaient ceux qui avaient tué Kev, c'était sûr. Cette poursuite n'était pas un travail de police, c'était le fait d'hommes voulant finir ce qu'ils avaient commencé. Peut-être pensaient-ils que Kelly les avait vus.

J'avais maintenant fini mon café, et la serveuse avait escamoté ma tasse. D'autres gens attendaient ma table. Je retournai aux toilettes et découvris que la télécommande de télévision de la chambre d'hôtel était toujours dans ma poche. Je la fis disparaître dans la poubelle avec le poste de radio devenu inutile.

Que faire à propos de Kelly ? Qu'avais-je à gagner à revenir la chercher ? Et s'ils l'avaient trouvée, liquidée, et m'attendaient là ? C'est ce que j'aurais fait à leur place. Je voyais d'innombrables raisons de ne pas retourner.

Foutaises !

Je revins vers le parc de stationnement à l'extrémité de la galerie. De là, je pouvais juste apercevoir le toit de CompUSA. Il pleuvait de plus en plus fort. Je relevai le col du veston de Kev et me dirigeai vers une cafétéria Wendy qui se dressait comme une île déserte au milieu du parking. J'étais aux aguets, regardant de tous côtés et utilisant les véhicules les plus hauts pour couvrir ma progression.

Arrivé à bon port, je commandai un hamburger et un café et allai m'installer sur une banquette près d'une baie vitrée.

Je ne pouvais voir le terrain à l'arrière des magasins, là où j'avais assommé Luther, mais je surveillais l'une de ses deux voies d'accès. C'était mieux que rien.

Regardant la pluie tomber au-dehors, je me rappelais ce qui m'arrivait quand, enfant, je n'avais pas été sage. Mon beau-père me flanquait une correction et m'enfermait pour la nuit dans l'abri de jardin. J'étais alors terrifié par la pluie venant battre le toit en plastique ; je me disais que, si j'étais ainsi à la merci de la pluie, je devais être aussi à la merci du Croquemitaine. Comme soldat et comme agent spécial, je me suis fait tirer dessus, j'ai été emprisonné et battu comme plâtre. J'ai toujours eu peur en ces occasions, mais jamais autant que lorsque j'étais enfant et enfermé dans l'abri de jardin sous la pluie. Je pensai à Kelly, abandonnée dans sa cachette improvisée, avec la pluie frappant sur les cartons. Puis je me contraignis à penser à autre chose.

Continuant à regarder par la baie, je vis la Taurus blanche déboucher, s'arrêter un moment au tournant, puis s'engager dans le flot de la circulation. Malgré la pluie, je pouvais distinguer quatre personnes à bord, toutes en complet-veston. Quatre personnes normalement assises dans la voiture, c'était bon signe. C'était signe que l'équipe se repliait. S'ils avaient simplement conduit Luther à l'hôpital, ils n'auraient été que trois, au maximum, normalement assis à bord du véhicule.

Un plan commença à se dessiner dans ma tête. Il me fallait changer mon apparence, et le faire sans trop dépenser d'argent ; j'avais quelque 500 dollars au total, et chaque cent comptait.

Je terminai mon café et regagnai la galerie commerciale. Dans un magasin de vêtements, je trouvai un imperméable en coton ultra-léger qui se repliait aux dimensions d'un mouchoir de poche. J'achetai également une casquette Kangol, qu'il était d'usage de porter à l'envers, la visière sur la nuque. Puis je me rendis dans un magasin Hour Eyes et y fis emplette de lunettes à verres neutres et à grosse monture. Des lunettes changent véritablement la forme d'un visage. Chaque fois que j'ai eu à faire un numéro à transformation, une coupe de cheveux et des lunettes ont assuré le coup.

J'allai me préparer dans les toilettes. Là, je déchirai avec les dents la doublure de l'une des poches de l'imperméable. Le Sig 45 que j'avais tout récemment acquis était glissé dans mon jean sur le devant, avec les chargeurs de rechange dans les poches. En cas d'urgence, je pourrais tirer l'arme par la poche arrachée et faire feu à travers l'imperméable.

Je comptais utiliser les trois quarts d'heure de jour qui restaient pour opérer une reconnaissance dans le secteur des poubelles. Le décrochage apparent de l'équipe adverse avait peut-être été une ruse, et je voulais m'assurer que personne n'était resté en embuscade. J'entendais effectuer un balayage à 360 degrés autour de l'objectif, mais, auparavant, je voulais repasser devant l'hôtel afin de voir si des voitures de police y stationnaient. Si, d'aventure, Luther et ses amis étaient vraiment des représentants de l'ordre à la recherche d'un suspect, il devrait y avoir des policiers partout, relevant les empreintes et interrogeant les témoins.

Lorsque, m'étant assuré de mon déguisement, je me retrouvai devant le Best Western, je n'y vis pas la moindre voiture de police. Tout semblait parfaitement calme et normal.

En revenant sur mes pas, je me mis à penser à l'état dans lequel on avait mis Kev, Marsha et Aida. Pourquoi les massacrer ainsi ? Luther et ses joyeux compagnons n'étaient pas des drogués tordus. C'étaient des pros ; ils n'auraient rien fait sans raison. Ils avaient sans doute voulu faire passer les meurtres pour des crimes liés à la drogue afin de se couvrir. Étant donné les menaces dont faisait l'objet Kev, il pouvait paraître tout à fait vraisemblable à la police que des intoxiqués soient devenus frénétiques et aient massacré toute une famille. Mais je savais, moi, que ce n'était pas cela. Les assassins avaient tué Marsha parce qu'ils avaient des raisons de penser que Kev l'avait mise au courant de quelque chose, et ils avaient dû ensuite tuer Aida parce qu'ils ne voulaient pas de témoins. Kelly devait la vie au fait qu'ils ne l'avaient pas vue. Ce n'était qu'après la diffusion des bulletins d'information que les assassins s'étaient rendu compte qu'ils n'avaient pas terminé leur travail et qu'il restait encore un témoin.

La façon dont les tueurs avaient massacré Aida me rappelait une histoire qui s'était déroulée au Vietnam, où les Américains avaient lancé une campagne de pacification par l'action humanitaire. Dans ce cadre, ils avaient vacciné contre la variole tous les enfants d'un village. Le Viet-Cong était arrivé une semaine plus tard et avait coupé un bras à chaque enfant. Et cela avait réussi : le programme d'action humanitaire avait avorté. Parfois, la fin était censée justifier les moyens. Je savais qu'il me fallait prendre garde à Luther et à ses copains ; ils me ressemblaient trop à certains égards.

Il allait bientôt faire sombre, et c'était l'heure où les gens rentraient chez eux. Les magasins étaient encore ouverts et les galeries commerciales étaient bondées, ce qui faisait bien mon affaire, car je pouvais y passer totalement inaperçu.

Derrière les boutiques, là où je m'étais heurté à Luther, quelques camions se garaient le long des plates-formes de chargement. Mais là non plus, pas l'ombre d'une présence policière. Peut-être que les flics n'aimaient pas la pluie.

Continuant à observer les parages, je vis un autobus s'arrêter, embarquer des voyageurs et repartir. C'était peut-être là le moyen de repli idéal pour Kelly et moi.

Mais il se pouvait aussi que la partie adverse ait trouvé Kelly et m'ait tendu une embuscade. Il me fallait donc envisager d'autres moyens de décrochage, avec les itinéraires adéquats. J'en déterminai trois, tenant compte de la confusion qui régnait aux environs.

En attendant, je retournai vers les boutiques ; il fallait que j'y achète de quoi modifier un peu l'apparence de Kelly. Sa photo était passée à la télévision et elle était dangereusement célèbre, maintenant.

Je fis l'acquisition pour elle d'un grand chapeau à bords mous, qui permettrait de lui cacher les cheveux et une partie du visage. J'achetai également un manteau trois-quarts rose qui dissimulerait un peu ses longues pattes maigres, et un jeu complet de vêtements pour une enfant de neuf ans. Elle était grande pour son âge, et mieux valait jouer la sécurité. Puis, réflexion faite, je fis emplette pour moi-même d'un jean et d'un T-shirt neufs.

Portant d'une main les sacs en plastique contenant mes

emplettes, je revins vers la zone de chargement en longeant la clôture. Je luttais contre la tentation de me précipiter directement vers l'endroit où j'avais laissé Kelly, de la saisir et de m'enfuir à toutes jambes avec elle. C'est ainsi qu'on se fait prendre ou tuer.

J'avançais prudemment, braquant mon regard de tous côtés, guettant le moindre indice d'un éventuel piège. J'avais tous les sens en alerte.

Et si Kelly n'était plus là où je l'avais laissée ? À ce moment, j'appellerais le 911 [1] et dirais que j'avais vu la petite fille dont il était question au journal télévisé errer dans les parages, en espérant que la police retrouverait Kelly avant que Luther et sa bande ne s'emparent d'elle. Si ce n'était déjà fait, bien sûr. Ensuite, j'aurais à prendre mes dispositions en vue de vastes opérations de recherche visant à capturer le dénommé Nick Stone. Car, en mettant la main sur Kelly, on apprendrait automatiquement mon vrai nom.

J'arrivai vers l'endroit où s'entassaient les poubelles, et me mis à écarter les cartons vides en appelant :

— Kelly, c'est moi ! Kelly ! Je suis revenu...

Les cartons étaient trempés, et ils se déchiraient entre mes mains. Ayant écarté le dernier, je la vis enfin. Elle était presque exactement dans la position où je l'avais laissée, recroquevillée sur un morceau de planche à peu près sec. La position dans laquelle je l'avais trouvée dans le garage de Kev me revint alors en mémoire. Cette fois, au moins, elle ne se balançait pas d'avant en arrière, les mains plaquées sur les oreilles. Et elle n'était pas mouillée. Le Croquemitaine était peut-être arrivé jusqu'à elle, mais pas la pluie.

Je la fis lever et lui posai son nouveau manteau sur les épaules.

— J'espère que tu aimes le rose, lui dis-je. Et j'ai aussi cela pour toi...

Sur quoi je lui enfonçai le chapeau sur la tête.

Elle encercla mon corps de ses bras. Je ne m'y attendais

1. Le numéro de « police-secours » aux États-Unis. *(N.d.T.)*

pas et ne sus comment réagir. Je continuai simplement à lui parler. Elle me serra plus fort encore.

Je lui rajustai son chapeau.

— Là, lui dis-je. Cela te tiendra au sec. Maintenant, on va prendre un bain et manger un morceau, hein...

Je tenais toujours les sacs de la main gauche, et Kelly s'y accrochait également. Ce n'était pas idéal, mais je devais garder la main droite libre pour tirer éventuellement mon pistolet.

11

L'autobus était à moitié rempli de gens venant de faire leurs courses et chargés en conséquence. Kelly était pelotonnée contre moi, près de la vitre. Son chapeau lui cachait assez bien le visage. Je me sentais content de moi. J'avais réussi à ce qu'elle échappe à Luther et aux autres.

Nous nous rendions à Alexandria pour la bonne et simple raison que c'était la destination affichée par le premier bus à être arrivé. Je me souvenais que c'était vers le sud, mais à l'intérieur du District de Columbia.

Tout le monde, à bord de l'autobus, était las et mouillé. Je tentai de frotter la vitre avec ma manche, mais la condensation était telle que j'y renonçai vite. Je me mis à regarder vers l'avant, où les essuie-glaces fonctionnaient à plein régime.

Le premier objectif était de trouver un hôtel, et de le trouver assez vite, car plus tard nous arriverions, plus nous nous ferions remarquer.

— Nick ?

Je m'abstins de la regarder, car je ne devinais que trop bien ce qu'elle allait me demander.

— Oui ?

— Pourquoi est-ce que ces hommes te poursuivent ? Tu as fait quelque chose de mal ?

Je sentais qu'elle me regardait fixement sous son chapeau.

— Je ne sais pas ce qu'ils veulent, Kelly. Je ne le sais vraiment pas.

Puis, les yeux toujours dirigés vers la vitre avant du bus, je lui demandai :

— Tu as faim ?

Du coin de l'œil, je pus la voir hocher la tête – ou plutôt le chapeau.

— Il n'y en a plus pour longtemps. Qu'est-ce que tu veux ? Un McDonald ? Un Wendy ?

— Mickey D !

— Mickey D ? Qu'est-ce que c'est que cela ?

— McDonald.

— Ah ! Eh bien, c'est entendu !

Je me replongeai dans mes pensées. Dorénavant, j'allais tout payer en espèces. Il me fallait, en effet, supposer le pire : que j'avais été retrouvé par ma carte de crédit. Malgré tout, j'allais rappeler Londres. Au fond de moi-même, je me disais qu'on avait déjà dû passer mon dossier au broyeur, mais qu'est-ce que j'avais à perdre ?

Nous passâmes devant un hôtel nommé le *Roadies Inn*, qui me semblait convenir. Je n'avais aucune idée de l'endroit où nous étions mais n'importe : je pourrais toujours m'en préoccuper plus tard. Je fis signe au chauffeur que nous voulions descendre au prochain arrêt. Lorsqu'il avait été construit dans les années quatre-vingt, l'hôtel avait dû coûter un bon million de dollars. Maintenant, même l'herbe de sa petite pelouse semblait miteuse, et deux lettres de son enseigne au néon clignotaient désespérément. C'était parfait.

Je regardai vers la réception à travers le treillis à moustique de la porte. Installée au bureau, une jeune femme d'une vingtaine d'années regardait la télévision en fumant une cigarette. J'espérais que nous n'étions pas encore les vedettes du journal télévisé. Je voyais, dans un bureau derrière la réception, un quinquagénaire chauve et corpulent assis à sa table de travail.

— Tu m'attends ici, Kelly, dis-je en désignant un espace près de l'entrée de l'hôtel où l'avancée du toit formait une sorte de véranda.

Elle n'apprécia guère cette idée.

— Je ne serai pas long, insistai-je. Tu attends là, et je reviens tout de suite. Entendu ?

La réceptionniste portait un jean et un T-shirt. Ses cheveux étaient d'un blond éblouissant, sauf aux racines. Elle détourna les yeux de son écran de télé et me demanda d'un ton machinal :

— Bonjour, que puis-je pour vous ?

— Je voudrais une chambre pour trois ou quatre nuits peut-être.

— Bien sûr. Combien de personnes.

— Deux adultes et une enfant.

— Bien sûr, un moment, dit-elle en consultant le registre.

La télévision diffusait précisément le journal. Je me tournai pour regarder, mais il n'y avait rien sur les meurtres. Peut-être étions-nous déjà de l'histoire ancienne. Je n'osais l'espérer.

— Puis-je prendre l'empreinte de votre carte de crédit ?

Je fis la grimace.

— Ah ! dis-je. C'est là que nous avons un problème. Nous sommes en vacances, et on nous a volé nos bagages. Nous sommes allés à la police, et j'attends des cartes de remplacement, mais, pour le moment, je ne puis payer qu'en liquide. Je sais qu'il vous faut en principe des cartes, mais si je paie d'avance et si vous débranchez le téléphone dans la chambre ?

Elle hocha vaguement la tête, mais son expression était encore des plus réservées. Je jouai le bon Anglais perdu, trempé et désolé.

— Nous sommes vraiment coincés, poursuivis-je. Nous devons aller demain au Consulat britannique pour régler le problème de nos passeports.

Je produisis en même temps une liasse de dollars.

Il lui fallut visiblement un certain temps pour enregistrer tout cela.

— Désolée pour vous, dit-elle.

Elle marqua une pause, le temps de laisser sa petite cervelle fonctionner encore un peu.

— Je vais chercher le directeur, déclara-t-elle finalement.

Elle se rendit dans le bureau, derrière, et je la vis parler à l'homme chauve assis à sa table. À en juger par leurs attitudes, ce devait être son père. Je sentis une goutte de sueur glisser le long de ma colonne vertébrale. Si on nous refusait une chambre, nous nous trouvions bloqués à des kilomètres, sans doute, du motel suivant, et nous allions être contraints de demander un taxi.

Je me retournai pour regarder à l'extérieur, mais ne vis pas Kelly. Zut ! J'espérais que quelque citoyen bien intentionné n'allait pas soudain faire irruption dans le hall en demandant qui avait abandonné une petite fille sous la pluie. J'allai vivement jusqu'à la porte et y passai la tête. Kelly était là, à l'endroit précis où je lui avais dit de rester.

Je revins au comptoir de la réception au moment précis où Papa émergeait de son bureau.

— Je regardais si notre voiture ne bloquait pas la route, lui dis-je en souriant.

— Il paraît que vous avez un problème ? fit-il.

À son sourire, je pus voir que tout allait bien se passer.

— Oui, dis-je en soupirant. Nous sommes allés à la police et nous avons alerté les compagnies de crédit. Nous attendons que tout soit réglé. Jusque-là, je n'ai que des espèces. Je vous paierai trois jours d'avance.

— Pas de problème, déclara-t-il.

Pas de problème en effet : j'étais bien sûr que notre petite transaction en liquide n'allait pas figurer dans ses livres de comptes.

— Nous vous laisserons le téléphone branché, précisa-t-il avec un grand sourire.

Je jouai l'Anglais éperdu de reconnaissance, et nous montâmes, Kelly et moi, deux étages de marches en béton. Devant la porte de la chambre, Kelly hésita, me regarda et dit :

— Nick, je voudrais voir Maman. Quand est-ce que je pourrai rentrer à la maison ?

Je jurai intérieurement. Pas cela encore ! J'aurais voulu plus que tout au monde qu'elle puisse rentrer à la maison et voir Maman. Ç'aurait été un sacré problème en moins.

— Dans pas longtemps, Kelly, répondis-je faute de mieux. Je vais aller nous chercher à manger dans une minute. D'accord ?

— D'accord.

Je m'étendis sur un des lits et me mis à réfléchir à tout ce qu'il me faudrait faire en priorité.

— Nick ?

— Oui ? fis-je en continuant à contempler le plafond.

— Je peux regarder la télé ?

Excellente idée.

Je m'emparai de la télécommande et commençai à passer d'une chaîne à l'autre afin de m'assurer que nous ne tombions pas sur les informations. Je finis par trouver une chaîne de tout repos et y restai.

— Bien, dis-je. Je vais aller nous acheter quelque chose à manger. Tu restes ici, comme tout à l'heure. Je mets la pancarte « Ne pas déranger » sur la porte, et tu n'ouvres à personne. C'est bien compris ?

Elle fit un signe affirmatif.

Dehors, il continuait à pleuvoir, et on entendait crisser les pneus sur la chaussée mouillée. La cabine téléphonique était à côté d'une épicerie coréenne. Je mis quelques pièces dans l'appareil et composai le numéro.

— Bonsoir, ambassade de Grande-Bretagne. Que puis-je pour vous ?

— Je voudrais parler à l'attaché militaire, s'il vous plaît.

— Puis-je savoir qui est à l'appareil ?

— Je m'appelle Stamford.

Après tout, je n'avais rien à perdre.

— Merci. Un moment, s'il vous plaît.

Presque immédiatement, une personne au ton très décidé vint en ligne.

— Stamford ?

— Oui.

— Un petit moment.

Une tonalité continue suivit, et je crus que j'avais été coupé une fois de plus. Mais, trente secondes plus tard, j'entendis la voix de Simmonds. Mon appel devait avoir été répercuté sur Londres. Imperturbable comme toujours, Simmonds me dit :

— Il semblerait que vous soyez dans les ennuis.

— Le mot est faible.

À mots couverts je lui expliquai ce qui m'était arrivé depuis mon dernier appel.

Il m'écouta sans m'interrompre, puis déclara :

— Il n'y a pas grand-chose que je puisse faire. Vous comprenez certainement la situation dans laquelle je me trouve.

Son ton était de plus en plus sec.

— Vous deviez revenir immédiatement, poursuivit-il. Vous avez désobéi aux ordres. Vous n'auriez pas dû aller le voir. Je suppose que vous le savez ?

Je l'imaginai à son bureau, bouillant de colère sous son apparente froideur, avec ses photos de famille et ses œufs de Pâques à côté d'une pile de faxs urgents venus de Washington.

— Mes ennuis, lui répondis-je, ne sont rien à côté de la situation dans laquelle je pourrais vous mettre. J'ai quelques informations qui vous donneraient vraiment triste mine. Et je suis prêt à les balancer à qui voudra entendre. Ce n'est pas du bluff. J'ai besoin qu'on me tire de la merde, et tout de suite.

Il y eut un silence. Celui d'un père attendant patiemment qu'un garnement ait fini de piquer sa crise.

— Votre position, reprit-il, est assez délicate, j'en ai peur. Je ne puis rien faire tant que je n'aurai pas la preuve que vous n'êtes pas impliqué dans cette affaire. Je vous suggère de tout faire pour découvrir ce qui s'est passé, et pourquoi cela s'est passé. Ensuite, nous en parlerons et je serai peut-être en mesure de vous aider. Qu'en pensez-vous ? Vous pouvez toujours mettre votre menace à exécution, mais je ne vous le conseille pas.

Je savais déjà que, d'une façon ou d'une autre, j'allais passer le reste de ma vie à fuir. Le Service n'aime pas être bousculé.

— En fait, dis-je, je n'ai pas le choix. Non ?

— Heureux que vous le compreniez. Vous me tenez au courant.

La communication s'interrompit.

Ruminant encore ce que je venais d'entendre, j'allai faire quelques emplettes. J'achetai une bouteille de teinture pour les cheveux et une paire de ciseaux. J'achetai aussi un nécessaire de toilette complet ; nous devions avoir figure humaine pour circuler dans Washington. Je finis de remplir mon panier avec des bouteilles de Coca-Cola venant directement du réfrigérateur, quelques pommes et des sucreries.

Je ne pus trouver un Mickey D et échouai finalement dans un Burger King. Je revins à l'hôtel avec deux repas complets, frappai à la porte et entrai aussitôt.

— Regarde ce que j'ai rapporté, dis-je à Kelly. Des burgers, des frites, des tartes aux pommes, du chocolat chaud...

Je déposai le tout d'un geste royal sur une petite table ronde, près de la fenêtre, et nous nous précipitâmes sur la nourriture. Kelly devait être affamée.

J'attendis qu'elle eût engouffré la première bouchée pour lui dire :

— Tu sais, Kelly, que les grandes filles passent leur temps à changer de coiffure, de couleur de cheveux et tout le reste ? Tu pourrais peut-être essayer, toi aussi ?

Elle ne parut pas choquée.

— Qu'est-ce que tu aimerais ? Un châtain très foncé ?

Elle haussa les épaules d'un air indifférent.

Je voulais passer à l'action avant qu'elle ait eu le temps de trop réfléchir. Dès qu'elle eut fini sa tarte aux pommes, je l'emmenai dans la salle de bains et lui fis retirer sa chemise et son maillot. Je réglai la douche à la bonne température, fis s'appuyer Kelly sur le rebord de la baignoire et lui mouillai les cheveux avant de les essuyer rapidement avec une serviette et de les peigner. Je me mis alors à l'œuvre avec les ciseaux, mais je ne savais pas trop ce que je faisais. Le temps que je commence à m'y mettre un peu, je lui avais déjà massacré la chevelure. Et, plus j'essayais de rectifier le tir, plus je raccourcissais. Je dus m'arrêter pour ne pas lui mettre la boule à zéro.

Comme j'essayais de déchiffrer les instructions sur l'étiquette de la bouteille de teinture, elle me demanda :

— Nick ?

— Quoi donc ?

Je continuais à lire attentivement mon étiquette, espérant

que je n'allais pas soudain transformer Kelly en une rouquine flamboyante.

— Tu connais ces hommes qui te poursuivent ?

C'était moi qui étais censé poser les questions, mais n'importe...

— Non, Kelly, lui dis-je, mais je vais le savoir.

J'entrepris d'appliquer la teinture. Je me tenais derrière elle et nous nous regardions l'un l'autre dans la glace. Ses yeux étaient moins rouges, ce qui, par un curieux contraste, faisait paraître les miens plus cernés et plus fatigués. Je la regardai un moment, puis je lui demandai :

— Kelly, pourquoi es-tu allée te mettre dans la cachette ?

Elle ne répondit pas. Je pouvais voir à son regard qu'elle commençait à mettre sérieusement en doute mes talents de coiffeur pour dames.

— Est-ce que Papa a crié « Disneyland » ?

— Non.

— Alors pourquoi y es-tu allée ?

— À cause du bruit.

— Quel bruit ?

Elle me regarda dans le miroir.

— J'étais dans la cuisine, dit-elle, mais j'ai entendu un vilain bruit dans le salon, et je suis allée voir.

— Et qu'est-ce que tu as vu ?

— Papa criait après des hommes et ils le frappaient.

— Est-ce qu'ils t'ont vue ?

— Je ne sais pas, je ne suis pas rentrée dans le salon. Je voulais seulement appeler Maman pour qu'elle vienne aider Papa.

— Et qu'est-ce que tu as fait ?

Elle baissa les yeux.

— Moi, je ne pouvais pas l'aider, je suis trop petite.

Elle releva la tête et je vis que son visage brûlait de honte. Sa lèvre inférieure commença à trembler.

— J'ai couru vers la cachette, dit-elle. Je voulais aller trouver Maman, mais elle était en haut, avec Aida, et Papa criait après ces hommes.

— Tu as couru à la cachette ?

— Oui.

— Et tu y es restée ?
— Oui.
— Maman n'est pas venue t'appeler ?
— Non. C'est toi qui es venu.
— Alors, tu n'as pas vu Maman et Aida ?
— Non.

L'image de Marsha et d'Aida mortes me traversa l'esprit. J'entourai de mes bras Kelly, qui sanglotait.

— Kelly, lui dis-je, tu n'aurais pas pu aider Papa. Ces hommes étaient trop grands et trop forts. Je n'aurais probablement pas pu l'aider non plus, et je suis une grande personne. Ce n'est pas ta faute si Papa a été blessé. Mais tout va bien, et il veut que je m'occupe de toi jusqu'au moment où il sera remis. Maman et Aida ont dû partir avec Papa. Elles n'ont pas eu le temps d'aller te chercher.

Je la laissai pleurer un peu, puis je lui demandai :

— Avais-tu vu avant les hommes qui nous poursuivaient aujourd'hui ?

Elle secoua la tête.

— Est-ce que les hommes qui étaient avec Papa portaient des complets ?

— Je suppose, mais ils avaient des trucs pour peindre au-dessus.

Je vis ce qu'elle voulait dire.

— La sorte de truc que Papa mettait pour repeindre la maison ?

Je fis, en même temps, le geste d'enfiler une combinaison de travail.

Elle hocha la tête.

— Donc, ils avaient des complets et des trucs pour peindre par-dessus ?

Elle fit un nouveau signe affirmatif.

Cela ne faisait que me confirmer la chose : ces types étaient de vrais pros. Ils n'avaient pas voulu se retrouver avec de vilaines traces rouges sur leurs beaux complets.

Je demandai à Kelly combien étaient ces hommes et à quoi ils ressemblaient. La confusion et la peur se mêlèrent de nouveau en elle, et sa lèvre inférieure recommença à trembler.

— Je vais pouvoir rentrer bientôt à la maison ?

Elle luttait pour refouler ses larmes.

— Oui, très, très bientôt. Quand Papa ira mieux. Jusque-là, je vais m'occuper de toi. Allez, Kelly, encore un moment et tu vas ressembler à une grande fille.

Après un rinçage, je peignai ses cheveux humides et lui fis mettre immédiatement ses nouveaux vêtements. Je voulais qu'elle soit habillée pour le cas où nous devrions partir subitement, et lui dis qu'elle ne pouvait enlever que son chapeau, son manteau et ses souliers.

Elle s'inspecta dans le miroir. Les nouveaux vêtements étaient beaucoup trop grands, et quant à ses cheveux...

Nous regardâmes la télévision ensemble, et elle finit par s'endormir. Je restai étendu, à regarder le plafond en explorant les possibilités qui s'offraient à moi – ou plutôt en tâchant de me convaincre que des possibilités s'offraient à moi.

Pat le Décontracté ? Il m'aiderait sûrement s'il le pouvait, à condition qu'il ne soit pas devenu un hippie drogué jusqu'aux yeux. Mais le seul moyen que j'avais d'entrer en contact avec lui était par le restaurant dont il parlait tout le temps. Il semblait pratiquement y vivre. Le problème était que je n'arrivais pas à me rappeler le nom de l'établissement, simplement qu'il se trouvait sur une hauteur à la limite de Georgetown.

Ewan ? Il était, vraisemblablement, toujours en opération en Ulster, et je n'avais aucun moyen de le joindre avant son retour au bercail.

Je regardai Kelly. C'était ainsi qu'elle allait devoir vivre pendant un certain temps, toujours habillée, prête à partir d'un moment à l'autre. Je la recouvris de la couette.

Après avoir fait disparaître les reliefs de notre dîner, je m'assurai que la pancarte « Ne pas déranger » était toujours sur la porte et que les souliers de Kelly étaient bien dans ses poches. Puis je vérifiai mes deux armes : le 9 mm dans la poche du veston de Kev et le Sig dans la ceinture de mon pantalon. Je n'hésiterais pas à tirer si l'on essayait de nous arrêter.

Je sortis de leur sac mes nouveaux vêtements et les

emportai dans la salle de bains. Là, je me rasai puis me déshabillai. Je puais littéralement ; tous les vêtements de Kev étaient imprégnés de sang à l'intérieur. La sueur était venue le diluer et le répandre partout. Je plaçai le tout dans un sac à blancherie en plastique que je jetterais dans la matinée. Je me douchai longuement et me lavai les cheveux. Puis je m'habillai, vérifiai de nouveau la porte et allai m'étendre sur mon lit.

Je m'éveillai à cinq heures et demie du matin après un sommeil peuplé d'épouvantables rêves. Je mis quelque temps à démêler le cauchemar de la réalité.

Je repensai aux problèmes d'argent. Il était sûr que je ne pouvais utiliser mes cartes de crédit ; je devais supposer au départ qu'elles étaient bloquées ou qu'elles serviraient à me retrouver. Je devais tout faire en liquide – ce qui n'est pas facile de nos jours dans un pays occidental. Pat, si j'arrivais à le joindre, m'avancerait de l'argent, mais il me fallait, entre-temps, mettre la main sur tout ce que je pouvais. Kelly ronflait de bon cœur. Je pris la carte magnétique tenant lieu de clé, refermai doucement la porte derrière moi et partis à la recherche d'un extincteur d'incendie.

12

En passant devant la pièce réservée aux femmes de chambre, je vis sur une étagère une douzaine de coins en bois destinés à bloquer les portes. J'en mis deux dans ma poche.

L'extincteur d'incendie était accroché au mur près des ascenseurs. J'en dévissai rapidement le haut et en retirai le tube de dioxyde de carbone, un cylindre métallique noir d'une vingtaine de centimètres de longueur. Je le mis également dans ma poche et regagnai la chambre.

Je plaçai les trois chargeurs de rechange du Sig 45 dans la poche gauche du veston de Kev et décidai de garder l'USP 9 mm dans la chambre. Je le dissimulai dans le réservoir de la chasse d'eau. Une arme supporte d'être mouillée un court moment, et je ne voulais surtout pas que Kelly trouve le pistolet et se tue avec.

Je sommeillai un moment, me réveillai et sommeillai de nouveau. Vers sept heures, je découvris que j'avais faim et que je commençais à m'ennuyer. Le petit déjeuner était compris dans le prix de la chambre, mais il fallait descendre du côté de la réception. Kelly commença à s'éveiller.

— Bonjour, lui dis-je. Tu veux quelque chose à manger ?

Elle s'assit sur son lit en bâillant. Elle s'était endormie avec ses cheveux mouillés et avait un peu l'air d'un épouvantail. Je mis immédiatement la télévision en marche, car je ne savais trop quoi lui dire. Elle regarda ses vêtements d'un air perplexe.

— Tu t'es endormie comme une masse hier soir, lui dis-je

avec un rire forcé. Je ne suis même pas arrivé à te retirer tes vêtements. C'est comme si on campait, hein ?

Cela la fit sourire.

— Oui, fit-elle, encore à demi endormie.

— Je vais te chercher un petit déjeuner ?

Elle ne répondit pas mais eut un hochement de tête en direction de la télévision.

— Rappelle-toi bien ceci : tu n'ouvres la porte sous aucun prétexte. Je rentrerai avec ma clé. N'ouvre pas non plus les rideaux, car les femmes de chambre penseraient qu'elles peuvent venir faire le ménage, et nous ne voulons voir personne. Je vais laisser la pancarte « Ne pas déranger » sur la porte. D'accord ?

Elle eut un signe de tête affirmatif. Je ne savais pas dans quelle mesure elle avait compris ce que je venais de lui dire. Je mis mes lunettes et descendis dans le hall.

Celui-ci était déjà presque bondé : des touristes arrivés dans des camping-cars mais incapables d'y dormir, des représentants de commerce déjà propres, nets et rasés de frais, conformément aux instructions de leur société.

L'aire de petit déjeuner comprenait deux ou trois tables dressées sous un poste de télévision, avec de grands thermos de café. Je chargeai un plateau de trois paquets de céréales, de brioches et de fruits, auxquels j'ajoutai deux tasses de café et un jus d'orange.

La réceptionniste de la veille, qui venait de terminer son service, survint et me dit en souriant :

— J'espère que tout ira bien pour vos passeports et tout le reste.

— J'en suis sûr, lui répondis-je. Maintenant, nous allons simplement essayer de passer de bonnes vacances.

— Si vous avez besoin de quelque chose, vous n'avez qu'à demander.

— Merci.

J'allai ensuite au bureau de la réception, y pris un exemplaire gratuit d'*USA Today*, une pochette d'allumettes publicitaire et une agrafe métallique qui traînait dans une sébile, avec quelques élastiques et quelques punaises. Puis je regagnai la chambre.

Dix minutes plus tard, je dis à Kelly, qui finissait ses céréales, l'œil rivé à la télévision :

— Je sors une petite heure. J'ai des choses à faire. Pendant que je ne serai pas là, tu feras ta toilette. Je veux que tu sois toute propre quand je rentrerai, avec les cheveux bien brossés. Au fait, quelles sont tes couleurs favorites ?

— Le rose et le bleu.

— Bien, tu as déjà le rose, fis-je en désignant le manteau accroché près de la porte. Je te rapporterai quelque chose de bleu.

Je nettoyai rapidement mes lunettes avec du papier toilette, les remis dans leur étui, que je glissai dans l'une des poches du veston de Kev. Puis j'enfilai mon long imperméable noir, vérifiant au passage que le cylindre était bien dans la poche. Je vidai mes autres poches de la monnaie qui s'y trouvait ; je voulais faire le moins de bruit possible quand je bougerais. Ma casquette Kangol à la main, j'étais prêt à partir.

— Je ne serai pas long, dis-je à Kelly. Rappelle-toi bien : tu n'ouvres à personne. Je serai revenu avant que tu aies le temps de t'en apercevoir.

Il avait cessé de pleuvoir, mais le ciel était toujours gris et le sol mouillé. La chaussée était bondée de voitures se dirigeant vers le centre de Washington, et les trottoirs étaient également encombrés.

Je me mêlai à cette foule affairée, guettant l'endroit idéal pour récolter quelque argent rapidement, de façon à retourner à l'hôtel avant que Kelly ne commence à paniquer.

C'était trop tôt pour une galerie commerciale, celles-ci n'ouvrant habituellement que vers dix heures du matin, et il n'y avait guère d'hôtels dans le secteur ; la plupart se trouvaient situés près du centre. Il y avait quelques snack-bars, mais ils n'avaient généralement qu'une seule issue et leurs toilettes ne désemplissaient sans doute pas. Ce qu'il me fallait, c'était une station-service avec des toilettes extérieures dont la clé n'était donnée qu'à la caisse.

Je marchai une bonne vingtaine de minutes avant de trouver mon affaire : des toilettes extérieures avec une notice précisant : « La clé est à la caisse. »

Il ne me restait plus que deux choses à faire : me découvrir un point d'observation où ma présence pourrait sembler naturelle et repérer un itinéraire de repli. Un peu plus loin, de l'autre côté, s'étirait une rangée de merveilleuses petites maisons en briques remontant aux années trente et abritant des cabinets d'avocat et des bureaux de sociétés de crédit ou de compagnies d'assurances. Entre elles s'amorçaient des ruelles conduisant à une route parallèle. Je traversai, essayai l'une de ces ruelles et jugeai le secteur parfaitement propice à une retraite en bon ordre. Je revins vers la station-service.

Il y avait, à cent mètres de celle-ci, de l'autre côté de la route, un arrêt de bus. Je m'y rendis d'un pas nonchalant, me plantai dans l'embrasure d'une porte et attendis. Il me fallait avoir l'air naturel et sembler avoir une raison de me trouver là. Il y avait déjà deux ou trois personnes qui attendaient l'autobus, et, bientôt, une petite file d'attente se forma. Un bus arriva, et, après son passage, nous nous retrouvâmes de nouveau deux ou trois. Ensuite, chaque fois qu'un bus survenait, j'en regardais ostensiblement le numéro, prenais un air déçu et regagnais mon coin de porte.

De nos jours, les gens ne transportent pas beaucoup d'argent liquide sur eux, surtout aux États-Unis, patrie de la carte de crédit. La cible idéale aurait été un touriste – toujours porteur d'espèces ou de chèques de voyage – mais il n'y en avait guère dans le secteur.

En une demi-heure environ, je vis, parmi les automobilistes qui venaient faire le plein, quatre ou cinq clients possibles, mais aucun d'entre eux n'éprouva le besoin de se rendre aux toilettes. J'espérais que, pendant ce temps, Kelly se conformait aux instructions que je lui avais données.

Puis, un gaillard d'environ vingt-cinq ans arriva dans une Camaro toute neuve, avec une plaque d'immatriculation provisoire. Il portait un survêtement multicolore flottant et des baskets. Il avait la tête rasée sur les côtés, avec une touffe de cheveux pointant sur le haut. La stéréo de sa voiture jouait si fort que j'avais l'impression de voir ses vitres vibrer.

Il fit le plein et alla payer. En sortant, il se dirigea vers les toilettes. J'avais trouvé mon affaire.

Je relevai mon col et traversai la route. Il remettait son portefeuille dans la poche de son survêtement. J'avais déjà examiné les caméras de surveillance de la station-service et savais qu'elles ne me poseraient pas de problèmes ; elles étaient toutes dirigées vers les pompes, afin de saisir les automobilistes tentant de partir sans payer et non les éventuels voleurs de papier toilette.

Les toilettes étaient assez vastes et relativement propres, dégageant une forte odeur de désinfectant. Il y avait au fond deux urinoirs, un lavabo et un distributeur de serviettes en papier. Sur le côté droit se trouvaient deux cabines. Mon client était dans l'une d'elles.

J'entendis des bruits de fermetures à glissière, des froissements et une petite toux. Je refermai la porte derrière moi et la bloquai avec les deux coins pris à l'hôtel, que je poussai du pied sous le battant. Personne n'entrerait ni ne sortirait tant que je ne l'aurais pas décidé.

Je me plaçai devant l'un des urinoirs et fis mine de l'utiliser. Mes mains étaient devant moi, mais elles tenaient le cylindre métallique. Je comptais rester ainsi jusqu'au moment où mon client sortirait de la cabine pour aller se laver les mains.

J'attendis plusieurs minutes et rien ne se produisit. Cela devenait curieux. Je tournai la tête tout en continuant à faire semblant d'uriner pour le cas où mon gaillard m'observerait de la cabine.

En regardant mieux, je pus constater une bizarrerie. Les toilettes publiques américaines ont des portes dont le battant s'arrête à quelque cinquante centimètres du sol. Par cette ouverture, je vis que l'homme n'avait pas baissé son pantalon de survêtement et qu'un seul de ses pieds reposait sur le sol – face au siège, ce qui était pour le moins insolite. Puis je remarquai que la porte bâillait d'un bon centimètre. Il n'avait pas mis le verrou.

Je ne perdis pas de temps à m'interroger. Le poing droit refermé autour du cylindre et la main gauche en avant pour me protéger, je me dirigeai sans bruit vers la porte de la cabine. Au dernier moment, je respirai profondément, baissai l'épaule et fonçai.

Il alla rebondir contre le mur en hurlant :

— Putain de merde ! Qu'est-ce que c'est ?

Il étendit les mains pour essayer d'éviter la chute et son corps bloqua la porte, l'empêchant de s'ouvrir complètement.

Je fonçai de nouveau. C'est la règle pour toute bonne agression : vite et fort. Projetant tout mon poids sur le panneau de la porte, je coïnçai mon gaillard contre le mur. Il me fallait faire attention car il était grand et fort. De la main gauche, je l'attrapai par les cheveux et lui tirai la tête sur le côté, exposant le côté droit de sa nuque.

Quand on frappe quelqu'un, on n'utilise pas que son bras. Il me fallait mettre autant de poids que je le pouvais derrière le cylindre que je tenais à la main, comme un boxeur utilisant, pour frapper, le mouvement pivotant de son torse et de ses hanches. Repoussant toujours la porte de la main gauche, je lui abattis, de la droite, le cylindre juste derrière l'oreille, en tournant sur moi-même comme un boxeur expédiant un crochet du droit. Je voulais simplement l'assommer, et non le tuer ou l'esquinter pour le restant de ses jours. Si telle avait été mon intention, je l'aurais frappé à répétition.

Quoi qu'il en soit, il descendit du premier coup, avec un long grognement. Il avait dû voir trente-six chandelles, et son seul désir devait être de se coucher et de tout oublier. C'est pourquoi j'avais utilisé le cylindre au lieu d'un pistolet. On ne peut prévoir les réactions des gens devant une arme à feu. Vous pouvez tomber sur un flic en civil, lui-même armé, ou même sur un simple citoyen saisi par un accès d'héroïsme. Les moyens les plus artisanaux sont toujours les meilleurs.

Mon client s'était écrasé le nez contre le siège des toilettes, et du sang lui dégoulinait sur le menton. Il émettait une sorte de gémissement continu, aigu, presque enfantin. Il était en mauvais état mais il n'en mourrait pas. Je lui appliquai un autre coup, pour faire bonne mesure. Il devint soudain silencieux.

Je posai la main gauche sur son crâne et lui détournai la

tête de moi ; je ne voulais pas qu'il puisse m'identifier s'il reprenait soudain quelque conscience. Je passai la main droite sous lui, soulevai le haut de son survêtement, défis la fermeture à glissière de sa poche et lui pris son portefeuille. Puis j'entrepris de lui tâter les autres poches pour le cas où il y aurait mis de l'argent. Je crus sentir une liasse de billets, glissai la main, mais ce fut sur un sachet en plastique que mes doigts se refermèrent. Il contenait assez de poudre blanche, bien répartie dans de petites enveloppes bien nettes, pour mettre tout le quartier sur orbite. Tout était prêt pour la vente, mais l'affaire ne m'intéressait pas. Je posai l'ensemble sur le carrelage.

Je compris alors ce qu'il faisait dans la cabine pendant que je me tenais devant l'urinoir. Un tube de caoutchouc était bien serré autour de son bras de gauche, et un peu de sang s'échappait d'une petite piqûre. Il avait dû poser le pied gauche sur le siège des toilettes pour soutenir son bras pendant qu'il se shootait. J'aperçus sur le sol la seringue hypodermique.

Comme je me relevais, je m'aperçus que mon pantalon était humide. Cette petite ordure s'était vengée sans le vouloir. Mes coups lui avaient fait perdre le contrôle de ses fonctions naturelles et il s'était tout simplement pissé dessus. Et moi, je m'étais agenouillé dans la flaque qui en avait résulté.

Je ramassai la clé sur le carrelage. Elle aussi était couverte d'urine. Ma victime commençait à revenir peu à peu à elle, avec quelques grognements et de petits gémissements sourds. Je lui cognai la tête contre le siège afin de l'inciter à la tranquillité.

Je n'avais pas le temps de me nettoyer. Je gagnai directement la porte principale des toilettes, retirai les deux coins, sortis et refermai à clé derrière moi. Je jetai la clé dans les buissons.

J'étais hors d'haleine et je sentais un filet de sueur couler sur l'un des côtés de mon visage, mais il me fallait avoir l'air calme et décontracté. Si je voyais quelqu'un se diriger vers les toilettes, je devrais lui dire de mon ton le plus naturel qu'elles étaient en dérangement.

Je ne me retournai qu'une seule fois avant de traverser la route en direction de l'arrêt de bus. Si un problème survenait, j'en serais aussitôt informé par le bruit. Passé l'arrêt de bus, je pris la première ruelle. Après deux autres tournants, je retirai ma veste et la pliai autour du cylindre et de ma casquette, que j'avais également ôtée. Continuant à avancer, je me débarrassai du tout dans une poubelle. Ayant remis mes lunettes, j'étais maintenant un autre homme.

Revenu sur la route, je sortis le portefeuille de ma poche et en explorai le contenu en prenant l'allure de celui qui cherche une carte ou un papier. Je découvris ainsi que j'avais une famille ; il y avait dans le portefeuille une très jolie photo de moi avec ma femme et mes deux enfants. La famille de Lance White. Je me dis que Mrs. White n'allait sans doute pas être ravie de l'état dans lequel allait rentrer son mari.

Il y avait aussi, dans le portefeuille, quelque 240 dollars en espèces ; White avait dû passer le matin même à un guichet automatique ou déjà vendre un peu de drogue. En plus de l'argent, quelques cartes de crédit, mais je décidai aussitôt de ne pas les garder ; je n'avais pas le temps de les vendre et il serait trop dangereux d'essayer de les utiliser. Avec les cartes, des morceaux de papier sur lesquels étaient inscrits des numéros de téléphone. La liste de ses clients, sans doute. En passant devant une autre poubelle, je me débarrassai de tout sauf de l'argent.

J'avais maintenant près de 400 dollars en poche, de quoi tenir pendant quelques jours encore si je n'arrivais pas à entrer en contact avec Pat ou s'il se révélait incapable de me venir en aide.

L'urine qui imprégnait mon pantalon commençait à sécher un peu à l'air, mais elle empestait littéralement. Il était temps que je change de vêtements.

J'atteignis le Burger King et les boutiques voisines de l'hôtel. Un quart d'heure plus tard, je ressortais d'un magasin de fripes avec un sac de voyage contenant un jean, un sweat-shirt et des sous-vêtements neufs, ainsi qu'un jeu complet de vêtements pour Kelly, petite culotte et maillot de corps compris.

En remontant vers la chambre, je jetai un rapide coup d'œil à ma montre. J'avais été absent pendant deux heures et quart environ, plus que ce que j'avais annoncé.

Avant même d'arriver à la porte, je vis qu'elle était entrebâillée. Un oreiller la maintenait ainsi. Je pouvais entendre la télévision.

Tirant mon pistolet, je me plaquai contre le mur, l'arme braquée vers l'entrebâillement de la porte. J'étais sous le choc, l'estomac presque révulsé.

13

Je m'introduisis dans la chambre. Rien.

Je regardai de l'autre côté du lit, pour le cas où Kelly s'y serait cachée. Peut-être me faisait-elle une farce.

— Kelly ! Tu es là ?

J'avais pris un ton sévère, afin qu'elle comprenne que je n'étais pas d'humeur à plaisanter.

Pas de réponse. Mon cœur battait si fort que j'en avais la poitrine douloureuse. S'ils la tenaient, pourquoi ne m'avaient-ils pas encore sauté dessus ?

Je sentais la sueur m'envahir le visage, la panique me gagner. Je m'imaginais de nouveau Kelly chez elle, voyant son père attaqué, hurlant pour appeler sa mère. Je comprenais, je vivais son désespoir...

Je me forçai à me calmer, à réfléchir à ce que j'allais faire. Je ressortis sous la véranda et pris le pas de course en appelant « Kelly ! Kelly ! ». Je tournai le coin et, brusquement, je la vis.

Très contente d'elle, elle s'éloignait du distributeur de Coca-Cola en s'efforçant d'ouvrir la boîte qu'elle venait de réussir à y prendre – toute seule, comme une grande. Son sourire satisfait se figea lorsqu'elle me vit soudain surgir, l'arme au poing et la mine défaite.

Je fus tenté de me mettre à hurler, mais je me mordis la lèvre et m'arrêtai juste à temps.

Elle prit brusquement un air triste et contrit. Se procurer par elle-même une boîte de Coca avait été son premier grand exploit personnel, et j'avais tout gâché en revenant trop tôt. Tout en la reconduisant vers la chambre, j'explorai du regard la cour pour m'assurer que personne ne nous avait vus.

Je la fis asseoir sur le lit, où traînaient des sacs de chips vides et des enveloppes de bonbons, et allai faire couler un bain. Quand je revins, elle faisait encore triste mine. Je m'assis à côté d'elle.

— Je ne suis pas en colère contre toi, Kelly, lui affirmai-je. C'est simplement que je m'inquiète quand je ne sais pas où tu es. Tu me promets de ne pas recommencer ?

— Seulement si tu promets de ne plus me laisser.

— Je te le promets. Et maintenant, déshabille-toi et va dans le bain.

Je la mis dans la baignoire avant même qu'elle ait eu le temps de réfléchir.

— Est-ce que tu te laves les cheveux toi-même, lui demandai-je, ou est-ce que, d'habitude, quelqu'un s'en charge ?

Je crus qu'elle allait se mettre à pleurer.

— Tu veux que je te les lave ?

— Oui, s'il te plaît.

Je me demandais ce qui se passait en ce moment précis dans sa petite tête.

Elle protesta contre le shampooing qui lui piquait les yeux et la mousse qui lui entrait dans les oreilles, mais je sentais qu'elle appréciait qu'on s'occupât d'elle. Et c'était bien compréhensible. Elle n'avait pas eu droit à beaucoup d'attentions dans la période récente. Son monde personnel avait été mis à sac, et elle ne le savait même pas encore.

— Tu sens mauvais ! me lança-t-elle avec une grimace en percevant l'odeur de l'urine de Lance White sur mes vêtements.

— Je vais me changer, lui dis-je. Toi, rince-toi bien les cheveux et frotte-toi avec le savon.

Elle semblait bien s'amuser. C'était une enfant qui adorait l'eau. Tant mieux pour moi : pendant qu'elle restait dans le bain, j'avais un peu de répit. Je n'avais pas à la nettoyer, à l'habiller et à répondre à ses questions. Je la laissai jouer dans l'eau une bonne demi-heure, puis la fis sortir en lui commandant de se sécher elle-même.

Je pris à mon tour une douche, me rasai et mis mes vêtements neufs, entassant les autres dans un sac dont je me débarrasserais à la première occasion.

Quand je revins dans la chambre, Kelly s'était habillée elle-même. Fort bien, à part que les boutons de sa chemise n'étaient pas dans les bonnes boutonnières. Tandis que je rectifiais la chose, je me rendis compte qu'elle faisait peser sur ma nouvelle tenue un regard désapprobateur.

— Qu'est-ce qui ne va pas ? demandai-je.

— C'est ce jean. Il est moche. Tu devrais prendre des 501, comme Papa.

Arbitre des élégances, avec cela ! Elle poursuivit :

— On ne peut pas trouver de 501 à ma taille. Du moins, c'est ce que Maman dit. Mais elle, elle ne porte pas de jeans ; elle est comme Aida, elle préfère les robes et les jupes.

En un éclair, je revis Marsha agenouillée près du lit. Je me détournai pour que Kelly ne puisse voir la tête que je devais faire.

J'essayai de lui démêler et de lui brosser les cheveux, mais c'était là encore un art que je n'avais pas maîtrisé. Elle ne cessait de protester, et je finis par lui donner la brosse en lui enjoignant de se débrouiller elle-même.

Tandis qu'elle s'y efforçait, je lui demandai :

— Kelly, est-ce que tu connais le code personnel de ton papa pour son téléphone portable ? Moi, je ne le connais pas. J'ai essayé des tas de fois. J'ai essayé 1111, j'ai essayé 2222, j'ai tout essayé, et je n'y arrive toujours pas. Tu as une idée ?

Elle arrêta de se brosser les cheveux, me regarda quelques instants, puis hocha la tête affirmativement.

— Bien ! Quels sont les chiffres, alors ?

Elle ne répondit pas. Quelque chose se passait sous son crâne. Elle se demandait peut-être si, en me livrant ce numéro, elle n'allait pas trahir son père.

Je sortis l'appareil de ma poche, le tournai vers elle et lui dis :

— Regarde ! Qu'est-ce qu'on dit ? Formez le numéro confidentiel. Tu sais ce que c'est ?

Elle hocha de nouveau la tête. Je lui donnai alors l'appareil.

— Vas-y, montre-moi.

Comme elle pressait les boutons, je surveillais ses doigts.

— 1990 ? dis-je.

— L'année où je suis née, fit-elle avec un sourire radieux.

Puis elle recommença à se brosser les cheveux.

J'allai sortir un annuaire d'un tiroir et revins vers l'appareil.

— Qu'est-ce que tu cherches ? me demanda Kelly en continuant à se brosser d'un geste expert.

— Un restaurant appelé les *Good Fellas*. Nous allons essayer d'y trouver Pat.

Je ne tardai pas à trouver l'adresse. Je pensai un moment téléphoner, mais je me dis qu'on m'éconduirait sans doute et que cela risquait d'avoir des conséquences fâcheuses. Mieux valait y aller directement.

Je remis mes lunettes, ce qui fit pouffer de rire Kelly. En aidant celle-ci à enfiler son manteau, je constatai que l'étiquette de son jean tout neuf pendait toujours sur ses fesses. Je l'arrachai et en profitai pour vérifier l'ensemble de sa tenue, comme tout père se respectant.

— Tu te souviens de Pat ? lui demandai-je.

— Non. Qui est-ce ?

— Patrick. Tu l'as peut-être vu avec ton papa.

— Est-ce qu'il va me ramener à la maison ?

— Bientôt, Kelly. Mais seulement quand Papa ira mieux. En attendant, il faut être bien sage et faire ce que je te dis.

Son sourire se transforma en une moue pitoyable.

— Est-ce que je serai rentrée samedi ? demanda-t-elle. C'est l'anniversaire de Melissa. Il faut que je sois là.

Je fis celui qui n'avait pas entendu et continuai à parler. Je ne voyais pas quoi faire d'autre.

— Pat est venu chez toi. Tu te souviens sûrement de lui.

— ...Et il faut que je lui achète un cadeau. Je lui ai fabriqué des petits bracelets en cordelière, mais ce n'est pas suffisant.

— Eh bien, nous allons essayer de trouver Pat le plus vite possible, car il va nous aider à rentrer à la maison. Peut-être aurons-nous le temps de faire aussi tes courses. D'accord ?

— Où est Pat ?

— Je pense qu'il est peut-être au restaurant. Mais il faudra que tu te taises quand nous arriverons là-bas. Que tu ne parles à personne. D'accord ? Si quelqu'un te parle, tu réponds simplement par un signe de tête. C'est entendu ? Il faut que tu fasses très attention, car, autrement, on ne me dira pas où est Pat, et là, nous serons vraiment dans le pétrin.

J'étais sûr qu'elle se tiendrait bien. Elle m'avait toujours obéi au quart de tour. C'était moche d'avoir à lui mentir constamment, mais je ne voyais vraiment pas le moyen de faire autrement.

Il me restait une ou deux bricoles à faire avant de partir. Je pris la couverture de mon lit à son angle inférieur gauche et fis un discret pli en diagonale. Puis je prélevai une allumette sur la pochette que j'avais récoltée à la réception et la coïnçai entre le mur et la commode basse sur laquelle reposait le téléviseur. Je fis une petite marque sur le mur à l'endroit précis où se trouvait la tête de l'allumette. Je plaçai enfin l'attache métallique également prise à la réception en équilibre sur le rebord d'un des tiroirs de la commode.

Je parcourus ensuite la chambre du regard pour m'assurer que nous n'avions rien laissé de compromettant en évidence. J'allai jusqu'à ranger l'annuaire. Le pistolet était toujours dans le réservoir de la chasse d'eau, mais cela ne posait pas de problème ; personne, sauf des policiers munis d'un mandat de perquisition, n'avait de raison d'aller regarder là.

Je glissai deux pommes et quelques tablettes de chocolat dans les poches de mon nouveau manteau trois-quarts bleu, puis nous nous en allâmes.

Nous prîmes un taxi jusqu'à Georgetown. Il eût été plus économique de prendre le bus ou le métro, mais, de cette façon, nous étions moins exposés aux regards indiscrets. Le chauffeur était nigérien. Le plan de Washington déployé à côté de lui sur le siège avant n'inspirait qu'une confiance limitée, et il parlait à peine anglais. Il utilisa les quelques mots qu'il pouvait connaître pour me demander où était Georgetown. C'était un peu comme si un chauffeur de taxi parisien ne savait pas où se trouvent les Champs-Élysées. M'armant de patience, je lui montrai notre destination sur le plan. À première vue, nous en avions pour une demi-heure de trajet.

La pluie continuait à tomber régulièrement. Kelly regardait par la vitre en mâchonnant une pomme, et je faisais de même, cherchant du regard les motels. Il allait nous falloir déménager sous peu.

Nous restâmes ainsi silencieux quelques minutes, puis je me dis que le chauffeur s'attendait sans doute à ce que nous nous parlions un peu.

— Quand j'avais ton âge, dis-je à Kelly, je n'étais encore jamais monté dans un taxi. Je crois que j'avais une quinzaine d'années la première fois.

Kelly me regarda en continuant à grignoter sa pomme.

— Tu n'aimais pas les taxis ? dit-elle.

— Ce n'est pas cela. C'est simplement que nous n'avions pas beaucoup d'argent. Mon beau-père n'arrivait pas à trouver de travail.

Elle parut intriguée. Elle me regarda un long moment, puis se détourna vers la vitre.

Les voitures faisaient queue pour passer Key Bridge. Georgetown était juste de l'autre côté du Potomac, et il eût été plus simple de descendre de voiture et de terminer le trajet à pied, mais nous avions intérêt à nous montrer le moins possible. La photo de Kelly devait être dans tous les journaux, peut-être même sur des affiches. La police n'épargnait certainement aucun effort pour retrouver son ravisseur.

Je me penchai vers le siège avant, m'emparai du plan et guidai le chauffeur vers l'extrémité de Wisconsin Avenue. Georgetown était, comme je me le rappelais, un quartier hautement résidentiel, avec de jolies maisons rappelant un peu San Francisco, des trottoirs inégaux en briques rouges. Toutes les voitures en stationnement semblaient être des BMW, des Volvo, des Mercedes ou des Golf GTi. Chaque maison et chaque boutique arborait un panneau précisant que l'endroit était protégé par une société de sécurité, et il ne s'agissait sans doute pas là d'une plaisanterie.

Nous remontâmes Wisconsin Avenue et trouvâmes le restaurant des *Good Fellas* au bout de quatre ou cinq cents mètres. C'était un échantillon typique des créations de certains décorateurs à la mode : façade noire et vitres sombres, avec, simplement, un nom inscrit en lettres dorées. On approchait de l'heure du déjeuner, et tout le personnel devait déjà être en place.

Nous poussâmes les doubles portes de verre teinté et sentîmes immédiatement la fraîcheur de l'air conditionné. Au bout d'un long vestibule aux lumières tamisées, une jeune et élégante réceptionniste était installée à un bureau. Je fus soudain impressionné par les goûts féminins de Pat. Comme Kelly et moi avancions vers elle, main dans la main, la fille se leva en souriant. Elle portait un chemisier blanc et un pantalon noir de bon faiseur. Mais, en m'approchant, je vis que son sourire était plus interrogateur qu'autre chose.

— Excusez-moi, monsieur, me dit-elle, mais nous ne...

Je levai la main en souriant à mon tour.

— C'est très bien, fis-je. Nous ne sommes pas venus pour déjeuner. J'essaie de trouver un ami à moi nommé Patrick. Il venait beaucoup ici il y a peut-être six ou sept mois. Cela ne vous dit rien ? À ce que je crois savoir, il sortait avec quelqu'un de votre personnel. C'est un Anglais. Il a le même accent que moi.

— Je ne sais pas, monsieur. Je ne suis là que depuis le début du semestre.

Du semestre ? Bien sûr : à Georgetown nous étions dans le quartier de l'université. Et presque chaque étudiant ou étudiante avait un emploi dans un restaurant ou dans un café.

— Peut-être pourriez-vous demander ? insistai-je. Il est vraiment très important que j'entre en contact avec lui.

Et j'ajoutai avec un clin d'œil complice :

— Je lui ai amené une amie – c'est une surprise.

La fille regarda Kelly avec un sourire chaleureux.

— Salut ! fit-elle. Tu veux un chocolat à la menthe ?

Kelly se servit, et je poursuivis :

— Peut-être y a-t-il quelqu'un, dans la maison, qui le connaisse ?

Pendant que la réceptionniste réfléchissait, deux jeunes gens en complets et cravates arrivèrent de l'extérieur. Kelly, la bouche pleine de chocolat à la menthe, leva les yeux vers eux.

— Salut, petite madame ! fit l'un d'eux en riant. Est-ce que tu n'es pas un peu jeune pour être ici ?

Kelly eut une moue de totale incompréhension.

— Excusez-moi un moment, dit la réceptionniste.

Elle ouvrit une porte derrière elle et appela quelqu'un pour s'occuper des deux nouveaux arrivants. Puis elle revint à son bureau et décrocha le téléphone.

— Je vais demander, me dit-elle.

Je fis un clin d'œil à Kelly.

— Il y a ici, dit-elle avec son accent des beaux quartiers, un homme avec une petite fille qui cherche un Anglais nommé Patrick.

Elle écouta un instant, reposa le combiné et dit :

— Quelqu'un va venir dans une minute.

Effectivement, une ou deux minutes plus tard, une serveuse apparut, venant de la salle de restaurant.

— Salut, fit-elle. Suivez-moi.

Je pris la main de Kelly et nous pénétrâmes dans la salle à manger. Les clients de l'établissement aimaient visiblement déjeuner dans la pénombre, car les tables n'étaient éclairées que par des bougies. Je remarquai que toutes les serveuses portaient de minuscules T-shirts blancs qui leur laissaient le nombril à l'air, des shorts très courts et très étroits et des souliers de toile avec de petites socquettes.

Le long du mur de droite, il y avait un bar éclairé d'au-dessus. Les deux jeunes gens que nous avions déjà rencontrés s'y trouvaient seuls accoudés. Au milieu de la salle, je remarquai une petite scène éclairée par des projecteurs.

Je me mis à rire intérieurement ; Pat avait toujours eu le secret des bonnes planques.

Il avait toujours eu, aussi, du succès avec les femmes. À l'époque de Gibraltar, il était, comme moi, célibataire et il louait la maison voisine de la mienne. Un matin vers quatre heures, après un bal costumé, j'entendis un véhicule s'arrêter devant chez lui en faisant crisser ses pneus, puis des portes qui claquaient dans la maison, des gloussements et des rires, de la musique et des bruits de chasse d'eau – ce qui est toujours charmant à une heure pareille. Vers midi, j'étais en train de faire tranquillement la vaisselle dans ma cuisine lorsque je vis un taxi s'arrêter devant la porte de Pat, dont jaillirent soudain la Reine Elizabeth Ire et l'une de ses jeunes suivantes, leurs robes d'époque très chiffonnées, les cheveux dans la figure et l'air très gêné. Pressé de questions ensuite, Pat finit par avouer qu'il s'envoyait simultanément en l'air avec la mère et la fille. Il n'eut pas fini d'en entendre parler.

L'une des serveuses fit un petit signe amical de la main à Kelly.

— Salut, chérie !

Les seins qui pointaient sous son T-shirt évoquaient un couple de Zeppelins prêts au décollage.

Kelly adorait. Elle leva la tête vers moi et me demanda :

— Qu'est-ce que c'est, ici ?

— C'est un genre de bar où les gens viennent se détendre après le travail.

— Comme dans les clubs de sport ?

— Si on veut.

Suivant le guide, nous passâmes une autre double porte et empruntâmes un corridor aux murs de plâtre un peu lépreux. Il y avait sur la droite les cuisines, pleines de bruit, de lumière et d'agitation, et sur la gauche des bureaux. Au bout du corridor, la fille qui nous guidait ouvrit une porte et annonça :

— Le voilà !

Si j'avais eu à imaginer les vestiaires d'un bar-spectacle coquin, j'aurais plutôt vu des filles à demi nues devant de grands miroirs avec des ampoules électriques partout. Mais cela ne ressemblait guère à tout cela. On avait l'impression de se trouver dans un respectable salon d'attente, avec trois ou quatre canapés, quelques chaises, des miroirs discrets. Il y avait au mur un écriteau demandant qu'on s'abstienne de fumer – consigne qui semblait être scrupuleusement respectée – et des tableaux d'affichage avec des notices et des emplois du temps de l'université.

Tout le monde s'affaira immédiatement autour de Kelly. J'avisai une fausse agente de police dont la jupe d'uniforme avait une longueur nettement inférieure à celle prévue par le règlement et lui dis :

— Je cherche un Anglais nommé Patrick. Il m'a dit qu'il venait beaucoup ici.

Kelly avait été entraînée dans un coin par deux ou trois filles.

— Comment t'appelles-tu, chérie ?

J'interviens en hâte :

— Elle s'appelle Josie.

Toutes les filles avaient des déguisements mirobolants. L'une d'elles présenta à Kelly un costume d'Indienne, avec des manches de daim à franges, des plumes et tout le tralala, en lui demandant :

— Tu aimes cela ?

Et elle commença à l'habiller en Indienne. Kelly avait les yeux qui scintillaient d'excitation.

Pendant ce temps, je continuais à haranguer le gratin féminin de Washington :

— Il y a simplement eu une confusion de dates. Nous devions retrouver Pat pour que Josie et lui puissent aller en vacances ensemble. Je peux m'occuper d'elle sans problème, ce n'est pas cela, mais elle tient vraiment à le voir.

— Nous n'avons pas vu Pat depuis une éternité, mais Sherry doit savoir où le trouver ; elle sortait avec lui. Elle est en retard, aujourd'hui, mais elle va bientôt arriver. Vous pouvez rester, si vous voulez. Servez-vous un peu de café.

J'allai à la machine à café, me versai une tasse et m'assis. J'entendais Kelly glousser de rire. J'aurais pu me croire au paradis si je n'avais pas eu l'angoisse permanente de voir Kelly vendre la mèche.

Il y avait des livres scolaires qui traînaient partout. Assise sur un canapé, une jeune personne habillée en houri de harem turc tapait une dissertation sur un petit ordinateur portable.

Vingt minutes plus tard, la porte s'ouvrit brusquement, et

une fille portant un sac de sport noir fit irruption dans la pièce, essoufflée et échevelée.

— Désolée d'être à la bourre, les filles ! fit-elle. Je n'étais pas du premier tableau, non ?

Elle commença à retirer ses souliers en s'efforçant de reprendre son souffle. La fausse agente de police l'interpella.

— Dis donc, Sherry, ce monsieur voudrait savoir où est Pat. Tu l'as vu récemment ?

Je me levai et intervins :

— Cela fait des jours que j'essaie de le trouver. Mais vous savez sans doute que ce n'est pas facile…

— Vous pouvez le dire !

Sur ce, elle entreprit de retirer son jean devant moi aussi naturellement que si nous étions mariés depuis dix ans.

— Il a été absent un bon moment. Je l'ai vu il y a environ un mois, quand il est revenu en ville.

Elle jeta un regard curieux à Kelly, puis à moi.

— Vous êtes un de ses amis ?

— Un très vieil ami.

— Je pense que ça va si je vous donne son numéro. Je l'ai là. Le tout est que je le retrouve.

En soutien-gorge et petite culotte, elle se mit à fouiller dans son sac tout en parlant. Soudain, elle leva la tête, regarda l'une des autres filles et lui demanda :

— Je suis dans quel tableau ?

— Le quatre.

— Ciel ! Est-ce qu'il n'y a pas quelqu'un qui pourrait y aller à ma place ? Je prendrai le six. Je ne suis même pas encore maquillée.

Un petit grognement s'éleva de derrière l'ordinateur portable. La fausse Turque acceptait l'échange.

Sherry finit d'explorer les tréfonds de son sac.

— Nous y voilà ! dit-elle en me tendant une carte du restaurant au dos de laquelle étaient griffonnés une adresse et un numéro de téléphone.

Je reconnus l'écriture.

— C'est loin ? demandai-je.

— Riverwood ? Environ un quart d'heure en voiture, de l'autre côté du pont.

-- Je vais lui donner un coup de fil. Merci.

Elle eut un sourire un peu las pour me dire :

— Rappelez-lui que j'existe, à l'occasion.

J'allai vers Kelly et lui dis :

— Il faut que nous y allions, Josie.

— Oh !... fit-elle avec une moue déçue.

Peut-être était-ce de se retrouver dans une compagnie féminine, mais elle paraissait plus détendue qu'elle ne l'avait jamais été depuis que je l'avais recueillie. Elle était couverte de maquillage.

— Il faut vraiment ? demanda-t-elle, le regard suppliant.

— Il le faut vraiment, confirmai-je en commençant à lui essuyer la figure.

— Est-ce qu'on ne peut pas la garder ici ? demanda la fausse agente de police. On s'occupera d'elle. On lui apprendra à danser.

— J'aimerais bien, Nick !

— Désolé, Josie, mais il faut être beaucoup plus âgé que toi pour travailler ici. N'est-ce pas, les filles ?

Elles aidèrent Kelly à retirer ses plumes, et l'une d'elles lui dit :

— Si tu travailles très bien à l'école, chérie, tu pourras un jour venir travailler avec nous.

Elles nous firent sortir par la porte de service, à l'arrière du bâtiment. Quand nous fûmes dehors, Kelly me demanda :

— Qu'est-ce qu'elles font, au juste ?

— Elles sont danseuses.

— Mais pourquoi ont-elles des bikinis et des plumes ?

— Je ne sais pas. Peut-être qu'il y a des gens qui aiment cela.

14

Nous descendîmes la colline à pied, cherchant un endroit où nous abriter de la pluie. Sur un bâtiment qui ressemblait plus à une maison particulière qu'à un restaurant, nous vîmes une enseigne : *Georgetown Diner*. Nous entrâmes.

La salle était aux trois quarts vide. Nous nous installâmes, moi devant un café et Kelly devant un Coca. Nous étions en pleine méditation, moi sur la façon d'entrer en contact avec Pat, et elle, sans doute, sur le jour où elle pourrait aller à l'université habillée comme Pocahontas. À côté de notre table, il y avait un présentoir de cartes de vœux et de dessins d'artistes locaux. Cela ressemblait plus à une galerie qu'à un snack-bar.

Je me mis à penser tout haut devant Kelly :

— Nous ne pouvons pas nous présenter tout simplement au domicile de Pat ; nous risquerions de le compromettre. Et je ne peux pas lui téléphoner, car les autres ont peut-être fait la relation entre lui et moi, et, à ce moment, ils sont bien capables d'avoir plombé sa ligne.

Kelly hochait la tête d'un air sagace, ne comprenant pas un mot de ce que je racontais, mais ravie d'être prise dans la confidence d'un adulte au lieu d'être traitée en quantité négligeable.

— Le plus enrageant, poursuivis-je, c'est qu'il est à moins d'un quart d'heure d'ici. Je me demande vraiment quoi faire.

Elle haussa les épaules, puis, désignant le présentoir près de la table, elle me dit :

— Envoie-lui une carte.

— Bonne idée, mais cela prendrait trop longtemps.

Puis, soudain, j'eus une illumination.

— Bravo, Kelly !

Elle sourit d'une oreille à l'autre. Je me levai et allai acheter une carte d'anniversaire représentant un lapin revêtu de velours qui tenait une rose. J'empruntai un crayon à bille, revins à la table et écrivis :

« Pat, je suis dans la merde. Kev est mort et Kelly est avec moi. J'ai besoin d'aide. CE N'EST PAS MOI QUI L'AI TUÉ. Appelle le 181-322-8665 d'une cabine publique. Urgent. Nick. »

Je fermai l'enveloppe, y inscrivis l'adresse de Pat et demandai à emprunter un annuaire. L'endroit que je cherchais se trouvait dans la rue où nous étions et, apparemment, à distance raisonnable. Nous remîmes nos manteaux et sortîmes. Il avait cessé de pleuvoir, mais le trottoir était encore mouillé. Je regardai les numéros et vis qu'il nous fallait descendre vers le fleuve.

Le bureau de la société de messageries se trouvait à côté d'une extraordinaire boutique « Nouvel Âge », à la vitrine pleine de verroterie et de pierres aux vertus miraculeuses. Je me demandai un instant laquelle on me recommanderait si j'entrais dans la boutique et exposais ma situation exacte. Kelly aurait voulu rester dehors pour regarder la vitrine, mais je la fis entrer avec moi ; une enfant seule dans une rue risquait toujours d'attirer l'attention.

— Pourriez-vous porter cela à mon ami pour 16 heures, aujourd'hui ? demandai-je à l'employé de service. Nous sommes très ennuyés, car nous avons oublié de poster cette carte à temps, et c'est son anniversaire, n'est-ce pas, Josie ?

L'employé promit que la carte serait portée à destination à 16 heures précises, et je payai les 15 dollars demandés. J'avais besoin des deux heures d'intervalle pour prévoir un lieu de rencontre.

Nous nous rendîmes à l'Hôtel Latham. Je m'étais dit que,

là, mon accent passerait inaperçu, et je ne m'étais pas trompé ; le hall de réception était plein de touristes étrangers. Je fis asseoir Kelly dans un coin et allai au bureau de renseignement.

— Je cherche, dis-je, une galerie marchande qui ait une garderie d'enfants.

On m'en indiqua une demi-douzaine, et je constatai qu'il y en avait une non loin de la Roadies Inn, dans le Landside. Nous hélâmes un taxi, dont le chauffeur, cette fois, savait où il allait.

Kids Have Fun est une sorte de combinaison de garderie et de centre récréatif. Vous pouvez y déposer vos enfants quelques heures pendant que vous faites vos courses. J'étais allé une fois avec Marsha y chercher Kelly et Aida. À l'arrivée, on donne aux enfants un bracelet d'identité qu'ils ne peuvent retirer, et l'adulte qui les accompagne est muni d'une carte attestant qu'il est seul à pouvoir les reprendre. Le centre commercial où nous nous rendîmes formait une croix, avec un grand magasin différent – Sears, Hecht, JCPenney, Nordstrom –, à l'extrémité de chaque branche. Il se répartissait sur trois niveaux, reliés par des escaliers mécaniques.

Ayant repéré *Kids Have Fun*, je me tournai vers Kelly et lui demandai :

— Que dirais-tu d'aller y faire un tour un peu plus tard ? Il y a des jeux vidéos et des tas d'autres choses.

— Je sais, mais je veux rester avec toi.

Je tenais à la mettre à l'abri dès que j'aurais reçu mon coup de téléphone – si je le recevais. Il était toujours possible que mes adversaires connaissent le numéro du téléphone portable de Kev, sur lequel j'avais demandé à Pat de m'appeler, et qu'ils interceptent la communication. Je risquais de tomber dans un piège.

— Tu peux rester avec moi pour l'instant, dis-je à Kelly, mais ensuite il faudra que je te laisse un moment. Entendu ?

Elle prit un air contrarié.

— Pourquoi ? demanda-t-elle d'un ton dramatique.

— Parce que j'ai des choses à faire. Mais en attendant, tu peux m'aider.

Elle se décida à sourire.

— Entendu. Mais tu ne seras pas long, hein ?

— Je serai revenu avant même que tu t'en aperçoives. Pour le moment, trouve-moi un magasin qui vende des téléphones.

J'achetai des piles neuves pour le portable de Kev, et, à 15 heures 55 précises, je le branchai. À 16 heures 10, il se mit à sonner. Je pressai le bouton de réception.

— Allô ?

— C'est moi.

— Où es-tu ?

— Dans une cabine.

— À 17 heures, tu iras au centre commercial de Landside, à Alexandria. Tu entreras du côté du magasin JCPenney, tu iras vers le rond-point central, là, tu prendras l'escalier mécanique jusqu'au troisième niveau, et tu iras tout droit vers Sears. Compris jusque-là ?

Il marque un silence tandis qu'il enregistrait les instructions, puis déclara :

— Compris.

— Sur la gauche, il y a un snack-bar qui s'appelle le *Roadhouse*. Tu y entres et tu commandes deux cafés. Je t'y rejoindrai.

— À tout à l'heure.

Je débranchai l'appareil.

— Qu'est-ce que c'était ? demanda Kelly.

— Tu te souviens que j'ai parlé de Pat ? Je vais le voir tout à l'heure. En attendant, on va à *Kids Have Fun*.

C'était là un point sur lequel je n'entendais pas transiger ni même discuter. Si le rendez-vous avec Pat tournait mal, elle serait au moins casée.

Je remplis le formulaire d'inscription en y portant les noms que nous avions déjà donnés à l'hôtel. Il y avait là des installations sportives avec les rembourrages adéquats, des magnétoscopes diffusant toutes sortes de films, un distributeur de jus de fruit, des toilettes, des magiciens exécutant des tours de passe-passe. L'endroit était bondé mais supérieurement bien organisé. Le seul risque était que Kelly se mette à trop parler, mais ce risque, j'étais bien obligé de le prendre. Je payai et lui demandai :

— Veux-tu que je reste un peu ?

— Tu ne peux pas, répliqua-t-elle. Ce n'est que pour les enfants.

Je m'accroupis devant elle, la regardant dans les yeux.

— Souviens-toi bien, lui dis-je. Aujourd'hui, tu t'appelles Josie, pas Kelly. C'est un secret. Entendu ?

— Entendu.

Mais c'était maintenant les jeux s'offrant partout à elle qui retenaient son attention.

— Je vais être revenu bientôt. Tu sais que je reviens toujours, n'est-ce pas ?

— Oui, oui, fit-elle.

Mais elle ne m'écoutait déjà plus, ce qui était bon signe.

Je gagnai le troisième niveau par l'escalier mécanique, m'installai dans un café, à une table en coin, et commandai un expresso et une pâtisserie. Je savais que si Pat ne se montrait pas, notre rendez-vous serait automatiquement reporté au lendemain. C'est l'avantage de travailler avec des gens qu'on connaît.

Je regardai ma montre. Il était seize heures cinquante-huit – ou sept heures cinquante-huit du matin à Bagdad. D'où je me trouvais, j'avais une vue plongeante sur les escaliers mécaniques et le tronçon de galerie où se trouvait JCPenney, et, à mon niveau, je surveillais aussi l'entrée vers Sears et la Roadhouse.

À dix-sept heures deux, j'aperçus Pat au-dessous de moi, venant de la direction de JCPenney, avançant d'un pas tranquille, en blouson de cuir marron, jean et chaussures de sport. Vu ainsi, il paraissait inchangé, à ceci près qu'il se dégarnissait un peu sur le sommet. Je me promis de le mettre en boîte à ce sujet.

Il s'engagea dans l'escalier mécanique et je détournai alors mon regard de lui. Ce que je cherchais à voir, maintenant, c'était s'il était suivi. En le « couvrant » ainsi, je me protégeais moi-même. En tant que troisième larron et déjà en alerte, j'avais le rôle le plus facile. Le plus difficile serait celui des gens suivant éventuellement Pat et ne devant pas se laisser repérer par des observateurs de mon espèce.

En milieu urbain, il est toujours préférable de fixer ses rendez-vous en des endroits très fréquentés. Toute rencontre paraît alors normale et passe inaperçue. Le revers de la médaille est que, si vous êtes l'objet d'une surveillance, ceux qui vous surveillent se fondent, eux aussi, beaucoup plus facilement dans la foule. Mais vous pouvez leur mener la vie dure, en entrant dans des magasins, en ressortant, en vous arrêtant à un comptoir pour en repartir subitement avant de revenir sur vos pas. Les magasins sont toujours de la plus grande utilité en pareil cas.

Je vis Pat arriver par l'escalier mécanique et se diriger vers la Roadhouse. J'observai attentivement ; personne ne semblait le suivre.

Je le regardai entrer à la Roadhouse, lui laissai cinq minutes, observai encore un peu les environs, m'assurai que la serveuse me voyait laisser mes deux dollars sur la table et me levai. En sortant, j'empruntai la galerie Sears en me tenant du côté droit, ce qui me donnait une meilleure vue de la Roadhouse, sur la gauche, et me permettait de m'assurer que je ne voyais pas de personnages suspects dans les magasins.

Je ne pouvais encore être sûr de rien en ce qui concernait Pat. Je ne pouvais être sûr qu'il n'avait pas été repéré ; je ne pouvais même pas être sûr qu'il ne m'avait pas dénoncé après avoir reçu ma communication. Mais je n'étais pas nerveux pour autant ; je m'étais trouvé trop souvent dans ce genre de situations. Je me posais simplement, très techniquement, les questions de rigueur. Que ferais-je si l'adversaire arrivait côté Sears ? Que ferais-je si les assaillants venaient simultanément de boutiques de part et d'autre de moi ? J'évaluais mentalement toutes les possibilités.

Je fis mon entrée dans la Roadhouse et pus ainsi voir Pat de plus près. L'âge commençait, chez lui, à se faire sentir. Il n'avait que quarante ans, mais semblait déjà, à certains égards, mûr pour la retraite.

Il était assis à une petite table, au fond sur la gauche, avec deux cappuccinos devant lui. Il y avait, autour, une douzaine de personnes bavardant, consommant ou essayant de faire tenir leurs enfants tranquilles. J'allai vers Pat, posai sur sa table un billet de cinq dollars que je tenais tout prêt dans ma poche, et lui dis avec un grand sourire :

— Suis-moi. On se tire.

S'il m'avait balancé et s'il avait l'intention de me piéger, j'allais pouvoir le voir tout de suite. C'était moi l'initiateur du rendez-vous. Il fit donc ce que je lui dis sans ouvrir la bouche. Nous gagnâmes, au fond de la salle, une porte que surmontait un signe lumineux : « Toilettes ». Nous la franchîmes et nous retrouvâmes dans un long corridor, au bout duquel se trouvaient, sur la gauche, les toilettes en question. J'avais poussé un brin de reconnaissance jusque-là lors de mon premier passage en compagnie de Kelly. Sur la droite du corridor, il y avait une autre porte qui conduisait chez Sears. Les toilettes étaient communes aux deux établissements, et c'était bien pour cela que je les avais choisies. J'ouvris cette deuxième porte, laissai passer Pat et le suivis au rayon des vêtements pour enfants du grand magasin. Nous prîmes un escalier mécanique jusqu'au rez-de-chaussée en gardant nos distances et surveillant nos arrières.

Du rayon de la parfumerie, au rez-de-chaussée, on gagnait directement le parking. Nous le traversâmes et atteignîmes un trottoir bordé de plus petites boutiques et de snack-bars.

Aucun mot n'avait été échangé. Ce n'était pas la peine ; Pat savait ce qui se passait.

Nous entrâmes dans une SubZone, une cafétéria d'une propreté d'hôpital vendant des baguettes chaudes avec toutes les garnitures possibles et imaginables. Je dis à Pat de me commander un café et une baguette à la viande et au fromage. L'endroit était bondé, ce qui faisait fort bien mon affaire en rendant une éventuelle surveillance plus difficile.

— Installe-toi à cette table, là, en face des toilettes, dis-je à Pat. Je reviens dans une minute.

Il alla d'abord faire queue pour passer la commande au comptoir. J'avais déjà vérifié lors d'un premier passage qu'il y avait, au fond du couloir menant aux toilettes, une sortie de secours. Je voulais m'assurer que rien n'était venu la bloquer depuis. Elle était équipée d'un système d'alarme et il était donc hors de question que j'essaie d'ouvrir la porte coupe-feu pour le moment, mais je savais qu'elle fonctionnerait en cas de besoin. Ma petite patrouille de reconnaissance m'avait appris dans quelle direction fuir le cas échéant.

Pat était déjà installé à la table avec deux cafés et sa fiche de commande pour les sandwiches. Je commençais à avoir une indigestion de caféine. Je me sentais, aussi, presque exténué ; la chaleur qui régnait dans la galerie marchande et toute l'énergie que j'avais dû déployer depuis deux jours pesaient lourdement sur moi. Mais il me fallait bien dominer cette fatigue.

Je regardai Pat et décidai, finalement, de ne pas railler son amorce de calvitie. Il paraissait, en effet, lessivé. Il n'avait plus le regard clair et perçant, mais les yeux rouges et brumeux. Il avait pris du poids et un début de bedaine distendait son T-shirt. Il avait le visage gonflé et le cou si épaissi que j'arrivais à peine à distinguer sa pomme d'Adam.

— Nous sommes ici, lui dis-je, parce que je suis de passage, en vacances, et que nous avons décidé de venir faire des courses ensemble dans le coin.

— Entendu.

Il me restait à essayer une petite mise à l'épreuve pour le cas où il aurait eu un micro dissimulé quelque part sur lui.

— Si un drame se produit, je fiche le camp par ici, lui précisai-je en désignant de la main la porte des toilettes.

S'il avait un micro, il allait souligner à haute voix « Par les toilettes », pour le bénéfice des personnes à l'écoute. Mais il n'en fit rien. Il se borna à répondre :

— Vu.

J'étais maintenant aussi sûr que possible qu'il n'y avait pas de piège de ce côté, et je n'avais plus de temps à perdre à tourner autour du pot.

— Tu vas bien, camarade ? lui demandai-je.

— Comme ci, comme ça. Mais nettement mieux que toi en tout cas. Comment m'as-tu retrouvé ?

— Sherry, aux *Good Fellas*.

Il eut un petit sourire et je lui dis :

— Joli petit lot, Pat !

Son sourire s'élargit encore.

— Mais toi, demanda-t-il, où en es-tu ?

— J'ai tout le patelin à mes trousses, chiens, chats et canaris compris.

— C'est bien ce qu'il semble.

Je commençai à lui expliquer la situation, et j'étais encore en plein milieu de mon récit lorsqu'une serveuse vint nous apporter nos baguettes garnies. Il y avait là de quoi nourrir une famille nombreuse pendant deux jours.

— Qu'est-ce que tu as encore trouvé moyen de commander ? ronchonnai-je. On va y passer la journée...

Mais Pat était déjà à l'œuvre et se battait vaillamment avec son sandwich, d'où dégoulinait le fromage chaud. Je me demandai depuis combien de temps il n'avait pas mangé. Quant à moi, j'avais trop à dire pour faire comme lui.

— Pour te dire la vérité, repris-je, tout ce que je voudrais, c'est foutre le camp et retourner en Angleterre. Mais cela ne doit pas être facile. J'ai besoin de savoir ce qu'il se passe, et pourquoi cela se passe. Tu te souviens de Simmonds ?

— Bien sûr. Il est toujours dans le coup ?

— Oui. J'ai été en contact avec lui. Je lui ai même dit que si le Service ne m'aidait pas, j'allais déballer tout ce que j'avais en réserve.

Pat écarquilla les yeux.

— Putain ! fit-il. C'est le grand jeu ! Tu es vraiment dans la merde. Et qu'est-ce que Simmonds t'a répondu ?

Je poursuivis mon récit pendant un bon quart d'heure, après quoi Pat me demanda :

— Tu crois que c'est l'IRA qui a séché Kev ?

Il avait fini son sandwich et louchait vers le mien. Je le lui laissai.

— Je n'en sais foutre rien, lui dis-je. Pour moi, ça n'a

pas tellement l'air de tenir debout. Qu'est-ce que tu en penses ?

— Le bruit qui courait dans Washington, c'est qu'il y avait eu une implication américaine dans l'affaire de Gibraltar, en 88.

— Quelle sorte d'implication ?

— Je ne sais pas. Cela a quelque chose à voir avec le vote irlando-américain et tout ce genre de conneries. Et avec l'IRA raclant des fonds américains en jouant sur le marché de la drogue.

Je me demandai subitement comment Pat savait cela. Peut-être était-ce dans ces milieux que lui-même se fournissait. Cette pensée m'attrista. Mais l'idée avait fait mouche.

— Peut-être, dis-je, est-ce là qu'il faut chercher le lien avec Kev. Le DEA, la drogue ? Qu'est-ce que tu en penses ?

— Peut-être. Cela fait un sacré bout de temps que les Britanniques mènent la vie dure aux Américains là-dessus : l'argent qui va à l'IRA. Mais les Amerloques ne peuvent pas se mettre à dos ces millions d'électeurs irlando-américains...

Je me renversai dans mon siège, regardai Pat bien en face et lui demandai :

— Pourrais-je savoir comment tu es au courant de tout cela ?

— Je ne suis au courant de rien de précis. Tout ce que j'ai entendu dire, c'est que l'IRA Provisoire achète de la cocaïne, la sort des États-Unis et la revend. Cela fait des années que cela dure. Absolument rien de nouveau dans tout cela. Mais c'est peut-être un point de départ pour toi. C'est toi, le mec à la matière grise. Pas moi.

Tout cela tenait debout ; si on est une organisation terroriste et qu'on a un peu d'argent, la meilleure solution est d'acheter de la drogue et de la revendre avec bénéfice pour arrondir son capital. Le gouvernement américain, lui, ne pouvait s'opposer à une collecte de fonds au profit de l'IRA ; c'eût été un suicide politique. Mais si l'on pouvait démontrer qu'il y avait trafic de drogue, c'était une autre affaire. Peut-être Kev était-il en train de travailler contre l'IRA Provisoire et avait-il été dessoudé par elle.

Je posai la question à Pat, mais il secoua la tête.

— Je n'en ai pas la moindre idée, camarade. Les trucs comme cela me foutent la migraine.

Il s'interrompit un instant, puis il me demanda :

— Dis-moi plutôt de quoi tu as besoin.

— De fric.

Il interrompit sa mastication et sortit son portefeuille. Il me tendit une carte en plastique et me dit :

— Il y a trois mille dollars sur ce compte, et tu peux tirer autant que tu veux là-dessus à un guichet automatique. Et la gosse ? Qu'est-ce qu'on en fait ?

— Tout va bien pour elle, camarade. Je l'ai avec moi. Merci pour tout, vieux – pour la carte et pour être venu.

Je m'étais toujours dit qu'il m'aiderait, mais je ne voulais pas qu'il ait l'impression que je considérais la chose comme un dû.

— Écoute, dis-je ensuite, je n'ai pas l'intention de te mettre dans la merde. Je ne veux pas te compromettre, mais il y a autre chose dont j'ai besoin. Est-ce que tu pourrais me téléphoner à un moment ou à un autre ce soir ? J'ai besoin de réfléchir un peu à ce que je vais faire ensuite.

— Vers 21 heures 30, ça va ?

J'eus brusquement une autre idée.

— Est-ce que tu connais, demandai-je à Pat, des points de chute du Sinn Fein ou de l'IRA à Washington ?

— Non, mais je peux me renseigner. Quelle est ton idée ?

— J'ai besoin de savoir s'il y a une relation entre l'IRA et les gens qui me courent au derrière – et qui ont peut-être descendu Kev. Si je peux mettre l'un de ces points de chute sous surveillance, voir qui entre et qui sort, cela peut être un point de départ.

Pat acheva de dévorer mon ex-sandwich.

— Fais quand même gaffe, camarade. Ne te fais pas avoir toi aussi.

— Pas de danger, fis-je. Bon. Moi, je reste là pour le

moment. Je te laisse dix minutes avant de me tirer. Le portable sera branché à partir de 21 heures 25.

— À tout à l'heure et sois sage.

Il se leva, après avoir raclé les dernières miettes de sandwich.

— Sherry, hein ? fit-il. Comment va-t-elle ? Est-ce que je lui manque ?

Et il s'éloigna avec un petit rire avantageux.

15

Je rejoignis la galerie en traversant Sears, trouvai un guichet automatique et tirai 300 dollars.

Il faisait déjà nuit, mais la galerie marchande était toujours bondée. Il restait encore un risque qu'on m'attende lorsque j'irais reprendre Kelly à *Kids Have Fun.* Je surveillai donc les alentours pendant dix bonnes minutes avant de faire mouvement. N'ayant rien remarqué de particulier, je me décidai à m'approcher et regardai d'abord par la vitre, cherchant à repérer la fillette.

Je n'y arrivai pas immédiatement, l'endroit grouillant d'enfants, mais je finis, à ma deuxième tentative, par l'apercevoir. Elle était assise par terre, au milieu d'une douzaine d'autres, et regardait une cassette vidéo, un petit carton de jus d'orange à la main. Je m'avisai que, depuis la veille, elle n'avait pratiquement pas cessé de manger et de boire en regardant la télévision. C'était presque un miracle qu'elle ne commence pas à ressembler à Pat.

J'entrai, fis état de mon identité et demandai à reprendre ma fille. Quelques minutes plus tard, Kelly arriva, escortée par une hôtesse. J'entrepris de lui remettre ses souliers.

— Salut, Josie, lui dis-je. Ça va ?

Elle boudait parce qu'on était venu la chercher au milieu du film. Je me dis que c'était bon signe ; elle revenait à des réactions enfantines normales. Quant à moi, j'avais été soulagé de ne pas l'avoir à mes basques pendant un moment, mais j'étais heureux de la retrouver. Je me demandais ce que je devais en penser.

Nous prîmes un taxi, mais je le fis s'arrêter à quelques centaines de mètres de l'hôtel et nous fîmes le reste du trajet à pied. L'hôtel constituait notre refuge et il devait le rester.

J'ouvris la porte de la chambre. La télévision fonctionnait toujours, avec une séquence publicitaire vantant la tenue de route de la Nissan dernier modèle. J'actionnai le commutateur électrique en disant à Kelly de rester où elle était pour le moment et inventoriai la pièce du regard.

Les lits n'avaient pas été faits et les rideaux étaient toujours tirés, ce qui semblait indiquer que les femmes de chambre avaient tenu compte de la pancarte laissée sur la porte. Normal : cela faisait du travail en moins pour un salaire identique.

Chose plus significative encore, je pouvais constater, de la porte, que le pli fait par moi à la couverture était intact. Nous entrâmes. Me penchant au-dessus du téléviseur, je vis que l'allumette que j'avais placée entre la commode et le mur était toujours en place, avec la tête reposant exactement à l'endroit que j'avais marqué. Si, par hasard, on avait remarqué l'allumette en fouillant la chambre et on avait eu soin de la remettre en place, il y avait bien peu de chances que ce soit à l'endroit précis que j'avais marqué sur le mur. Donc, tout semblait en ordre.

— Qu'est-ce que tu fais, Nick ?

— Je regarde si la prise de la télévision est bien branchée.

Elle s'assit sur le lit et se mit à piocher dans un paquet d'Oreos. Cette gamine avait vraiment de l'appétit.

L'attache métallique était toujours, elle aussi, en équilibre sur son tiroir de commode ; celui-ci n'avait pas été ouvert.

Je retirai son manteau à Kelly et l'accrochai derrière la porte, avec, encore une fois, ses souliers glissés dans les poches pour le cas d'un départ précipité. Puis je nettoyai un peu le lit, en balayant les miettes et les emballages vides.

— As-tu faim ? demandai-je.

Elle regarda d'un air dubitatif le paquet d'Oreos à moitié vidé.

— Je ne sais pas au juste, dit-elle. Qu'est-ce que tu en penses ?

— Sans aucun doute, affirmai-je d'un ton solennel. Je vais aller chercher à manger. Toi, tu restes là, et je te laisserai te coucher un peu plus tard. Mais tu ne le diras à personne ; c'est un petit secret entre nous.

Elle se mit à rire.

— Je ne dirai rien, promit-elle.

Je me rendis compte que j'avais faim moi aussi. Pat ne m'avait pas laissé grand-chose à la SubZone.

— Tu sais ce qu'il faut faire, dis-je à Kelly. Je vais mettre la pancarte « Ne pas déranger » sur la porte, et toi, tu n'ouvres à personne. Compris ?

— Sans aucun doute.

— Toi, tu es en train de te payer ma tête !

— Sans aucun doute.

Les rues étaient maintenant calmes et la pluie s'était ralentie. Je commençai par aller nous acheter de nouveaux vêtements – vestes, jeans et chemises – afin que nous puissions encore changer notre apparence au moins deux fois. Puis je m'occupai des provisions.

Sur le chemin du retour, je consultai ma montre : 21 heures 20. Mes petites courses m'avaient pris plus longtemps que prévu. Le moment était venu de brancher le portable. Je m'arrêtai sous une porte pour échapper à la petite pluie fine qui persistait.

À 21 heures 30 précises, le téléphone se mit à sonner. J'eus, en même temps qu'une bouffée de plaisir, un petit sursaut d'inquiétude. Et si la communication était pour Kev ? Je pressai le bouton.

— Allô ?

— Salut, c'est moi. J'ai quelque chose pour toi.

— Formidable. Attends un peu…

Je me bouchai du doigt l'autre oreille. Je ne voulais rien manquer de ce qu'il avait à me dire.

— Tu peux y aller.

— C'est au 126 Ball Street. Dans la partie ancienne de Crystal City, près du fleuve. Entre le Pentagone et Washington National[1]. C'est noté ?

— Oui.

Je voyais à peu près l'endroit.

— Tu me téléphones demain ? demandai-je à Pat.

— Si tu veux.

— Même heure ?

— Même heure. Bonne chance, vieux.

— Merci.

Regagnant l'hôtel, je me sentais un peu meilleur moral. Jusque-là, j'avais été dans le brouillard le plus complet. Là, j'avais au moins un commencement de piste.

Nous dînâmes, Kelly et moi, avant de regarder un peu la télévision. Mais elle semblait plus d'humeur à bavarder.

— Tu regardes la télévision chez toi, Nick ?

— De temps en temps.

— Et qu'est-ce que tu préfères regarder ?

— Je ne sais pas. Les informations, le plus souvent. De toute manière, nous avons des programmes différents de ceux d'ici. Et toi, quelle est ton émission favorite ?

— « Pas sur la piste ».

— Qu'est-ce que c'est ? Un feuilleton policier ?

Elle s'esclaffa de la façon la plus méprisante.

— Ça va pas, la tête ! C'est l'histoire d'une fille.

— Ah ? Et qu'est-ce qu'elle fait ?

— Elle fait des courses.

Ah, bon...

Vers onze heures moins le quart, elle se décida à s'endormir. Je sortis alors le petit guide que j'avais oublié de rendre à la réception de l'Hôtel Latham et cherchai Ball Street sur le plan. C'était bien entre l'aéroport et le Pentagone comme me l'avait dit Pat. Je ne pus réprimer un petit rire silencieux. Si c'était vraiment un point de chute des types de

1. Aéroport de Washington réservé aux lignes intérieures, comme La Guardia à New York. *(N.d.T.)*

l'IRA Provisoire, ceux-ci étaient quand même gonflés ; ils devaient boire dans les mêmes bars que les gens du Conseil National de Sécurité.

Il n'y avait rien que je puisse faire pour le moment. Je recouvris d'une couette Kelly, qui dormait à poings fermés, tous membres écartés, débarrassai l'autre lit du fatras qui l'encombrait et m'y étendis. On m'avait dit quand j'étais simple fantassin, bien longtemps auparavant : « Dès que tu en as l'occasion, dors. Car tu ne sais pas quand la possibilité s'en représentera. » Pour une fois dans ma vie, je respectais la consigne...

Quand je me réveillai, un dessin animé qui semblait pareil à celui de la veille clignotait sur l'écran. J'avais dû laisser la télévision allumée toute la nuit. J'avais une envie folle d'un café.

Je me levai, me mouillai les cheveux pour me rendre à demi présentable et regardai par la fenêtre. Il pleuvait toujours, et de façon plus intense. Je descendis et récoltai la valeur de trois petits déjeuners au moins – ce qui n'était pas superflu compte tenu de l'appétit manifesté par Kelly.

— Allez, allez, on se réveille ! dis-je à celle-ci.

Elle le fit avec une visible répugnance, bâillant à fendre l'âme, s'étirant puis se roulant en boule pendant que je commençais à faire couler son bain. Mais elle ne tarda pas à apparaître à la porte de la salle de bains avec une serviette. Elle semblait avoir repris goût à la vie.

Pendant qu'elle barbotait, je m'assis au bord d'un des lits et commençai à zapper d'un journal télévisé à l'autre. Rien à notre sujet. Avec tous les crimes de sang commis à Washington, nous devions déjà être de l'histoire ancienne.

Kelly se décida à sortir de la salle de bains, et elle s'habilla et se coiffa sans que j'aie besoin de le lui rappeler. J'ouvris pour elle un carton de céréales dont je versai le contenu dans du lait, puis allai prendre ma douche. Quand je réapparus, propre et convenable, je dis à Kelly :

— Nous quittons l'hôtel aujourd'hui.

Son petit visage s'illumina.

— Nous rentrons à la maison ? Tu avais dit que Pat nous aiderait à rentrer.

Je décrochai son manteau et l'aidai à mettre ses souliers.

— Nous allons bientôt rentrer, lui affirmai-je. Mais Papa a encore besoin de se reposer un peu. Pat nous dira quand revenir. Mais nous avons d'abord des choses à faire. C'est difficile de t'expliquer tout ce qui se passe en ce moment, Kelly, mais cela ne va pas durer longtemps. Je te promets que tu seras bientôt chez toi.

— Bon. Parce que Jenny et Ricky doivent se demander ce qui se passe.

J'eus un coup au cœur. Avais-je raté quelque chose initialement ? Y avait-il d'autres gens dans la maison de Kev ?

Kelly me rassura immédiatement, comme si elle avait deviné mes pensées.

— Ce sont mes ours en peluche, dit-elle.

Elle se mit à rire, mais reprit presque immédiatement une mine sombre.

— Ils me manquent, fit-elle. Et je veux être là pour l'anniversaire de Melissa.

Je crus bon de lui tapoter le sommet du crâne, mais elle me foudroya du regard ; elle n'aimait pas qu'on la traite de haut. Je préférai changer de sujet.

— Regarde, dis-je en déployant mon plan de Washington. Voilà où nous sommes maintenant, et voici le quartier où nous allons – là, juste à côté du fleuve. Nous allons prendre un taxi, trouver un bon hôtel en nous assurant qu'il a le câble, pour que nous puissions regarder des films à la télévision. Sinon, nous pourrions aller au cinéma.

— Est-ce qu'on pourrait voir *Jungle Jungle* ?

— Bien sûr.

Je n'avais aucune idée de ce que cela pouvait être, mais, au moins, nous parlions d'autre chose que de la maison.

Après avoir réglé la note – en me voyant offrir, à ma grande surprise, un rabais – je remontai chercher Kelly et mon sac de sport bleu. Je laissai l'USP 9 mm dans le réservoir de la chasse d'eau ; il n'avait qu'un chargeur, alors que j'en avais trois pour le Sig.

En quittant l'hôtel, nous tournâmes deux fois à gauche le plus rapidement possible. Je voulais me trouver hors de toute vue avant que quelqu'un s'avise de me demander où était passée ma femme.

Je hélai un taxi et demandai qu'on nous conduise à proximité du Pentagone[1]. Le chauffeur était un Asiatique d'une soixantaine d'années. Il avait un plan déployé sur le siège à côté de lui, mais il n'éprouva pas le besoin de le consulter et prit immédiatement une direction qui semblait la bonne.

Je nous fis arrêter près d'une galerie marchande. Je voulais passer à un guichet automatique avant de commencer à explorer les environs. Nous ressortîmes par le parking d'un supermarché et prîmes la direction du fleuve. Je tenais fermement la main de Kelly et devais reconnaître intérieurement que j'en étais heureux. Peut-être était-ce avant tout utilitaire, la fillette me fournissant une excellente couverture. Mais, pour la première fois, je me sentais vraiment responsable d'elle.

Nous passâmes sous les arches de béton du pont routier menant vers le centre. Le fracas de la circulation, au-dessus de nos têtes, était assourdissant. J'en profitai pour raconter à Kelly la scène de *Cabaret* où Sally Bowles, lorsqu'elle n'en peut vraiment plus, se rend sous un pont de chemin de fer pour hurler tout son soûl. Ce que je m'abstins de lui dire, c'est que j'avais eu souvent envie d'en faire autant au cours des dernières quarante-huit heures.

Passé le pont, le paysage changeait. On se retrouvait au milieu d'un mélange d'immeubles décrépits, souvent voués à la démolition, d'entrepôts désaffectés et de terrains vagues transformés en parcs de stationnement. Mais, plus loin, les promoteurs étaient déjà à l'œuvre et remplaçaient progressivement les vieilles constructions de tous ordres par du neuf et du clinquant. Mais m'apparut soudain, au milieu d'un océan de chrome, de verre fumé et de briques luisantes, une vision si insolite qu'elle en semblait presque surréaliste. Un hôtel typique des années soixante, massif et hermétique carré de béton autour d'une cour intérieure bondée de

1. Siège du ministère américain de la Défense, ainsi nommé en raison de la forme du bâtiment. *(N.d.T.)*

voitures, dressait ses quatre étages comme un défi à toute rénovation. Il n'avait pas de fenêtres à ses murs extérieurs, mais simplement des appareils de conditionnement d'air, et, sur son toit, une antenne de télévision parabolique de trois mètres de diamètre qui n'aurait pas été déplacée au sommet du Pentagone. Il s'appelait le *Calypso*. Et Ball Street se trouvait juste derrière. Ayant tourné deux fois à droite, nous ne tardâmes pas à y déboucher.

Le bruit était toujours infernal ; quand ce n'était pas un avion décollant de Washington National, au-delà d'un rideau d'arbres, c'était la circulation sur l'autoroute. Kelly dut presque hurler pour me demander :

— Où on va ?

— Par ici, lui dis-je. J'essaie de voir où est le bureau d'un de mes amis. Puis on se trouvera un bon hôtel.

— Pourquoi on doit tout le temps changer d'hôtel ?

La question me prit quelque peu au dépourvu. J'étais en train de regarder les numéros sur les plaques, dans Ball Street, afin d'essayer de déterminer à peu près où se trouvait le local de l'IRA.

— Parce que, finis-je par répondre, j'en ai vite assez d'être au même endroit, surtout lorsque la nourriture n'est pas bonne. Hier, par exemple, c'était vraiment dégueulasse. Non ?

Kelly resta un instant silencieuse, puis me demanda :

— Qu'est-ce que c'est « dégueulasse » ?

— Cela veut dire que ce n'est pas très bon.

— Moi, j'ai trouvé ça bien.

— C'était mauvais. Maintenant, on va se trouver un hôtel convenable.

— On pourrait aller à la maison.

Heureusement, un énorme avion à réaction choisit ce moment pour passer à grand fracas juste au-dessus de nos têtes. Fascinée, Kelly oublia ce qu'elle venait de dire.

— Allez, viens, lui dis-je. Je vais voir où est le bureau de mon copain.

Nous étions vers les numéros 90, et la planque de l'IRA ne devait pas être loin. Nous arrivâmes ainsi à proximité d'une construction neuve de deux étages, toute en vitres, en acier et en tuyaux apparents – une réplique en miniature d'un Centre Pompidou encore épargné par la rouille. Je tentai de déchiffrer, sans trop m'approcher, les plaques figurant près de la porte, mais le temps, toujours pluvieux, ne me facilitait pas les choses. Je pus lire sur l'une « Unicom », mais, pour les autres, je dus renoncer.

Ce petit immeuble de bureaux très moderne ne ressemblait nullement aux locaux auxquels l'IRA et le Sinn Fein m'avaient habitué. Leur local de Cable Street, à Londonderry, par exemple, était une maisonnette 1920 anonyme dans une rue de pavillons à bon marché, et leurs principaux points de chute à Belfast étaient du même genre. Est-ce que Pat était bien sûr de son coup ?

— Nick ?

— Quoi ?

— J'ai les pieds mouillés.

Je pus constater immédiatement que c'était vrai. J'avais été si absorbé par mon repérage que je n'avais pas remarqué les énormes flaques d'eau dans lesquelles nous ne cessions de marcher. J'aurais dû lui acheter des bottes en caoutchouc lorsque j'avais fait mes dernières emplettes.

Je regardai autour de moi. Vers la gauche, la rue descendait vers le fleuve. Sur la droite, elle se dirigeait vers l'autoroute, mais, juste avant celle-ci, je pouvais voir au-dessus des toits l'antenne parabolique de l'Hôtel Calypso. Je me sentais très content de moi ; j'avais trouvé un point de chute à toute proximité de l'objectif, et il n'était pas encore onze heures du matin.

16

— Attends-moi là sous cet auvent, dis-je à Kelly comme nous arrivions à l'hôtel. À l'abri de la pluie. Je reviens.

— Je veux aller avec toi, Nick.

— Non. Tu m'attends là... Je ne serai pas long.

Je disparus avant qu'elle puisse discuter.

La réception de l'hôtel avait tout simplement été installée dans l'une des chambres du rez-de-chaussée, convertie en bureau. Il n'y eut ni problèmes ni formalités particulières ; l'histoire du pauvre vacancier anglais dévalisé fut acceptée beaucoup plus vite qu'au précédent hôtel.

J'allai chercher Kelly et, tandis que nous montions ensemble les marches de béton conduisant à notre chambre, au deuxième étage, je commençai à réfléchir à ce que j'allais faire ensuite. Mais, soudain, Kelly me tira par la main.

— Très dégueulasse, dit-elle.

— Comment ?

— Tu sais bien : pas bon du tout ! Tu as dit que l'autre hôtel était dégueulasse. Celui-ci est très dégueulasse.

En mon for intérieur, je ne pouvais qu'approuver. Je trouvais même que le couloir sentait le vomi. Mais il me fallait bien défendre ma position.

— Non, non, dis-je. Attends de voir la chambre. Et puis tu as vu cette antenne sur le toit ? On doit pouvoir capter tous les programmes télés du monde. Cela ne doit pas être dégueulasse du tout.

Il y avait, dans la chambre, deux lits à deux places, un

énorme téléviseur et le mobilier habituel des hôtels de deuxième ordre : une longue commode qui avait vu des jours meilleurs, un râtelier à bagages et une garde-robe constituée d'une simple tringle à vêtements dans un renfoncement de la pièce.

Dans la salle de bains, j'aperçus une petite bouteille de shampooing.

— Tu vois cela ? dis-je à Kelly avec toute la mauvaise foi dont j'étais capable. C'est l'indice d'un bon hôtel. À croire qu'on est au *Ritz*.

Je branchai le téléphone portable, puis allumai le poste de télévision, zappant pour trouver un programme destiné aux enfants. Cela devenait presque une seconde nature.

Je retirai son manteau à Kelly, le secouai pour en chasser l'humidité et l'accrochai à une patère. Puis je tentai de régler le conditionneur d'air de façon à avoir un peu de chaleur.

Je fis se changer Kelly, ce qui me prit un temps fou. Je me dis que je n'étais pas fait pour la condition paternelle. C'était beaucoup trop absorbant pour moi.

Près du téléviseur, il y avait un percolateur avec du café, des petits cartons de lait et des sachets de sucre. Je le mis en route dès que Kelly fut séchée et rhabillée, et, allant à la fenêtre, je regardai au-dehors à travers le voilage. La vue, parfaitement sinistre, correspondait fort bien à mon humeur. Sur la droite et sur la gauche, des ailes de béton encadraient le parking central, et, au fond, l'horizon était bloqué par l'autoroute sur ses piliers massifs. Il continuait à pleuvoir avec une implacable régularité, et l'humidité finissait par vous pénétrer jusqu'aux os. Je pris soudain conscience de la présence de Kelly, qui, debout à côté de moi, regardait aussi au-dehors.

— Je déteste ce genre de temps, lui dis-je. J'ai toujours détesté cela depuis l'époque où j'étais juste un jeune garçon qui venait de s'engager dans l'armée. Et maintenant encore, quand il pleut vraiment et que le vent souffle, je me fais une tasse de thé, je m'installe sur une chaise près de la fenêtre, et je regarde dehors en pensant à tous les pauvres troufions tapis dans un trou au milieu de nulle part, gelés, trempés et se demandant ce qu'ils peuvent bien foutre là.

Mais cette fois, en disant cela à Kelly, je ne pus retenir un petit sourire désabusé. Que n'aurais-je pas donné, en fait, pour me retrouver en ce moment en manœuvres dans la plaine de Salisbury, avec le froid, la faim et la pluie battante pour seuls problèmes immédiats ?

En attendant, il me fallait aller voir ce qui se trafiquait au juste dans la maison de Ball Street.

— Kelly, fis-je, tu sais ce que je vais te dire, n'est-ce pas ?

— Sans aucun doute, répondit-elle avec un grand sourire.

Elle m'avait apparemment pardonné de l'avoir frottée, bouchonnée, séchée et rhabillée.

— Dix minutes, d'accord ?

Je refermai la porte, écoutai un moment, entendis Kelly tirer le verrou et accrochai la pancarte « Ne pas déranger ». J'empruntai le couloir en direction de l'ascenseur et finis par tomber sur l'escalier de secours aux marches de béton. Je savais que, conformément aux normes légales de sécurité, il devait aboutir au toit, afin de permettre, en cas d'incendie dans les étages inférieurs, une évacuation par hélicoptère.

En haut de l'escalier, j'arrivai à une double porte coupe-feu qu'on actionnait en poussant une barre horizontale. Je regardai tout autour, ne vis aucune trace d'un système d'alarme et décidai de tenter le coup. Je poussai la barre, et la porte s'ouvrit sans qu'aucune sonnerie ne se mette à retentir.

Le toit était plat et recouvert de gros gravier. Je calai la porte et commençai mon exploration. Un avion s'apprêtait à atterrir à Washington National, ses feux de signalisation à peine visibles à travers l'écran formé par la pluie. Un parapet d'un mètre de hauteur entourait le toit, me protégeant des regards venus d'en bas. À l'autre bout, je pouvais distinguer l'antenne de télévision parabolique, ainsi qu'une construction vert sombre qui devait être le logement de l'ascenseur. De gros câbles électriques s'en échappaient. Je pus constater que la porte en était fermée à clé, mais, en examinant la serrure, je vis qu'elle ne me poserait pas trop de problèmes si j'avais besoin d'une source d'énergie supplémentaire pour alimenter un matériel de surveillance.

L'immeuble de Ball Street qui constituait mon objectif

avait également un toit plat, assez vaste et rectangulaire, avec des bouches d'aération ici et là.

Revenu dans la chambre, je pris l'annuaire et me mis à rechercher des adresses de prêteurs sur gages et de revendeurs de matériel d'occasion.

Puis j'allai dans la salle de bains, m'assis sur le bord de la baignoire et entrepris de vider de leurs cartouches les chargeurs du Sig afin d'en détendre les ressorts. Ce n'est pas une chose obligatoire tous les jours, mais cela doit être fait de temps à autre. La plupart des incidents de tir sont liés à des problèmes d'alimentation. Je ne savais pas, en l'occurrence, depuis combien de temps ces chargeurs avaient été approvisionnés ; je risquais de voir le premier coup partir normalement, et la deuxième cartouche se bloquer parce que le ressort du chargeur était fatigué. C'est pourquoi un revolver est souvent beaucoup plus sûr qu'un pistolet automatique, surtout si l'on doit laisser son arme longtemps chargée sans s'en occuper. Un revolver, cela se résume à un cylindre avec six cartouches dedans ; vous pouvez le laisser chargé en permanence en sachant qu'il marchera au quart de tour quand vous en aurez besoin.

Je regagnai ensuite la chambre, dressai une liste du matériel qu'il me fallait acheter et fis le compte de l'argent que j'avais encore sur moi. Cela suffisait pour le moment. Je n'avais pas à m'inquiéter de Kelly. Elle avait largement de quoi se nourrir et commençait, de toute façon, à être à moitié endormie.

— Je vais sortir, lui dis-je. Je te rapporterai des albums à colorier et des crayons. Est-ce que tu veux un Mickey D ?

— Je peux avoir de la sauce piquante avec les frites ? Je peux venir avec toi ?

— Il fait très mauvais. Je ne veux pas que tu prennes froid.

Elle n'insista pas et alla vers la porte, prête à fermer derrière moi sans que je lui aie rien demandé.

Je descendis, sortis de l'hôtel et gagnai à pied la station de métro la plus proche.

17

Le métro de Washington est exemplaire : rapide, silencieux, propre et bien conçu. C'est sans doute pourquoi les voyageurs y semblent beaucoup plus détendus qu'à New York ou à Londres. Et c'est aussi le seul endroit de la capitale où vous ne vous faites pas aborder par un ancien du Vietnam de dix-sept ou soixante-dix-sept ans vous demandant votre menue monnaie…

J'arrivai à destination après sept ou huit stations et un changement. Le quartier où je débarquais n'était pas très éloigné, mais il n'était certainement pas de ceux qui figurent dans les prospectus d'agences de voyages. J'avais plutôt l'habitude du Washington des nantis, et là, j'arrivais dans le Washington des paumés.

L'établissement que je cherchais était un long bâtiment à un seul étage avec au moins 50 mètres de façade, situé en retrait de la route. Il ressemblait plus, en fait, à un supermarché qu'à une boutique de prêteur sur gages. La façade n'était qu'une vaste vitrine, en verre renforcé de barres métalliques verticales, où s'entassaient les objets les plus divers et parfois les plus inattendus, des instruments de musique à la literie, et des planches à voile au matériel de camping. Trois gardes armés contrôlaient les portes.

Tout au fond du magasin, une longue cage vitrée formait aussi comptoir. Un interminable comptoir derrière lequel s'affairaient une bonne douzaine de vendeurs portant tous des polos rouges identiques. Dans cette vitrine s'alignaient carabines, fusils de chasse et armes de poing. Ce semblait être le rayon qui faisait le plus d'affaires de tout le magasin. Une pancarte précisait que les clients désireux d'essayer une arme pouvaient le faire dans un stand de tir installé derrière le magasin.

Je me dirigeai vers le rayon du matériel photographique et audiovisuel. Ce qu'il m'aurait fallu, idéalement, pour ce que j'entendais faire, aurait été un dispositif semblable au matériel de surveillance utilisé dans les banques ou dans les magasins, avec une caméra reliée par un long câble à un boîtier de contrôle contenant également la cassette vidéo. J'aurais pu mettre la caméra en place sur le toit et dissimuler, par exemple, le boîtier de contrôle dans le logement de l'ascenseur, ce qui m'aurait permis de changer les cassettes et, éventuellement, les piles sans avoir à toucher à la caméra.

Malheureusement, je ne pus rien trouver de tel, mais j'aperçus soudain une caméra vidéo Hi-8 comme j'en avais tant vu en Bosnie entre les mains de reporters avides de passer à la postérité.

— Combien pour la Hi-8 ? demandai-je à un vendeur avec mon mauvais accent américain.

— Elle est pratiquement neuve. Cinq cents dollars.

Je fis la grimace.

— Eh bien, proposez-moi un prix, dit le vendeur.

— A-t-elle une pile de rechange et une prise secteur ?

— Bien sûr. Il y a tout. Même la sacoche.

— Puis-je avoir une démonstration ?

— Bien sûr.

— Bon – quatre cents dollars, cash.

Il fit alors ce que font tous les gens discutant un prix ; il émit un petit bruit de succion, la langue collée contre les dents.

— Je vous la fais à quatre cent cinquante, dit-il.

— Marché conclu. Je veux aussi un appareil pour visionner les cassettes, mais ça n'a pas besoin d'être un vrai magnétoscope.

— J'ai exactement votre affaire. Suivez-moi.

La machine qu'il prit sur une étagère était étiquetée à cent dollars. Elle avait l'air vétuste et était couverte d'une respectable poussière.

— Pas la peine de perdre notre temps, fit le vendeur. Quatre-vingt-dix dollars et elle est à vous.

— Je voudrais aussi quelques lentilles.

— Quel genre ?

— Au moins deux cents millimètres, Nikon de préférence.

Il m'en montra une de 250 millimètres.

— Combien ?

— Cent cinquante dollars.

Il s'attendait visiblement à ce que je lui dise que c'était trop, mais je lui répondis :

— D'accord – si vous ajoutez deux cassettes de quatre heures et une rallonge.

Il semblait vraiment déçu que je ne marchande pas.

— Quelle longueur, la rallonge ?

— Le plus long que vous ayez.

— Dix mètres ?

— Affaire faite.

Il paraissait soudain rasséréné. Il devait, en fait, en avoir une de vingt mètres quelque part.

J'allai compléter mes emplettes dans un grand magasin Walmart, à deux pas de la station de métro. Et je ne pus m'empêcher de faire ce que je fais toujours en pareil cas : aller flâner dans les rayons d'ustensiles de cuisine, d'articles ménagers et de produits d'entretien en évaluant les dégâts pouvant être faits par une utilisation un peu particulière de ce qui y était couramment vendu. Il suffit, pour un homme entraîné, de passer une vingtaine de minutes dans un magasin à grande surface pour y acheter, avec moins d'un billet de dix livres, de quoi confectionner une bombe capable de mettre une voiture en deux morceaux.

Ce n'était toutefois pas de cela que j'avais besoin dans l'immédiat ; ce qu'il me fallait, c'était le menu matériel nécessaire à l'installation de mon dispositif de surveillance. J'achetai une bouteille en plastique de deux litres de Coca-Cola, une paire de ciseaux, un rouleau de sacs-poubelle, une torche électrique miniature avec une série de filtres, un rouleau de ruban adhésif et une trousse toute préparée de tournevis et de pinces – vingt et un éléments pour la modique somme de cinq dollars. Cette camelote ne ferait pas long usage, mais c'était tout ce dont j'avais besoin dans l'immédiat. Cela fait, je pris pour Kelly un petit livre d'histoires d'aventures, quelques albums, des crayons de couleur et, de nouveau, des biscuits.

Lorsque je sortis du métro, près du Pentagone, la pluie avait cessé, mais le ciel restait couvert et le sol mouillé. Je décidai de profiter de l'absence de Kelly pour aller effectuer une rapide reconnaissance pédestre de mon objectif.

Je me retrouvai rapidement dans Ball Street et passai, l'œil aux aguets, devant la maison qui m'intéressait. Sur le devant, une volée de marches de béton entourée d'épais buissons ornementaux menait à une double porte de verre. Celle-ci ouvrait sur un hall de réception, et l'on pouvait distinguer, au fond de celui-ci, une autre porte du même genre menant sans doute aux bureaux. La porte d'entrée était surveillée par une caméra de sécurité. Les fenêtres à double vitrage étaient fixes. Je ne vis aucun système d'alarme apparent, mais cela ne voulait nullement dire qu'il n'y avait pas, quelque part, des détecteurs, peut-être reliés directement à la police ou à une société de gardiennage.

Lorsque je regagnai l'hôtel, la chaleur était, dans la chambre, si étouffante qu'on se serait cru dans un sauna. Kelly était tout ébouriffée, avec du sommeil plein les yeux et des miettes plein le visage. Elle avait dû s'endormir alors qu'elle était en train de manger un biscuit.

— Où est-ce que tu es allé ? demanda-t-elle, tandis que je déposais mes emplettes sur l'un des lits.

— J'ai acheté des tas de choses, dis-je en commençant à déballer les sacs. Je t'ai rapporté des livres, des albums, des crayons de couleur...

Je m'attendais à quelque manifestation de joie, mais je n'eus droit qu'à un regard méprisant.

— Ceux-là, je les ai déjà faits, dit-elle.

J'en restai saisi. Pour moi, un album à colorier était un album à colorier, et je n'étais pas allé chercher plus loin.

— Ne t'en fais pas, repris-je. J'ai acheté des sandwiches et du Coca, et tu peux en boire autant que tu veux, car je vais avoir besoin de la bouteille pour autre chose.

— On ne sort pas pour aller manger quelque chose ?

— Il y a plein de biscuits là-dedans...

— Je ne veux plus de biscuits. J'en ai assez de rester là tout le temps !

— Aujourd'hui, nous allons rester à l'hôtel. Souviens-toi qu'il y a des gens qui nous cherchent. Et je ne veux pas qu'ils nous trouvent. Cela ne va pas être long, mais c'est comme cela.

Il me vint soudain une idée qui me glaça : et si elle connaissait le numéro de téléphone de chez elle et se mettait en tête de l'appeler ? Pendant qu'elle se versait un peu de Coca, tenant à deux mains une bouteille qui paraissait presque aussi grosse qu'elle, je glissai une main derrière la table de nuit, entre les deux lits, et débranchai subrepticement le téléphone.

Il fallait maintenant que je m'occupe de la caméra. Je voulais que, de toute façon, elle soit prête pour le lendemain à l'aube, et peut-être avais-je même une chance de pouvoir commencer à filmer le jour même, avant que la nuit ne tombe.

Kelly se leva et alla à la fenêtre, l'ennui peint sur les traits.

Je me versai à mon tour un peu de Coca et lui dis :

— En veux-tu encore avant que je jette le reste ? J'ai besoin de la bouteille.

Elle secoua la tête. Je me rendis dans la salle de bains et versai le reste du Coca dans le lavabo. J'arrachai l'étiquette de la bouteille et, avec les ciseaux que je venais d'acheter, coupai celle-ci au col et à la base, la transformant en un gros cylindre de plastique. Puis j'incisai latéralement ce cylindre et aplatis le morceau de plastique ainsi obtenu en un rectangle, dont je découpai ensuite les coins. Mon outil de cambrioleur était prêt.

Je revins ensuite dans la chambre et m'occupai d'équiper et mettre au point la caméra.

— Qu'est-ce que tu fais, Nick ?

J'aurais préféré, à tout prendre, qu'elle ne pose pas la question, mais j'avais un mensonge tout prêt.

— Comme tu as dit que tu t'ennuyais, on va faire un film sur lequel tu vas dire bonjour à Papa et à Maman.

Je braquai la caméra sur elle, l'œil collé au viseur.

— Allez, dis bonjour !

— Bonjour, Maman, Papa et Aida. Nous sommes dans un hôtel, en attendant de rentrer à la maison. J'espère que tu vas bientôt aller mieux, Papa.

— Parle-leur de tes nouveaux vêtements, lui dis-je.

— Oh, oui ! Voilà mon nouveau manteau bleu. Nick m'en a aussi acheté un rose. Il sait que mes couleurs préférées sont le rose et le bleu.

— J'arrive au bout de la cassette, Kelly. Dis au revoir.

Elle fit un signe de la main.

— Au revoir, Maman. Au revoir, Papa. Au revoir, Aida. Je vous aime.

Puis elle me demanda :

— Je peux la voir maintenant ?

Un autre mensonge :

— Je n'ai pas de quoi faire un branchement sur la télé. Mais je vais bientôt voir Pat, et il va me donner le nécessaire.

Elle retourna, tout heureuse, à son verre de Coca, saisit un crayon de couleur et ouvrit un album. Quelques minutes plus tard, elle était si absorbée par son coloriage que je pus glisser une cassette dans la caméra sans qu'elle s'en aperçoive.

Je rassemblai mon matériel, avec, en plus, deux tasses à café en plastique, mis le tout dans la sacoche et dis à Kelly :

— Désolé, mais...

Elle me regarda et eut un mouvement d'épaules indifférent.

Je gagnai le toit. La pluie avait cessé, mais non le vacarme de la circulation, terrestre et aérienne.

Mon premier objectif était de pénétrer dans le logement de l'ascenseur pour voir si je pouvais y trouver des sources d'énergie sur lesquelles me brancher. Je n'eus guère de mal à ouvrir la porte avec mon morceau de plastique ; la fermeture, destinée à empêcher des imprudents de venir s'électrocuter plutôt qu'à protéger des objets de valeur, était des plus rudimentaires.

La première chose que je vis en allumant ma mini-torche fut un alignement de quatre prises de courant. J'examinai alors le plafond de l'abri. Il était fait de simples panneaux de tôle vissés sur une charpente. Avec des pinces, je défis deux des vis, de façon à pouvoir soulever un petit pan du toit par lequel je fis passer le fil de la caméra, que je branchai à l'une des prises. Avec tout l'enchevêtrement de câbles électriques qu'il y avait déjà dans l'abri, il y avait bien peu de chances qu'on remarque quoi que ce soit.

Je m'occupai ensuite de la caméra. Je pris deux sacs-poubelle, les mis l'un dans l'autre et y enfonçai la caméra en forçant bien, de façon que l'objectif finisse par crever le plastique des deux sacs superposés et en émerger. Puis je pris les deux tasses, les fendis sur les côtés et en découpai le fond avant de les ajuster ensemble et d'en faire un tube de protection pour l'objectif, qui, ainsi, serait à l'abri de la pluie. J'utilisai du ruban adhésif pour maintenir le tout.

Saisissant la caméra, je la braquai vers ma cible, pris ma visée et réglai l'objectif de façon à obtenir un plan acceptable de l'escalier menant à la maison de Ball Street. Je pressai d'abord le bouton « Marche » avant d'essayer « Arrêt » et « Retour en arrière ». Tout semblait fonctionner convenablement. Je mis l'appareil sur « Enregistrement » et me retirai.

18

Je revins dans la chambre avec une pizza géante, que nous mangeâmes devant la télévision, le téléphone portable branché et prêt à fonctionner lorsque Pat appellerait.

Il n'y avait plus maintenant qu'à attendre, à la limite de l'indigestion, le coup de fil de Pat et la fin de la cassette de quatre heures que j'avais glissée dans la caméra. Il commençait à faire nuit, mais j'entendais laisser la cassette s'enregistrer jusqu'au bout, d'abord pour vérifier le fonctionnement de mon petit système, et ensuite pour voir ce que donnaient les prises de vue nocturnes.

Nous commencions, Kelly et moi, à nous ennuyer ferme. En ayant sans doute assez de la télévision, des pizzas et du Coca-Cola, elle me tendit d'un geste las le livre que je lui avais acheté en me demandant de lui en lire un peu.

Je me dis que, comme il ne s'agissait que d'une suite d'histoires, il me serait facile de lui en lire une ou deux, mais je ne tardai pas à découvrir que la même aventure se poursuivait tout au long du livre, avec des solutions à choisir à la fin de chaque chapitre. C'était l'histoire de trois enfants visitant un musée, et, à la fin, l'un avait disparu on ne savait où. Au bas de la page, une note demandait :

« Voulez-vous revenir à la page 16 et suivre notre ami dans le tunnel magique, ou voulez-vous aller, page 56, trouver Mrs. Edie, qui vous dira peut-être où il est ? Choisissez. »

— Où veux-tu aller ? demandai-je à Kelly.

— Dans le tunnel.

Ce que nous fîmes. Il nous fallut deux bonnes heures pour venir à bout du problème, mais, au moins, Kelly s'amusait.

La chaleur qui régnait dans la chambre m'assoupissait, et je passais mon temps à me réveiller en sursaut aux accents des « Simpson » ou d'un dessin animé de Walter Lantz. Lors d'une de ces occasions, je m'aperçus que ma veste s'était ouverte sur le pistolet que je portais, passé dans ma ceinture. Je lançai un rapide regard du côté de Kelly, mais elle semblait parfaitement indifférente. Elle devait avoir l'habitude de voir son père porter une arme.

Je regardai ma montre. Il n'était encore que vingt heures quinze. Dans un quart d'heure, j'allais monter sur le toit, changer la cassette, puis attendre l'appel de Pat.

Le moment venu, je dis à Kelly :

— Je sors juste cinq minutes pour aller chercher quelques boissons. Tu veux quelque chose ?

— Nous en avons plein ici, répondit-elle.

— Oui, mais elles sont chaudes. Je vais en rapporter des fraîches.

Je montai sur le toit, où une pluie fine avait recommencé à tomber, et fis rapidement l'échange des cassettes. Puis je redescendis et allai prendre quelques boîtes de Coca au distributeur avant de regagner la chambre. Grâce à nous, les actions de la firme Coca-Cola avaient dû monter en flèche les jours derniers.

Quelques minutes avant l'heure fixée pour l'appel de Pat, l'un des programmes favoris de Kelly apparut sur l'écran. J'en profitai pour gagner la salle de bains et y attendre ma communication. À l'heure précise, le portable se mit à sonner. Nous échangeâmes, Pat et moi, les salutations habituelles, puis je lui demandai :

— Sais-tu à quel étage ils sont ?

Un court silence, puis :

— Au premier.

— Entendu. C'est possible d'avoir encore de l'argent ? J'ai besoin d'un bon paquet, cette fois.

— Je peux te filer dix mille dollars, mais pas avant demain ou après-demain. Tu me rembourseras quand tu seras complètement tiré d'affaire. Je suppose que tu as trouvé la sortie ?

— C'est cela, lui dis-je.

Je lui mentais effrontément, mais cela valait mieux. Comme cela, s'il se faisait avoir, il ne pourrait donner que de fausses informations. Tout le monde se précipiterait sur les ports et les aéroports au lieu de chercher dans Washington même.

— Il faudrait, repris-je, qu'on puisse avoir plus de contacts dans la journée, au cas où la situation se mettrait à évoluer. Qu'est-ce que tu dirais de 12 heures, 18 heures et 23 heures ?

— D'accord, vieux. Ta petite amie et sa famille ont pas mal eu les honneurs des médias, ces temps derniers. Autre chose ?

— Non, camarade. Prends bien garde à toi.

— Toi surtout ? À très bientôt !

Je mis fin à la communication et regagnai la chambre. J'ignorais si Kelly avait entendu quelque chose, mais elle ne dit mot, l'air vaguement mal à l'aise.

Je mis en place la visionneuse vidéo, y introduisis la cassette que j'avais récoltée sur le toit et branchai le téléviseur. Kelly me regardait très attentivement.

— Est-ce que tu veux jouer à un jeu avec moi ? lui demandai-je. Si cela ne te dit rien, je jouerai tout seul.

— D'accord. Mais tu disais que tu n'avais pas de quoi brancher cela sur la télévision...

Rien ne lui échappait.

— J'ai acheté de quoi le faire, lui dis-je.

— Alors, on peut voir la cassette pour Maman ?

— Désolé, mais je l'ai déjà mise à la poste.

Elle me regarda d'un air un peu perplexe.

— Alors, on joue, enchaînai-je. On va regarder ensemble cette cassette qui montre des gens entrant dans une maison ou en sortant. Parmi eux, il y aura des gens célèbres, des gens que tu connais, comme, par exemple, des amis de Papa et de Maman, et aussi des gens que moi, je connais. On va voir combien de personnes on reconnaît chacun. Celui qui en aura reconnu le plus aura gagné. Tu veux jouer ?

— Oui !

— Il faut que tu fasses bien attention, car je vais mettre l'appareil sur « avance rapide ». Dès que tu vois quelqu'un, tu le dis, et je remets en arrière et repasse le morceau de bande à vitesse normale. Tu as compris ?

Je n'étais pas mécontent de la qualité de la bande ; elle valait à peu près celle d'une cassette de louage moyenne.

— Stop ! Stop ! Stop ! ne tarda pas à glapir Kelly.

Je revins en arrière et nous regardâmes. Plusieurs personnes entraient dans le petit immeuble. Je ne reconnus personne, mais Kelly affirmait avoir identifié un membre d'un groupe pop appelé les Back Street Boys. Se prenant au jeu, elle « reconnut » ensuite quatre acteurs, deux des Spice Girls et l'une de ses institutrices. Je ne vis, quant à moi, personne de connaissance, mais eus l'attention attirée par deux hommes, l'un avec un long imperméable clair et l'autre avec une veste bleue, comme de possibles « clients ». Ce n'était pas exaltant comme du James Bond, mais c'est cela la réalité du métier : être attentif et ne rien laisser au hasard.

Cependant, l'écran devenait de plus en plus en sombre et on n'arrivait plus qu'à peine à distinguer un homme d'une femme. Bientôt, on ne vit plus que les taches de lumière projetées par les fenêtres encore éclairées. Je laissai toutefois la bande courir jusqu'au bout à vitesse normale, car je voulais voir si l'on apercevait un veilleur de nuit. Je n'en aperçus pas.

— Veux-tu qu'on recommence demain ? demandai-je à Kelly.

— Oui, j'aime bien. Et j'ai beaucoup plus de points que toi.

— C'est vrai. Mais, pour le moment, je crois qu'il vaut mieux que tu te couches et que tu te reposes un peu.

Vers 23 heures, elle dormait à poings fermés, encore tout habillée. Je la recouvris d'une couette, pris la carte magnétique ouvrant la porte de la chambre et sortis.

Pour éviter de passer devant le bureau de la réception, je quittai l'hôtel par la sortie de secours. La circulation s'était un peu calmée. Je tournai trois fois à droite et me retrouvai dans Ball Street.

19

C'était l'arrière de l'immeuble qui m'intéressait vraiment, mais je voulais d'abord effectuer une petite reconnaissance à l'avant. Je voulais voir s'il y avait un veilleur de nuit et pouvoir mieux me représenter l'intérieur de la maison.

J'allai me placer face à celle-ci, dans l'ombre d'une porte. Si quelqu'un survenait, je pourrais jouer les ivrognes pris d'un besoin pressant. J'avais ainsi, en tout cas, une bonne vue de mon objectif, de l'autre côté de la rue. Les lumières restaient allumées dans le hall de réception, ainsi que dans les couloirs, à l'étage supérieur. J'attendis un bon quart d'heure, guettant toute trace de mouvement. Y avait-il un garde en bas, regardant tranquillement la télé ? Était-il en haut, en train de faire sa ronde ? Je ne vis rien ni personne. Il était temps que je passe à l'arrière de l'immeuble.

Je refis une partie du trajet que j'avais déjà parcouru, mais tournai cette fois à droite, en direction du fleuve. J'empruntai, ainsi, un étroit chemin boueux, et où des flaques d'eau graisseuse luisaient à la faible lumière ambiante. De part et d'autre se dressaient des palissades, avec des portes fermées par des chaînes et des cadenas. Je cherchais une issue me permettant de tourner et de gagner l'arrière de mon objectif, mais je finis par me retrouver dans une impasse ; une clôture bloquait la route descendant vers le fleuve. Je dus rebrousser chemin jusqu'à une petite voie de chemin de fer désaffectée qui, un peu plus haut, traversait le long sentier boueux dans lequel je m'étais engagé. Ses rails passaient à 200 mètres environ derrière l'immeuble que je visais, avec, sur leur gauche, quelques vieilles constructions en tôle rouillée. J'eus à escalader des portes grillagées qui barraient la voie, faisant gémir sous mon poids les chaînes cadenassées qui les retenaient. Je me dissimulai dans l'ombre et attendis un moment. Rien ne bougea, et aucun chien ne se mit à aboyer. Tout ce que j'entendais, c'était une sirène dans le lointain.

Je repris ensuite ma progression le long des rails. Là, je ne percevais plus que le bruit de mes pas et celui de ma respiration. Au bout d'une centaine de mètres, passé un terrain où s'entassaient de vieilles voitures prêtes pour la casse, le paysage se dégageait sur la droite. Tout le secteur avait été déblayé et à peu près nivelé dans l'attente probable d'une intervention des promoteurs, et, au-delà, on apercevait l'arrière de bâtiments dont l'un était celui qui m'intéressait. Encore au-delà, c'était Ball Street, dont on distinguait faiblement l'éclairage dans la brume.

Je ralentis, lançai un regard rapide à l'objectif, et, traversant quelque 150 mètres de terrain fraîchement nivelé, gagnai une barrière en grillage située à une cinquantaine de mètres en arrière de la maison de Ball Street. Le long du grillage, il y avait quelques buissons, auprès desquels je m'accroupis un moment. Parmi les choses qui trahissent une présence, il y a essentiellement l'ombre et l'éclat, la forme et le mouvement. Si vous oubliez cela, vous vous faites tuer.

Restant accroupi, immobile, je ne fis rien d'autre qu'observer pendant les quelques minutes qui suivirent. Il faut donner à ses sens le temps de s'adapter à un environnement nouveau. Au bout d'un moment, mes yeux commencèrent à s'habituer à l'éclairage, et je pus distinguer ce qui se trouvait à ma portée. Le mur de briques formant l'arrière du petit immeuble ne comportait pas de fenêtres. Il y avait, en revanche, un escalier métallique à quatre volées fournissant une issue de secours aux deux étages. À côté à droite, au niveau du sol, se trouvaient les boîtiers contenant, de toute évidence, les prises d'électricité, de gaz et de téléphone du bâtiment.

Il me fallait aller regarder de plus près les issues de secours. Si j'étais amené à pénétrer à un moment ou à un autre dans les locaux pour découvrir ce que mijotait l'IRA Provisoire, c'était vraisemblablement par là que j'entrerais, à condition qu'il y ait aux portes des serrures extérieures. Et il n'y avait pas quarante-six moyens de s'en assurer.

Je ne pus voir de brèche dans le grillage, haut d'un mètre quatre-vingts environ, devant lequel je me trouvais. Je l'escaladai et, passé de l'autre côté, je m'accroupis de nouveau, guettant une éventuelle réaction.

Lorsque je me remis en route, je ne me précipitai pas ; se mouvoir lentement réduit le bruit et le risque de détection, et, en outre, permet de contrôler son souffle et de mieux percevoir ce qui se passe alentour. J'utilisais les ombres projetées par les arbres et par le bâtiment pour passer d'une zone d'obscurité à une autre, gardant constamment l'œil fixé sur l'objectif et ce qui l'entourait.

Arrivé à proximité, je fis halte au pied de deux arbres et me plaquai au tronc de l'un d'eux. Observant le mur qui me faisait face, j'aperçus un détecteur de mouvements qui avait été installé de façon à couvrir quiconque emprunterait l'escalier de secours. Je n'avais aucun moyen de savoir ce que déclenchait ce détecteur, si c'était une alarme, un projecteur, une caméra ou les trois à la fois. Cela n'avait guère d'importance ; il me fallait, de toute manière, partir du principe qu'il déclenchait tout ce qu'il était possible d'imaginer.

Les deux portes donnant accès à l'escalier de secours avaient un revêtement d'acier débordant sur le chambranle, de façon à ce qu'on ne puisse les forcer en introduisant une pince dans l'intervalle entre elles et leur encadrement. Mais je pouvais voir, d'où je me trouvais, que leurs serrures étaient une camelote dont je pourrais facilement venir à bout. De même, un examen rapide des boîtiers à droite de l'escalier de secours me révéla que conduites et compteurs d'eau, de gaz, d'électricité et de téléphone étaient, en fait, à la portée de tout un chacun.

Je continuais, dans le même temps, à me demander s'il y avait ou non un veilleur de nuit. En certaines circonstances, cela peut présenter un avantage. On alerte volontairement le veilleur de façon à l'inciter à sortir, et on dispose alors d'une porte d'accès dont le système d'alarme a été débranché. Mais cela ne pouvait jouer dans mon cas ; si j'entrais dans la maison, il fallait que ce soit discrètement.

Le parking de l'immeuble était vide, ce qui semblait indiquer qu'il n'y avait personne à l'intérieur, mais il fallait que je m'en assure de façon formelle. Je décidai de jouer bel et bien les ivrognes, d'aller jusqu'à l'entrée principale et d'uriner carrément devant la porte. Ainsi, je pourrais mieux regarder à l'intérieur et peut-être déclencher une réaction s'il y avait quand même un garde.

Je regagnai donc Ball Street. Le crachin persistant, je finissais par être tout mouillé. Baissant la tête pour éviter de présenter mon visage à la caméra de surveillance, je montai en titubant ostensiblement les marches conduisant à la porte, et, arrivé aux trois quarts du petit escalier, dès que je fus en mesure de regarder à travers les vitres, j'ouvris ma braguette et commençai à uriner sur les buissons encadrant l'entrée.

Presque immédiatement, une voix d'homme se fit entendre, vociférant :

— Merde ! Salaud ! Bordel de merde !

Les buissons se mirent à s'agiter violemment. Je sursautai, et ma main lâcha brusquement ma verge pour se porter sur mon pistolet. Je m'efforçai de cesser d'uriner, mais j'étais en plein flot, et ce fut mon jean qui en récolta l'essentiel.

Je fus sur le point de sortir mon Sig, mais je me ravisai ; le protestataire était peut-être, précisément, un garde de sécurité, et, en ce cas, mieux valait que je tente de m'expliquer avec lui en continuant à jouer les honnêtes gens légèrement pris de boisson.

— Merde ! continuait la voix dans les buissons. Il me pisse dessus, le sale con ! Pour qui tu te prends, espèce d'enculé ? Tu me pisses dessus ! Attends un peu...

Je le vis soudain apparaître au milieu des branches. Il avait une vingtaine d'années, de vieux brodequins militaires sans lacets, un jean noir fatigué et une parka à capuche luisante de crasse. Il avait aussi une barbe de huit jours, un grand anneau dans une oreille et de longues boucles graisseuses. Il était trempé.

Quand il me vit, son visage s'illumina. Pour lui, j'étais le bon touriste moyen égaré dans le quartier qu'il ne fallait pas. De l'argent facile qui tombait du ciel en même temps qu'un léger flot d'urine. Il allait me faire cracher tout ce qu'il pouvait.

— Connard ! poursuivit-il. Tu vas me payer un nouveau sac de couchage ! Et regarde mes fringues ! Tu m'as pissé dessus, andouille ! Allez, file-moi du fric, et en vitesse !

Dans son numéro de dur de dur, il aurait mérité un oscar.

— Tu vas voir comment je m'appelle ! Me pisser dessus ! Je vais te faire ta fête, connard !

C'était une occasion à ne pas manquer. Je commençai à frapper à la vitre de toutes mes forces. S'il y avait un garde, il ne manquerait pas de sortir pour voir ce qui se passait. Je jouerais alors les malheureux touristes demandant protection.

Je frappai si fort que je crus un moment que j'allais briser la vitre. Dans le même temps, je prenais bien garde de ne pas exposer mon visage à la caméra. La chose ne fit qu'exciter plus encore mon hippie de service, car il me crut sincèrement mort de peur.

Il entreprit de monter les marches. Pendant ce temps, je continuais à inspecter ce que je pouvais distinguer, à travers la vitre, de l'intérieur de l'immeuble. Il n'y avait, dans mon champ de vision, ni cendrier plein ni télé en marche ni journal du soir déployé sur une table. Pas trace d'occupation immédiate. De plus, tout était dans un ordre impeccable, avec, à la réception, un fauteuil bien sagement rangé derrière le bureau.

— Foutu connard !

Mon nouvel ami m'avait rejoint en haut des marches. Je me retournai, ouvris ma veste et posai la main sur la crosse de mon pistolet. Il le vit et s'arrêta net.

— Bordel de merde ! fit-il, avec cette légère tendance à se répéter que j'avais déjà cru remarquer.

Il commença à redescendre tant bien que mal les marches à reculons, les yeux fixés sur l'arme.

— Ces foutus flics ! marmonna-t-il.

J'avais du mal à contenir un fou rire.

— Ces foutus flics ! Ils n'ont qu'une idée, c'est de me pisser dessus !

Il me fallut un quart d'heure pour regagner l'hôtel. J'ouvris la porte de la chambre tout doucement. Kelly était au paradis des enfants ; elle n'avait pas eu à faire sa toilette ni à ranger ses affaires, mais simplement à s'endormir au milieu de ses bonbons et de ses biscuits.

Je pris une douche, me rasai, endossai des vêtements propres – les derniers dont je disposais – glissai mon pistolet dans ma ceinture et mis le réveil à cinq heures et demie.

20

J'étais déjà à demi éveillé quand le réveil sonna. J'avais passé la nuit à me tourner, me retourner et m'agiter, et maintenant, j'avais du mal à me lever. C'était ce qui devait arriver tous les matins à tous les gens faisant un boulot qu'ils détestaient.

Je me mis finalement sur pied, allai à la fenêtre et ouvris les rideaux. On ne distinguait, dans l'obscurité qui régnait encore, que les phares et les feux arrière des voitures circulant sur l'autoroute, un peu au-dessus de nous. Je laissai les rideaux retomber, baissai le chauffage et me rendis dans la salle de bains.

Quand je me regardai dans la glace, je me découvris une mine épouvantable, le visage marqué et les yeux cernés. J'ôtai ma veste, rentrai à l'intérieur le col de mon polo et, ayant rempli le lavabo, m'aspergeai la figure d'eau.

Je revins dans la chambre. La machine à café, que j'avais mise aussitôt en route, n'avait pas fini d'opérer. Je saisis, en attendant, une boîte de soda déjà ouverte et en avalai deux gorgées, chaudes et insipides.

Jusqu'à ce que le jour se décide à se lever, il n'y avait pas grand-chose que je puisse faire. J'étais habitué à ce genre de situation ; pratiquement toute ma vie s'était passée, en alternance, à me précipiter puis à attendre. Je transportai une chaise près de la fenêtre et ouvris les rideaux. Au bout d'un quart d'heure, je commençai à distinguer la forme des voitures sur l'autoroute. Le moment était venu. Ce n'était pas la peine de réveiller Kelly ; plus elle dormait, moins elle me posait de problèmes. Je m'assurai que j'avais la carte magnétique sur moi et montai sur le toit.

La pluie tombait dru, crépitant sur le toit de tôle du réduit abritant l'ascenseur. Rapidement trempé, je m'assurai que la caméra était toujours braquée dans la bonne direction. C'était le cas, mais l'humidité était venue embrumer les lentilles, que je dus essuyer avec ma manche de chemise en me maudissant pour ne pas les avoir mieux protégées. Ce faisant, j'eus soudain le sentiment de me retrouver entre deux mondes. Derrière moi rugissait déjà la circulation matinale, alors que, devant, vers le fleuve, je pouvais entendre les oiseaux chanter. Je ne pus jouir de cette situation qu'un court moment, car le premier avion de la journée ne tarda pas à décoller à grand fracas, rompant le charme.

Ayant dûment essuyé l'objectif et vérifié une fois de plus le fonctionnement de la caméra, je regagnai la chambre. Il était près de six heures du matin. Une tasse de café à la main, je repris position dans mon fauteuil, près de la fenêtre. Je ne pus retenir un sourire en voyant passer, main dans la main, le couple qui avait occupé la chambre voisine. Quelque chose me disait qu'ils allaient repartir dans des voitures différentes.

J'en revins pour la centième fois par la pensée à la dernière conversation téléphonique que j'avais eue avec Kev. Pat avait dit que, si c'était l'IRA qui avait tué Kev, cela pouvait avoir un rapport avec la drogue, les Américains et Gibraltar. Or, quelque chose m'avait toujours intrigué dans l'affaire de Gibraltar.

1987 avait été une *annus horribilis* pour l'IRA Provisoire, et, opérant en Ulster, Ewan et moi avions eu notre large part dans cette déconfiture. Au début de l'année, les gens de l'IRA avaient promis à leurs fidèles « des succès tangibles dans la guerre de libération nationale », mais tout n'avait pas tardé à tourner en eau de boudin pour eux. En février, ils avaient aligné vingt-sept candidats Sinn Fein aux élections législatives de la République d'Irlande, mais aucun de ceux-ci n'avait pu récolter plus d'un millier de voix. La plupart des gens du Sud se contrefichaient de la réunification avec l'Irlande du Nord ; ils se préoccupaient beaucoup plus d'autres problèmes, comme le chômage et les impôts. Ces résultats montraient combien l'IRA était coupée des réalités, et ils montraient aussi que l'entente anglo-irlandaise portait ses fruits. Les citoyens moyens pensaient vraiment que Londres et Dublin pouvaient trouver ensemble une solution à long terme au conflit déchirant l'Ulster.

Cela, l'IRA Provisoire ne pouvait l'accepter. Il lui fallait à toutes forces réagir, et sa réaction fut le meurtre, le samedi 25 avril, du juge Maurice Gibson, l'un des plus hauts magistrats d'Irlande du Nord. Nous assistâmes personnellement, Ewan et moi, à quelques-unes des beuveries célébrant l'événement dans les repaires clandestins de l'IRA. Nous prîmes même quelques verres avec les terroristes, ravis de ce qui venait de se passer. Ils estimaient avoir fait coup double. Ils s'étaient débarrassés de l'un de leurs pires adversaires, et, en même temps, avaient déclenché un concert de récriminations entre Londres et Dublin. L'entente anglo-irlandaise, qui avait tant contribué à déstabiliser l'IRA, se trouvait pratiquement remise en question.

Mais, ses victorieuses gueules de bois à peine dissipées, l'IRA connut un autre désastre. Deux semaines après le meurtre de Maurice Gibson, à Loughall, dans le comté Armagh, des éléments du Régiment tendirent une embuscade à la Brigade de Tyrone Est de l'IRA Provisoire alors qu'elle tentait de faire sauter à la bombe un poste de police. D'un millier de combattants durs en 1980, l'IRA Provisoire était tombée à moins de 250, dont une cinquantaine seulement à temps complet, nombre que l'opération de Loughall fit descendre à quarante. C'étaient les pertes les plus importantes subies en une seule action par l'organisation terroriste depuis 1921. Si cela continuait ainsi, l'IRA Provisoire allait pouvoir tenir dans une cabine téléphonique.

Cette défaite de Loughall fut suivie par l'échec humiliant de Gerry Adams aux élections législatives britanniques. Les voix catholiques se portant sur les modérés du SDLP, le Sinn Fein avait vu son électorat fondre au soleil. Puis, le 31 octobre, durant le congrès annuel du Sinn Fein à Dublin, les douanes françaises arraisonnèrent au large des côtes de

Bretagne un petit cargo nommé l'*Eksund*. À bord se trouvaient les précoces cadeaux de Noël du colonel Kadhafi à l'intention de l'IRA : des centaines d'AK 47, des tonnes de Semtex, plusieurs missiles sol-air et une telle quantité de munitions qu'il était miraculeux que le navire flottât encore.

Cette fois, l'humiliation était complète. Il n'est donc pas étonnant que Gerry Adams et l'IRA Provisoire aient voulu prendre leur revanche, et, en même temps, faire un grand coup de publicité pour montrer à des gens comme Kadhafi et comme les Irlando-Américains crachant régulièrement au bassinet qu'ils n'avaient pas complètement perdu la main.

Le 8 novembre, journée du souvenir de la Première Guerre mondiale, l'IRA posa une bombe à retardement de 15 kilos au monument aux morts d'Enniskillen, dans le comté Fermanagh. Onze civils furent tués par l'explosion et plus de soixante furent grièvement blessés. L'indignation soulevée par cette atrocité fut immédiate et générale. À Dublin, des milliers de personnes firent queue pour signer un registre de condoléances. L'agence soviétique Tass elle-même dénonça ces « meurtres barbares ». Mais, chose pire pour l'IRA, les Irlando-Américains parurent, pour une fois, écœurés. Le foirage était total. Les terroristes avaient pensé que cet attentat serait considéré comme une victoire dans leur lutte contre une puissance occupante, mais tout ce qu'ils avaient réussi à faire avait été de se montrer sous leur jour véritable. C'était, aux yeux de beaucoup de gens, une chose que de viser des objectifs « légitimes », comme des juges, des policiers ou des soldats, et c'en était une autre que de massacrer des civils innocents en train d'honorer la mémoire de leurs morts.

C'était pourquoi l'affaire de Gibraltar m'avait tant intrigué. Je pouvais parfaitement comprendre qu'Adams et ses joyeux compagnons soient soucieux de montrer à leurs sympathisants, dont les rangs s'amenuisaient dangereusement, qu'il fallait toujours les prendre au sérieux, mais pourquoi risquer une répétition du concert d'indignation ayant suivi l'attentat d'Enniskillen ? D'autant qu'à Gibraltar, ce n'étaient pas seulement des civils britanniques qui risquaient d'être tués. En ce début de printemps, la ville regorgeait de touristes étrangers venus des paquebots de croisière faisant régulièrement escale dans le port, et beaucoup étaient américains. Je n'avais jamais vu le sens d'une telle opération.

L'idée me vint soudain que je regardais peut-être par le mauvais bout de la lorgnette. Les gens de l'IRA Provisoire étaient, certes, des terroristes, mais, comme le prouvait leur présence à Washington, ils étaient également des hommes d'affaires du crime. Quand on en venait aux problèmes d'argent, il n'existait plus de divisions politiques, mais simplement des questions de concurrence. Je savais que les hommes de l'IRA se rencontraient régulièrement avec les paramilitaires protestants pour discuter de leurs affaires respectives de drogue, de prostitution et de racket, pour se répartir les zones d'influence, délimiter, même, le rayon d'action de certaines compagnies de taxis ou l'emplacement de salles de jeux. Les uns et les autres avaient une infrastructure, des compétences et des réserves d'armes leur permettant de jouer un rôle majeur dans le monde du crime organisé. À cet égard, les possibilités étaient immenses. Et les perspectives particulièrement effrayantes.

Je vis, sur le parking au-dessous de la fenêtre, mon couple d'amoureux clandestins s'abandonner à une dernière étreinte, avant que chacun ne remonte, tristement, dans sa voiture.

Je n'attendais pas le coup de téléphone de Pat avant midi, et il fallait encore trois heures pour que, sur le toit, la cassette finisse de s'enregistrer. D'ici là, je n'avais rien d'autre à faire que de regarder, sur l'écran de la télévision, des envahisseurs venus de Mars et des adolescentes bien propres causant du souci à leurs parents. Je ne tardai pas à me sentir nerveux. J'avais besoin de bouger.

Je secouai Kelly. Elle grogna et tira les couvertures au-dessus de sa tête. Je lui dis très doucement à l'oreille :

— Je descends acheter deux ou trois bricoles. D'accord ?

Je récoltai un « oui » très faible et étouffé. Elle s'en contrefichait. Je commençais à comprendre qu'elle n'était pas vraiment du matin.

Je sortis en utilisant de nouveau l'escalier de secours,

passai sous le pont autoroutier et entrai dans un magasin 7-Eleven. À l'intérieur, on se serait cru dans Fort-Knox. Il y avait des grilles partout, et, d'un trou dans le mur, un Coréen me dévisagea d'un air méfiant avant de se remettre à regarder un petit poste de télévision portatif. On étouffait, et tout le magasin empestait la cigarette froide et le café bouilli. Sur tous les pans de mur disponibles étaient placardées des affichettes à l'intention des petits malfrats locaux : « Il n'y a jamais plus de 50 dollars dans la caisse. Tout le reste est déposé à la banque. »

Je n'avais, en fait, besoin de rien ; nous avions encore, dans la chambre, de quoi nourrir un régiment pour l'hiver. Mais je voulais me retrouver un peu seul, sans avoir à m'occuper de Kelly, ce qui me faisait souvent l'effet d'un travail à temps complet.

Au-dessus du rayon des journaux, une pancarte proclamait de façon très directe : « Interdiction de cracher et de lire les magazines ». Je pris le *Washington Post* et une brassée de magazines, les uns pour Kelly et les autres pour moi, et me dirigeai vers le trou dans le mur pour payer. Le Coréen prit mon argent, visiblement déçu de n'avoir pas eu à essayer sur moi la machette qu'il devait garder sous son comptoir.

De retour à l'hôtel, je me rendis à la réception pour aller chercher les petits déjeuners. La salle était bondée. Il y avait, au-dessus du buffet, un poste de télévision accroché au mur. Tout en commençant à remplir trois assiettes en papier, j'entendais un présentateur de journal télévisé disserter sur les affaires d'Irlande du Nord et l'action du sénateur Mitchell.

Puis, immédiatement après, une voix féminine me fit sursauter. La journaliste présentait, elle, les informations locales, et elle parlait des Brown. Alors que je remplissais un verre de jus d'orange pour Kelly, je sentis les poils se hérisser sur ma nuque. Je n'osais plus me retourner. À tout moment pouvait apparaître sur l'écran une photo de groupe où je figurais.

La journaliste déclara que, quant aux meurtres, la police n'avait pas de pistes nouvelles, mais qu'un portrait-robot du ravisseur présumé de la jeune Kelly avait pu être établi par ordinateur. Elle précisa ma taille, ma corpulence et ma couleur de cheveux.

Mon plateau débordait déjà. Il n'était plus question d'y poser quoi que ce soit, mais je n'osais bouger. J'avais l'impression que, dans cette salle, tous les regards étaient braqués sur ma nuque, que tout le monde retenait son souffle en me fixant. Il ne pouvait pas en être autrement.

Mais je ne pouvais éternellement rester ainsi, devant le buffet. J'inspirai profondément, saisis mon plateau et me retournai. Il me sembla soudain que le brouhaha habituel à cette salle succédait au silence de mort qu'il m'avait semblé percevoir. Personne ne me regardait. Tous étaient trop occupés à manger, à converser ou à lire les journaux.

Kelly dormait encore. Excellent. Je mis de côté son petit déjeuner, branchai la télévision en coupant le son et me mis à zapper à la recherche des informations locales. Il n'y avait rien de plus sur notre affaire.

J'ouvris le journal. Nous étions encore relativement célèbres. Très relativement : un petit morceau de colonne en page cinq. Pas de photos. La police déclarait qu'il était prématuré d'avancer une théorie précise faute d'éléments mais qu'on pensait les crimes liés à la drogue.

J'étais, sur un point au moins, d'accord avec la police : il était inutile, à ce stade, de se répandre en conjectures. J'étais résolu à concentrer pour le moment mes efforts sur quatre points. Premièrement, nous préserver, Kelly et moi. Deuxièmement, poursuivre ma surveillance vidéo de la maison de Ball Street afin d'essayer de déterminer si l'IRA était impliquée dans le meurtre de Kev. Troisièmement, obtenir encore un peu d'argent de Pat afin de pouvoir organiser mon retour en Angleterre. Quatrièmement, mettre la main sur Ewan afin qu'il m'aide à traiter avec Simmonds.

Je jetai un coup d'œil en direction de Kelly. Elle était étendue sur le dos, bras et jambes écartés, en étoile de mer, rêvant sans doute qu'elle était l'héroïne d'une de ses séries télévisées favorites. Je me sentis profondément désolé pour elle. Elle ignorait ce qui était vraiment arrivé à sa famille.

Un jour, un malheureux devrait le lui dire, et, ensuite, quelqu'un devrait s'occuper d'elle. J'espérais simplement que ce serait quelqu'un de gentil. Peut-être ses grands-parents, où qu'ils puissent se trouver.

Je me mis à feuilleter les magazines que j'avais achetés, d'abord une revue de moto qui m'amena à reporter mes préférences sur une BMW plutôt que sur une Ducati, puis une revue de pêche vantant les charmes du Lac Tahoe. J'y étais plongé tout entier lorsqu'on frappa soudain à la porte.

Pas le temps de vraiment réfléchir. Je sortis le Sig, vérifiai la chambre de tir et regardai Kelly. Je me dis que, quelques instants plus tard, nous risquions d'être morts tous deux.

Je lui mis la main sur la bouche et la secouai. Elle s'éveilla en sursaut, la panique dans le regard. Je mis un doigt péremptoire sur mes lèvres pour lui intimer l'ordre de ne pas laisser échapper un mot. Pas un son.

Je criai :

— Une minute ! Une minute !

Je me précipitai vers la salle de bains, fis couler la douche et revins vers la porte.

— Qui est là ? demandai-je d'un ton un peu affolé.

— Service de chambre.

Je regardai par l'œilleton et vis une Noire d'une cinquantaine d'années en tenue de femme de chambre, avec un chariot à côté d'elle. Je ne pouvais rien distinguer d'autre, mais si elle avait, avec, les copains de Luther ou des policiers, ils n'allaient certainement pas se montrer.

— Pas aujourd'hui, merci, dis-je. Nous dormons.

Je vis qu'elle baissait les yeux vers la porte, et je l'entendis répondre :

— Désolée, monsieur, je n'avais pas vu la pancarte.

— Ne vous en faites pas.

— Voudriez-vous des serviettes ?

— Une minute. Je viens de sortir de la douche. Je vais passer un vêtement.

Il n'aurait pas paru normal que je refuse les serviettes.

Je fis passer le pistolet dans ma main gauche, tournai le bouton de la porte, ouvrant juste un peu celle-ci. Pendant ce temps, l'arme restait braquée sur le panneau de la porte ; si un petit malin essayait d'entrer en force, ce serait la dernière chose qu'il ferait de son vivant.

J'ouvris un peu plus la porte, pris les deux serviettes qui m'étaient offertes en ayant soin de ne pas étendre le bras au-dehors, afin qu'on ne puisse le saisir éventuellement, remerciai la femme de chambre en souriant et refermai la porte.

Étendue sur le lit, Kelly suivait tous mes mouvements la bouche ouverte.

— On aurait pu se faire avoir, cette fois-ci ! lui dis-je.

Elle se mit à secouer lentement la tête.

— Je sais que tu ne laisseras jamais personne me prendre, déclara-t-elle.

Lorsque le moment fut venu d'aller changer la cassette sur le toit, je n'eus qu'à lui sourire. Elle se précipita d'elle-même vers la porte et se tint prête à refermer derrière moi.

— Pendant que je serais parti, lui dis-je, je veux que tu prennes une douche. Tu le feras ?

Elle haussa les épaules.

— Faut bien, fit-elle.

Je montai sur le toit. Le temps était toujours aussi affreux.

21

Il restait encore une heure avant l'appel de Pat, prévu pour midi. Nous nous installâmes, Kelly et moi, pour regarder ensemble la cassette que je venais de rapporter.

— C'est très important, expliquai-je à Kelly. Il se peut que nous reconnaissions quelqu'un qui intéresse Papa. Ensuite, nous lui donnerons la cassette et il pourra s'en servir. Alors, il faut que tu me signales tous les gens que tu penses reconnaître : le papa de Melissa, le livreur de l'épicerie, les gens qui sont venus voir Papa. Tu me les signales au passage, et on regarde de plus près. Entendu ?

Kelly trouva le jeu beaucoup moins amusant que la première fois.

— Celui-là ? demandais-je.

— Non.

— Cette dame ?

— Non.

— Tu es sûre que tu n'as jamais vu cet homme ?

— Jamais !

Elle finit par repérer quelqu'un qu'elle pensait reconnaître. Je remis la bande en arrière.

— Qui est-ce ? demandai-je.

— Mr. Mooner dans les *Fox Kids*.

— D'accord, je note.

À midi moins le quart, nous y étions toujours, sans plus de résultats. Je voyais que Kelly commençait à se fatiguer, et que son attention se dispersait.

— Allons, lui dis-je, encore un ou deux, et nous allons faire autre chose…

Je mis en accéléré, vis un homme sortant de l'immeuble, revins en arrière et passai l'image à vitesse normale. Kelly se rapprocha soudain de l'écran.

— Je le connais, dit-elle.

Je fis un arrêt sur image. L'homme était un Noir d'environ trente-cinq ans.

— Qui est-ce ? demandai-je à Kelly.

— Il est venu voir Papa avec les autres.

Je m'efforçai de garder un timbre de voix normal.

— Comment s'appelle-t-il ? Est-ce que tu connais les noms de ces hommes ?

— Est-ce que je peux rentrer à la maison, voir Maman ? Tu as dit que je pourrais rentrer à la maison demain, et demain, c'est aujourd'hui…

— Il faut d'abord que nous nous occupions de cela, Kelly. Papa a besoin de savoir ces noms. Il ne peut se les rappeler.

J'essayais de faire un brin de psychologie enfantine, mais j'en savais moins long là-dessus que sur la pêche à la ligne.

Kelly secoua la tête.

— Mais Papa les connaissait, n'est-ce pas ? insistai-je.

— Oui. Ils sont venus voir Papa.

— Peux-tu te rappeler quelque chose à leur sujet ? Est-ce qu'ils fumaient des cigarettes, par exemple ?

— Je ne sais pas. Je ne crois pas.

— Est-ce que certains d'entre eux avaient des lunettes ?

— Je crois que celui-là en avait.

Je regardai mieux l'écran. L'homme avait effectivement des lunettes à fine monture de métal.

— D'accord, fis-je. Est-ce qu'ils avaient des bagues ou des trucs comme cela ?

— Je ne sais pas.

J'essayai de lui faire donner d'autres précisions : la couleur de la voiture, leurs chaussures, leurs vêtements. Parlaient-ils entre eux ? Avaient-ils prononcé des noms ? Étaient-ils américains ?

Je sentais qu'elle commençait à être bouleversée, mais il fallait que je sache.

— Kelly, insistai-je, tu es bien sûre que cet homme est venu voir Papa le jour où je t'ai trouvée ?

Ses yeux s'emplirent de larmes. J'étais allé trop loin.

— Ne pleure pas, lui dis-je en l'entourant de mon bras. Tout va bien. Cet homme est venu avec les autres, hein ?

Je sentis qu'elle hochait la tête affirmativement.

— C'est très bien, car je vais pouvoir le dire à Papa quand je le verrai, et cela aidera à les attraper. Tu vois, tu t'es rendue utile...

Elle leva la tête vers moi. Il y avait un timide sourire derrière ses larmes.

Si elle ne s'était pas trompée, nous avions bel et bien vu l'un des hommes ayant tué Kev sortir d'un local utilisé par l'IRA.

Il restait un bon morceau de cassette à regarder.

— Bien, dis-je. Voyons si nous pouvons repérer les autres hommes. Ils étaient noirs, eux aussi ?

— Non, blancs.

Nous regardâmes le reste, mais sans aucun résultat.

— Est-ce qu'on ne peut pas rentrer à la maison et montrer ça à Papa ? demanda alors Kelly. Il doit aller mieux, maintenant. Tu as dit que si on reconnaissait quelqu'un, il faudrait le lui montrer.

Je me sentis de nouveau le dos au mur.

— Non, lui dis-je. Pas encore. Il faut que je vérifie que c'est bien l'homme qui est venu voir Papa. Mais il n'y en a plus pour longtemps, maintenant...

Je m'étendis sur l'un des lits et fis mine de lire ma revue de pêche, mais les mêmes questions continuaient à tourner dans ma tête. Pourquoi tuer Kev ? Que savait-il au juste et dans quoi était-il impliqué ? Que voulait-il me dire lorsque je l'avais eu au téléphone ? La DEA s'intéressait-elle à l'IRA Provisoire pour ses activités de trafic de drogue ? Ou était-ce Kev tout seul ?

Je savais pourtant que toutes ces conjectures ne me mèneraient nulle part. Ce n'était qu'une perte de temps et d'énergie. Kelly s'était allongée auprès de moi et regardait aussi la revue. Cela me faisait une drôle d'impression de l'avoir là, la tête posée sur ma poitrine.

Je bougeai doucement mon bras pour regarder ma montre. Il était presque l'heure de l'appel de Pat. Je me levai, branchai le portable et allai à la fenêtre. Là, je soulevai un coin du rideau et regardai au-dehors, vers l'autoroute noyée par la pluie, cherchant mentalement un lieu de rendez-vous à peu près sûr. Il ne serait pas prudent de se retrouver une deuxième fois à la galerie commerciale.

À l'heure précise, le téléphone sonna.

— Allô ?

— Allô, vieux.

Je pouvais entendre le bruit de la circulation auprès de la cabine téléphonique.

— Les choses se précisent, lui dis-je. J'ai besoin de te voir.

— Dans deux heures, ça va ?

— Deux heures. Union Station, ça te va ?

— Heu... Union... Oui, pas de problème...

Son débit était curieusement hésitant. Il semblait ailleurs.

J'avais déjà utilisé cette gare deux ou trois fois, et je me souvenais de sa disposition.

— Tu passes par l'entrée principale, dis-je à Pat. Tu montes à l'étage, jusqu'à la cafétéria qui fait face à l'escalier. Tu prends une tasse de café et tu attends. C'est là que je te cueillerai.

Il y eut un assez long silence, qui m'amena à lui demander :

— C'est entendu, Pat ? Ça va ?

— J'y serai. À tout de suite.

Union Station est la principale gare Amtrak de Washington. Contrairement à presque toutes les grandes gares du monde entier, elle est somptueuse. Comptoirs, guichets et bagageries sont dignes d'un aéroport ultramoderne, et il y a même un salon des premières classes. L'endroit comporte aussi boutiques, cafétérias et un cinéma à cinq écrans. Facteur plus important pour moi, il grouille toujours de monde. Les vacances de Pâques aidant, l'effervescence la plus totale devait y régner.

Un taxi nous amena à la gare avec une heure d'avance. Avec près d'une heure à tuer, je décidai de compléter mes achats en vue d'une véritable reconnaissance de la maison de Ball Street. Maintenant que Kelly avait confirmé la venue au local de l'IRA d'un homme ayant participé au meurtre de son père, il ne me restait plus qu'à aller y mettre vraiment mon nez.

J'achetai un appareil Polaroïd et six rouleaux de pellicule, une combinaison de travail à bon marché, d'autres rouleaux de tissu et de papier adhésifs, de gros ciseaux capables – si l'on en croyait la publicité – de couper une pièce de monnaie en deux, un Leatherman, engin qui ressemble assez à un couteau suisse, des chaussures de sport, des gants de caoutchouc, des piles, du papier transparent, une bouteille en plastique de jus d'orange avec un large goulot, une boîte de punaises grand format, une boîte de douze œufs et, enfin, une pendule de cuisine à quartz d'une vingtaine de centimètres de diamètre. Kelly contempla tout cela en levant un sourcil, mais elle ne posa pas de questions.

À vingt minutes du rendez-vous, j'avais deux grands sacs en plastique pleins de mes emplettes et de quelques bricoles que j'avais achetées pour faire patienter Kelly.

La gare avait un superbe carrelage et un dôme digne d'une cathédrale. Le centre du hall d'entrée formait une vaste rotonde, et, au-dessus, se trouvait un restaurant, que l'on gagnait par un vaste escalier. C'était exactement ce qu'il me fallait.

— Une table pour deux, s'il vous plaît, demandai-je à la serveuse qui nous y accueillit.

— Fumeurs ou non-fumeurs ?

Je lui désignai une table tout au fond.

— Pourrions-nous avoir celle-là ?

Nous nous installâmes, et je déposai mes sacs sous la table. D'où je me trouvais, je ne voyais pas l'entrée principale mais je ne pourrais manquer Pat lorsqu'il gagnerait l'endroit où je lui avais fixé rendez-vous.

Lorsque la serveuse vint prendre notre commande, je lui demandai deux Cocas et une pizza de vingt-deux centimètres.

Kelly leva la tête.

— Est-ce qu'on pourra avoir des champignons en plus ? demanda-t-elle.

Je signalai mon accord à la serveuse et elle se retira. Kelly eut un large sourire.

— Je suis exactement comme ma maman, dit-elle. Nous voulons toujours des champignons en plus. Papa dit qu'on a dû nous trouver dans une forêt.

Elle sourit de nouveau, attendant ma réaction.

— C'est merveilleux, lui dis-je.

Voilà une conversation que je ne tenais pas à prolonger.

Mais Kelly se remit à siroter tranquillement son Coca en regardant tout autour d'elle, sans doute heureuse de pouvoir voir des gens autrement que sur un écran de télévision.

Pat était en avance, et il portait les mêmes vêtements qu'au rendez-vous précédent, soit pour que je puisse le reconnaître plus vite, soit parce qu'il avait simplement eu la flemme de se changer. Et, comme il passait au-dessous de moi, je remarquai que quelque chose n'allait pas. Il paraissait presque tituber par moments, et je savais que cela ne venait pas de l'alcool. Je craignis le pire.

Je le laissai passer en vérifiant qu'il n'était pas filé, puis, après avoir laissé passer cinq minutes, je me levai et dis à Kelly :

— Il faut que j'aille aux toilettes. Je ne serai pas long.

En sortant, je demandai à la serveuse de garder un œil sur Kelly et sur les sacs.

Le hall principal était de plus en plus bondé ; on aurait dit que toute l'Amérique avait décidé de se déplacer pour Pâques. Et si perfectionnés qu'ils fussent, les appareils de conditionnement d'air ne parvenaient plus à lutter contre la masse de chaleur et d'humidité apportée par cette foule. On se serait cru dans une serre. Je rejoignis Pat dans la file d'attente qui s'était formée à la cafétéria de l'étage supérieur. Jovial et décontracté, j'arrivai derrière lui et lui expédiai une claque sur l'épaule en lui disant :

— Pat ! Qu'est-ce que tu fous là ?

Me rendant mon large sourire, il répliqua aussitôt :

— J'ai rendez-vous avec quelqu'un.

Ses pupilles étaient vastes comme des soucoupes.

— Moi aussi. Tu as un moment pour un Mickey D ?

— Oui, oui ? Pourquoi pas ?

Ensemble, nous dépassâmes la cafétéria, suivîmes les flèches indiquant la sortie et prîmes l'escalier mécanique menant à un parking à étages multiples.

Pat était à une ou deux marches devant moi. Il se retourna et me demanda :

— Qu'est-ce que ça peut bien être qu'un Mickey D ?

— Un McDonald, lui répondis-je d'un air supérieur et informé.

Il ne passait pas, lui, le plus clair de son temps avec une gamine de sept ans.

Le parking était à deux niveaux. Nous allâmes au premier et prîmes position de façon à pouvoir surveiller l'accès. Je n'avais pas de temps à perdre.

— Deux choses, vieux, lui dis-je. J'ai là une liste que je ne pouvais décemment pas te lire au téléphone. J'ai besoin de tout ce fourbi. Et, deuxièmement, où en est-on avec l'argent ?

Il regardait la liste que je lui avais remise. Et, à en juger par sa mine, soit il était effaré par ce qu'elle contenait, soit il n'arrivait pas à fixer son regard. Sans lever les yeux, il me dit :

— J'ai un peu d'argent pour toi dès maintenant. Mais cette foutue liste va déjà en bouffer une bonne partie. Je vais pouvoir t'en passer un peu plus. Sans doute demain ou après-demain. Mais quand veux-tu tout ce fourbi ?

Il secoua la tête, et se mit à pouffer de rire comme devant une bonne plaisanterie.

— Ce soir, en fait, lui répondis-je. Tu penses que tu peux y arriver ?

J'avais pris mon ton le plus sérieux, et son rire un peu hystérique s'interrompit net. Il s'éclaircit la gorge et me dit :

— Je vais faire de mon mieux, vieux.

— J'apprécierais vraiment, Pat, insistai-je. Ne me laisse pas tomber. J'ai vraiment besoin de ton aide.

J'espérais qu'il saisirait ainsi l'urgence de la situation.

— Il faut aussi, poursuivis-je, que tu me cueilles à vingt-trois heures ce soir à l'endroit que j'ai noté ici.

Je le regardais fixement dans les yeux en disant cela.

— Onze heures ce soir, vieux, fit-il. Onze heures. D'accord.

Je connaissais assez bien Pat pour savoir qu'il avait compris le sérieux de l'affaire. Il avait visiblement conscience d'être dans les vapes, et il essayait de toutes ses forces de saisir ce que je lui disais. J'étais néanmoins content d'avoir eu l'idée de mettre tous les détails du rendez-vous sur le papier.

— Quelle sorte de voiture as-tu ? lui demandai-je.

— Une Mustang rouge. Plus rouge que les couilles de Satan !

Et il se mit à rire béatement de sa propre plaisanterie.

— À ce soir, alors ! fit-il en s'éloignant.

Je surveillai sa sortie pour m'assurer que nul ne le suivait. En le regardant marcher, je m'aperçus qu'il dérivait légèrement vers la gauche.

Quand je revins au restaurant, Kelly était encore aux prises avec sa pizza géante.

— Tu en as mis, du temps ! remarqua-t-elle entre deux énormes bouchées de champignons.

22

Dès que nous fûmes revenus dans la chambre, je mis la télévision en route pour Kelly et renversai sur l'un des lits le contenu de mes sacs en plastique. Kelly me demanda ce que je faisais.

— Je donne simplement un coup de main à Pat. Il m'a demandé de faire deux ou trois bricoles pour lui. Tu peux regarder la télé si tu veux. Tu as faim ?

— Non.

Je me dis que ma question était un peu stupide ; elle venait juste de dévorer une pizza de la taille d'une mine antichar.

Je pris la pendule de cuisine à quartz et allai m'installer sur une chaise près de la fenêtre. Je brisai le cadre de la pendule de façon à ne garder que le cadran, avec les aiguilles et le mécanisme à quartz derrière. Puis, en le tordant lentement et soigneusement, je me débarrassai aussi du cadran, n'en laissant qu'un ou deux centimètres au centre, là où s'adaptaient les aiguilles. Pour finir, je brisai l'aiguille des heures et celle des secondes, ne laissant que celle des minutes, et je changeai la pile.

Kelly m'observait attentivement.

— Qu'est-ce que tu fais, Nick ? demanda-t-elle.

— C'est un truc. Je te montrerai quand j'aurai fini. D'accord ?

— D'accord.

Elle se retourna ostensiblement vers la télévision, mais elle gardait un œil sur moi.

Je vidai dans la poubelle le contenu de la boîte d'œufs, puis cassai celle-ci de façon à ce qu'il ne reste que six compartiments. Avec du papier collant, je fixai la boîte sur l'aiguille des minutes de la pendule. Kelly me regardait, de plus en plus intriguée.

La table de nuit arrivait à une dizaine de centimètres au-dessous du niveau où se trouvaient les commandes du téléviseur. J'y installai la pendule de façon à ce qu'elle soit placée face au voyant infrarouge du poste et juste au-dessous de celui-ci, et je la fixai soigneusement avec du ruban adhésif.

— Qu'est-ce que tu fais ? me demanda Kelly.

— Prends la télécommande et monte le son avec elle.

Elle s'exécuta docilement.

— Maintenant, baisse le son. Bien. Je te parie que, dans quinze minutes environ, tu ne pourras plus faire remonter le son.

J'allai m'asseoir sur le lit à côté d'elle, et ajoutai :

— On va rester là tous les deux sans bouger. Entendu ?

— Entendu.

Elle pensait que j'allais essayer de trafiquer quelque chose avec la télécommande, car elle cacha celle-ci sous l'oreiller avec un sourire entendu.

Et nous regardâmes tranquillement la télévision. Tranquillement à ceci près que Kelly demandait à intervalles réguliers :

— Ça ne fait pas quinze minutes ?

— Non, sept.

Pendant ce temps, la boîte à œufs fixée à l'aiguille de la pendule remontait doucement et régulièrement vers le voyant du téléviseur. Quand elle vint obturer celui-ci, je dis à Kelly :

— Vas-y, essaie de monter le son.

Elle essaya et rien ne se passa. J'entrepris de la taquiner :

— C'est peut-être la pile, suggérai-je.

Nous mîmes une pile neuve dans la télécommande. Toujours rien. Kelly ne comprenait pas ce qui se passait, et je n'allais certes pas le lui révéler.

— C'est de la magie, fis-je en souriant.

Je vérifiai le reste du matériel, et préparai tout ce qu'il me fallait pour ma sortie nocturne.

Il était vingt-deux heures vingt, et Kelly dormait. J'allais devoir la réveiller pour lui dire que je sortais, car je ne voulais pas qu'elle se réveille soudain seule et commence à s'affoler. Je me disais souvent qu'elle était, pour moi, un sacré fardeau, mais j'avais envie de la protéger. Elle semblait si innocente et si désarmée, dormant ainsi, en étoile de mer. Je me demandais ce qu'elle allait devenir ensuite – si toutefois elle survivait à cette aventure.

Je vérifiai de nouveau tout mon matériel, arme comprise, m'assurai que j'avais de l'argent sur moi et pris un paquet de biscuits entamé pour manger en cours de route.

Je me penchai sur Kelly et lui murmurai son nom à l'oreille. Elle ne réagit pas. Je la secouai tout doucement. Elle se décida à bouger, et je lui dis :

— J'ai mis la télé très bas pour que tu puisses la regarder si tu en as envie. Il faut que je sorte un petit moment.

— Mouais.

Je ne savais pas si elle avait compris ou non. Je préférais lui dire cela pendant qu'elle était encore à moitié endormie.

— Ne mets pas le verrou cette fois, car je vais prendre la clé. Je ne veux pas te réveiller quand je rentrerai.

Je sortis, pris l'ascenseur et me retrouvai dans la rue. J'entendais au-dessus de moi le fracas de la circulation sur l'autoroute. Il avait enfin cessé de pleuvoir, mais l'air restait imprégné d'humidité. Il faisait juste assez froid pour que je distingue la vapeur que produisait mon souffle.

Tout en mâchonnant mes biscuits, je me dirigeai vers l'objectif pour une ultime reconnaissance. Rien ne semblait avoir changé, et les mêmes lumières étaient allumées. Je me demandai si mon hippie hargneux était toujours tapi dans les buissons, attendant avec un sabre d'abordage que quelqu'un vienne lui pisser dessus. J'accélérai le pas afin de ne pas arriver en retard à mon rendez-vous avec Pat.

J'arrivai sous l'autoroute et continuai sur la droite. Il n'y avait plus, de part et d'autre de la route, que des terrains vagues dont certains avaient été transformés en fourrières où s'alignaient les voitures ramassées en ville. On se demandait comment la municipalité de Washington pouvait être dans un tel pétrin financier avec tout ce qu'on enlevait chaque jour comme véhicules automobiles. Puis, sur ma gauche, je trouvai une suite d'immeubles de construction nouvelle, ateliers et bureaux. Je me dissimulai dans l'ombre du premier et attendis.

C'était une bizarre impression que de se retrouver ainsi, à quelques centaines de mètres du Pentagone, et directement sous le nez, peut-être, de ceux qui souhaitaient me voir mort. Cela me procurait un sentiment d'excitation. Il en avait toujours été ainsi. Pat avait une expression pour cela ; il appelait cela « le jus ».

J'entendis un bruit de moteur, regardai et vis une seule voiture, qui arrivait dans ma direction. Ce devait être Pat. Je sortis néanmoins mon pistolet et je restai en position de tir, le Sig braqué dans la direction du conducteur, jusqu'au moment où la Mustang rouge fit halte à ma hauteur. C'était bien Pat qui était au volant. Je pouvais distinguer son profil dans la demi-obscurité.

Gardant mon pistolet à la main, j'allai à la porte du passager et l'ouvris. La lumière intérieure ne s'alluma pas ; Pat avait veillé à ce détail. Je montai et refermai très doucement la porte.

Pat libéra tout aussi doucement le frein à main, et la voiture se remit en marche. À quelque distance, il est très difficile de voir qu'une voiture s'arrête si le système de freinage normal ne met pas en route les feux arrière. C'est pourquoi Pat avait simplement utilisé le frein à main. Me retournant pour vérifier que personne ne nous suivait, je lui dis :

— Tourne à droite au prochain embranchement.

L'heure n'était pas à la conversation mondaine, et il le savait comme moi.

— J'ai tout ce qu'il te faut à l'arrière, dans le sac fourre-tout, me précisa-t-il.

Quand nous passâmes devant l'hôtel, j'eus bien soin de ne pas tourner la tête. Nous tournâmes à droite sous le pont autoroutier et nous arrêtâmes au feu rouge de l'autre côté.

— Tu vas tout droit, dis-je à Pat et tu tournes à droite dans Penn.

— Pas de problème.

Nous étions maintenant en ville, et tout était bien éclairé. Pat ne cessait de vérifier, dans le rétroviseur, que nous n'étions pas suivis. Quant à moi, je fixais la glace latérale. Nous ne nous retournions ni l'un ni l'autre, afin de ne pas donner l'impression que nous étions aux aguets.

Il y avait quelques voitures derrière nous, mais elles étaient venues d'autres directions. Cela ne voulait toutefois pas dire qu'elles ne nous suivaient pas.

Je jetai un coup d'œil à Pat. Son 9 mm semi-automatique était bien calé sous sa cuisse droite, et il avait sur le tapis de sol, entre les pieds, un pistolet-mitrailleur Heckler et Koch MP5K, excellente arme de voiture compte tenu de son format réduit et de sa cadence de tir de 900 coups-minute, mais apparemment un peu excessive pour le genre de travail dans lequel nous étions lancés. Deux chargeurs de trente coups se chevauchaient.

— Pourquoi diable as-tu apporté ce truc ? lui demandai-je.

— Je n'ai pas beaucoup aimé ce que tu m'as raconté de ton nouveau pote, Luther, répliqua-t-il. Je n'ai pas envie que ses copains et lui m'embarquent pour une petite conversation privée.

Nous approchions de nouveaux feux.

— Tu fais ici une reconversion de la droite sur la gauche, dis-je à Pat. On va voir si on a quelques admirateurs à nos basques.

Pat mit son clignotant à droite et commença à appuyer dans cette direction. Les quelques voitures qui se trouvaient derrière semblaient toutes vouloir faire de même ou aller tout droit ; il n'y avait pas de clients pour la file de gauche. Au dernier moment, Pat mit son clignotant à gauche et tourna son volant en conséquence – sans brutalité ni agressivité, mais comme s'il venait simplement de s'aviser qu'il avait fait erreur.

Nous nous trouvâmes tous bloqués au feu rouge, et j'en profitai pour regarder à l'intérieur des autres voitures. Je ne vis que des couples ou ce qui semblait des gamins en balade. En tout cas, je les reconnaîtrais si nous les retrouvions plus loin.

Nous tournâmes au vert, et personne ne nous suivit.

— Je pensais à une chose, me dit alors Pat. Est-ce que tu veux que je vienne avec toi en appui ?

C'était tentant. Ainsi, on pourrait boucler l'affaire plus rapidement et dans de meilleures conditions de sécurité. Avec, aussi, une puissance de feu bien supérieure au cas où les choses tourneraient mal. Néanmoins, je décidai de refuser ; Pat constituait mon seul lien avec le monde extérieur, et je ne voulais pas risquer de le compromettre.

— Pas question, fis-je. Je me souviens de ce qui est arrivé la dernière fois.

Nous éclatâmes tous deux de rire.

— La bombe baladeuse ?

L'IRA Provisoire avait, à l'époque, dissimulé dans l'une de ses planques une bombe pour voiture devant être utilisée deux jours plus tard. Il s'agissait de deux kilos d'explosif à grande puissance avec un mécanisme à retardement de soixante minutes conçu à partir d'un minuteur de stationnement Parkway : le joujou du mois pour l'IRA.

Pat et moi nous étions rendus en voiture dans la cité de Shantello, un fief nationaliste de Derry. Nous nous étions tranquillement garés et nous avions pénétré dans le pavillon où était planquée la bombe. La cache était un trou creusé dans le béton des fondations, sous le carrelage de la cuisine, et dissimulé par un fourneau à gaz. Nous avions tout simplement fauché la bombe, que Pat avait emportée dans un vieux sac fourre-tout en toile.

Tout ce que nous avions à faire était de regagner notre voiture, que nous avions laissée devant un petit centre commercial et d'aller disposer la bombe sous le véhicule d'un dirigeant de l'INLA [1] de l'autre côté de la ville, près de la cité de Creggan. Les gens de l'INLA trouveraient l'engin – nous avions pris toutes les dispositions pour cela –, l'identifieraient comme provenant de l'IRA, et ce serait le bordel absolu entre les deux organisations terroristes. Parfait.

1. Irish National Liberation Army, Mouvement terroriste rival de l'IRA. *(N.d.T.)*

Celles-ci consacreraient, au moins momentanément, leur temps et leurs ressources à s'entre-tuer, en laissant un peu en paix les forces de sécurité et les citoyens normaux.

Mais nous étions arrivés au parking pour découvrir qu'entre-temps, notre voiture avait été volée. Il nous fallait pourtant mettre la bombe en place le soir même. Toute la direction de l'INLA avait été appréhendée pour interrogatoire par la police afin de nous laisser les mains libres, mais on ne pouvait la retenir éternellement. Il ne nous restait qu'une chose à faire : courir. Nous courûmes.

Nous tombâmes, en chemin, sur deux patrouilles militaires que nous abordâmes au culot. Elles nous laissèrent passer sans rien nous demander. Heureusement, car ce n'aurait pas été facile d'expliquer à huit fantassins trempés et réfrigérés braquant leurs fusils d'assaut SA 80 sur nous pourquoi nous transportions deux kilos d'explosif dans un sac de toile.

Nous rappelant la chose, nous nous laissâmes aller, Pat et moi, à une douce hilarité.

— Finalement, lui demandai-je, est-ce qu'on a retrouvé la voiture ?

— Je n'en sais rien, fit-il, et, pour tout te dire, je m'en fous...

Nous recommençâmes à rire. Ce petit moment de détente était le bienvenu. Et j'y prenais d'autant plus plaisir qu'à ce que je pouvais constater, Pat était redevenu lui-même.

— Tu me largues à la station de métro du Pentagone, veux-tu ?

Je descendis avec les précautions d'usage, après avoir inspecté les alentours, et, passant la tête par la portière ouverte, je dis à Pat :

— Merci beaucoup, vieux, et à bientôt !

Je pris le grand sac de nylon noir sur la banquette arrière. En m'éloignant de la voiture, mes sentiments étaient partagés. Je me sentais soudain très seul. Avais-je bien eu raison en empêchant Pat de venir avec moi en appui lorsque j'irais explorer l'objectif ?

Je m'astreignis à faire tout un circuit en prenant les mesures classiques de contre-filature avant de regagner l'hôtel.

Arrivé dans la chambre, je revérifiai tout ce que Pat m'avait apporté et emballai ce qu'il me fallait dans le sac. Je sortis de mes poches la monnaie et tout ce qui risquait de faire du bruit, puis, découpant l'extrémité d'un sac-poubelle, j'y plaçai mon passeport et mon portefeuille et en fis un paquet que je glissai dans ma poche de veste.

Je sautai une ou deux fois sur place pour m'assurer que rien sur moi ne produisait le moindre son et agitai le sac pour vérifier qu'il en était de même de ce côté.

— Kelly, fis-je doucement. Je sors encore une petite minute, mais je ne vais pas tarder à revenir. Tout ira bien ?

Mais elle ne m'entendait pas. Je quittai l'hôtel et me dirigeai vers l'objectif.

23

Le sac avait deux poignées et une longue courroie permettant de le porter à l'épaule. C'est ainsi que je le transportai en reprenant le chemin que j'avais emprunté la veille au soir. Il ne pleuvait toujours pas, et je pouvais distinguer les étoiles et le halo de ma propre respiration. Rien n'avait changé sur le parcours, si ce n'est que, la brume s'étant levée, les lumières de l'autoroute semblaient un peu plus brillantes.

Arrivé à la barrière métallique, j'utilisai les poignées du fourre-tout pour m'en faire une sorte de havresac avant l'escalade. Je décidai de le garder ainsi pour le reste du trajet ; si je tombais sur un os, je pourrais courir en le gardant sur le dos, et même, en dernier recours, avoir les mains libres pour tirer le Sig.

Je commençai à progresser à travers le terrain, dans la direction de la clôture même de l'immeuble de Ball Street, en m'efforçant de ne faire aucun bruit, car le copain que j'avais si bien arrosé à l'avant de la maison risquait de ne pas être le seul occupant des buissons alentour. Le sol était boueux, mais, Dieu merci, relativement ferme et peu glissant.

J'arrivai à la clôture, et, sous le couvert d'un buisson, retirai le sac de mon dos, le posai à terre et m'y assis. J'avais convenablement opéré mon premier bond, et le moment était venu de souffler, d'observer, d'écouter, en enregistrant tout ce qu'il était possible de noter. Étant seul, je devais être d'autant plus prudent. En fait, c'était un boulot pour deux personnes, l'une observant et l'autre agissant. Je passai quelques minutes à m'accoutumer tout simplement au milieu ambiant. Ce soir-là, les étoiles rendaient la visibilité un peu meilleure. Regardant vers la gauche, je constatai que le parking de l'immeuble était toujours vide. Sur ma droite, les deux plates-formes de peintre en bâtiment que j'avais aperçues lors de ma première visite étaient encore là.

Je sortis de la poche de ma veste mes papiers d'identité, bien emballés dans le sac-poubelle. Je creusai à la base d'un buisson un trou assez peu profond dans la boue et y enfouis le petit paquet, que je recouvris soigneusement. C'était ma petite cache personnelle. Ainsi, si je me faisais avoir, on ne pourrait m'identifier immédiatement, et si j'étais contraint à la fuite, j'aurais toujours l'occasion de revenir pour récupérer mes papiers.

J'essuyai mes mains boueuses sur une touffe d'herbe, défis doucement la fermeture à glissière de mon sac et en sortis une combinaison de travail à bon marché, d'un vilain bleu foncé, sans doute semblable à celles que portaient les tueurs qui s'étaient occupés de Kev.

J'étais maintenant prêt pour le bond suivant, encore que le terme de « bond » ne fût, en la circonstance, pas tellement approprié. Quand vous avez à escalader une clôture avec un sac d'une vingtaine de kilos, vous risquez de passer plus de temps coincé à mi-hauteur qu'en train de grimper allégrement.

Je tirai de sous ma veste une cordelette et la saisis entre mes dents. Puis, m'approchant le plus que je le pouvais de la clôture, j'élevai le sac jusqu'à la hauteur de mon visage, et, le soutenant avec les épaules, j'en liai les deux poignées avec la cordelette, que j'attachai ensuite au grillage à l'aide d'un nœud capable d'être défait sur une simple traction. Je lançai ensuite par-dessus la clôture l'extrémité restée libre de la cordelette.

Je vérifiai de nouveau que mon arme était prête à fonctionner, levai les bras, glissai mes doigts dans les interstices du grillage métallique et commençai à grimper. Arrivé à destination, je m'arrêtai un moment pour observer et écouter. Puis je regrimpai la clôture pour tirer le sac, lui faire franchir le sommet de la barrière et le récupérer de l'autre côté en libérant le nœud. Là, je m'accroupis et recommençai à observer un moment, dans le silence le plus complet.

Travailler seul sur une opération de ce genre demande la plus grande concentration, car vous ne pouvez agir et observer en même temps, et, néanmoins, les deux doivent être faits. Il vous faut donc alterner constamment, car si vous essayez de tout faire en même temps, vous risquez de tout bousiller.

Je me levai, plaçai le sac sur mon épaule gauche, et défis doucement la bande adhésive fermant ma combinaison, de façon à pouvoir saisir immédiatement le Sig en cas de nécessité. Puis, prenant tout mon temps, je me dirigeai vers la partie gauche de l'immeuble.

Avant toute chose, il me fallait vaincre le détecteur de mouvement. Je me trouvais à sa gauche, le dos collé au mur. Faisant passer le sac de mon épaule à ma main gauche, gardant le regard braqué sur le détecteur, au-dessus de moi, je commençai à avancer lentement le long du mur. Arrivé aussi loin que je l'estimais possible sans déclencher l'alarme, je me courbai et déposai le sac à mes pieds. Tout ce que j'allais faire maintenant se passerait sous la protection de la masse inerte représentée par le sac.

Les systèmes de sécurité réagissant au mouvement compliquent certes la vie des gens tels que moi, mais seulement s'ils couvrent l'ensemble d'un bâtiment. Je trouvais d'ailleurs étrange, en l'occurrence, que l'immeuble utilisé par l'IRA n'ait qu'un détecteur, et non deux ou trois se chevauchant pour éliminer toute zone morte. Mais ceux qui avaient installé le système étaient sans doute partis du principe que seule la sortie de secours devait être couverte.

Il était près d'une heure du matin, ce qui ne me laissait que cinq heures avant les premières lueurs de l'aube. Le temps jouait contre moi, mais je ne devais pas me bousculer pour autant. Je fis un grand détour pour aller chercher l'une des plates-formes de peintre. J'introduisis mes mains entre les lattes de bois, soulevai la plate-forme jusqu'à hauteur de ma poitrine et me mis lentement en marche. Une couche de boue liquide recouvrait encore le sol, provoquant des bruits de succion à chacun de mes pas. Je finis par atteindre le mur, déposai la plate-forme contre celui-ci, derrière mon sac, et me remis en route pour aller chercher l'autre.

Je m'efforçai d'emboîter les deux plates-formes l'une à la suite de l'autre, en les retournant de façon à ce que leurs traverses intérieures forment échelle. De nouveau, je m'arrêtai, observai et écoutai. Les plates-formes avaient été lourdes à porter, et je n'entendais guère que le bruit de mes poumons se vidant par ma gorge desséchée.

Je gravis la première plate-forme, et tout se passa bien. J'arrivai à la deuxième qui, d'abord, sembla tenir elle aussi. Mais, quand j'eus franchi deux traverses, l'ensemble se disloqua et s'effondra. J'allai frapper le sol comme un sac de pommes de terre, tandis que les deux plates-formes s'y écrasaient l'une contre l'autre à grand fracas. *Merde, merde, merde !*

Je me retrouvai étendu sur le dos, avec l'une des plates-formes en travers des jambes. Mais nul ne se précipita pour voir ce qui se passait, aucun chien ne se mit à aboyer et aucune lumière ne s'alluma. Je n'entendais rien d'autre que le bruit de la circulation, à quelque distance, et celui que je faisais moi-même en tentant de reprendre ma respiration.

Heureusement, tout s'était passé du bon côté du sac. Je soulevai la plate-forme et m'en dégageai en jurant à voix basse. C'était la merde complète. Mais qu'aurais-je pu faire d'autre ? Acheter une échelle au bazar et arriver avec elle sur l'objectif ?

Pourquoi pas, après tout ? Ce n'était peut-être pas si sot. Mais il était maintenant trop tard pour y penser.

Je m'adossai au mur pour réfléchir un instant. Il ne me restait plus qu'à « réagir comme la situation le commandait », selon la formule très enrichissante utilisée au sein du Service.

Je décidai soudain d'aller chercher Kelly. Tout ce qu'elle aurait à faire, c'était de rester une quinzaine de minutes appuyée sur les plates-formes pendant que je m'activerais. Ensuite, j'aurais le choix entre la garder avec moi ou la remettre à l'hôtel. J'aviserais le moment venu.

Je revins vers la clôture, au pied de laquelle je laissai sac et combinaison de travail, puis que je me mis à longer, cherchant une issue vers Ball Street. Je n'avais pas le temps de refaire tout le tour, comme à l'aller. Je découvris finalement une ruelle entre deux hôtels dignes de figurer dans un film des années cinquante sur la Mafia new-yorkaise. Je gagnai ainsi la route et me dirigeai à pas vifs vers mon propre hôtel, qui ne se trouvait qu'à deux minutes de là. C'est alors que je m'aperçus que je n'avais pas la clé de la chambre, que j'avais laissée avec mes papiers dans le sac-poubelle. Il allait me falloir réveiller Kelly.

Je frappai à la porte, d'abord très doucement, puis un peu plus fort. Au moment où je commençais à m'inquiéter un peu, j'entendis une petite voix :

— Salut, Nick !

Et quelques secondes plus tard, la porte s'ouvrit. Je lançai un regard un peu soucieux à Kelly.

— Comment savais-tu que c'était moi ? lui demandai-je. Tu aurais dû attendre que je réponde.

Puis je vis la chaise et les marques que ses pieds avaient laissées sur le tapis quand Kelly l'avait traînée jusqu'à la porte. Je souris et donnai à la fillette une petite tape amicale sur le crâne.

— Tu as regardé par l'œilleton, hein, petite maligne ? lui dis-je. Eh bien, puisque tu es si futée, j'ai un travail pour toi. Vraiment. J'ai besoin de toi. Est-ce que tu veux bien m'aider ?

Elle semblait encore tout ensommeillée.

— Qu'est-ce que tu veux que je fasse ? me demanda-t-elle.

— Je te montrerai sur place. Tu viens avec moi ?

— Je crois que oui.

Une idée me vint alors, que j'estimai propre à stimuler un peu son enthousiasme défaillant.

— Tu veux faire ce que fait ton papa ? Tu pourras le lui raconter ensuite.

Son visage s'illumina.

Elle devait pratiquement courir pour se maintenir à ma hauteur. Nous empruntâmes la ruelle et nous dirigeâmes vers le terrain vague. Dans le noir, elle ne semblait pas se sentir très vaillante. Elle commença à traîner les pieds.

— Où on va, Nick ?

— Tu veux jouer aux espions ? lui chuchotai-je sur un ton de circonstance. Imagine que tu es James Bond et que tu pars en mission secrète.

Nous traversâmes le terrain vague en direction de la clôture. J'avais pris la main de Kelly et elle tenait la cadence. Je pense qu'elle avait commencé à entrer dans le jeu.

Nous arrivâmes auprès du sac et je saisis la combinaison de travail en disant :

— Il faut que je mette cela, car c'est une combinaison spéciale pour espions.

Je vis son visage se décomposer. Je me rendis compte qu'elle avait immédiatement fait la relation avec les hommes qui étaient venus voir son père.

— Ton Papa en porte lui aussi, me hâtai-je d'affirmer. Et toi, il vaudrait mieux que tu sois aussi en espion. Défais ton manteau.

Je le pris, je le retournai avec la doublure à l'extérieur et le lui fis remettre ainsi. Elle apprécia beaucoup la chose.

Je pris le sac et le mis sur mon épaule. Puis, désignant la direction, je dis à Kelly :

— Maintenant, nous allons avancer très lentement par là.

Nous arrivâmes auprès des plates-formes de peintre, et je posai le sac à l'endroit précis où je l'avais installé auparavant.

— OK ? demandai-je à Kelly, en levant les deux pouces dans sa direction.

— OK.

Elle leva elle aussi les pouces.

— Tu vois cette chose, là haut ? Si elle t'aperçoit, il y a

des tas de sonneries et de lumières de toutes sortes qui se déclenchent, et là, nous sommes perdus. Alors, tu ne dois passer sous aucun prétexte de l'autre côté de ce sac. Vu ?

— Vu.

Nous levâmes tous deux les pouces.

Je remis en place les deux plates-formes et expliquai à Kelly ce que j'attendais d'elle. Elle commença à s'appuyer contre l'échelle improvisée comme je le lui avais montré. J'ouvris le sac, en tirai le reste de la pendule et la boîte à œufs et glissai l'aiguille des minutes dans son manchon de ruban adhésif. Je dis à Kelly de suspendre un moment ses efforts pour regarder ce que je faisais. Je posai pendule et boîte à œufs sur le sol et plaçai deux bandes élastiques autour de mon poignet.

— C'est de la magie, dis-je à Kelly. Regarde.

Elle hocha la tête, cherchant toujours, sans doute, comment j'avais empêché la télécommande d'agir sur le poste de télévision.

— Prête, Kelly ?

— Prête.

— Allons-y.

Je me mis à grimper lentement, en me faisant le plus léger et le moins remuant possible afin de ne pas donner trop de mal à Kelly.

Une fois en haut, à peu près à portée de bras du détecteur, j'orientai la boîte à œufs de façon à ce que sa partie la plus longue se trouve parallèle au sol. Puis je la fis monter doucement jusqu'à une quinzaine de centimètres au-dessous du détecteur. Puis je m'adossai le plus confortablement possible au mur. Il fallait que je reste ainsi pendant quinze minutes.

Je devais attendre que la boîte à œufs, régulièrement propulsée par la pendule, vienne, en montant lentement et doucement, se placer en face du détecteur, d'un mouvement si imperceptible que l'engin n'aurait pas la sensibilité suffisante pour l'enregistrer – autrement, le simple passage d'une araignée aurait suffi à déclencher le vacarme. Il me restait seulement à espérer que Kelly tiendrait bon.

De temps à autre, je regardais vers le bas et lui faisais un grand clin d'œil. Elle levait la tête et me répondait par un grand sourire. C'était du moins ce que je supposais, car tout ce que je pouvais réellement voir, c'étaient un manteau retourné, une capuche et un petit nuage de vapeur quand elle respirait.

Nous continuions à attendre tous deux que l'aiguille des minutes passe à la verticale, lorsque nous parvint le gémissement atténué d'une sirène de police.

Merde, merde, merde !

C'était sur la route, de l'autre côté du bâtiment. Cela ne pouvait, de toute manière, nous concerner. Sinon, pourquoi une seule patrouille de police – et, surtout, pourquoi la sirène ?

Je ne pouvais bouger. Si je faisais un seul mouvement, je déclenchais l'alarme. Et pourquoi ? Personne ne semblait venir vers nous.

— Nick, Nick, tu as entendu ?

— Tout va bien, Kelly. Tiens bon. Continue à pousser. Tout va bien.

Je ne pouvais rien faire, si ce n'est rester le plus calme et le plus immobile possible.

Un cri nous parvint du côté du parking. Il venait de Ball Street, mais à une certaine distance. D'autres voix résonnèrent. Une violente dispute avait éclaté. Je ne pouvais distinguer ce qui se disait, mais j'entendis des propos échangés, des portes de voiture qui claquaient, et finalement le bruit d'un véhicule qui démarrait.

La boîte à œufs était maintenant proche de la verticale. Je retins mon souffle. Ce n'était pas une science exacte que j'étais en train de pratiquer là, et j'avais une chance sur deux de réussir, pas plus. Si l'alarme se mettait en route, il ne nous resterait plus qu'à prendre nos cliques et nos claques et à filer le plus vite possible.

La boîte à œufs vint enfin obscurcir le détecteur. Rien ne se déclencha. Avec les dents, je détachai de mon poignet les deux minces bandes élastiques. Je passai la première sur la boîte à œufs et autour du détecteur, tordis l'élastique et fis un autre tour de façon à tout bien maintenir en place. Je renforçai ensuite l'ensemble avec le deuxième élastique. Le détecteur était neutralisé.

Je séparai le reste de pendule de la boîte à œufs et le glissai dans la poche de poitrine de ma combinaison de travail. Puis je dévalai l'échelle improvisée et frottai les épaules de Kelly en lui disant :

— Joli travail !

Elle me gratifia d'un immense sourire. Elle ne savait toujours pas trop bien ce qui s'était passé, mais, au moins, elle avait fait comme Papa...

24

Restait à s'attaquer aux autres alarmes, ce qui impliquait de neutraliser les lignes téléphoniques. L'un des cadeaux apportés par Pat était une boîte noire d'environ vingt centimètres sur quinze d'où sortaient une demi-douzaine de fils de couleurs différentes avec, chacun, une pince crocodile à l'extrémité, permettant d'accrocher le dispositif aux lignes téléphoniques. En théorie, quand un système d'alarme intérieur était déclenché par un intrus, un signal téléphonique parvenait aussitôt à un central de surveillance ou à la police. Mais, avec cet appareil, il n'en serait rien, car le dispositif électronique aurait bloqué toutes les lignes téléphoniques.

— Tu peux m'aider encore plus maintenant, soufflai-je à l'oreille de Kelly.

Je mis la pendule dans le sac, pris celui-ci et me dirigeai vers les boîtiers contenant les conduites d'eau, d'électricité, de gaz et de téléphone, près des issues de secours.

Du sac, je sortis alors l'un des autres achats effectués par Pat : un voile noir opaque de deux mètres carrés, du genre utilisé par les photographes.

— Toujours de la magie, dis-je à Kelly avec un grand clin d'œil. Et j'aurai besoin que tu me dises si cela marche.

Je parlais à voix très basse ; la nuit, un simple murmure peut parfois porter aussi loin qu'une conversation normale. Je dis à l'oreille de Kelly :

— Il faut que nous soyons vraiment silencieux. Entendu ? Si tu veux me parler, tu me tapes sur l'épaule. Alors je me retournerai vers toi et tu pourras me parler à l'oreille. Tu comprends ?

— Oui, me souffla-t-elle à l'oreille.

— C'est ce que les espions font, ajoutai-je en mettant mes gants de caoutchouc.

Elle me regarda, la mine sérieuse, malgré son manteau retourné et sa capuche relevée.

— Si tu vois sortir de la lumière, je veux que tu me tapes aussi sur l'épaule. Entendu ?

— Oui.

— Mets-toi là, contre le mur. Je veux que tu restes tout à fait immobile. Si tu vois ou entends quelque chose, la moindre chose, tu me tapes sur l'épaule. Compris ?

— Oui.

— Même si ce n'est qu'un tout petit peu de lumière, tu me tapes sur l'épaule. Compris ?

— Oui.

J'allai jusqu'aux boîtiers, mis le voile noir sur mes épaules, allumai ma petite torche électrique Maglite à filtre rouge et me mis au travail – un genre de travail que j'avais déjà maintes fois effectué dans le passé. Je travaillais avec la torche électrique dans la bouche, et je ne tardai pas à saliver abondamment. J'accrochais les pinces à la ligne téléphone selon toute une variété de combinaisons. Au moment où elles mordaient, une rangée de lumières s'allumaient. Le but de la manœuvre était d'avoir six lumières rouges allumées ensemble. À ce moment, toutes les lignes étaient occupées. Il me fallut dix minutes pour y arriver.

Je déposai soigneusement ma boîte noire entre les compteurs de gaz et d'électricité. J'espérais seulement qu'il n'y avait pas une alarme sonore en plus de l'alarme téléphonique. J'en doutais, car l'installation semblait avoir été faite avec un certain souci d'économie, à en juger par l'unique détecteur extérieur.

Je retirai le voile noir, le roulai en boule et le remis à Kelly en lui disant :

— Tiens-moi cela, car je vais de nouveau en avoir besoin dans une minute. On s'amuse bien, hein ?

— Oui. Mais j'ai froid.

— On sera à l'intérieur dans une minute, et là, il fera bien chaud. Ne t'inquiète pas.

Je m'arrêtai, observai, écoutai et me dirigeai vers la porte. Restait à entrer.

Il y a trois principaux moyens de venir à bout des serrures qu'affectionnent les Américains. Le premier, et le plus confortable, consiste à se procurer, tout simplement, un double de la clé. Le deuxième procédé est celui de la clé forcée. Vous vous procurez une clé en titane aux dimensions de la serrure, dans laquelle vous la forcez à l'aide d'un petit maillet. Vous tirez ensuite votre clé de titane à l'aide d'une petite barre spéciale et elle ressort en arrachant tout. Mais ce procédé n'était guère recommandé dans la mesure où je voulais entrer et ressortir à l'insu de quiconque. Il me fallait donc avoir recours à la troisième méthode.

Cette troisième méthode implique l'emploi d'un appareil spécial en forme de pistolet, dont vous appuyez le « canon » contre le trou de la serrure. Vous pressez la « queue de détente », et le mécanisme propulse dans la serrure une série de lames et de crochets qui s'adaptent au dispositif interne et finissent par avoir sur lui une action comparable à celle d'une clé. Désolé d'affoler les honnêtes gens, mais un pistolet de ce genre peut ouvrir la plupart des serrures couramment utilisées aux États-Unis en moins d'une minute.

C'est à peu près ce qu'il me fallut pour, la torche entre les dents et recouvert de mon voile noir, venir à bout de celle qui se présentait à moi à l'arrière de la maison de Ball Street. Sentant la porte céder, je l'ouvris prudemment d'un petit centimètre, m'attendant à demi au déclenchement d'un système d'alarme sonore. Rien. Je souris à Kelly, qui était juste derrière moi, très excitée. Je refermai la porte pour ne pas laisser filtrer de lumière à l'extérieur, et chuchotai à Kelly :

— Quand nous serons entrés, tu ne dois toucher à rien, sauf si je te le demande. Entendu ?

Elle fit un signe affirmatif de la tête.

On se retrouve parfois entre deux mondes : un monde extérieur sale et boueux, et un monde intérieur propre, clair et net. Il faut alors éviter de les mélanger si l'on ne veut pas se faire repérer. Je retirai ma combinaison de travail, la retournai et la plaçai dans le sac. J'ôtai ensuite mes souliers, qui allèrent aussi dans le sac, et les remplaçai par des tennis, qui me permettraient de me mouvoir rapidement et silencieusement dans la maison, sans laisser de traces boueuses de mon passage.

Nous frôlâmes ainsi le drame en allant « prélever » des documents dans les bureaux de la BCCI à Londres, en 1991. Nous y avions été envoyés une dizaine d'heures avant que la Brigade financière ne vienne fermer officiellement la banque, et on avait délégué au dernier moment un « expert » pour nous accompagner et déterminer ce qui pouvait nous intéresser. L'expert, un petit homme chauve et visiblement peu rassuré, nous était arrivé dans un état d'impréparation totale. Nous avions dû le faire se déchausser et marcher sur ses chaussettes. Mais il avait laissé sur les parquets bien cirés des traces de sueur que même Kelly aurait pu facilement déchiffrer. Nous avions, à quatre, passé le plus clair de notre temps à essuyer le parquet derrière lui.

Ce problème, au moins, ne se posait pas dans la maison de Ball Street ; il y avait de la moquette partout. Je retirai son manteau à Kelly, le lui remis dans le bon sens, et lui fis ôter ses souliers pour les placer dans le sac.

Je vérifiai une dernière fois que je n'avais rien oublié derrière moi, puis je chuchotai à Kelly :

— Nous allons maintenant entrer, Kelly. C'est la première fois qu'une petite fille participe à une mission d'espionnage de ce genre. La toute première fois. Mais tu dois bien faire tout ce que je te dis. C'est compris ?

C'était compris.

Je pris le sac et nous nous approchâmes de la porte par le côté gauche.

— Quand j'ouvre, tu avances juste de deux pas, et tu me laisses la place d'entrer derrière toi. Vu ?

— Vu.

Je ne tentai pas de lui expliquer que faire si cela tournait mal, car je ne voulais pas l'effrayer. Je tenais à ce qu'elle reste convaincue que tout ce que je faisais allait marcher à coup sûr.

— À trois, lui dis-je. Un, deux, trois…

J'ouvris à demi le battant de la porte et elle entra directement. Je la suivis et fermai la porte. Nous étions dans la place.

Nous empruntâmes le corridor, à la recherche de l'escalier menant à l'étage. Par les portes vitrées, je distinguai la vaste salle à l'entrée du petit immeuble, avec ses bureaux, ses plantes vertes et ses fichiers métalliques. De part et d'autre de nous, donnant sur le couloir, il y avait d'autres bureaux et une salle de photocopie. Les appareils de conditionnement d'air étaient toujours en marche.

Je finis par trouver l'escalier derrière une double porte battante sur la gauche. Doucement, afin d'éviter qu'il grince, je poussai l'un des battants et laissai passer Kelly. L'escalier n'était pas éclairé. J'allumai la Maglite et projetai le pinceau lumineux sur les marches, devant nous. Nous commençâmes à monter lentement.

La lueur rouge de la torche rendait le décor parfaitement sinistre, et Kelly me murmura :

— Nick, je n'aime pas cela !

— Chut ! Tout va bien. Ton papa et moi, nous avons fait cela des tas de fois !

Je lui pris la main et nous continuâmes notre ascension. Nous arrivâmes devant une porte. Elle s'ouvrait vers nous, car il s'agissait d'une issue d'incendie. Je posai mon sac et murmurai un nouveau « chut » à l'oreille de Kelly pour essayer de rendre la chose plus excitante encore.

J'ouvris doucement la porte d'un ou deux centimètres et jetai un coup d'œil dans le couloir sur lequel elle donnait. Comme en bas, tout était allumé et rien ne bougeait. J'écoutai un moment, ouvris la porte un peu plus pour laisser passer Kelly et lui désignai l'endroit où je voulais qu'elle aille se poster. Elle semblait très soulagée de retrouver la lumière. J'allai déposer le sac auprès d'elle.

— Attends-moi là une minute, lui murmurai-je.

Je tournai sur la droite, dépassant les toilettes et une pièce sans porte abritant des distributeurs d'eau, de Coca-Cola et de café. Ensuite venait une salle de photocopie. J'allai jusqu'à la sortie de secours qui se trouvait un peu plus loin, et vérifiai que la porte s'ouvrait librement. Mes reconnaissances antérieures m'avaient déjà appris où elle donnait, et je savais donc que nous avions là un itinéraire de repli en cas d'urgence.

Je ramassai le sac et nous prîmes le couloir en nous dirigeant vers l'avant de la maison. Nous arrivâmes à des portes vitrées analogues à celles qui se trouvaient au rez-de-chaussée. Dans la vaste surface de travail sur laquelle ouvraient ces portes, toutes les cloisons internes étaient en verre. Apparemment, la direction aimait avoir l'œil fixé en permanence sur son personnel.

Les fenêtres extérieures sur la façade se trouvaient à une quinzaine de mètres à peu près, et le double éclairage venu de la rue et du corridor faisait baigner toute la pièce dans une lumière étrange et un peu irréelle. Sur la droite, une autre porte vitrée ouvrait sur un nouveau corridor.

Je savais ce que je cherchais, mais je ne savais pas où le trouver. Tout ce dont j'étais à peu près sûr, c'était que ce ne devait pas être dans cette partie du bâtiment. Je regardai Kelly et lui souris. Elle était contente, comme son père l'aurait été en pareil cas. Nous tenant bien à l'écart des fenêtres, nous entreprîmes de traverser la zone de travail dans la direction de la porte vitrée.

Tout, autour de nous, évoquait une entreprise des plus normales. Il y avait un tableau d'affichage avec des courbes de rendement, des graphiques, des photos des meilleurs vendeurs de l'année et une carte postale d'une employée venant d'accoucher. Sur la plupart des bureaux trônaient des photos de famille dans de petits cadres, et il y avait sur tous les murs des affiches « de motivation », avec des formules à la noix telles que « Les gagnants ne renoncent jamais, et les renonceurs ne gagnent jamais » ou « On ne découvre de nouveaux océans que si on a le courage de s'éloigner des côtes ». La seule que j'avais déjà vue auparavant représentait des moutons serrés les uns contre les autres dans un enclos, avec la formule : « Commandez, suivez ou dégagez la route... » Elle était, depuis des années, placardée au quartier général du SAS.

Nous passâmes la porte vitrée. Le corridor avait environ trois mètres de large, des murs nus peints en blanc et sa seule décoration était un énorme extincteur d'incendie près de la porte. La violence de l'éclairage m'obligea à fermer les yeux quelques instants. Il n'y avait pas d'autres portes, mais, une dizaine de mètres devant, une double bifurcation en T. Je posai le sac et ordonnai à Kelly de rester là, à côté.

— Et rappelle-toi, ne touche à rien !

Sur les deux branches latérales du T donnaient sept bureaux, tous fermés à clé. Il allait me falloir utiliser mon pistolet spécial sur chacune de leurs serrures.

Je revins vers le sac, à côté duquel Kelly montait la garde, attendant avec impatience que je lui donne quelque chose à faire.

— Kelly, lui dis-je, j'ai vraiment besoin de toi, maintenant. Il faut que tu ailles te mettre où je te montrerai et que tu m'avertisses si quelqu'un vient. Entendu ? Il faut que je refasse ce que j'ai fait dehors et j'ai encore besoin de ton aide. D'accord ?

Elle hochait la tête à répétition.

— C'est vraiment important, tu sais. C'est le travail le plus important ce soir. Et il faut que nous ne fassions pas le moindre bruit, ni l'un ni l'autre. Entendu ?

Autre hochement de tête. Je lui indiquai sa position et ajoutai :

— Ta mission est également de veiller sur le sac, parce qu'il y a dedans des choses importantes. Si tu vois quelque chose, tu me tapes sur l'épaule, comme je te l'ai déjà dit.

M'armant du pistolet, je m'attaquai à la première porte, l'ouvris, passai la tête à l'intérieur de la pièce et, découvrant qu'il n'y avait pas de fenêtres en vue, allumai la lumière. C'était, à première vue, un bureau parfaitement anonyme, assez vaste, environ six mètres sur quatre mètres cinquante, avec deux appareils téléphoniques, des fichiers, une photo d'épouse sur une table. Cela ne ressemblait en rien à ce que je cherchais. Je n'ouvris même pas les classeurs métalliques. Le premier examen d'une pièce reste toujours très général ; on risquerait, autrement, de perdre tout son temps à fouiller en vain un endroit pour découvrir ensuite que ce que l'on cherchait trône en évidence sur un bureau à quelques mètres de là.

Je ne refermai pas complètement la porte, car je pouvais avoir à revenir. En passant, je jetai un coup d'œil vers Kelly, toujours à son poste, et levai le pouce dans sa direction. Elle me sourit largement, toute pénétrée de son importante mission.

Le deuxième bureau avait un aspect aussi normal et habituel que le premier, avec des graphiques, une pancarte indiquant que c'était une « zone non-fumeurs » et des tasses à café individuelles. En ce genre d'endroits, il est important de ne rien laisser en désordre ; maniaques et routiniers, les occupants légaux s'en apercevraient immédiatement.

Même tableau dans le troisième bureau. Idem dans le quatrième. Je commençais à avoir l'impression que je m'étais trompé d'adresse.

Les trois derniers bureaux donnaient sur l'autre branche du T. Je m'y rendis en passant devant Kelly, à laquelle j'adressai un nouveau signal d'encouragement.

Le numéro cinq était beaucoup plus vaste et plus élégamment meublé. Il y avait deux divans se faisant face, avec, entre les deux, une table basse sur laquelle des magazines étaient répartis en un désordre artistique, un bar de bureau et quelques meubles de bois, des diplômes encadrés sur les murs. C'était très joli, mais rien n'évoquait ce que je cherchais.

Mais, derrière un vaste bureau et un fauteuil tournant recouvert de cuir, j'aperçus une porte fermée. Je m'y attaquai à l'aide de mon pistolet spécial et débouchai dans une pièce garnie de fichiers et essentiellement meublé d'un somptueux bureau à revêtement de cuir et d'un impressionnant fauteuil. Sur le bureau trônait un ordinateur. Il n'était relié à aucun autre appareil, et n'avait pas de branchement apparent. Il n'y avait même pas de téléphone dans la pièce. J'avais peut-être mis dans le mille. Je jetai un coup d'œil rapide sur les deux bureaux qui restaient, mais cela ne fit que me confirmer que la pièce à l'ordinateur était celle sur laquelle je devais concentrer mes efforts.

Je retournai au sac et en sortis l'appareil Polaroïd en adressant un grand sourire à Kelly, qui continuait vaillamment à concourir pour l'oscar de la meilleure espionne.

— Je crois que j'ai trouvé, lui dis-je.

Elle me rendit mon sourire. Elle n'avait pas la moindre idée de ce dont je pouvais parler.

Je pris, au Polaroïd, huit photos du bureau extérieur, afin de me souvenir de l'état exact dans lequel je l'avais trouvé – et de pouvoir le laisser, quand je repartirais, tel qu'il était à l'origine.

Je posai les photos ainsi prises en ligne le long du mur, sur le sol du bureau, afin de les laisser se développer. Je mis le papier de rebut directement dans ma poche. Puis j'allai chercher Kelly.

— Je veux, lui dis-je, que tu me préviennes quand ces photos seront toutes développées. Fais bien attention de ne toucher à rien, mais il est vraiment important que je sache quand les photos seront prêtes. Ton papa faisait souvent ce travail.

— C'est vrai ?

Je fermai la porte derrière nous et la bloquai d'en bas à l'aide de deux coins, puis je gagnai le second bureau et entrepris de le photographier à son tour. Il était visible que les femmes de ménage n'y étaient pas admises. Dans tous les autres bureaux, les corbeilles à papiers avaient été vidées, mais non dans ces deux-là. C'étaient, de toute évidence, leurs occupants qui se chargeaient de cette besogne, mais ils ne le faisaient pas tous les jours. Indication supplémentaire qu'il s'agissait d'une zone préservée. En faisant le tour de la petite pièce, je découvris un broyeur de documents à côté d'un fichier métallique, ce qui venait confirmer encore la chose. J'alignai les nouvelles photos sur le sol et revins dans le bureau principal. Regardant par-dessus l'épaule de Kelly, je lui demandai :

— Comment cela marche-t-il ?

— Regarde, il y en a une qui est presque prête !

— Formidable ! Tu vas aussi aller chercher celles qui sont à côté et les poser ici. Mais une à une et en faisant bien attention. Tu crois que tu peux y arriver ?

— Bien sûr.

Elle s'y précipita et commença à faire des allées et venues entre les deux pièces en transportant chaque photo en cours de développement comme s'il s'était agi d'une bombe prête à exploser.

Pendant ce temps, j'examinai l'ordinateur, qui était branché mais en sommeil. Je pressai la touche de rappel du clavier ; je ne voulais pas toucher à la souris au cas où celle-ci aurait été disposée d'une façon donnée à titre de piège. L'écran s'anima : logiciel Windows 95 et son Microsoft. Cela, au moins, je connaissais.

J'allai de nouveau voir Kelly, qui contemplait ses photos dans l'autre bureau.

— Regarde, dit-elle, il y en a d'autres qui sont prêtes.

Je hochai la tête en fouillant mon sac à la recherche de ma disquette miracle. En ce qui concerne les ordinateurs, je suis loin d'être aussi doué que ces gamins de seize ans qui arrivent à rentrer dans les appareils de l'Armée de l'Air américaine ou des grandes banques, mais je sais quand même utiliser une disquette spéciale de piratage. Tout ce qu'on a à faire, c'est de la glisser dans l'ordinateur et elle fait le reste du travail toute seule, se jouant des mots de passe et infiltrant les programmes. Rien ne lui est inaccessible.

Ayant trouvé la disquette, je me relevai et retournai vers le second bureau en disant à Kelly :

— Je ne serai pas long. Viens me prévenir quand tout sera prêt.

L'œil toujours rivé à ses photos, elle fit un signe affirmatif de la tête. Tout en marchant, je remarquai les traces que nous avions laissées dans la moquette. Il me faudrait les effacer quand nous aurions fini.

J'introduisis la disquette dans l'ordinateur. Ce qu'il y a de merveilleux avec ce programme très particulier, c'est qu'il ne faut répondre qu'à deux questions. Il y eut un petit bruit liquide, et la première s'inscrivit :

« Voulez-vous poursuivre avec X1222 ? Y pour Yes ou N pour No. »

J'appuyai sur la touche Y. Suivirent des cliquetis et bruits divers. L'étape suivante allait demander quelques minutes.

En attendant, je jetai un coup d'œil au fichier métallique et vis qu'il n'allait guère me donner de fil à retordre. Je pris dans le sac ce qu'on appelle officiellement et pudiquement la « trousse d'entrée subreptice » – et qui n'est rien d'autre qu'un matériel de cambrioleur particulièrement raffiné. Elle se présente sous la forme d'un petit étui de cuir noir renfermant quelque soixante outils des plus divers permettant de s'attaquer à toutes les sortes de serrures, petites ou géantes. On ne devrait jamais s'en séparer.

Les papiers contenus dans le fichier ne me dirent strictement rien. Ils consistaient essentiellement en une série de bordereaux et de factures qui auraient pu concerner n'importe quoi et n'importe qui.

Je regardai l'écran de l'ordinateur. On arrivait à peu près à la fin du programme initial.

Ce programme de piratage avait été créé, en fait, par une sorte de petit génie de dix-huit ans, sale comme un peigne, drogué jusqu'aux naseaux à l'Ecstasy, le crâne rasé, les oreilles et les narines truffées d'épingles et de boucles métalliques. Le gouvernement avait déjà dépensé des centaines de milliers de livres pour mettre au point des techniques d'infiltration des programmes lorsqu'on avait découvert que ce petit malfrat, arrêté un beau jour pour un tout autre motif, était l'auteur du plus superbe programme jamais réalisé dans le genre. Il était devenu la coqueluche des états-majors et son compte en banque avait commencé à ressembler à celui d'un gagnant du Loto.

Nouveau petit bruit liquide, et apparut sur l'écran un petit encadré : « Mot de passe : SoO SshItime. » Bravo pour l'imagination des clients ! D'habitude, on se contente du surnom intime de sa femme, de la date de naissance de sa fille ou d'un numéro de plaque minéralogique. Puis vint la question : « Voulez-vous poursuivre ? Yes - Y - No - N. »

C'est, on s'en doute, sans aucune hésitation que je tapai « Y ». Je retournai à mon sac pour y prélever encore un peu de matériel. J'en sortis un portable d'appui, avec des câbles et une quantité de disquettes à grande capacité. Puis j'allai à l'arrière de la machine principale et branchai mes câbles. J'avais l'intention de tout copier : programmes, fichiers, tout le contenu du placard et le reste.

Il fallait maintenant que je me serve de la souris. Je la

photographiai au Polaroïd dans sa position initiale avant de la manœuvrer.

L'ordinateur en route, je refis un petit inventaire du classeur métallique. Je ne savais toujours pas au juste ce que j'y cherchais. J'essayais simplement de voir si je ne reconnaissais pas quelque chose au passage.

Le petit bruit liquide m'avertit que mon système pirate avait neutralisé un autre mot de passe et sollicitait de nouvelles instructions. Je tapai Y, et tout se remit en route.

Je regardai du côté de Kelly. Elle montait toujours la garde devant ses photos mais semblait perdue dans ses rêves. Tout à fait son père.

— Kelly, lui dis-je, tu vas venir avec moi. Si la machine me repose une question, je risque de ne pas le voir. Tu veux bien regarder à ma place ?

— Entendu.

Le ton n'était plus enthousiaste ; le travail demandé n'était pas aussi excitant qu'elle l'avait espéré.

Elle s'assit sur le sol, le dos appuyé au mur, mais elle ne tarda pas à lever la tête en me disant :

— Nick, j'ai envie d'aller aux toilettes.

— Oui, dans une minute. Nous allons bientôt avoir fini.

C'est ce qu'apparemment les adultes disent toujours aux enfants en pareil cas.

Petit bruit liquide. Je pressai Y.

— J'ai vraiment envie, Nick, insista Kelly.

Je ne savais trop comment aborder le sujet avec une petite fille de sept ans. Je finis par lui demander :

— C'est un gros besoin ou un petit besoin ?

Elle me regarda d'un air froid. Que pouvais-je faire ? Utiliser les toilettes en des circonstances de ce genre est toujours proscrit, en raison du bruit que l'on fait et des traces que l'on laisse. Tout ce que vous avez en entrant doit ressortir avec vous. C'était pourquoi j'avais apporté le bocal de jus d'orange vide pour pouvoir y uriner le cas échéant, et un rouleau de film transparent pour y mettre éventuellement le reste. Mais je pouvais difficilement utiliser cela avec Kelly. Sur ce plan, elle ne pouvait faire tout ce qui était possible à son père.

— J'ai envie, j'ai envie, répétait-elle en croisant et décroisant les jambes.

— Entendu, finis-je par lui dire, on y va. Viens avec moi.

Je n'avais pas rêvé cela, mais comment faire autrement ? Je ne pouvais pas la laisser ainsi. Je lui pris la main, ôtai les cales de la porte extérieure et l'ouvris doucement, en explorant le corridor du regard.

Lorsque nous arrivâmes dans les toilettes, la pauvre gamine était dans une telle hâte qu'elle arrivait à peine à défaire les boutons de son jean. Je l'y aidai, mais, même ainsi, l'accident faillit arriver avant qu'elle atteigne la cuvette.

Il fallait, quant à moi, que je retourne à l'ordinateur.

— Ne bouge pas, dis-je à Kelly, et n'actionne pas la chasse d'eau après. Je ferai tout cela pour toi. Je vais une minute voir l'ordinateur, et je reviens. Et, souviens-toi, pas un bruit !

À ce moment précis, elle se souciait fort peu de ce que je pouvais faire ou dire. Elle était en plein soulagement.

Je revins près de l'ordinateur juste à temps pour presser la touche Y. Puis je pris un morceau de film transparent dans le sac avant de revenir m'occuper de Kelly.

C'est à ce moment que j'entendis le hurlement.

Instinctivement, je sortis mon pistolet et me collai au mur en dégageant du pouce le cran de sûreté.

Je sentais mon cœur qui se mettait à battre plus vite, et, sensation familière, la sueur froide qui m'envahissait le corps. Celui-ci se préparait au combat ou à la fuite. Mais le hurlement était venu de la direction de la sortie de secours, donc de mon seul itinéraire de fuite. Il semblait bien que j'allais devoir combattre.

25

Mon cœur battait si dur que j'avais l'impression de le sentir me remonter dans la bouche. J'avais appris de longue date que la peur était une bonne chose. Si vous prétendez ne pas avoir peur, vous mentez – ou vous êtes mentalement dérangé. Tout le monde a peur, mais si vous êtes un professionnel, vous utilisez votre entraînement, votre expérience et vos connaissances pour dominer cette émotion et résoudre le problème.

J'étais encore en train d'y réfléchir quand j'entendis un cri plus prolongé et plus pitoyable :

— Nick, au secours !

Ce cri me poignarda littéralement. Des images me traversèrent l'esprit à toute allure ; je la revis recroquevillée dans sa cachette, au fond du garage, se brossant les cheveux, regardant la télévision...

Puis une voix d'homme retentit :

— Je la tiens ! Et je vais la tuer ! Tu peux me croire sur parole ! Ne m'y oblige pas !

L'accent n'était pas américain. Ni hispanique. Ni rien de ce que j'aurais pu attendre. Il venait tout droit de Belfast Ouest.

Les sons venaient maintenant du principal espace de travail. Tandis que Kelly continuait à hurler, l'homme se mit à proférer d'autres menaces. Je n'arrivais pas à distinguer tout ce qu'il disait, mais ce n'était pas nécessaire. Le sens général du message était clair.

— Entendu, entendu ! criai-je à mon tour. Je serai en vue dans une minute.

— Jette ton arme dans le couloir ! Maintenant !

Puis je pus l'entendre crier à Kelly :

— La ferme ! Tu la fermes, bon Dieu !

Je sortis du bureau, fis halte juste avant l'endroit où les couloirs se rejoignaient et fis glisser mon pistolet sur le sol dans le corridor principal.

— Mets tes mains sur la tête et va au milieu du corridor. Si tu fais le con, je la tue. C'est compris ?

La voix était contrôlée. Ce n'était pas le ton d'un fou.

— D'accord, j'ai les mains sur la tête, répondis-je. Maintenant, dis-moi quand avancer.

— Maintenant, salope !

Même à travers la porte de verre, les hurlements de Kelly étaient assourdissants.

Je fis quatre pas et arrivai au coin du corridor. Je savais que, si je regardais à gauche, je pourrais les voir à travers la vitre, mais ce n'était pas ce que j'entendais faire à ce moment. Je ne voulais pas d'une confrontation visuelle qui aurait risqué de déclencher une réaction violente.

— Arrête-toi là, ordure !

Je m'arrêtai. Je ne dis pas un mot et ne tournai pas la tête.

Dans les films, vous entendez toujours le héros encourager l'otage de la voix. Dans la réalité, ce n'est pas comme cela que cela marche ; vous la fermez et vous faites ce qu'on vous dit.

— Tourne à gauche, ordonna-t-il.

Je pouvais maintenant les voir tous deux dans la pénombre. Kelly avait le dos tourné vers moi, et il la traînait dans ma direction avec un pistolet planté sous son épaule. Il poussa du pied la porte vitrée et apparut à la lumière du corridor.

Quand je le vis, j'eus l'impression que mon cœur s'arrêtait net et qu'un poids de dix tonnes venait de me tomber dessus.

C'était Morgan McGear.

Il était très élégamment vêtu d'un complet deux-pièces bleu-nuit et d'une chemise blanche bien repassée. Même ses souliers étaient d'excellente qualité. On était loin de sa tenue habituelle de Falls Road : jean, blouson de cuir et baskets. Je ne pouvais distinguer exactement le genre d'arme qu'il portait, mais cela ressemblait à un semi-automatique.

Il m'observait en essayant visiblement de comprendre. Que faisais-je là avec une enfant ? Il savait qu'il avait le contrôle de la situation et que je ne pouvais strictement rien faire pour le moment. Il tenait maintenant Kelly de la main gauche par les cheveux – j'avais eu tort de ne pas lui en couper plus à l'hôtel – et lui avait fiché l'arme dans le cou. Ce n'était pas de la frime ; il était parfaitement capable de tuer la fillette.

Elle avait l'air affolée, au bord de l'hystérie, la pauvre gosse.

Il m'interpella :

— Avance vers moi – lentement. Allez, avance, et n'essaie pas de jouer au con avec moi, ordure !

Dans la caisse de résonance que formait le corridor, chaque son semblait amplifié dix fois. Les hurlements de McGear, qui postillonnait de rage, et ceux de Kelly donnaient l'impression de se répercuter dans tout l'immeuble.

Je fis ce qu'il me disait. En me rapprochant, je tentai d'accrocher le regard de Kelly. Je voulais essayer de la rassurer un peu, mais cela ne marcha pas. Ses yeux étaient gonflés de larmes et son visage congestionné. Son jean était toujours défait.

McGear me fit approcher à trois mètres environ de lui, et là, je le regardai dans les yeux. Je pus ainsi voir qu'il se savait en position de force, mais était quand même un peu nerveux. Sa voix semblait pleine d'assurance, mais ses yeux le trahissaient. Si son travail consistait à nous tuer, c'était le moment. Le moment ou jamais.

— Halte ! me cria-t-il.

L'écho, dans le corridor, venait renforcer encore le caractère menaçant de l'ordre.

J'avais les yeux fixés sur Kelly, essayant toujours d'accrocher son regard pour lui dire : « Tout va bien ! Tout va très bien ! Tu m'as appelé au secours, et me voilà ! »

McGear me dit de me retourner, et je sus que le moment crucial était arrivé.

— À genoux, ordure ! clama-t-il.

J'obéis, mais en m'arrangeant pour m'asseoir sur mes talons, de façon à pouvoir bondir plus facilement si la moindre occasion s'en présentait.

— Relève ton cul ! hurla-t-il aussitôt.

Ce gaillard connaissait son affaire.

— Redresse-toi ! Plus ! Encore plus ! Et reste comme ça, bon Dieu ! Tu te prends pour un dur, salaud !

Il alla se placer derrière moi en traînant Kelly avec lui. J'entendais toujours les cris de celle-ci, mais il y avait un autre son en même temps. Quelque chose d'autre bougeait. Je ne savais pas ce que c'était, mais cela me semblait, de toute manière, de mauvais augure. Tout ce que je pouvais faire, c'était fermer les yeux, serrer les dents et attendre ce qui allait arriver.

Il avança un peu vers moi d'un pas anormalement lourd. Je sentis aussi Kelly se rapprocher, toujours traînée par McGear, de toute évidence.

— Continue à regarder droit devant toi, me dit-il, ou c'est la gosse qui va prendre ! Fais ce que je te dis ou...

Il ne termina pas sa phrase ou je n'en entendis pas la fin. Ce qui s'abattit sur ma tête et le haut de mes épaules m'aplatit littéralement au sol.

Je plongeai dans un état de semi-conscience, comme un boxeur sonné qui essaie de se relever pour convaincre l'arbitre que tout va bien, mais n'y arrive pas.

Je ne savais pas ce qui m'avait frappé ainsi. Ce n'était pas un pistolet. Il faut un sacré poids pour aplatir quelqu'un de cette façon.

Ce qu'il y eut d'étrange dans les moments qui suivirent, c'est que j'étais parfaitement conscient de tout ce qui se passait mais totalement hors d'état d'agir. Je fus conscient du fait qu'il me retourna sur le dos et s'installa à califourchon sur moi. Je sentis de l'acier froid me heurter le visage, puis s'introduire dans ma bouche. Lentement, lentement, je me rendis compte qu'il s'agissait d'un pistolet, et les mots que me hurlait McGear commencèrent progressivement à prendre forme :

— Ne joue pas à cela avec moi, ordure ! Ne joue pas à cela avec moi !

Il semblait avoir perdu le contrôle de lui.

Je pouvais sentir son haleine. Elle était lourdement chargée de tabac et d'alcool, dont l'odeur venait se mêler à celle de son after-shave.

Il était à califourchon sur moi, les genoux pesant sur mes épaules, et son pistolet planté dans ma bouche. Il continuait à agripper de la main gauche les cheveux de Kelly, qu'il avait tirée jusque sur le sol et il la projetait de gauche à droite et de droite à gauche, soit pour le simple plaisir de lui faire mal, soir pour que ses cris et ses pleurs contribuent à m'amollir.

Entre les hurlements de Kelly, j'entendais McGear répéter :

— Ne joue pas à cela avec moi ! Tu te prends pour un dur, hein ? Tu te prends pour un vrai dur, hein ?

Ce n'était pas de bon augure. Je savais ce que lui et ses petits amis faisaient aux « vrais durs ». McGear avait un jour emmené un indicateur de police dans la cité de Divis pour interrogatoire. L'homme avait eu les rotules perforées avec une perceuse Black et Decker, on l'avait brûlé avec un radiateur électrique avant de l'électrocuter dans une baignoire. Il avait néanmoins réussi à sauter, nu, par une fenêtre, mais s'était rompu la colonne vertébrale. Ils l'avaient rattrapé, traîné jusque dans l'ascenseur et achevé par balle.

J'avais l'impression d'être ivre. J'étais conscient de tout ce qui se passait, mais il fallait très longtemps pour que le message parvienne à mon cerveau.

Puis, progressivement, la matière grise se remit à fonctionner. Je tentai de voir si McGear avait relevé le chien de son pistolet, mais je ne pouvais encore distinguer que des lumières rouges et vertes dansant devant mes yeux. Les hurlements continuaient de toutes parts. Ceux de Kelly et ceux de McGear :

— Salopard ! Je vais te faire la peau ! Qui es-tu ?

C'était la confusion complète.

Je tentai de nouveau de concentrer mon regard, et, cette fois, cela marcha. Je pus voir la position du chien.

Le chien était relevé. L'arme était un 9 mm. Mais le cran de sûreté ? Il avait été ôté.

Je ne pouvais absolument rien faire. Il avait le doigt sur la queue de détente ; si je me débattais, j'étais mort, qu'il l'ait voulu ou non.

Il continuait ses imprécations :

— Tu te prends pour un sacré dur ? Hein ? Hein ? On va voir qui est le dur, ici !

Sur quoi, il me sauta sur le torse, comme pour me vider de tout mon souffle, et me poussa le pistolet encore plus avant dans la bouche.

Pour ajouter à la confusion, Kelly continuait à hurler de terreur et de douleur. Je me demandais ce que j'étais censé faire. Tout ce que je savais, c'était que j'avais un pistolet plaqué contre les amygdales et que le type qui le tenait avait le contrôle des opérations.

Il commençait, apparemment, à reprendre son sang-froid. Tout en maintenant son pistolet dans ma bouche, il avait entrepris de se remettre sur pied. Dans le même temps, il faisait tourner le canon de son pistolet dans ma bouche, me meurtrissant douloureusement les gencives et l'intérieur des joues avec le guidon de l'arme. Ce faisant, il tenait toujours Kelly par les cheveux, la tirant ainsi de tous côtés.

Il se recula en gardant son pistolet braqué sur moi.

— Remets-toi à genoux ! ordonna-t-il.

— D'accord, camarade, d'accord ! Tu m'as eu. D'accord !

J'aperçus alors l'extincteur d'incendie qui avait servi à m'assommer. À l'arrière de mon crâne, la peau avait éclaté, et le sang continuait à couler régulièrement. Avec les capillaires, il n'y a aucun moyen d'arrêter cela.

Je me remis à genoux, le derrière en l'air, de façon à ce qu'il ne repose pas sur mes pieds. En même temps, je m'efforçais de reprendre mes esprits.

McGear commença à reculer vers le bureau, me couvrant toujours de son arme.

— Allez, tu viens, dur de dur ! À genoux !

Il fallut que je le suive ainsi, laissant une traînée de sang sur la moquette. Kelly, que McGear tirait toujours derrière lui, était dans un état lamentable. Elle s'accrochait des deux mains au poignet de l'Irlandais en tentant de se remettre sur pied, mais elle trébuchait, tombait à genoux et devait continuer à se laisser traîner comme derrière un cheval emballé.

Brusquement, McGear me dit :

— Reste où tu es !

Et il pénétra à reculons dans le bureau aux deux divans. J'essayais toujours de reprendre mes esprits ; je savais qu'à moins de passer à l'action d'une façon ou d'une autre, je n'allais pas faire de vieux os.

— Entre ici !

Je me remis à avancer à genoux.

— Marche !

Je me levai, et, passant devant lui, entrai à mon tour dans le bureau. J'allai lentement vers la table basse, entre les deux divans, et je m'apprêtais à la contourner, lorsqu'il commanda :

— Arrête ! Et retourne-toi !

J'obéis. L'ordre qu'il m'avait donné était un peu étrange, car, normalement, on préfère que la personne qu'on tient en respect tourne le dos et ne sache pas ce que l'on fait. Il est beaucoup plus difficile de réagir quand on ne voit rien.

En me retournant je vis Kelly assise dans le grand fauteuil tournant, que McGear avait tiré à côté du bureau, à gauche. Il était debout derrière elle et lui tenait toujours les cheveux de la main gauche tout en braquant, de la droite, le 9 mm sur moi.

La partie supérieure d'un semi-automatique, qui supporte le guidon à une extrémité et le cran de mire à une autre, s'appelle le bloc de culasse. Quand un coup est parti, il recule afin d'éjecter l'étui vide, puis, dans son mouvement de retour, cueille la cartouche suivante au sortir du chargeur. S'il est repoussé en arrière, ne serait-ce que d'une fraction de centimètre, l'arme ne peut tirer, ce qui veut dire que, si vous êtes assez rapide, vous pouvez projeter votre main sur le canon de l'arme, repousser le bloc de culasse en arrière et empêcher ainsi le mécanisme de détente de fonctionner – à condition de tenir bon et de continuer à maintenir la culasse en arrière. Il faut, pour cela, avoir la rapidité de l'éclair et en vouloir vraiment. Mais là, je n'avais rien à perdre.

Pendant un instant, rien ne sembla se passer. Il y avait

une sorte d'entracte. McGear se demandait-il quoi faire ? Cela dura sans doute moins de vingt secondes mais cela parut une éternité.

Kelly continuait à pleurer et à gémir. Elle avait des abrasions aux genoux à force d'avoir été traînée sur le sol. De la main gauche, McGear la redressa brutalement et lui hurla :

— Veux-tu bien la fermer !

À ce moment précis, nos regards se quittèrent, et je sus que le moment était venu d'agir.

Je bondis en avant, hurlant comme un possédé afin de décontenancer mon adversaire, projetai ma main droite contre le museau de son arme et repoussai le bloc de culasse d'un bon centimètre en arrière.

Il laissa échapper un violent juron, de colère et de douleur.

Je saisis son poignet et le tirai vers moi tout en continuant à repousser le bloc de culasse de la main droite. Il essaya de tirer, mais trop tard ; l'arme ne fonctionna pas.

Dans le même temps, je le poussai vers le mur. Je poussai de toutes mes forces. Il tenait toujours Kelly par les cheveux, et elle hurlait à pleins poumons, entraînée dans le mouvement. Je sentis le souffle s'échapper de lui lorsque son corps alla frapper le mur. La pauvre Kelly était prise entre deux feux. Je la piétinais, il la piétinait. Elle continuait à hurler de peur et de douleur. Puis, McGear dut décider qu'il avait, contre moi, besoin de ses deux mains, car je vis soudain Kelly s'échapper en courant.

Je commençai à le frapper de la tête aussi fort que je le pouvais, et comme je le pouvais. Avec le crâne, avec le front, avec le nez, avec les pommettes. Mon nez devait saigner autant que le sien, mais je continuais à le frapper obstinément, à répétition, tentant de l'abîmer autant qu'il m'était possible, tout en le maintenant contre le mur.

Il hurlait :

— Salaud ! Ordure ! Enculé ! Tu es mort !

Et je faisais exactement de même, braillant de toutes mes forces :

— Ordure ! Enculé ! Je vais te niquer !

Comme je continuais à le frapper de la tête, ses dents

s'enfoncèrent dans mon visage, m'entamant le front et me blessant juste au-dessous de l'œil. Mais quand l'adrénaline coule à une telle cadence, on ne fait plus attention à la douleur. Je le frappais encore et toujours. Je ne pouvais espérer lui infliger des dommages permanents, mais je faisais de mon mieux. Mes deux mains étaient crispées sur son arme, je lui criais le plus fort que je pouvais toutes les insultes qui me passaient par la tête, à la fois pour l'abasourdir et pour m'encourager moi-même.

Quand il baissa la tête, je mordis ce qui passait à ma portée. Je sentis sous mes dents la peau bien tendue de sa joue. Il y eut une résistance initiale, puis la peau céda. J'entrepris de lui ouvrir le visage. Il se mit à hurler encore plus fort, mais j'étais totalement concentré sur ce que je faisais. Toutes mes autres pensées s'étaient évaporées ; je ne songeais plus qu'à mordre, à mordre à pleines dents, le plus fort et le plus cruellement que je le pouvais.

Mes dents travaillaient sans relâche. Il couinait comme un porc, et je voyais la terreur dans ses yeux.

Nous étions maintenant couverts de sang l'un et l'autre. J'en sentais le goût métallique dans ma bouche, et, sur nos deux visages, il ruisselait, se mêlant à la sueur. Il m'en remontait jusque dans les narines.

Dans le même temps, je m'efforçais d'écarter le canon du pistolet de moi, tout en maintenant solidement le bloc de culasse en arrière. Lui, de son côté, continuait à essayer de presser la queue de détente, mais heureusement sans résultat – pour le moment. De l'autre main, il tentait d'arracher mes doigts au bloc de culasse afin de libérer celui-ci. Je le poussais avec persistance contre le mur pour l'empêcher de reprendre son équilibre et exercer une pression constante sur lui tandis que j'essayais de détourner son arme.

Je le mordais toujours comme un sauvage et sentais maintenant mes dents atteindre les os de son visage. Je mordais partout où je le pouvais, au nez, à la paupière, au menton, n'importe où.

Je commençais à me retrouver à bout de souffle, car l'adrénaline quittait mon corps, et le simple fait de le pousser contre le mur et de l'y maintenir avait exigé une grande dépense physique. Puis je commençai à m'étouffer, et me rendis compte soudain que j'étais en train d'avaler de gros morceaux de peau. J'entendais, à chacune de ses respirations, l'air s'échapper par un trou que j'avais creusé dans sa joue.

En me battant contre lui, je me guidais au contact et non plus au regard. J'étais pratiquement aveuglé par le sang. Je ne savais pas où était Kelly, et, à ce stade, je ne m'en souciais plus. Pour la défendre, il fallait déjà que je me défende moi-même.

J'essayais toujours de détourner le pistolet vers lui. Je me contrefichais de l'endroit où je pourrais le toucher – la jambe, le ventre, l'estomac – dès le moment où je pourrais l'atteindre.

Il se mit à hurler de plus belle en sentant mon index se superposer au sien sur la queue de détente de l'arme.

Je finis par retourner le pistolet, laissai aller le bloc de culasse et pressai la queue de détente.

Les deux premiers coups le manquèrent, mais je continuai à appuyer. Je le cueillis à la hanche, puis à la cuisse. Il s'effondra.

Tout parut s'arrêter. Le silence qui suivit les coups de feu me parut assourdissant.

Au bout de deux ou trois secondes, j'entendis de nouveau les hurlements de Kelly faire résonner les murs. Je sus ainsi qu'au moins, elle se trouvait encore dans la maison. À l'entendre, elle semblait piquer une crise de nerfs. Son cri était suraigu et presque continu. Mais j'étais à la fois trop épuisé et trop occupé pour pouvoir intervenir. Je m'occuperais d'elle plus tard.

Je rassemblai tout ce qu'il me restait de forces. Tout mon corps était douloureux, et il me semblait que ma nuque allait céder sous le poids de ma tête.

McGear se tordait sur le sol, saignant et me suppliant :

— Ne me tue pas ! Ne me tue pas !

Je lui fis alors ce qu'il m'avait fait auparavant ; je me mis à califourchon sur lui et je lui enfonçai le canon du pistolet dans la bouche. Son corps était peut-être en train de mourir, mais son regard était vivant.

— Pourquoi as-tu tué cette famille ? lui demandai-je en retirant le pistolet de sa bouche pour lui permettre de répondre. Dis-le-moi, et je te laisse en vie.

Il me regardait comme s'il voulait me dire quelque chose, mais ne savait pas quoi.

— Dis-moi pourquoi, insistai-je. J'ai besoin de le savoir.

— Je ne sais de quoi tu veux parler.

Je le regardai dans les yeux et compris qu'il disait la vérité.

— Qu'est-ce qu'il y a dans cet ordinateur ?

Cette fois, il n'hésita pas. Avec une grimace de mépris, il me dit :

— Va te faire foutre !

Je lui remis le canon du pistolet dans la bouche et lui dis, doucement, tranquillement :

— Regarde-moi. Regarde-moi bien...

Je le fixai dans les yeux et vis qu'il n'y avait pas de raison de prolonger le jeu. C'était un pro. Il ne dirait rien.

Je pressai la queue de détente.

26

J'inspirai profondément et essuyai de mon visage le sang qui l'avait éclaboussé quand McGear avait reçu le coup de grâce. Puis, respirant toujours à fond, je m'efforçai de reprendre mes esprits.

On avait dû entendre et signaler les coups de feu. Du moins, je devais raisonner et agir comme si c'était le cas. Et j'entendais toujours Kelly crier à quelque distance.

La première chose dont je devais m'occuper était le matériel. Je me levai de sur le corps de McGear et gagnai en titubant le petit bureau intérieur. J'arrachai de l'ordinateur les câbles de raccordement et en éjectai ma disquette spéciale, que je glissai dans ma poche. Je mis tout le reste dans le sac et regagnai le bureau principal.

Je contemplai un instant McGear. Il était étendu sur la moquette en étoile de mer, un peu comme Kelly lorsqu'elle dormait, sauf qu'il avait le visage comme une pizza à la tomate et qu'une matière grise et gluante sortait de l'arrière de sa tête.

J'accrochai le sac à mon épaule gauche et allai dans le corridor ramasser mon pistolet. Il fallait maintenant que je trouve Kelly. Pour cela, je n'avais qu'à suivre la direction des hurlements.

Je la trouvai en train de se battre avec la porte de secours. L'arrière de son manteau était couvert de sang – le mien, probablement, quand McGear m'avait assommé. Elle tentait fébrilement de manœuvrer la poignée de la porte, mais elle était dans un tel état que ses doigts ne lui obéissaient plus. Elle sautait d'un pied sur l'autre en hurlant de frustration et de terreur. J'arrivai derrière elle, la saisis par le bras et la secouai.

— Arrête ! Arrête ! lui criai-je.

Ce n'était guère approprié ; elle était en pleine crise d'hystérie.

Je la regardai dans les yeux et lui dis d'un ton plus calme :

— Écoute, il y a des gens qui essaient de te tuer. Tu comprends ? Tu veux mourir ?

Elle tenta de m'échapper. Je mis ma main sur sa bouche et attirai son visage près du mien.

— Ces gens essaient de te tuer, répétai-je. Arrête de pleurer, compris ? Arrête de pleurer !

Elle se tut subitement et se laissa aller. Je la lâchai et lui dis :

— Donne-moi ta main, Kelly.

J'avais l'impression de tenir un légume mou.

— Ne dis rien et écoute-moi, fis-je. Il faut que tu m'écoutes. C'est compris ?

Je la fixai dans les yeux, mais elle, elle semblait regarder au travers de moi, les larmes continuant à dégouliner le long de ses joues, mais tentant de se contenir.

Je poussai la barre ouvrant la porte de secours, et une bouffée d'air froid et humide vint me frapper le visage. Je ne pouvais rien distinguer dans l'obscurité, mais peut-être étaient-ce simplement mes yeux qui n'étaient pas encore habitués à la nuit. Je tirai Kelly par la main, et nos pas résonnèrent sur les marches métalliques. Je ne faisais pas attention au bruit ; il y en avait déjà eu suffisamment.

Courant vers la clôture, je glissai dans la boue. En me voyant tomber, Kelly poussa un cri et se remit à pleurer. Je la secouai en lui disant de se taire.

En arrivant à la clôture, j'entendais déjà des sirènes de police sur l'autoroute. Tout portait à supposer que c'était pour nous. Au bout d'un moment, j'entendis d'autres bruits venant de la direction du parking.

— Attends-moi ici ! dis-je à Kelly.

J'escaladai la clôture avec le sac, que je laissai tomber de l'autre côté avant de sauter moi-même. Les poursuivants se rapprochaient, mais je ne pouvais encore les voir. Kelly me regardait de l'autre côté de la clôture, s'accrochant des mains à celle-ci en sautant sur place.

— Nick... Nick... S'il te plaît ! Je veux venir avec toi !

Je m'efforçais de ne pas la regarder. Je voyais, au loin, entre deux immeubles, les gyrophares bleus des voitures de police illuminer le ciel au-dessus de l'autoroute.

Les gémissements de Kelly devinrent de gros sanglots.

— Tout ira bien ! lui dis-je. Tout ira bien ! Tu restes simplement là où tu es. Regarde-moi ! Regarde-moi...

Je la fixai droit dans les yeux en lui disant :

— Reste bien où tu es !

C'était maintenant de Ball Street que venaient le bruit et les lumières. Je récupérai mes papiers dans leur trou et les mis dans ma poche. Tous les véhicules de police s'étaient arrêtés, coupant leurs sirènes, tandis que les gyrophares bleus venaient éclairer le visage de Kelly, baigné de larmes. Je la regardai à travers la clôture et me pris à murmurer :

— Kelly ! Kelly !

Elle semblait en transe.

— Kelly, tu me suis. Compris ? Allez, viens !

Je commençai à longer la clôture de mon côté. Kelly gémissait et réclamait sa mère. Elle semblait folle de désespoir.

— Il faut que tu me suives, Kelly, lui dis-je. Il le faut. Allez, viens !

J'avançais vite et, en tentant de faire de même, elle glissa et tomba dans la boue. Cette fois, je n'étais pas là pour la relever. Elle resta sur place, sanglotant :

— Je veux rentrer à la maison ! Je veux rentrer à la maison ! Ramène-moi à la maison !

Il y avait maintenant trois voitures de police arrêtées devant l'immeuble de Ball Street, et nous n'étions pas à plus de 200 mètres d'elles. Elles n'allaient pas tarder à utiliser leurs projecteurs et à nous repérer.

— Relève-toi, Kelly, relève-toi !

Nous finîmes par arriver à hauteur de la ruelle. Le bruit d'autres sirènes emplissait la nuit.

J'escaladai la clôture, lançai le sac, qui manqua de tomber sur Kelly, et, atterrissant à mon tour, je saisis la main de la fillette et nous partîmes en courant vers la ruelle.

Il me fallait maintenant trouver une voiture qui soit garée dans la pénombre et qui soit d'âge assez respectable pour ne pas avoir de système d'alarme. Émergeant de la ruelle et tournant à gauche, nous tombâmes, au milieu de toute une file de véhicules sur une Chevrolet du début des années quatre-vingt-dix. Je posai le sac et dis à Kelly :

— Reste là.

J'ouvris le sac et y prélevai les petits outils nécessaires. Quelques minutes plus tard, j'établissais le contact et le moteur se mettait en route. La pendule du tableau de bord indiquait 03 h 33.

Je laissai un moment tourner le moteur, mis à fond le chauffage et les essuie-glaces pour chasser la buée du matin, et, saisissant Kelly et le sac, je les propulsai tous deux sur le siège arrière.

— Couche-toi, Kelly, et dors ! commandai-je.

Elle ne se fit pas prier pour se coucher. Mais elle allait peut-être avoir du mal à dormir. Elle allait peut-être avoir du mal à dormir pour le restant de ses jours.

Je gagnai la route et tournai à gauche, doucement et prudemment. Au bout de quelques centaines de mètres, je vis des gyrophares arriver vers moi. Je sortis mon pistolet et le plaçai sous ma cuisse droite. Il n'était pas question que nous nous laissions prendre. Je criai à Kelly :

— Reste couchée. Ne te redresse pas. Tu as compris ?

Pas de réponse.

— Kelly ?

J'entendis alors un tout petit « oui » très faible.

S'il me fallait tuer ces policiers, ce serait bien malheureux, mais, après tout, ils étaient un peu payés pour cela.

Les gyrophares se rapprochaient. Je poursuivis ma route à la même allure. Je me répétais en mon for intérieur que j'étais un travailleur de nuit en route pour aller prendre son poste. Je me sentais très calme. On verrait bien. Les voitures de police me croisèrent à plus de cent à l'heure.

Je regardai dans le rétroviseur et vis soudain que les policiers freinaient. Là, j'eus un sursaut d'inquiétude. Je continuai à fixer le rétroviseur tout en accélérant légèrement. Puis je m'aperçus qu'ils repartaient.

Il me fallait, avant le lever du jour – et donc avant que son propriétaire ne s'avise de son absence –, abandonner la voiture. Il me fallait aussi trouver des vêtements neufs pour Kelly et pour moi, ainsi qu'un autre hôtel.

Kelly se mit soudain à crier :

— Je veux rentrer à la maison ! Je veux rentrer à la maison ! Je veux ma...

Je dus hurler pour l'interrompre :

— Kelly, nous allons rentrer à la maison. Mais pas maintenant...

J'inclinai un peu le rétroviseur pour pouvoir la regarder. Elle était roulée en boule, son pouce dans la bouche. Je repensai en un éclair aux deux fois où je l'avais retrouvée ainsi, et lui dis très doucement :

— Nous rentrerons, ne t'inquiète pas...

Nous suivions une route qui semblait parallèle à la rive ouest du Potomac. Au bout d'une demi-heure environ, je tombai sur un supermarché ouvert vingt-quatre heures sur vingt-quatre, et je fis halte aussitôt. Il y avait vingt à trente voitures garées devant le magasin. À cette heure, la plupart devaient appartenir à des employés.

Kelly ne demanda pas pourquoi nous nous arrêtions. Je me retournai vers elle et lui dis :

— Je vais aller nous acheter des vêtements. Veux-tu quelque chose ? Des sandwiches, par exemple ?

Elle se mit à gémir :

— N'y va pas ! Ne me laisse pas !

Son visage était écarlate, ses yeux gonflés, et ses cheveux humides collaient à ses pommettes. On ne peut emmener dans un supermarché à quatre heures du matin une petite fille de sept ans qui semble avoir été rouée de coups et a du sang sur ses vêtements.

Je me penchai vers le siège arrière, ouvris le sac et y pris la combinaison de travail.

— Il faut que je te laisse ici, dis-je à Kelly. J'ai besoin de quelqu'un pour surveiller nos affaires. Tu peux faire cela pour moi ? Tu es une grande fille, maintenant, une grande espionne...

Elle hocha la tête avec réticence.

Comme je commençais à enfiler la combinaison, elle me demanda :

— Nick ?

— Oui ?

J'étais en train de me battre avec l'une des jambières de la combinaison.

— J'ai entendu un coup de feu. Cet homme, il est mort ?

— Quel homme ?

Je ne voulais pas me retourner. Je ne voulais pas lui faire face.

— Non, affirmai-je, il n'est pas mort. Je pense qu'il s'est trompé et qu'il nous a pris pour d'autres gens. Il va s'en tirer. La police va l'emmener à l'hôpital.

Cela suffisait comme cela. Je descendis très vite de voiture et passai ma tête à la portière. Mais avant même que j'aie eu le temps de la rassurer comme à l'habitude, elle me dit :

— Tu vas revenir, hein ? Je veux retourner à la maison et voir Maman.

J'allumai le plafonnier de la voiture et me regardai dans le rétroviseur. Les coupures que j'avais sur le front et sur les pommettes n'étaient pas encore sèches et laissaient échapper un peu de plasma. Je crachai dans ma main et utilisai les manches de la combinaison pour essuyer le plus gros du sang. Il n'y avait pas grand-chose d'autre que je puisse faire. Accident du travail, dirais-je. Je fis signe à Kelly de verrouiller sa porte et de se recoucher. Elle hocha la tête et obéit.

Je pris un chariot et entrai dans le magasin. Je recueillis un peu d'argent au guichet automatique et achetai ensuite deux séries complètes de vêtements pour Kelly et pour moi, des objets de toilette, un paquet de lingettes pour bébé et des analgésiques pour ma nuque, qui me faisait de plus en plus mal. Je ne pouvais plus regarder à droite ou à gauche qu'en tournant tout le corps. Je devais ressembler à un robot. Je pris également quelques boîtes de Coca-Cola, des paquets de biscuits et des paquets de chips.

Il y avait peu de monde. Mes blessures m'attirèrent un ou deux regards fugitifs mais ne parurent pas mobiliser l'attention.

Je revins à la voiture et frappai à la vitre. Kelly leva la tête. Il y avait tant de condensation qu'elle dut essuyer le carreau avec sa manche. Je vis alors qu'elle avait pleuré et qu'elle se frottait encore les yeux. Je lui désignai la serrure, et elle ouvrit la porte.

— Comment vas-tu ? lui demandai-je avec un grand sourire.

Elle répondit à peine. Je regardai la pendule du tableau de bord. Il était près de cinq heures. Nous nous dirigeâmes vers le Beltway, puis vers l'ouest. J'aperçus un panneau indiquant l'aéroport international Dulles. Il allait falloir penser à abandonner la voiture sans trop tarder ; je devais partir du postulat que son propriétaire était matinal. Kelly était couchée à l'arrière, fixant la portière d'un regard absent. Elle semblait perdue dans un rêve. Mais si tel n'était pas le cas, ce qu'elle avait vu devait l'avoir affectée gravement. Je n'avais pas le temps, sur le moment, d'élucider le problème.

Nous étions à une douzaine de kilomètres de Dulles, et je commençais à ouvrir l'œil pour repérer un hôtel possible. Je vis un panneau annonçant une *Economy Inn*. Absolument parfait, mais nous allions devoir d'abord nous nettoyer un peu.

Je suivis les panneaux indiquant le parking longue durée de l'aéroport et vérifiai qu'il n'y avait pas de caméras à l'entrée. Le contrôle devait s'opérer à la sortie. Je pris un ticket et garai la voiture au milieu de quelques milliers d'autres.

— Kelly, lui dis-je, nous allons te mettre quelques vêtements neufs.

Je lui montrai ce que j'avais acheté, et, pendant qu'elle se déshabillait, je lui essuyai le visage avec les lingettes de bébé.

— Là, fis-je, on va d'abord se débarrasser de toutes ces vilaines larmes.

Puis je lui brossai les cheveux. Un peu trop vivement, car elle protesta un peu.

— Voilà. Maintenant, tu enfiles ce sweat-shirt. Parfait. Maintenant, tu es toute belle. Prends une autre lingette et mouche ton nez...

Ensuite, je me changeai moi aussi et tentai de me nettoyer un peu plus, avant d'entasser sous le siège avant de la voiture nos vêtements sales et ensanglantés.

Mais, malgré toutes mes tentatives, Kelly avait encore l'air misérable quand nous prîmes la navette pour gagner l'aérogare.

27

Nous pénétrâmes dans la zone départ. Il y avait, à cette heure plus que matinale, beaucoup plus de monde que je ne l'aurais pensé. Des voyageurs se faisaient enregistrer aux divers comptoirs, d'autres flânaient dans les boutiques ou lisaient les journaux dans les cafétérias.

Tenant la main de Kelly et mon sac sur l'épaule gauche, je repérai les panneaux lumineux indiquant les arrivées – et la station de taxis. Nous descendîmes par un escalier mécanique. Nous étions presque arrivés en bas lorsque Kelly m'annonça :

— Nick, j'ai envie d'aller aux toilettes.

— Tu es sûre ? lui demandai-je.

Je n'avais qu'une idée, c'était de sortir de là.

— Oui. J'ai vraiment envie.

— Entendu.

L'expérience précédente m'avait appris à ne pas négliger cette requête.

Les toilettes se trouvaient sur la gauche, près de la sortie des vols internationaux. En attendant Kelly, je contemplais distraitement le flot des arrivants et les petits groupes de personnes venues à leur rencontre. Lorsque quelqu'un vous regarde fixement, on en devient toujours conscient à un moment ou à un autre. J'étais là depuis une minute ou deux quand cette impression vint m'assaillir. Je levai la tête. La personne qui me regardait ainsi était une femme âgée appuyée à une barrière métallique juste en face de moi et venue, de toute évidence, attendre quelqu'un. Un homme à la chevelure argentée l'accompagnait, mais ses yeux restaient fixés sur mon visage.

Lorsqu'elle vit que je la regardais à mon tour, elle se détourna, le dos aux portes d'arrivée, alors même qu'un contingent de voyageurs débouchait.

Qu'est-ce qui avait attiré son attention ? Les coupures sur mon visage ? J'espérais que ce n'était que cela. Puis je la vis parler à son mari. Ses gestes et son expression indiquaient le sérieux du propos. L'homme aux cheveux argentés regarda à son tour dans ma direction, puis reporta les yeux sur sa femme en haussant légèrement les épaules. Mais l'attention de son épouse demeurait entière. Elle avait dû nous avoir vus arriver, Kelly et moi, devant les toilettes et avoir pensé aussitôt qu'elle nous avait déjà aperçus quelque part.

C'était maintenant à mon tour de la surveiller du regard. Si je la voyais s'éloigner brusquement, il me faudrait agir.

J'étais convaincu qu'elle continuait à se poser des questions. Mon cœur s'était mis à battre à tout rompre. J'évitais de la regarder, mais je savais qu'elle me fixait toujours. D'une minute à l'autre, elle allait se souvenir du journal télévisé où était apparue la photo de Kelly.

Les secondes passèrent. Lentement. Enfin, Kelly se décida à sortir.

— On y va ? lui dis-je, en l'empoignant par la main avant qu'elle ait pu réagir.

Comme nous gagnions la sortie, je pus voir très distinctement la femme tirer la manche de son mari. Mais celui-ci venait, apparemment, d'apercevoir la personne qu'ils étaient venus chercher et regardait d'un autre côté. La femme, cependant, insistait.

Je réprimai l'envie de me mettre à courir : cela n'aurait fait que confirmer ses soupçons. Nous pressâmes simplement le pas, tandis que je racontais précipitamment à Kelly tout ce qui me passait par la tête, jouant comme je le pouvais le rôle du père attentionné faisant la conversation à sa petite fille :

— Regarde ces lumières ! C'est joli, hein ? C'est l'aéroport que je prends toujours pour venir ici. Tu y étais déjà allée ?

Kelly n'avait guère l'occasion de placer un mot.

Combattant une pressante envie de me retourner, je m'efforçais de réfléchir. Si la police me prenait en chasse là, j'étais cuit. Hormis la sortie officielle, il n'y avait pas d'issues. Et il nous fallait encore parcourir trente à quarante mètres pour l'atteindre. À chaque pas, je m'attendais à entendre un flic m'interpeller.

Nous finîmes par gagner la sortie, puis nous tournâmes sur la gauche et descendîmes une large pente qui menait aux arrêts de bus et à la station de taxis. Dès que nous eûmes tourné, j'accélérai encore le pas et me hasardai à regarder derrière moi.

— Qu'est-ce qui se passe ? demanda Kelly.

— Voilà les taxis, fis-je. Allons-y !

Il y avait trois personnes devant nous, et nous dûmes attendre notre tour. Je me sentais comme un enfant pris d'une envie irrésistible et quand même contraint de patienter. *Allez ! Allez !*

Enfin, nous pûmes sauter dans un taxi et celui-ci démarra. Je me retournai pour regarder par la vitre arrière. Rien. Je n'arrivais pas, pour autant, à me détendre. Kelly devait le sentir, car elle ne dit pas un mot.

Les perspectives immédiates semblaient si sombres que je m'efforçai de les chasser momentanément de mon esprit. Je m'étais toujours dit qu'en cherchant bien, on pouvait toujours trouver un aspect positif à la pire des situations, mais là, je n'y arrivais vraiment pas. Si la femme nous avait réellement identifiés et avait dit à la police qu'elle nous avait vus nous diriger vers la station de taxis, il n'y avait que du négatif à l'horizon.

Je regardai Kelly et me mis à bâiller.

— J'ai sommeil, lui dis-je. Pas toi ?

Elle fit un signe affirmatif et posa la tête sur mes genoux.

Lorsque nous eûmes quitté l'autoroute, je laissai le taxi parcourir encore quelques centaines de mètres, puis le fis arrêter à la hauteur d'un parc de stationnement. De là, nous allions gagner à pied l'*Economy Inn*.

— Nous allons dans un nouvel hôtel, expliquai-je à Kelly. Même histoire. Je vais raconter des tas de choses qui ne sont pas vraies, et toi, tout ce que tu auras à faire, c'est de te taire et d'avoir l'air très fatigué. D'accord ? Si tu fais bien ce que je te dis et que cela marche, nous pourrons tous rentrer chez nous.

Il y avait à la réception un jeune Noir plongé dans un manuel universitaire. Je lui racontai le même conte de fées qu'aux autres réceptionnistes, à ceci près que, cette fois, j'avais été blessé en même temps que dévalisé. Le jeune Noir en parut très affecté.

— Toute l'Amérique n'est pas comme cela, me dit-il. C'est en fait un très beau pays.

Il commença à me parler du Grand Canyon du Colorado. Je lui promis d'y aller le plus tôt possible.

Dans la chambre, j'aidais Kelly à retirer son manteau lorsqu'elle se retourna, un bras encore dans la manche, et me demanda brusquement :

— On va voir Papa et Maman, maintenant ?

— Pas encore. Nous avons encore des choses à faire.

— Je veux ma maman, Nick. Je veux rentrer à la maison. Tu as promis.

— Nous rentrerons bientôt, ne t'inquiète pas.

— Et tu es sûr que Maman, Papa et Aida seront là ?

— Bien sûr qu'ils seront là !

Elle ne semblait pas convaincue. Le moment crucial était arrivé. Je ne pouvais continuer cette comédie. Si nous nous tirions de ce pétrin, je n'arriverais jamais à me résoudre à la laisser à ses grands-parents ou à qui que ce soit d'autre pour qu'elle découvre que j'étais un salaud lui ayant constamment menti.

— Kelly...

Je m'assis à côté d'elle, elle posa la tête sur mes genoux et je me mis à lui caresser les cheveux.

— Kelly, repris-je, quand tu rentreras à la maison, Maman, Papa et Aida ne seront pas là. Ils ne seront plus jamais là. Ils sont partis au Ciel. Sais-tu ce que cela veut dire ?

Je lui dis cela tout à trac, ne voulant pas vraiment préciser plus avant la chose. J'aurais bien aimé qu'elle me dise simplement : « Oh, je vois ! » et qu'elle me demande un Mickey D.

Elle ne dit rien, tout d'abord. On n'entendait, dans la pièce, que le bourdonnement du conditionneur d'air.

Puis le visage de Kelly se creusa.

— C'est parce que j'ai été vilaine et je ne suis pas allée aider Papa ? demanda-t-elle.

J'eus l'impression de recevoir un coup de poignard au cœur. Mais, au moins, je pouvais répondre.

— Kelly, même si tu avais essayé d'aider Papa, cela n'aurait servi à rien. Ils seraient tous morts quand même.

Elle pleurait doucement contre ma cuisse. Je lui frottai le dos en tentant de trouver quelque chose à lui dire.

— Je ne veux pas qu'ils soient morts, dit-elle soudain. Je veux être avec eux.

— Mais tu es avec eux !

Je bredouillais, cherchant mes mots. Elle leva la tête et me regarda.

— Tu es avec eux, répétai-je. Chaque fois que tu feras quelque chose que tu faisais avec eux avant, ils seront avec toi.

Elle essayait de comprendre, de se représenter la chose. Moi aussi, à vrai dire.

— Chaque fois, repris-je, que je mange une pizza aux champignons, je pense à ta maman et à ton papa, parce que je me souviens que ta maman aimait les champignons. C'est pourquoi ils ne sont jamais loin de moi – et c'est pourquoi Maman, Papa et Aida seront toujours avec toi.

Elle me regarda, attendant la suite.

— Qu'est-ce que tu veux dire ?

Je me débattis comme je le pouvais.

— Ce que je veux dire, c'est que chaque fois que tu mettras la table, Maman sera avec toi parce que c'est elle qui t'a appris à le faire. Chaque fois que tu joueras au fer à cheval, Papa sera avec toi parce que c'est lui qui t'a montré comment y jouer. Chaque fois que tu apprendras à quelqu'un à faire quelque chose, Aida sera là, car c'est ce que tu faisais avec elle. Tu vois, ils seront toujours avec toi !

Je ne savais pas ce que cela valait, mais c'était ce que je pouvais faire de mieux. Elle avait reposé sa tête sur ma jambe, et je sentais la chaleur de son souffle et de ses larmes.

— Mais je veux les *voir* ! Quand est-ce que je vais les voir, Nick ?

Je n'en étais pas sorti. Je ne savais qui était le plus bouleversé, de Kelly ou de moi. Une énorme boule commençait à me gonfler la gorge.

— Ils ne reviendront pas, Kelly, essayai-je d'expliquer. Ils sont morts. Ce n'est pas à cause de quelque chose que tu as fait ou que tu n'as pas fait. Ils ne voulaient pas t'abandonner. Mais il arrive quelquefois des choses que même les adultes ne peuvent éviter ou arranger.

Elle écoutait en silence. Je la regardai. Elle avait les yeux grands ouverts, fixant le mur. Je passai mon bras autour d'elle. On a parfois besoin de manifester son chagrin, de l'extérioriser. Peut-être le moment était-il venu pour Kelly. Mais je ne savais vraiment pas comment l'y aider.

— Tu les rejoindras un jour, mais pas avant un long temps. Tu auras d'abord des enfants, tout comme Maman. Puis tes enfants seront très tristes quand tu mourras, comme tu l'es en ce moment. Ils t'aimaient tous beaucoup, Kelly.

Je vis l'embryon d'un sourire se dessiner sur ses lèvres. Elle se pressa plus fort contre mes jambes.

— Je veux rester avec toi, Nick.

— Ce serait merveilleux, mais ce n'est pas possible. Il faut que tu ailles à l'école et que tu apprennes à devenir une adulte.

— Tu pourrais m'apprendre, Nick.

Si seulement elle savait ! Je n'avais même pas un garage où ranger une moto. Comment voulait-on que je m'occupe d'une enfant ?

Votre arme, votre paquetage et vous-même – c'est l'ordre dans lequel vous devez vous occuper des choses. J'avais l'intention, d'abord, de détendre les ressorts de mes chargeurs. Ce n'était pas strictement nécessaire, mais cela me donnait l'impression de terminer une période avant d'en entamer une autre.

Kelly dormait maintenant à poings fermés.

Je branchai le téléphone portable afin de le recharger. C'était, pour moi, une liaison vitale. Puis je déversai sur un lit tout le contenu de mon sac et entrepris de le trier. Je mis les vêtements neufs de côté et replaçai l'ensemble du matériel dans le sac. J'étais furieux d'avoir dû laisser le caméscope sur le toit de notre précédent hôtel. On allait le retrouver et faire automatiquement la relation entre nous et la fusillade de Ball Street. De plus, la cassette était perdue, et elle aurait pu être utile à Simmonds – elle aurait peut-être même pu constituer une garantie de mon avenir.

Ayant tout remballé, je m'étendis sur le lit, les mains croisées derrière la tête, et me mis à penser à tout ce jeu tordu où des gens comme McGear et moi laissaient parfois leur peau. Je m'arrêtai net quand je m'aperçus que je commençais à m'apitoyer sur moi-même. McGear et moi avions eu le choix, et c'était ce que nous avions décidé de faire.

Je ne tentai pas de sortir l'ordinateur portable et d'y fouiller. J'étais trop fatigué. J'aurais fait des erreurs et manqué des choses. De plus, la douleur était de plus en plus intense dans ma nuque et mon dos.

Je pris une douche chaude et essayai de me raser. Les marques des morsures de McGear sur mon visage commençaient à se refermer tranquillement. Je décidai de laisser faire la nature.

Je revêtis un jean, un sweat-shirt et des tennis, et entrepris de regarnir mes chargeurs. J'avais besoin de me reposer, mais je devais me tenir prêt à bouger à tout instant. Ce que j'avais l'intention de faire, c'était de dormir deux petites heures, de manger quelque chose, puis de voir ce que l'ordinateur avait dans le ventre, mais, me tournant et me retournant, je ne pus trouver le sommeil que par intermittence.

J'allumai la télévision et zappai rapidement pour voir si McGear était déjà devenu une vedette de l'actualité. Tel était bien le cas. Les caméras se braquaient sur la façade de l'immeuble de Ball Street, avec l'assortiment habituel de policiers et d'ambulanciers. Un homme parlait, mais je ne me donnai pas la peine de monter le son : je croyais savoir ce qu'il racontait. Je m'attendais à moitié à voir mon ami le clochard couvert d'urine venir débiter lui aussi son histoire, mais il n'en fut rien.

Kelly commençait à s'agiter à son tour. Avec, elle aussi sans doute, des images de McGear dans la tête.

Je restai un moment allongé à la regarder. Elle s'était incontestablement bien tenue, mais tout cela devait commencer à être trop pour elle. Les petites filles de sept ans ne devraient pas se retrouver aux prises avec ce genre de choses. Personne, en fait. Et qu'allait-elle devenir ensuite ? Je me rendis soudain compte que je m'inquiétais plus pour elle que pour moi-même.

Quand je m'éveillai, la télévision marchait toujours. Je regardai ma montre. Neuf heures trente-cinq. À midi, Pat allait appeler. J'éteignis la télévision. Il était temps que je m'occupe de l'ordinateur. J'entrepris de me lever et découvris que je pouvais à peine bouger. Ma nuque était raide comme une planche à repasser.

Je fis un peu de bruit en sortant l'ordinateur du sac et en le branchant. Kelly commença à se tortiller. Lorsque j'eus tout installé, je la vis qui m'observait, appuyé sur un coude. Ses cheveux ressemblaient à un champignon atomique. Elle m'écouta un moment jurer comme je n'arrivais pas à mes fins avec l'ordinateur, et me dit finalement :

— Pourquoi est-ce que tu ne reviens pas au menu ?

Grosse maligne !

— Peut-être, dis-je.

Je le fis et cela marcha. Je lui adressai un grand sourire et elle me sourit à son tour.

Je commençai à éplucher le sommaire. Mais, au lieu des désignations précises que j'aurais souhaitées, les divers dossiers avaient des noms de code comme « Fouine », « Boy » ou « Gourou ». Beaucoup d'entre eux semblaient contenir des documents administratifs que je n'arrivai pas à interpréter ; je savais ce que c'était mais pas ce que cela voulait dire. Pour moi, la quarantaine de pages que j'avais devant moi aurait aussi bien pu être en japonais.

J'ouvris un autre dossier intitulé « Dad ». Il n'apparut que des points et des nombres sur l'écran. Je me tournai vers Kelly et lui demandai :

— Qu'est-ce que c'est que cela, à ton avis, petite maligne ?

Elle regarda et me dit :

— Je ne sais pas. Je n'ai que sept ans. Je ne peux pas tout savoir.

Il était midi moins cinq. Je branchai le téléphone et continuai à taquiner l'ordinateur.

Midi vint et passa.

À midi et quart, il n'y avait toujours pas eu d'appel. Je me rongeais les sangs. « Allez, Pat, appelle ! Il faut que je sorte d'Amérique et que j'aille voir Simmonds. J'ai assez d'informations – peut-être. Plus je reste, plus je risque. Pat, j'ai besoin de toi ! »

Pour que Pat rate un rendez-vous, téléphonique ou autre, il fallait un drame majeur. Même lorsqu'il était dans les vapes, il était toujours ponctuel. Je tentai d'évacuer mes idées noires en me disant qu'il se manifesterait à la prochaine vacation, mais je commençais à me sentir presque physiquement malade. Ma seule sortie de secours s'était refermée. J'avais l'horrible sentiment que tout tournait mal. Il fallait que je fasse quelque chose.

Je fermai l'ordinateur et mis la disquette dans ma poche. Kelly était à demi enfouie sous les couvertures, regardant la télévision.

Je m'efforçai de prendre le ton de la plaisanterie :

— Tu sais ce que je vais te dire dans une minute, n'est-ce pas ?

Elle sauta hors du lit et m'entoura de ses bras en criant :

— Ne t'en va pas ! Ne t'en va pas ! On va regarder la télé ensemble. Ou alors est-ce que je peux venir avec toi ?

— Tu ne peux pas. Je veux que tu restes ici.

— S'il te plaît !

Que pouvais-je faire ? Sa terreur de rester seule me déchirait.

— D'accord, tu viens avec moi. Mais tu feras tout ce que je te dirai.

— D'accord ! D'accord !

Elle se précipita pour prendre son manteau.

— Pas si vite !

Je lui désignai la salle de bains.

— Les choses importantes d'abord ! lui dis-je. Tu vas

dans la baignoire, tu te laves les cheveux, je te les sécherai, ensuite tu mettras tes vêtements neufs, et après cela nous sortirons. Compris ?

Elle tremblait d'excitation, comme un chien qu'on va emmener en promenade.

— Oui. Compris !

Elle fila vers la salle de bains.

Je m'assis sur le lit et, tout en cherchant un bulletin d'information à la télévision, je criai :

— Kelly, tu te brosses bien les dents ! Autrement, elles vont tomber, et tu ne pourras plus rien manger quand tu seras vieille.

— Oui, oui ! entendis-je.

Il n'y avait rien de plus sur McGear à la télévision. Au bout d'un moment, j'entrai dans la salle de bains. Le tube de pâte dentifrice n'avait pas été ouvert.

— Tu t'es lavé les dents ? demandai-je.

Elle hocha la tête, l'air coupable.

— Voyons si cela se sent, lui dis-je.

Je m'inclinai vers elle et reniflai.

— Tu ne t'es pas lavé les dents. Tu ne sais pas le faire ?

— Si, je sais le faire !

— Eh bien, montre-moi.

Elle saisit la brosse à dents, qui était beaucoup trop grande pour sa bouche, et se mit à brosser latéralement.

— Ce n'est pas comme cela qu'on t'a appris à le faire, lui dis-je.

— Si !

Je secouai la tête. Je savais qu'on lui avait appris à le faire correctement.

— Très bien, repris-je. On va le faire ensemble.

Je mis un peu de dentifrice sur la brosse, me plaçai à côté d'elle devant la glace et mimai le geste du brossage. S'occuper des enfants n'était pas si difficile, après tout. Cela revenait à faire de l'instruction militaire de base. Simplement, au lieu de pratiquer la chose avec un fusil devant une salle pleine de jeunes recrues, je la pratiquais avec une brosse à dents devant une gamine de sept ans. Je fis tant et si bien qu'à force de me voir mimer ce qu'elle était censée faire, elle éclata de rire, projetant sur le miroir le dentifrice qu'elle avait dans la bouche. Je me mis à rire avec elle.

Elle mit ensuite son jean et son sweat-shirt neufs. Je nous avais également acheté des casquettes de base-ball noires avec une inscription *Washington D.C.*

Je me lavai à mon tour et me mouillai les cheveux. Nous semblions maintenant, l'un et l'autre, raisonnablement propres et présentables. Quand elle eut mis ses souliers et son manteau, nous fûmes prêts à sortir. Mon intention était de me rendre à proximité de l'appartement de Pat. Ainsi, quand il appellerait à dix-huit heures, nous pourrions nous rencontrer rapidement.

En attendant, que faire de la disquette d'ordinateur ? Je décidai de la cacher dans la chambre. Ainsi, si Kelly et moi nous faisions ramasser, nos adversaires n'auraient pas tout récupéré. Je soulevai un coin du long du meuble de bois sombre sur lequel reposait le téléviseur et collai au-dessous la disquette avec un morceau de bande adhésive. Je plaçai ensuite deux ou trois points de repère et nous quittâmes la chambre.

La bruine persistait et il faisait légèrement plus froid qu'au début de la matinée. Kelly était au septième ciel. Je lui rendais ses sourires, mais, intérieurement, l'inquiétude que j'éprouvais pour Pat me taraudait. J'envisageai un instant de téléphoner à Ewan, mais je décidai finalement de ne pas le faire. Pas pour le moment, tout au moins. Je risquais d'avoir besoin de lui plus tard. Ewan représentait une carte que je gardais dans la manche.

Les hôtels se succédaient dans tout le quartier. Nous allâmes jusqu'à l'un d'eux, à 400 mètres environ du nôtre, et j'entrai dans le hall pour appeler un taxi par téléphone tandis que Kelly attendait dehors, sous la marquise.

En ressortant je lui dis :

— Quand nous monterons dans le taxi, je te relèverai ta capuche, et je veux que tu te mettes contre moi en faisant semblant d'avoir sommeil. Souviens-toi que tu as promis de faire tout ce que je te dirai.

Le taxi nous conduisit jusqu'à Georgetown. Kelly était blottie contre moi, bien dissimulée par sa capuche. Il était quatre heures de l'après-midi et tout, autour de nous, semblait merveilleusement normal. Les gens circulaient, bavardaient, faisaient leurs courses. Nous passâmes l'heure suivante à nous promener, nous aussi, en nous arrêtant pour manger un morceau. À cinq heures et demie, nous nous retrouvâmes assis, moi devant un café et Kelly devant un milk-shake, dans la galerie commerçante de Georgetown. Il faisait chaud, et nous commencions à nous sentir tout ensommeillés. Jusqu'à dix-sept heures cinquante-cinq, je regardai ma montre presque toutes les trente secondes. Puis je branchai le téléphone, vérifiant qu'il était en parfait état de fonctionnement.

Dix-huit heures.

Rien.

Une minute.

Deux minutes.

J'étais presque paralysé d'angoisse. Kelly, elle, était plongée dans une bande dessinée qu'elle avait choisie elle-même.

Quatre minutes. La chose semblait maintenant désespérée. Sauf cas de force majeure, Pat ne m'aurait jamais laissé tomber. Il savait aussi bien que moi qu'en opération, une minute de retard peut être aussi grave qu'une heure ou qu'un jour de retard, car des vies risquent d'en dépendre.

Il devait donc y avoir un problème. Un grave problème.

Je gardais le téléphone branché. Finalement, à dix-huit heures vingt, je dis à Kelly :

— Viens, nous allons rendre visite à Pat.

En fait, tout espoir s'était déjà évaporé.

28

Nous sortîmes de la galerie et je hélai un taxi.

Riverwood m'apparut comme un quartier des plus élégants, avec de jolies maisons, des pelouses bien entretenues, un certain nombre de voitures de marque européennes garées de-ci de-là et quelques immeubles de bonne apparence avec des parkings souterrains. Les magasins respiraient l'opulence : bonnes librairies, boutiques de mode et petites galeries d'art.

Je fis arrêter le taxi un peu plus loin que la rue où habitait Pat. Il pleuvait légèrement et il commençait à faire sombre avant l'heure, en raison de l'épaisseur des nuages. Certaines voitures avaient déjà leurs phares allumés.

— Espérons que Pat est chez lui, dis-je. Autrement, il va falloir faire tout le chemin pour retourner à l'hôtel sans même lui avoir dit bonjour.

Kelly semblait impatiente de rencontrer Pat. Après tout, c'était l'homme qui, à ce que je lui avais dit, devait l'aider à rentrer chez elle. Je ne savais pas au juste ce qu'elle avait compris de mes explications sur sa famille. J'ignorais comment une enfant de cet âge pouvait se représenter la mort, et si elle la considérait même comme irréversible.

La rue de Pat était typique de l'endroit, spacieuse, calme et élégante. On y distinguait un ou deux immeubles neufs, mais eux-mêmes donnaient une discrète impression de luxe. Je ne savais pas exactement dans lequel Pat habitait, mais ce ne fut guère difficile à déterminer, et j'aperçus bientôt, à un parking, une Mustang rouge, « plus rouge que les couilles de Satan ». Mais si Pat était chez lui, pourquoi diable n'avait-il pas téléphoné ?

Nous nous rendîmes dans une cafétéria qui faisait face à l'immeuble. Elle s'appelait *La Colombina*, et l'odeur du café fraîchement moulu et la musique de rumba me ramenèrent directement à Bogota. Peut-être était-ce pour cela que Pat avait choisi d'habiter là. Nous obtînmes sans problème une banquette près de la vitre. Celle-ci était tout embuée, et je dus la frotter avec une serviette en papier pour pouvoir regarder à l'extérieur.

Obéissante, Kelly gardait un silence d'ange. Elle s'était plongée dans un magazine. Je vérifiai une fois de plus que mon téléphone portable était en état de marche.

Une serveuse vint prendre notre commande. Je décidai de commander à manger bien que je n'eusse pas vraiment faim, car, ainsi, les opérations prendraient plus de temps, et nous permettraient de rester un plus long moment à notre poste d'observation sans éveiller l'attention.

— Je prendrai un sandwich club et un grand cappuccino, dis-je à la serveuse. Et toi, Josie, qu'est-ce que tu veux ?

Kelly gratifia la serveuse d'un large sourire.

— Est-ce que vous faites des Shirley Temples ? demanda-t-elle.

— Bien sûr, ma chérie.

Cela sonnait à mes oreilles comme un nom de cocktail, mais la serveuse ne parut pas s'en émouvoir le moins du monde. Kelly se replongea dans son magazine et je me remis à regarder par la vitre.

Les consommations arrivèrent, et dès que la serveuse fut repartie, je demandai à Kelly :

— Qu'est-ce que c'est que cela ?

— Des cerises et des fraises avec du Sprite.

— Cela paraît dégoûtant. Laisse-moi essayer.

Pour moi, cela avait un horrible goût de bubble-gum, mais Kelly en raffolait visiblement. Elle se jeta dessus avec une incroyable voracité.

Mon énorme sandwich arriva à son tour. Je n'en avais pas vraiment envie, mais je le mangeai quand même.

Durant mon séjour au Régiment et ensuite, j'avais appris à traiter la nourriture comme un fantassin traite le sommeil. Il fallait toujours sauter sur l'occasion quand elle se présentait.

Il allait nous falloir bouger sous peu. Cela faisait maintenant près de trois quarts d'heure que nous étions installés dans cette cafétéria, et commencions à risquer d'éveiller la suspicion. Ce fut Kelly qui prit la décision pour moi en demandant :

— Qu'est-ce que qu'on va faire, maintenant ?

Je posai un peu d'argent sur la table et lui dis :

— Tu remets ton manteau, et on va voir si Pat est chez lui.

Nous sortîmes et repassâmes devant l'immeuble de Pat. La Mustang rouge était toujours là. Je voulais à toutes forces savoir ce qu'il se passait. Si Pat avait soudain décidé qu'il ne voulait plus jouer, très bien, c'était son droit. Mais je n'arrivais pas à le croire vraiment ; je savais qu'il voulait m'aider. Il y avait, sans aucun doute, un problème, et il me fallait savoir lequel.

Comme nous descendions la rue, Kelly me demanda :

— Tu sais vraiment où habite Pat ?

— Oui, mais je ne sais pas s'il est déjà rentré chez lui.

— Tu ne peux pas lui téléphoner ?

Je ne pouvais certes pas le faire directement ; si son téléphone était sur écoutes, on ne manquerait pas de faire la relation entre nous, et je lui avais promis de ne pas le compromettre. Mais Kelly m'avait quand même donné une idée.

— Kelly, lui demandai-je, est-ce que tu voudrais m'aider à faire une farce à Pat ?

— Oh, oui !

— Entendu. Voilà ce que tu vas faire…

Nous marchâmes un moment pendant que je lui expliquais la manœuvre. Nous répétâmes jusqu'au moment où elle se déclara prête. Nous gagnâmes alors une cabine téléphonique située à quelques centaines de mètres. Je décrochai le combiné et le remis à Kelly.

— Prête ? lui demandai-je.

Elle fit signe qu'elle l'était en levant gaillardement le pouce. Elle était tout excitée.

Je composai le 911, et, trois secondes plus tard, Kelly se mettait à hurler dans l'appareil :

— Oui, je viens de voir un homme ! Je viens de voir un homme au deuxième étage 1121, Vingt-septième Rue et... et... il a un revolver, et il a tiré... et... et il a un revolver... Au secours, au secours !

Je coupai la communication.

— Bien joué ! dis-je à Kelly. Maintenant, nous allons aller voir ce qui va se passer.

Nous revînmes par un itinéraire différent. Il faisait maintenant presque complètement noir, et la pluie continuait à tomber.

J'entendis d'abord la sirène, dont le son se fit de plus en plus strident tandis qu'une voiture de police blanche et bleue nous dépassait à pleine vitesse, tous feux clignotant. Puis j'aperçus d'autres feux blancs et rouges fonçant au loin dans l'obscurité.

Lorsque nous arrivâmes plus près de l'immeuble, je vis trois voitures de police, maintenant à l'arrêt. Une voiture banalisée, avec un gyrophare amovible sur le toit, vint les rejoindre.

Nous continuâmes un moment à marcher et finîmes par faire halte à un arrêt d'autobus. Nous n'étions apparemment que des curieux parmi d'autres, car un embryon de foule avait commencé à se rassembler.

— Tout ça, c'est pour Pat ? demanda Kelly.

J'étais soudain trop abattu pour lui répondre ; la vue d'une ambulance qui arrivait m'avait pétrifié. Je lui caressai la tête à travers sa capuche.

— Je te le dirai dans une minute, fis-je. Laisse-moi regarder ce qui se passe.

Nous attendions, comme tout le monde. Un bon quart d'heure s'écoula ainsi. Des équipes de télévision locales avaient fait leur apparition. Puis je les vis sortir : deux hommes avec un chariot sur lequel reposait un corps enveloppé dans un long sac en matière plastique. Je n'avais pas besoin qu'on me dise qui était dans le sac. J'espérais seulement que cela avait été rapide pour lui, mais, à en juger par l'état dans lequel j'avais trouvé les Brown, je n'y croyais guère.

Je dis tout bas à Kelly :

— Maintenant, on s'en va, Kelly. Pat n'est pas là.

J'avais l'impression qu'on venait de m'arracher l'une des choses qui m'étaient les plus chères. Mon amitié avec Pat venait juste de se renouer, après toutes ces années, et c'était là le prix qu'il avait payé pour cela. Je me sentais perdu et désespéré, comme si j'avais été coupé du reste de ma patrouille en territoire ennemi, sans arme et sans carte, ignorant où aller. Pat avait été un véritable ami. Il me manquerait toujours.

Tandis qu'on chargeait Pat dans l'ambulance, je me contraignis à vaincre l'émotion qui m'envahissait. Je me détournai et, tenant Kelly par la main, je repris le chemin par lequel nous étions arrivés, afin d'éviter de passer devant les voitures de police. L'une d'elles venait de partir, précédant l'ambulance. J'imaginais les techniciens à l'intérieur de l'appartement, enfilant leurs combinaisons spéciales et déballant leur matériel. Là aussi, je me contraignis à penser à autre chose et à analyser la situation en toute logique : Pat était parti et tout ce qu'il me restait était Ewan.

Nous tournâmes à gauche pour éviter l'artère principale, et nous nous retrouvâmes dans une paisible rue, très résidentielle, avec de vastes et élégantes maisons de part et d'autre. Kelly et moi marchions sans dire un mot, main dans la main.

Ce n'était plus, pour moi, le moment de m'apitoyer sur le sort de Pat mais de me demander ce qu'il avait pu dire à ceux qui l'avaient tué, qu'il s'agisse de l'IRA ou de Luther et de ses copains. Ce devait être, de toute manière, l'une ou les autres. En supposant, bien sûr, que sa mort avait bien un rapport avec moi. Qui pouvait savoir dans quelles autres affaires il avait pu être engagé ? Mais, de toute façon, je devais partir du principe que ses assassins cherchaient à nous retrouver, Kelly et moi. Tout ce que Pat savait, c'était le numéro de téléphone et mon intention de visiter l'immeuble de l'IRA.

J'étais si profondément plongé dans mes pensées qu'il me fallut un moment pour me rendre compte qu'on me parlait. Puis je crus que c'était Kelly et je fus sur le point de lui dire de se taire et de me laisser réfléchir. Puis, quand on m'interpella de nouveau, je me rendis compte que la voix était masculine, basse et résolue, et qu'il n'y avait pas à se tromper sur ce qu'elle disait :

— Ne bouge pas. Si tu remues une oreille, je te tue. Reste exactement où tu es.

Ce n'était pas la voix d'un drogué. Ce n'était pas celle d'un jeune énervé. C'était la voix de quelqu'un qui savait ce qu'il faisait.

29

Je laissai mes mains là où elles étaient.

Kelly se jeta sur moi, m'entourant la taille de ses bras.

— Tout va bien, lui dis-je. Personne ne va te faire de mal.

Je mentais comme une montre à quatre sous.

J'entendis l'homme bouger derrière moi. Il allait vers la gauche. Il avait dû sortir de l'allée de service longeant l'arrière des villas que nous venions de dépasser.

— Tu as le choix, me dit-il. Te montrer intelligent en restant tranquille, ou essayer de bouger et te faire tuer.

Il avait la voix assez jeune et le propos précis. Il était vain d'essayer quoi que ce soit à ce moment. Je choisis donc la première option.

J'entendis d'autres pas, venant du côté opposé, et je sentis qu'on tentait de tirer Kelly loin de moi.

— Nick ! Nick ! se mit-elle à crier.

Mais je ne pouvais rien faire pour elle, et sa poigne n'était pas comparable à la leur. Elle dut me lâcher et disparut de mon champ de vision. Je ne pouvais encore rien voir de nos assaillants. Je me contraignis à rester calme et à accepter ce qui arrivait.

La voix se mit à me donner des ordres sur le même ton égal :

— Tu lèves lentement les mains et tu les mets sur sa tête. Vas-y !

Quand je me fus exécuté, l'homme me dit :

— Maintenant, retourne-toi.

Je me retournai lentement et découvris un homme brun, de petite taille, qui braquait un pistolet sur moi de façon très professionnelle. Il se tenait à environ dix mètres de moi, à l'entrée de l'allée de service. Il haletait légèrement, ayant sans doute dû courir après nous un certain temps. Il portait un complet, et je vis que son veston se fermait à l'aide d'une bande adhésive.

— Approche-toi. Maintenant !

Je ne voyais pas Kelly. Ils avaient déjà dû l'entraîner dans l'allée. En avançant vers l'homme, je ne pouvais m'empêcher de revoir le pauvre petit corps martyrisé d'Aida.

— Arrête ! Tourne-toi sur la gauche.

Sa voix était toujours très grave, très calme et très assurée. Comme il parlait, j'entendis une voiture s'arrêter à ma hauteur, sur la droite. Du coin de l'œil, je pus voir que c'était la Caprice que j'avais déjà aperçue au premier motel.

— Avance.

Je pénétrai dans l'allée. Toujours pas trace de Kelly.

— Mets-toi à genoux.

J'obéis. La perspective de mourir ne m'avait jamais particulièrement tracassé ; nous devons tous y passer un jour ou l'autre. Je voulais simplement que, lorsque cela se produirait, ce soit rapide et propre. J'avais toujours espéré qu'il y avait quelque chose après, mais la réincarnation ne me disait vraiment rien. Je détesterais revenir dans la peau d'un salaud. En revanche, une transformation spirituelle me tenterait assez. J'avais toujours eu le sentiment que je mourrais jeune, mais là, je trouvais que c'était un peu trop tôt.

En attendant, rien ne se passait et rien n'était dit. Une voiture, qui devait être la Caprice, arriva dans l'allée derrière moi, ses phares illuminant l'arrière des maisons. Je pouvais voir mon ombre se projeter sur le bitume mouillé.

Le moteur tournait toujours, et j'entendis des portes s'ouvrir. Puis des communications radio me parvinrent. Un homme avec un accent à vendre des hot-dogs à New York disait :

— Affirmatif. Nous sommes sur la route de service de Dent et d'Avon. Nous sommes côté sud. Vous verrez les phares. Affirmatif, nous avons les deux.

Je restais sous la pluie, à genoux et les mains sur la tête, en attendant que les autres arrivent. J'entendis soudain des pas venir vers moi. Je serrai les dents et fermai les yeux, m'attendant à recevoir le coup ultime. Mais les pas continuèrent jusque sur ma droite et s'arrêtèrent.

Je n'entendis pas le deuxième homme arriver derrière moi. Je sentis simplement une main robuste maintenir les miennes sur ma tête, tandis qu'une autre me palpait, à la recherche de mon pistolet. Cette main-là s'empara du Sig, et je vis l'homme en vérifier le cran de sûreté juste devant mon visage. Puis il me lâcha les mains, et, en même temps, fit apparaître un sac de plastique transparent. Je me rendis compte que son haleine sentait le café.

Rien ne se passa pendant quelques instants, puis apparut dans mon champ de vision, sur la droite, une véritable gravure de mode, un homme vêtu d'un complet noir avec un gilet mandarine. C'était vraiment M. Armani. Brun, suave et impeccable, il approchait la trentaine. Il me couvrait de son arme.

J'entendis Kelly pleurer, quelque part derrière moi. Elle devait être dans la voiture. Je ne savais pas comment elle y était arrivée, mais au moins je pouvais la situer. L'homme derrière moi continuait à me fouiller et plaçait dans la pochette en plastique le produit de ses recherches.

Le marchand de hot-dogs ne semblait pas rudoyer Kelly. Peut-être avait-il lui-même des enfants.

— Tout va bien, tout va bien, lui répétait-il. Comment t'appelles-tu ?

Je ne perçus pas la réponse de Kelly, mais j'entendis l'homme dire :

— Non, ma petite, je ne crois pas que tu t'appelles Josie. Je pense que tu t'appelles Kelly.

Brave gamine ! Au moins, elle avait essayé…

Des feux arrière de voiture apparurent à l'extrémité de l'allée, à 150 mètres environ, et commencèrent à reculer dans ma direction.

Le contenu de mes poches était maintenant dans le sac en plastique, et je me trouvais toujours à genoux, les mains sur la tête, tenu en respect par M. Armani.

J'entendis d'autres gens derrière moi. J'espérais que c'étaient des passants, qui pourraient peut-être donner l'alerte, mais tous mes espoirs s'évanouirent lorsque j'entendis quelqu'un descendre de voiture et dire à la cantonade :

— Tout va bien, messieurs. Tout est en ordre. Circulez, il n'y a rien à voir !

Je ne savais plus que penser. S'ils faisaient circuler les gens ainsi, ce devaient être, finalement, des policiers. Peut-être y avait-il une lueur d'espoir. Peut-être pourrais-je me tirer de ce coup. J'avais toujours la disquette cachée dans la chambre d'hôtel. Peut-être pourrais-je m'en servir pour négocier...

La voiture qui reculait vint s'arrêter à cinq mètres environ, et trois personnes en descendirent – le chauffeur et deux hommes à l'arrière. Les trois personnes se tinrent d'abord dans l'ombre, et je ne pus distinguer leurs visages. Puis l'une avança et se retrouva dans la lumière des phares. Et là, je sus que j'étais vraiment dans le pétrin.

Luther n'avait certes pas bonne mine, et il semblait bien m'en tenir rigueur. Il portait toujours un complet-veston, mais son état physique lui interdirait encore la cravate pour un moment. Et le sourire qu'il arborait m'en promettait de dures. Normal.

Il s'avança vers moi, et je me dis qu'il allait commencer à exploiter la situation. Je fermai les yeux, prêt à encaisser, mais il me dépassa et continua à avancer. Cela m'effraya encore plus.

— Salut, Kelly, dit-il. Tu te souviens de moi ? Je m'appelle Luther.

La réponse fut marmonnée. J'essayais de toutes mes forces de saisir ce qui se disait, mais seule la voix adulte était audible.

— Tu ne te souviens pas de moi ? Je suis venu une ou deux fois chercher ton papa pour l'emmener au travail. Maintenant, il va falloir que tu viennes avec moi, car on m'a chargé de m'occuper de toi.

Je pus entendre des protestations en provenance de la voiture.

— Non, il n'est pas mort ! clama alors Luther. Il m'a

envoyé te chercher. Maintenant, viens tout de suite ! Arrive, petite conne !

Kelly se mit à hurler.

— Nick, Nick ! Je ne veux pas y aller !

Elle semblait terrifiée.

Luther revint à sa voiture avec elle, la traînant littéralement. Il la tenait serrée contre lui pour essayer de l'empêcher de ruer et de se débattre. Tout fut fini en quelques secondes. Dès qu'on eut jeté Kelly à l'arrière de la voiture, les trois hommes remontèrent et démarrèrent. J'avais l'impression qu'on venait de nouveau de m'assommer avec un extincteur d'incendie.

— Lève-toi !

J'avais toujours les mains sur la tête, et je sentis qu'on m'empoignait par le triceps droit pour me faire lever. J'entendis la voiture qui se trouvait derrière moi se déplacer.

Je regardai sur ma droite. C'était le brun trapu qui m'avait saisi le bras de la main gauche. Dans la droite, il tenait le sac en plastique, avec, à l'intérieur, le téléphone portable de Kev, mon pistolet, mon portefeuille, mon passeport, la carte de crédit et un peu d'argent liquide. Il me fit tourner face à la voiture, qui venait de s'arrêter au bord de la route, et me poussa vers elle. M. Armani continuait à me couvrir de son arme.

Jusque-là, j'étais resté calme. Mais il me fallait maintenant sortir de ce pétrin. On allait me tuer, c'était aussi simple que cela. Le moteur de la voiture tournait, et il me restait environ dix mètres pour faire quelque chose. Quoi que je fasse, tout devait se jouer sur la rapidité, l'agressivité et l'effet de surprise. Et je n'avais droit qu'à une tentative ; si j'échouais, j'étais mort.

Le gaillard qui me tenait était manifestement droitier ; sinon, il ne me tiendrait pas de la main gauche. Par conséquent, si je passais à l'attaque, il lui faudrait lâcher le sac en plastique avant d'attraper son pistolet. Si je me trompais sur ce point, je me faisais tuer. Mais, comme, de toute façon, j'allais me faire tuer, pourquoi ne pas essayer ?

Il ne restait plus que trois mètres entre la voiture et moi. Entre-temps, M. Armani s'était avancé jusqu'à la porte arrière afin de l'ouvrir pour moi. Comme il baissait les yeux vers la poignée, je me dis que le moment était venu.

Poussant un terrible hurlement et pivotant à demi sur les hanches, j'abattis de toutes mes forces la main droite sur l'épaule gauche de mon gardien.

J'avais la surprise pour moi. Mes trois gaillards avaient à saisir ce qui se passait et à réagir en conséquence. Il leur faudrait à peine plus d'une seconde pour cela.

Tout en frappant mon client, je le poussai violemment, m'efforçant de le faire tourner sur sa gauche, afin que sa main droite vienne de mon côté. Nous étions maintenant deux à hurler. Il lâcha le sac en plastique, et sa main droite partit à la recherche de son arme. Je vis la salive jaillir de sa bouche tandis qu'il criait pour avertir les deux autres. En baissant les yeux vers sa ceinture, je vis aussi son pistolet se rapprocher lentement de moi. C'était tout ce qui comptait pour le moment. J'entendais les deux autres qui s'étaient mis à hurler eux aussi, mais je ne pouvais m'en occuper.

Le Colt 45 est un pistolet à simple action, ce qui veut dire que tout ce que fait la détente, c'est de libérer le chien. Pour armer le chien et faire passer la première cartouche dans la chambre, on doit ramener en arrière le bloc de culasse en le serrant entre le pouce et les doigts de la main gauche et en le laissant revenir en avant. L'arme peut être portée « armée et verrouillée » – chien relevé et cran de sûreté en place – avec une cartouche dans la chambre. Elle a une sécurité de crosse en plus du cran de sûreté. Il faut donc, même si le cran de sûreté est ôté, serrer assez fermement la crosse pour enfoncer la manette située à l'arrière de celle-ci, sans quoi le coup ne part pas.

Je saisis le pistolet de la main gauche sans me soucier de savoir par où je le prenais. En même temps, j'abattis ma main droite sur l'arme, les doigts réunis d'un côté et le pouce étendu de l'autre. Je balayai le cran de sûreté avec mon pouce et enfonçai de la paume la manette de sécurité à l'arrière de la crosse. Je ne pouvais voir si le chien était relevé, et je n'avais aucun moyen de savoir s'il y avait une cartouche dans la chambre. De la main gauche, je ramenai le bloc de culasse en arrière pour armer le pistolet. Il avait, en fait, déjà été armé, et une belle cartouche au cuivre étincelant jaillit de la fenêtre d'éjection. Perdre une cartouche n'avait guère d'importance ; au moins, j'étais sûr de ne pas avoir de percussion à vide.

La première menace était M. Armani. Il avait une arme à la main. Je poursuivis le mouvement pivotant que j'avais amorcé, et, ainsi, il vint dans ma ligne de mire. Je tirai bas, car je savais que les gilets pare-balles étaient à la mode dans ce groupe. Armani s'effondra. Je ne savais s'il était mort ou non.

Je continuai à pivoter et descendis le petit trapu. Puis j'avançai et vis le conducteur de la voiture recroquevillé sur son siège, hurlant et se tordant de douleur. Je courus de son côté de la voiture, le pistolet braqué et lui criant :

— Pousse-toi ! Pousse-toi !

J'ouvris la porte, et, le menaçant toujours de mon arme, je lui expédiai un violent coup de pied. Je n'allais certes pas essayer de l'extirper du véhicule ; cela prendrait trop de temps. Je voulais simplement embarquer et démarrer. Je poussai le canon de mon arme dans sa joue, et lui arrachai son pistolet. Je gardai celui-ci et jetai le mien par la portière ; je ne savais pas combien de cartouches il restait dedans.

Il avait été blessé au haut du bras droit. Il avait dû recevoir l'une des balles destinées à Armani au moment j'avais pivoté. Il n'y avait qu'un petit trou dans le tissu de son veston, avec peu de sang autour, mais sa main, elle, était rouge de ce qui avait coulé à l'intérieur de la manche. Quand on connaissait les dégâts faits par une munition de 45, on savait que le trou de sortie de la balle, sous le bras, ne devait pas être beau à voir. Je n'aurais pas de problèmes avec ce client-là.

Tout en démarrant, je lui hurlai :

— Où vont-ils ? Où sont-ils partis ?

Sa réponse tint à la fois du cri et du sanglot :

— Va te faire foutre !

Le sang commençait maintenant à faire tourner au marron sa manche gris sombre. Je lui enfonçai le canon du pistolet dans la jambe.

— Où vont-ils ?

Nous roulions dans une étroite rue résidentielle. J'arrachai les deux rétroviseurs latéraux en me retournant pour interroger mon prisonnier. Il me répéta d'aller me faire voir, et je tirai. L'arme tressauta, et une odeur de cordite envahit la voiture. Tissu et chair explosèrent lorsque le lourd projectile vint creuser le long de la jambe un sillon de trente centimètres. L'homme se mit à hurler comme un porc qu'on égorge.

Je ne savais pas où j'allais. Les cris de ma victime cessèrent au bout d'un moment, mais elle continuait à être agitée de convulsions qui l'avaient projetée à genoux sur le tapis de sol, la tête sur le siège. L'homme sombrait dans un état de choc. À ce moment précis, il aurait sans doute souhaité être vraiment marchand de hot-dogs à New York.

— Où vont-ils ? demandai-je de nouveau.

Je ne voulais pas qu'il perde conscience avant de me l'avoir dit.

— Vers le sud, marmonna-t-il. I-95 [1] vers le sud.

Je le regardai et lui demandai alors :

— Qui es-tu ?

Il avait le visage tordu de douleur et il cherchait vainement sa respiration. Il ne répondit pas. Je le frappai à la tempe avec le pistolet. Il poussa un long gémissement et ses doigts se portèrent de sa jambe au côté de son visage. Nous dépassâmes le Pentagone et j'aperçus l'enseigne de l'Hôtel Calypso. Tout cela ressemblait à un mauvais rêve.

— Qui es-tu ? Dis-moi pourquoi vous êtes après moi...

Je pus à peine entendre sa réponse. Le sang lui sortait par la bouche et il avait visiblement beaucoup de mal à respirer.

— Laisse-moi partir ! Laisse-moi ici et je te le dirai...

Je n'allais certainement pas tomber dans le panneau.

— Tu vas crever, lui dis-je. Tu me dis, et là je m'occupe de toi. Pourquoi essayez-vous de nous tuer ? Qui êtes vous ?

Sa tête roula de côté. Il ne répondit pas car il ne le pouvait plus.

---

1. Route Inter-États N° 95. Le Beltway est le Périphérique. *(N.d.T.)*

Je les retrouvai juste avant le Beltway. Je les voyais clairement dans mes phares, et je pus constater qu'ils étaient trois : un à l'avant et deux à l'arrière. Je n'aperçus pas Kelly, mais il y avait assez d'espace entre les deux passagers de l'arrière pour qu'elle s'y trouve. Compte tenu de sa taille, il était normal qu'on ne pût voir sa tête.

Je ne pouvais rien faire tant que nous nous trouvions sur l'autoroute, sauf me calmer un peu et essayer d'envisager la prochaine étape. Il faudrait bien que j'intervienne à un moment ou à un autre – et le plus tôt possible, car je ne connaissais pas leur destination, et la I-95 va jusqu'en Floride. Beaucoup plus près, à une trentaine de minutes d'où nous étions, se trouvait Quantico, le centre d'instruction du FBI et de la DEA. Il y avait sans doute quelque chose de ce côté. Luther et le Noir repéré dans Ball Street connaissaient tous deux Kev, étaient venus chez lui. Ils appartenaient au même groupe. Mais pourquoi avaient-ils voulu tuer Kev ? Et quelle relation avec mes « amis de l'autre côté de l'eau » ?

Je pensais de nouveau à la Floride, et cela me donna une idée. Je la mis en réserve pour plus tard.

Je jetai un coup d'œil à mon passager. Il était en très mauvais état et continuait à perdre du sang. Il était assis dans une véritable flaque, car le tapis caoutchouté, devant le siège, empêchait le liquide de s'évacuer. Je distinguais par intermittence son visage à la lueur des lampadaires de l'autoroute. Il avait les traits totalement figés, et la vie désertait lentement ses yeux. Il n'allait pas tarder à mourir. Pas de chance pour lui.

J'étendis le bras, ouvris son veston et prélevai les deux chargeurs de rechange du pistolet dans les étuis de cuir accrochés à son épaulière. Il n'en fut même pas conscient. Il était déjà ailleurs.

Il ne fallait pas que je perde de vue ma cible. Je faisais fonctionner les essuie-glaces à pleine force, et j'avais mis le dégivreur au maximum, car la chaleur du sang perdu par mon passager et celle de mon propre corps embuaient sérieusement les vitres.

L'autoroute convenait parfaitement à ma tâche ; je pouvais

laisser une certaine distance entre mon véhicule et celui que je poursuivais, permettre même, de temps à autre, à une voiture de venir s'intercaler, me dérobant à la vue. Quand survenait une sortie, je me rapprochais un peu, pour pouvoir suivre éventuellement sans coup férir.

J'aperçus soudain un panneau indiquant « Lorton, 2 kilomètres », et la voiture-cible se mit à signaler qu'elle prenait la bretelle de sortie. En fin de compte, mes gaillards n'allaient pas à Quantico. Je n'avais pas le temps d'épiloguer là-dessus ; le moment était venu d'agir. Tout en conduisant, je glissai un chargeur neuf dans le pistolet. Mon passager avait glissé complètement au sol, le dos à la porte. Seul le gilet pare-balles qu'il portait sous sa chemise lui soutenait encore le torse. Il était mort.

J'étais maintenant dans la file sortante, à une vingtaine de mètres derrière la voiture que je poursuivais, assez près pour ne pas la perdre, mais assez loin pour que, si ses occupants se retournaient, ils ne puissent distinguer que des phares. Je ne vis d'ailleurs pas de têtes se retourner ; ils ne semblaient s'être aperçus de rien. Je respirai profondément et commençai à me cuirasser en vue de l'action.

La bretelle de sortie de Lorton était en pente légèrement ascendante, et tournait doucement vers la droite. Les grands arbres qui encadraient la chaussée vous donnaient l'impression d'avancer dans un tunnel. Je projetai d'intervenir au premier embranchement.

Je vis les feux de signalisation à quelque distance devant et commençai à accélérer pour me rapprocher de l'objectif. Les feux de la voiture indiquèrent qu'elle freinait et allait tourner ensuite à droite. Elle laissa passer un camion, puis amorça son tournant. Me calant au fond de mon siège et tenant le volant à bras tendus, j'appuyai sur l'accélérateur.

J'étais à près de 80 à l'heure et continuais à accélérer lorsque j'arrivai à leur niveau. Je braquai violemment à droite, et mon aile vint heurter la leur. Il y eut un terrible choc. Mon coussin d'air se gonfla d'un seul coup. L'autre voiture se mit en travers, avec un bruit de verre brisé et de caoutchouc martyrisé.

Au moment précis où le véhicule s'arrêta, je me libérai de

ma ceinture et ouvris la porte. L'air semblait glacial. Tout d'abord, je n'entendis que le sifflement du radiateur, mais des cris étouffés ne tardèrent pas à s'échapper de la voiture.

Le premier objectif était le conducteur, car le véhicule devait être immobilisé de façon permanente. Il se battait encore avec sa ceinture de sécurité lorsque je tirai à travers le pare-brise. Je ne sus pas où je l'avais touché, mais le fait est qu'il fut mis hors de combat. En regardant au fond de la voiture, je pus apercevoir Kelly. Elle était couchée sur le sol, les mains plaquées sur ses oreilles.

Luther avait commencé à tirer dans ma direction. Sa porte était à demi ouverte et il était sorti en roulant sur lui-même. C'était ce que j'aurais fait à sa place, car une voiture attire le feu et il faut s'en dégager au plus vite. Je tirais moi aussi, en visant bas, juste au-dessous de la porte. Il poussa soudain un hurlement. Je l'avais touché. Je ne savais pas si c'était un coup au but ou un ricochet, mais cela n'avait pas d'importance : l'effet était le même.

Je sortis de derrière le capot de ma voiture pour m'occuper du troisième personnage. Il leva les mains et se mit à hurler :

— Non ! Non !

Je lui expédiai deux balles dans la tête.

Kelly était toujours roulée en boule à l'arrière de la voiture. Elle n'avait besoin de personne pour le moment.

Je fouillai les deux cadavres, raflant les portefeuilles et les chargeurs de rechange. Je gardai Luther pour la fin. Il gisait sur le sol derrière la voiture, les mains crispées sur la poitrine, gémissant et suppliant. Il avait reçu sous l'aisselle une balle qui avait dû aboutir dans la cage thoracique. Je me souvins de Kev, de Marsha et d'Aida, et lui expédiai un vigoureux coup de pied. Il ouvrit la bouche pour crier, mais il n'en sortit que de vagues borborygmes. Il s'en allait. Parfait. Qu'il prenne son temps…

Je courus vers Kelly et la soulevai dans mes bras. Je dus crier pour couvrir ses hurlements :

— Tout va bien, Kelly ! Je suis là ! Tout va bien !

Je la serrais très fort dans mes bras. Elle m'assourdissait presque.

— C'est fini, maintenant. Tout va bien.

Ce n'était pas fini.

La police n'allait pas tarder à arriver. Je regardai autour de moi. Au-delà du croisement, il y avait une route à double voie. Sur la gauche, la I-95 la traversait, avec une station-service Texaco à 400 mètres environ sur la droite. Au loin, on apercevait un hôtel Best Western.

Des phares arrivaient vers nous sur la bretelle. Luther continuait à gémir, mais il n'en avait plus pour longtemps. Les phares se rapprochaient.

Kelly était toujours en pleine crise d'hystérie. Je la pris de nouveau dans mes bras pour dissimuler mon pistolet et allai me porter au-devant de la voiture qui arrivait. Je lui fis de grands signes de détresse, et elle s'arrêta.

Ces Bons Samaritains circulaient dans une Toyota Previa, le mari et la femme devant et deux enfants à l'arrière. En me précipitant côté conducteur, je m'efforçai de jouer du mieux que je pouvais les victimes traumatisées.

— Au secours ! Au secours ! hurlai-je.

C'était la femme qui était au volant. Elle ouvrit sa porte en s'exclamant :

— Oh, mon Dieu ! Mon Dieu !

Son mari avait déjà sorti son téléphone portable pour appeler une ambulance.

C'est alors que je braquai le pistolet contre le visage de la conductrice.

— Tout le monde dehors ! hurlai-je. Tout le monde descend !

J'agitais l'autre bras comme un fou. Ce pour quoi il me prenait, sans doute.

— Descendez, ou je vous tue ! Descendez !

La seule chose que je connaissais des familles, c'est que nul ne veut mettre la sienne en danger de mort. Le mari réagit aussitôt.

— Non ! gémit-il. Non !

Et il se mit pratiquement à pleurer.

Kelly, momentanément calmée, suivait la scène.

Ce fut la femme qui garda son sang-froid.

— Entendu, dit-elle. Nous sortons. Dean, sors les enfants ! Vas-y !

Dean reprit un peu ses esprits et obtempéra.

— Et jette ton portefeuille dans la voiture ! lui criai-je.

Je projetai Kelly à l'intérieur, fis le tour, m'installai au volant et démarrai.

Je voulais d'abord sortir de la zone de danger immédiat, puis m'arrêter pour réfléchir un peu. L'autoroute était exclue, car il serait trop facile à la police de m'y intercepter. J'allai jusqu'à l'embranchement, puis tournai à gauche sous le pont autoroutier, après le garage. Je trouvai là une route normale à double voie et accélérai aussitôt.

Je n'avais pas le loisir d'expliquer quoi que ce soit à Kelly. Elle était roulée en boule sur le siège arrière, sanglotant. L'adrénaline avait commencé à refluer en moi, et j'avais le visage baigné de sueur. Je respirais profondément, m'efforçant de faire entrer plus d'oxygène dans mon organisme et de me détendre. J'étais furieux contre moi-même pour avoir saboté le travail à l'origine. J'aurais dû tuer Luther dès la première fois, au lieu de faire dans la dentelle.

Je me rendis compte que nous nous dirigions plein sud, nous éloignant de l'aéroport. Je m'arrêtai et commençai à étudier les cartes routières qui se trouvaient dans la voiture. Kelly faisait pâle mine, mais je ne savais pas trop bien quoi lui dire pour lui remonter le moral.

— Je t'ai dit que j'allais m'occuper de toi, fis-je à tout hasard. Tu vas bien ?

Elle leva les yeux vers moi et hocha la tête, sa lèvre inférieure continuant à trembler.

J'avais pris une décision. Vaille que vaille, nous allions retourner tout droit à l'hôtel, récupérer la disquette et détaler. Je virai de bord et retournai vers l'autoroute, que nous prîmes jusqu'au Beltway.

Nous croisâmes chemin faisant une bonne dizaine de voitures de police roulant en trombe à la file.

Il nous fallut un peu moins d'une heure pour arriver à l'*Economy Inn*. Je me rendis directement au parking et dis à Kelly de m'attendre. Je ne sais si elle m'entendit, car il n'y eut d'abord pas de réaction. Je répétai et elle hocha faiblement la tête.

Je grimpai à l'étage, sortis mon pistolet et fis une entrée

prudente et professionnelle dans la chambre. Je renversai sur le côté la commode, envoyant le téléviseur s'écraser au sol, et arrachai le ruban adhésif maintenant la disquette sous le meuble. Si Luther et ses associés étaient bien en relation avec l'IRA, ils devaient savoir que j'avais une disquette – ou au moins le supposer. Récupérant le sac noir, j'allai dans la salle de bains et jetai deux serviettes dans la baignoire, où je fis couler de l'eau. Je pris ensuite, dans un tiroir, un sac à linge en plastique et y enfournai les deux serviettes humides en même temps qu'un savon. Je quittai la chambre en laissant la pancarte « Ne pas déranger » accrochée à la poignée de la porte.

Kelly était toujours recroquevillée sur le siège arrière. Nous prîmes la direction de l'Hôtel Marriott.

30

J'allai me garer le long d'une file de voitures particulières et de camionnettes et fourgons de modèles divers, descendis et allai vers l'arrière de la Toyota pour prendre les serviettes. Dès le moment où j'ouvris la porte arrière, Kelly me sauta dessus, me jetant les bras autour du cou en serrant très fort. Tout son petit corps tremblait.

J'écartai doucement son visage de mon épaule. Du sang provenant de l'homme que j'avais visé à la tête était venu éclabousser mon veston. Kelly en avait maintenant sur la figure, où il se mêlait à ses larmes. Je lui murmurai à l'oreille :

— Tout va bien, maintenant, Kelly. Vraiment ! C'est fini.

Elle me serra encore plus fort. Ses larmes mouillaient ma nuque.

— Il faut que j'aille chercher une autre voiture, lui dis-je. Alors, je veux que tu restes ici. Je ne serai pas long.

Je voulus la reposer sur le siège de la voiture, mais elle résista, enfouissant son visage au creux de mon épaule. Je sentais la chaleur de son souffle à travers le tissu de ma veste. Je posai la main sur l'arrière de sa tête et me mis à la bercer doucement. Pendant un moment, je ne sus plus très bien qui s'accrochait à qui. La tournure prise par les événements et l'incertitude quant à l'identité de leurs instigateurs me terrorisaient. Il me fallait, avant tout, faire confirmer par Kelly ce que Luther avait dit, et la chose ne m'enchantait pas.

— Kelly, lui demandai-je, est-ce que tu connaissais vraiment Luther ? Et est-ce qu'il est vrai qu'il est parfois venu chercher ton papa ?

Je la sentis qui hochait lentement la tête contre mon épaule.

— Je ne te laisserai plus jamais seule, Kelly, lui affirmai-je. Et maintenant, si on se nettoyait un peu ?

Je tentai de mettre un peu de gaieté dans l'air en lui passant l'une des serviettes humides sur la figure.

— Je vais te confier une mission très importante, lui dis-je. Tu vas veiller sur le sac pendant que je vais chercher une voiture. D'accord ?

— D'accord.

Tandis qu'elle se séchait, j'inventoriai les portefeuilles. Il y avait un peu plus de 200 dollars en tout.

Le parc de stationnement entourait tout l'hôtel, et n'était éclairé que par les lumières venues de la rue. Ses différentes zones étaient délimitées par des buissons arrivant à peu près à la taille d'un homme normal, et de grands arbres encadraient l'ensemble. Il y avait de l'ombre en quantité.

J'installai Kelly au milieu d'un petit bosquet avec le sac.

— Tu restes cachée là, lui dis-je, jusqu'au moment où je reviens avec la voiture. Vu ?

— Est-ce que je pourrai te voir ? chuchota-t-elle en relevant sa capuche. Je veux pouvoir te voir.

J'avais l'œil sur une Dodge familiale garée au milieu d'une file.

— Tu vois cette voiture bleue, là-bas ? dis-je à Kelly. C'est celle que je vais prendre.

J'employai pudiquement le verbe « prendre », car, malgré tout ce à quoi elle avait déjà assisté, je ne voulais pas lui dire carrément que j'allais la voler.

Il me fallut près de cinq minutes pour entrer dans la voiture, mais elle démarra à la première tentative. Je mis les essuie-glaces et le dégivreur à fond, avant de reculer vers le bosquet où m'attendait Kelly. Elle monta s'installer sur le siège avant avec un grand sourire, et nous repartîmes.

— Ceinture ! lui dis-je.

Elle obéit et s'attacha.

Nous prîmes l'I-95 vers le sud. Une trentaine de kilomètres avant la bretelle de Lorton, nous vîmes des panneaux nous informant que la sortie était provisoirement fermée. En passant sur le pont autoroutier, je regardai en bas à droite. Il y avait des voitures de police partout, tous feux clignotant. Je m'abstins de ralentir.

La jauge à essence indiquait que le réservoir était aux trois quarts plein. Nous pourrions donc faire de la route avant le prochain plein. J'allumai la radio, passant d'une station à l'autre pour essayer de capter un bulletin d'information.

Il y avait beaucoup de circulation, ce qui faisait bien notre affaire en nous permettant de nous perdre dans la masse, mais rouler sur cette grande route était d'un mortel ennui. Au moins, il avait cessé de pleuvoir.

Au bout de 150 kilomètres, je commençai à me sentir très las. Les yeux me piquaient. Je m'arrêtai pour prendre de l'essence à la frontière de Virginie et de Caroline du Nord et poursuivis ma route vers le sud. Kelly dormait à l'arrière de la voiture.

Vers une heure du matin, nous n'avions parcouru que quelque 270 kilomètres, mais la limite de vitesse était heureusement passée de 100 à 120 km/h. Je ne cessais de voir, au bord de la route, de vastes panneaux représentant un Mexicain et faisant la publicité d'un endroit appelé « Au Sud de la Frontière ». Ce devait être notre prochain arrêt – à 320 kilomètres.

Nous franchîmes la frontière de Caroline du Sud vers cinq heures du matin. « Au Sud de la Frontière » se trouvait deux ou trois kilomètres plus loin. C'était un curieux mélange de station-service et de centre commercial et récréatif, comprenant des magasins d'alimentation, des boutiques de vêtements de plage, des drugstores et même un bar et un dancing. Tout cela semblait encore ouvert à en juger par le nombre de voitures à l'arrêt.

J'entrepris de me réapprovisionner en essence. Il faisait à peine plus chaud qu'à Washington, mais, au moins, on entendait les criquets. On se rendait compte ainsi qu'on allait vers le sud. J'étais toujours à la pompe, lorsqu'une vaste Cherokee tout-terrain arriva sur le terre-plein. Des accents de rap s'en échappèrent lorsque les portes s'ouvrirent. À l'intérieur du véhicule se trouvaient quatre gamins blancs d'âge universitaire, deux garçons et deux filles.

Kelly avait été réveillée par les violentes lumières de la station-service. Je lui demandai par gestes à travers la vitre si elle voulait quelque chose à boire. Elle me fit un signe affirmatif en se frottant les yeux.

J'entrai, pris des boissons et des sandwiches et m'en allai payer à la caisse. Le caissier, un Noir approchant de la soixantaine, entreprit d'établir ma note.

Les deux filles entrèrent à ce moment, blondes décolorées, les cheveux tombant sur les épaules. L'un des garçons les suivait, maigre, boutonneux, avec trois poils de barbiche.

Le caissier cligna de l'œil et me dit tout bas :

— L'amour est aveugle.

J'eus un sourire complice.

Les filles parlaient entre elles et réussissaient à couvrir la musique, pourtant des plus bruyantes. Je vis qu'au-dehors, l'autre garçon faisait le plein. Tous portaient le même uniforme : short et T-shirt flottant. Ils revenaient sans doute de la plage. On pouvait voir tout de suite qu'ils avaient de l'argent – l'argent de papa.

Ils prirent la file derrière moi. C'était l'une des filles qui payait.

— C'était une journée salement cool, proclama-t-elle.

Je croyais entendre un personnage de l'un des feuilletons télévisés favoris de Kelly. À en croire ce que disaient ces charmants jeunes gens, leurs parents étaient des abrutis complets, qui, bien que pleins aux as, ne leur donnaient jamais assez d'argent.

— Ils pourraient peut-être essayer de travailler, me dit entre haut et bas le caissier tout en me rendant la monnaie.

Ses yeux pétillaient de malice. Je souris de nouveau en récupérant mes emplettes. La fille qui se trouvait derrière moi ouvrit alors son sac pour payer. Mais l'autre, qui était restée en arrière avec le garçon, s'offusqua des propos du caissier – et de mon sourire approbateur.

— Vous avez vu sa gueule, les enfants ? fit-elle dans mon

dos, de façon à être entendue. Je me demande ce qui l'a mordu.

Le garçon se mit à ricaner stupidement.

À en juger par le contenu du sac ouvert sur le comptoir, papa était quand même généreux. J'aperçus une belle liasse de billets, et assez de cartes pour une partie de bridge en règle. Les autres, derrière moi, continuaient à ricaner en buvant les bières qu'ils venaient de prélever dans le réfrigérateur. Je m'en allai.

Nos véhicules se faisaient face dans l'avant-cour. Installé sur le siège avant de la Cherokee, le quatrième membre du groupe, qui avait fini son plein, tambourinait sur son volant au rythme d'un CD.

Kelly était toujours étendue à l'arrière de la Dodge. J'allai jusqu'à la portière, je m'accroupis et frappai à la vitre. Elle sursauta et s'assit. Je lui montrai alors une boîte de Coca-Cola.

Les trois autres sortaient à ce moment de la boutique. Ma cote de popularité n'avait pas remonté auprès d'eux. Comme ils embarquaient dans la Cherokee, j'entendis l'une des deux filles glapir :

— Foutue tête de con !

Et l'autre demanda alors :

— Laquelle ? La tête de con noire ou la tête de con blanche ?

Ils fermèrent leurs portes en s'esclaffant.

Je montai dans la Dodge et gagnai le poste de gonflage de pneus. À bord de la Cherokee, les trois nouveaux arrivants étaient visiblement en train de raconter leur aventure au conducteur, et tout le monde paraissait s'exciter. Le moment était venu pour les garçons de montrer quels petits durs ils étaient, et les filles ne voulaient pas être en reste sur leurs chevaliers servants.

Quittant l'avant-cour, la Cherokee me prit dans ses phares alors que je vérifiais mes pneus en bavardant avec Kelly. Elle ralentit, et ses occupants nous regardèrent. L'une des filles dut faire une réflexion particulièrement spirituelle, car tous éclatèrent de rire, et le conducteur me gratifia d'un geste obscène du doigt. Puis ils disparurent dans la nuit.

Je leur laissai une minute d'avance, puis je reculai et les suivis.

Je ne tenais pas à faire cela sur la grande route à moins qu'il n'y ait pas d'autre solution. Je me disais que tôt ou tard, ils allaient tourner dans une petite route plus tranquille afin de pouvoir boire leurs bières hors de la vue des flics ou peut-être d'étaler une ou deux couvertures sur le sol.

De fait, au bout d'une dizaine de kilomètres, la Cherokee tourna pour emprunter une petite route défoncée qui semblait serpenter au milieu de nulle part. Nous suivîmes.

— Kelly, dis-je, tu vois cette voiture, devant ? Il faut que je m'arrête pour demander quelque chose au conducteur. Toi, tu restes là. Compris ?

— Compris.

Son Coca-Cola l'intéressait plus que ma conversation.

Je ne voulais pas les attaquer ouvertement, les forcer hors de la route ou me livrer à la moindre action spectaculaire. Si une autre voiture survenait, la scène devait, à première vue, sembler normale.

Nous dépassâmes une boutique fermée, un vaste dépôt de camions, un parc de caravanes, puis, après une longue étendue désertique, une maison isolée. Je commençais à désespérer lorsque j'aperçus un panneau indiquant un stop à 400 mètres. Accélérant, je me rapprochai alors des feux arrière de la Cherokee.

J'arrivai à leur hauteur sur la gauche, et, faisant retentir mon avertisseur, j'agitai vers eux un atlas routier en faisant un grand sourire. Tous tournèrent la tête, et, quand j'allumai mon plafonnier, ils m'aperçurent, ainsi que Kelly à demi endormie au fond. Ils ne tardèrent à m'identifier comme étant « la tête de con blanche », et les plaisanteries fusèrent, tandis que sortaient de leurs cachettes les boîtes de bière.

Je descendis de voiture, en continuant à leur sourire. On entendait de plus en plus les criquets. Le conducteur de la Cherokee était en train de parler aux autres. Il leur proposait sans doute de démarrer en trombe dès que j'arriverais près de leur voiture.

— Salut ! fis-je. Pourriez-vous m'aider ? Je voudrais aller à Raleigh.

C'était un nom que j'avais aperçu au passage sur un panneau en Caroline du Nord.

La vitre de leur portière s'ouvrit électriquement, et j'entendis des ricanements étouffés à l'intérieur du véhicule.

— Bien sûr, mon vieux, dit alors le conducteur. Je vais te montrer.

À son ton, il n'était pas difficile de deviner qu'il allait m'envoyer n'importe où sauf à Raleigh.

Je lui mis le guide routier entre les mains en lui disant :

— Je ne sais pas comment j'ai pu me perdre. J'ai dû prendre le mauvais embranchement après avoir fait le plein.

Sans regarder le guide routier, il se lança dans de grandes explications :

— Tu tournes à gauche et tu roules pendant trente-cinq kilomètres jusqu'au moment où tu verras...

Les filles étaient au comble de la jubilation. Elles avaient du mal à modérer leur hilarité.

Je saisis alors de la main gauche la nuque du conducteur, et, de la droite, je braquai le pistolet, dont j'enfonçai le canon dans sa joue presque imberbe.

— Oh, merde ! Il a un flingue ! Il a un flingue !

Une chape de silence s'abattit sur les trois passagers, mais le conducteur devint soudain intarissable :

— Je suis désolé ! C'était une blague. Juste une blague. On est ronds, voyez-vous. Et c'est la petite salope dans le fond qui a tout commencé. Moi, j'ai rien contre vous, je vous le jure...

Je ne pris même pas la peine de lui répondre. Je criai en direction du siège arrière :

— Jetez vos sacs à main dehors ! Et en vitesse !

Je pensais avoir pris un accent américain assez convaincant. L'important, c'était de faire peur. Les filles jetèrent leurs sacs à main avant de se blottir dans les bras l'une de l'autre. Le conducteur tremblait de tous ses membres, et des larmes coulaient silencieusement sur ses joues.

— Toi ! fis-je en désignant l'autre garçon, assis sur le siège avant.

Il me regarda d'un air hébété.

— Oui, toi ! répétai-je. Tu me files ton fric. Là, par la portière !

Il ne mit pas plus de deux secondes à s'exécuter.

C'était maintenant le tour du conducteur, et il battit le record de vitesse que venait d'établir son petit camarade. J'étendis le bras, raflai les clés de la Cherokee et les mis dans ma poche. Je jetai un coup d'œil autour de moi. Rien. Pas de phares à l'horizon. Le canon du pistolet était encore appuyé sur la joue du conducteur. Je lui dis doucement :

— Maintenant, je vais te tuer.

Tous entendirent, mais aucun ne bougea.

— Dis ta prière favorite, mais fais vite !

Il ne pria pas, mais il supplia :

— Ne me tuez pas, je vous en prie, ne me tuez pas !

Je baissai le regard et m'aperçus que son short, gris à l'origine, était maintenant plus foncé vers l'arrière. Papa risquait de ne pas beaucoup apprécier les taches sur le beau cuir beige de ses sièges.

Je m'amusais bien, mais je savais que je ne devais pas m'éterniser. Je reculai de quelques pas et ramassai mon butin sur la chaussée. Je jetai un coup d'œil à la charmante jeune personne qui avait déclenché les hostilités. Elle avait l'air assez déconfit.

— Qu'est-ce qui t'a mordue ? lui demandai-je au passage.

Je montai en voiture, virai à 180 degrés et m'éloignai.

— Pourquoi as-tu pris leurs affaires à ces gens ? me demanda Kelly, l'air perplexe.

— Parce que nous avons besoin de beaucoup d'argent et que nous sommes plus beaux qu'eux. Alors ils ont tenu à tout nous donner.

Je la regardai dans le rétroviseur. Elle savait très bien que je mentais effrontément.

— Tu veux que je te donne un travail ? lui demandai-je.

— Quoi donc ?

— Tu vas compter tout l'argent qu'il y a là.

Elle commença à ouvrir les sacs et les portefeuilles et à empiler les billets sur ses genoux.

— Combien y a-t-il ? lui demandai-je au bout d'un moment.
— Plus d'un million de dollars, proclama-t-elle.
— Tu devrais peut-être recompter pour vérifier.
Cinq minutes plus tard, j'obtenais le total plus réaliste de 336 dollars. Les deux filles avaient tort. Papa était un ange.

Nous commençâmes à voir des panneaux annonçant la ville de Florence. Excellent. La ville était à une centaine de kilomètres, et il était cinq heures vingt. Il allait commencer à faire jour vers sept heures, et je voulais me trouver à destination avant l'aube, si possible. J'abandonnerais alors la Dodge, et il nous faudrait trouver un autre moyen de transport. De toute manière, nous devions gagner la Floride.

Une quinzaine de kilomètres avant Florence, j'aperçus une aire de repos, avec toilettes et kiosque d'information. Je m'arrêtai et me procurai gratuitement une carte de la ville et de ses environs. Kelly était à demi éveillée. Je fis quelques pas à l'extérieur. Le ciel commençait à se colorer légèrement de rose. Les oiseaux chantaient. L'air était encore vif, mais on sentait que la journée allait être belle et chaude. Cela faisait du bien de se détendre un peu. J'empestais la sueur, et j'avais l'impression qu'une couche de graisse me recouvrait complètement la peau. Les yeux me brûlaient et devaient, sans nul doute, être gonflés et injectés de sang. Ma nuque douloureuse m'obligeait à marcher comme si j'avais eu une planche attachée au cou et au dos.

Le plan indiquait qu'il y avait une gare à Florence. C'était toujours un point de départ. Je revins à la voiture et rassemblai sacs à main et portefeuilles pour les jeter. Tous étaient faits du plus beau cuir, et deux avaient même des monogrammes gravés. Dans l'un des sacs se trouvaient de l'héroïne et de la marijuana enveloppée dans du papier d'argent. J'étais bien content d'avoir dévalisé ces minables gosses de riches, et il y avait une bonne chance pour qu'ils n'osent même pas porter plainte.

Nous repartîmes, gagnâmes Florence et prîmes la direction de la gare. En son centre, la ville semblait agoniser lentement. Des efforts avaient visiblement été faits pour lui redonner quelque vie, mais le résultat n'était pas convaincant. Chaque magasin semblait être une boutique de babioles pour touristes, vendant des bougies parfumées, des savonnettes armoriées et des pots-pourris. Il n'y avait rien, là, pour de vrais consommateurs, rien pour la vie normale.

La gare ressemblait à toutes les autres en Amérique, pleine de sans-abri venus y chercher la chaleur, sentant la sueur et la moisissure. Des clochards ivres-morts étaient allongés sur les bancs.

Je consultai le tableau des départs. Il apparaissait que nous pouvions gagner De Land par le train, puis prendre un car pour Daytona. Il était un peu moins de six heures, et le train arrivait à sept.

Le guichet était déjà ouvert, et il semblait fortifié comme une épicerie coréenne, avec, partout, du grillage métallique à la peinture blanche écaillée. Je pouvais à peine distinguer le visage noir qui s'enquérait de ma destination.

Une heure plus tard, nous montions à bord du train, trouvions nos places et nous effondrions dans les sièges. Notre wagon n'était qu'à moitié plein. Kelly se blottit contre moi, visiblement morte de fatigue.

— Nick ?

— Oui ?

— Où on va ?

— Voir un ami.

— Quel ami ?

Elle semblait heureuse à cette idée. Elle en avait peut-être un peu assez de ma seule compagnie.

— Il s'appelle Frankie et il habite près de la plage.

— On va en vacances chez lui ?

— Non. Frankie n'est pas ce genre d'ami.

Je décidai d'entretenir un peu la conversation, car elle n'allait pas tarder à s'endormir. Le mouvement rythmique du train allait avoir raison d'elle sous peu.

— Qui est ta meilleure amie ? lui demandai-je. C'est Melissa ?

— Oui. Nous nous disons des choses que nous promettons de ne répéter à personne d'autre.

Puis, après avoir proclamé son indéfectible amitié pour

Melissa, elle entreprit de m'énumérer les points noirs chez celle-ci, à commencer par le fait de jouer avec une fille qui n'avait pas l'heur de plaire à Kelly.

— Et toi, Nick, qui est ton meilleur ami ?

La réponse était facile, mais je ne tenais pas à mentionner son nom. Si nous nous faisions de nouveau pincer, je ne voulais pas le mettre en danger. Le soleil, arrivant par la vitre, devenait brûlant. Je me penchai pour baisser le store.

— Mon meilleur ami, dis-je, s'appelle... David.

C'était le prénom le plus différent d'Ewan que j'avais pu trouver sur le moment.

— Comme toi et Melissa, poursuivis-je, nous nous disons des choses que personne d'autre ne sait. En fait, il a une fille qui est juste un peu plus âgée que toi. Personne ne le sait, à part David, moi – et maintenant toi...

Il n'y eut pas de réponse. Elle devait déjà dormir. Je continuai, je ne sais pourquoi :

— Nous nous sommes connus quand nous avions dix-sept ans, et nous sommes toujours restés amis depuis.

Je commençai à caresser les cheveux de Kelly. J'aurais voulu continuer à parler, lui expliquer, mais c'était trop difficile. Je ne pouvais traduire en mots ce que Ewan et moi avions toujours été l'un pour l'autre.

31

Frank de Sabatino avait été mis en totale disgrâce par LCN – sigle désignant familièrement La Cosa Nostra – de Miami, et avait, dans le cadre du programme fédéral de protection des témoins, été expédié en Grande-Bretagne. J'avais fait partie de l'équipe chargée de s'occuper de lui pendant les trois mois qu'il avait passés à Abergavenny avant de retourner aux États-Unis. Je me souvenais de lui comme d'un petit homme de 1 mètre 62, assez sale, avec des cheveux très noirs et bouclés comme ceux d'un joueur de football des années quatre-vingt. De corps, il ressemblait plutôt au ballon.

Le FBI, enquêtant sur LCN – les agents fédéraux n'utilisent jamais le terme Mafia –, avait découvert que Frankie de Sabatino, un virtuose de l'ordinateur travaillant pour l'un des principaux « parrains », avait détourné des centaines de milliers de dollars provenant d'opérations de trafic de drogue. Les fédéraux contraignirent alors Frankie à devenir témoin de l'accusation. Sinon, il aurait été officiellement arrêté, et ses malversations révélées à LCN, qui se serait chargée de le faire éliminer par ses agents en prison.

La première chose remarquable chez Frankie de Sabatino était son habillement. Pour lui, une tenue discrète impliquait une chemise orange pâle, un pantalon pourpre et des bottes de cow-boy en peau d'alligator. On lui avait donné une nouvelle identité après le procès, mais, si surprenant que cela paraisse, il avait choisi de rester aux États-Unis – et, plus curieusement encore, en Floride. Peut-être son choix de chemises n'était-il pas concevable ailleurs.

J'avais pensé de nouveau à appeler Ewan, mais qu'aurait-il pu faire pour moi ? Et il valait mieux que je ne tire pas toutes mes cartouches à la fois. Frankie allait m'aider à déchiffrer le contenu de la disquette de Ball Street, et Ewan pourrait prendre le relais quand je serais revenu en Angleterre.

Nous arrivâmes à la gare de De Land peu avant 14 heures, et le car nous attendait pour nous conduire vers la côte. Après de longues heures d'air conditionné dans le train, la chaleur de Floride vint nous frapper comme si nous avions soudain ouvert la porte d'un four.

Sous le ciel transparent et le soleil impitoyable, au milieu de tous ces gens bronzés et légèrement vêtus, nous nous faisions l'effet de chauves-souris réveillées en sursaut.

Le voyage en car jusqu'à Daytona fut sans histoire. Mon premier soin en arrivant à la gare routière fut de nous commander deux oranges pressées toutes fraîches. Quand nous sortîmes pour prendre un taxi, je sentis le soleil me brûler la peau à travers ma chemise. Je demandai au chauffeur de nous conduire à un hôtel ordinaire.

— Ordinaire comment ? demanda-t-il.

— Bon marché.

Le chauffeur était un Latino. Une cassette de Gloria Estefan hurlait dans sa voiture. Il avait une petite statue de la Vierge sur son tableau de bord, une photo de ses enfants était accrochée à son rétroviseur et il portait une chemise à faire verdir de jalousie Frankie de Sabatino. J'abaissai ma vitre, et la brise marine vint me caresser le visage. Nous tournâmes dans Atlantic Avenue et je vis un ruban de sable blanc qui semblait s'étendre à l'infini. Nous passâmes devant des magasins d'articles de plage et de motocyclettes – Daytona étant l'un des hauts lieux des deux-roues –, des cafétérias, des restaurants chinois, des restaurants de fruits de mer, des 7-Elevens, des hôtels, puis encore des cafétérias et des magasins d'articles de plage...

Toute la ville semblait conçue pour les vacances. La plupart des hôtels aux murs peints de couleurs vives arboraient des écriteaux : « Bon accueil aux étudiants ». Il y avait même en ville une sorte de congrès de majorettes. On pouvait voir celles-ci parader en jupettes et tuniques multicolores devant le centre de réunions. Peut-être Frankie était-il là, installé dans un coin et lorgnant les cuisses des filles.

— On va bientôt arriver ? demanda Kelly.

— Encore deux cents mètres et à gauche, fit le chauffeur.

Je vis défiler tous les hôtels à bon marché habituels, puis survint le nôtre – le *Castaway Hotel.*

Tandis que le taxi s'éloignait, je regardai Kelly et lui dis :

— Oui, je sais. Dégueulasse...

— Trois fois dégueulasse, répondit-elle avec un large sourire.

Peut-être, mais il semblait convenir parfaitement à la situation présente. De plus, il ne coûtait que vingt-quatre dollars la nuit. Je pouvais toutefois savoir, rien qu'à regarder la façade, que nous n'en aurions que pour notre argent, sans plus.

Je récitai la même histoire que dans les hôtels précédents, en ajoutant cette fois que nous étions quand même bien décidés à aller à Disneyland. Je pense que la femme qui se trouvait à la réception ne crut pas un mot de ce que je lui disais, mais peu lui importait dès le moment où je lui donnais l'argent liquide qu'elle se hâta d'enfouir dans la poche de son jean noir crasseux.

Notre chambre était une petite cage à mouches, avec une grande baie vitrée sur l'un de ses côtés. Le plancher était recouvert d'une épaisse couche de poussière, et la chaleur évoquait le trou noir de Calcutta.

— Cela ira mieux avec l'air conditionné, dis-je à Kelly.

— Quel air conditionné ? répliqua-t-elle en me désignant des murs totalement nus.

Elle s'effondra sur le lit, et j'aurais presque juré que j'entendais quelques milliers de punaises se mettre soudain à hurler.

— On peut aller à la plage ? demanda-t-elle.

J'avais un peu la même idée, mais la priorité était, comme à l'habitude, le matériel.

— Nous allons bientôt sortir, lui assurai-je. Mais, en attendant, voudrais-tu m'aider à faire un petit travail ?

Elle acquiesça avec ce qui ressemblait fort à de l'enthousiasme. Je lui donnai les chargeurs de 45 récupérés à la sortie de Lorton, et lui dis :

— Pourrais-tu retirer les cartouches et les mettre là-dedans.

Je lui désignai la poche latérale du sac. Il se trouvait que les chargeurs n'entraient pas dans mon Sig, mais que les munitions étaient les mêmes.

— Bien sûr, fit-elle.

Elle paraissait vraiment enchantée. Pendant qu'elle s'affairait, je dissimulai la disquette dans le lit, déchirant le tissu du matelas avec un tournevis. Puis j'allai me doucher et me raser. Mes coupures au visage avaient noirci et durci. J'enfilai mon jean neuf avec un T-shirt gris, puis j'envoyai Kelly faire sa toilette.

Il était seize heures quarante-cinq. Pendant que Kelly s'habillait, je me mis à consulter l'annuaire. Le nom que je cherchais était de Niro. Car, si fou que cela paraisse, le nom que Frankie avait choisi quand on avait établi sa nouvelle identité était Al de Niro. Pour quelqu'un qui ne doit surtout pas attirer l'attention, c'était une curieuse idée, mais Frankie était un fanatique de Robert de Niro et d'Al Pacino. Il en rêvait la nuit. Il ne s'était, en fait, impliqué dans le trafic de drogue qu'après avoir vu Al Pacino dans *Scarface*. Il connaissait de mémoire tous les dialogues des films où avaient joué ses deux idoles, et, à Abergavenny, il nous avait même gratifiés d'imitations presque convaincantes. C'était triste, mais c'était vrai.

Inutile de dire qu'il n'y avait pas, dans l'annuaire, de numéro au nom d'A. de Niro. J'essayai les renseignements, mais en vain. L'autre solution était d'embaucher un détective privé en lui racontant une fable quelconque, mais cela exigeait du temps et de l'argent.

— Qu'est-ce qu'on va faire, maintenant ? me demanda Kelly, qui avait fini de s'habiller d'un pantalon noir et d'un sweat-shirt vert.

— Il faut que je trouve mon copain, mais je ne sais pas où il habite. Je me demande comment faire.

— C'est le type des ordinateurs ?

Je fis un signe affirmatif.

Très décontractée, elle me demanda, sans même quitter des yeux l'écran de la télévision :

— Pourquoi tu n'essaies pas le Net ?

Bien sûr ! L'homme était un fanatique des ordinateurs. Il devait, à coup sûr, passer le plus clair de son temps à écumer l'Internet, sans doute à la recherche d'images pornos. C'était une meilleure idée que mon histoire de détective privé.

J'allai jusqu'au sac et demandai à Kelly :

— Tu sais utiliser le Net ?

— Bien sûr. Nous le faisons au jardin d'enfants.

— Au jardin d'enfants ?

— L'école où on va avant d'aller vraiment à l'école, pour que les parents soient tranquilles.

Je sortis l'ordinateur portable du sac, ébloui par l'astuce et les talents de cette gamine. Mais je me dis alors que, même si le portable était équipé pour l'Internet, je n'avais plus de cartes de crédit pour y accéder, et je ne pouvais utiliser celles que j'avais volées. Je posai le portable sur le lit en disant à Kelly :

— Bonne idée. Mais je ne peux rien faire avec cet appareil.

Regardant toujours la télévision tout en sirotant un soda chaud qu'elle avait trouvé dans le sac, elle me dit :

— Il n'y a qu'à aller au cyber-café. C'est là que la maman de Melissa allait pour communiquer avec ses amies quand son téléphone était en dérangement.

— Vraiment ?

Cybercino était un établissement où l'on servait du café, des croissants, des brioches et des sandwiches, mais où il y avait aussi des petits compartiments avec chacun un ordinateur en même temps qu'une tablette où poser sa tasse et son assiette.

Je commandai un café, un Coca et des pâtisseries, m'installai avec Kelly dans un compartiment et tentai d'entrer en action. Au bout de quelques minutes, je décidai de passer les commandes à un pilote plus compétent. Kelly fonça dans l'espace électronique comme si elle était chez elle.

— C'est AOL, msn, CompuServe ou quoi ? me demanda-t-elle.

Je n'en avais pas la moindre idée.

Elle haussa les épaules.

— Nous allons faire une recherche, annonça-t-elle de son ton le plus tranquille.

Moins d'une minute plus tard, nous nous retrouvions dans une zone appelée InfoSpace. Elle frappa une touche, et un cadre apparut.

— Nom ?

J'épelai de Niro.

— Prénom ?

— Al.

— Ville ?

— Mieux vaut laisser tomber cela. Mets simplement Floride. Il se peut qu'il ait déménagé.

Elle frappa sur une touche et l'adresse Internet apparut. Je n'arrivais pas à y croire.

J'envoyai alors un message disant que je souhaitais entrer en contact avec Al de Niro ou, du moins, quelqu'un qui était un fan de Robert de Niro et Al Pacino et avait connu « Nicky Deux », d'Angleterre. C'était le surnom que Frankie m'avait donné. Nous étions trois Nick dans l'équipe, et j'étais le deuxième qu'il avait connu. Quand nous nous rencontrions, il avait la manie de m'ouvrir les bras, façon Marlon Brando dans *Le Parrain*, et de m'embrasser en clamant :

— Salut à toi, Nicky Deux !

Dieu merci, il faisait la même chose à tout le monde.

Le café rouvrait le lendemain matin à dix heures. Je réglai la séance en prévenant que je reviendrais à dix heures et quart chercher les messages qui m'auraient été adressés. Il y avait peu de risques que le courrier Internet de Frankie soit surveillé, et qu'on puisse faire la relation entre « Nicky Deux » et moi.

J'avais faim, maintenant, et Kelly aussi. Nous descendîmes

l'artère principale de la ville pour gagner notre restaurant favori. Nous commandâmes deux Big Macs, que nous dévorâmes sur le chemin du retour. Même à cette heure de la soirée, la température dépassait les 25 degrés.

— Est-ce qu'on pourrait jouer au golf miniature ? me demanda soudain Kelly en me désignant un endroit qui ressemblait à un croisement entre Disneyland et le golf de Gleneagles, avec des arbres, des chutes d'eau et un faux navire pirate.

Je pris un réel plaisir à cette partie. Il n'y avait aucun danger immédiat et c'était une formidable détente, bien que Kelly trichât de façon éhontée.

— Nick ?

— Oui ?

J'étais très occupé à me demander comment jouer le prochain trou.

— Est-ce qu'on va voir ton ami – tu sais, David ?

— Un jour peut-être.

Je ratai mon coup.

— Est-ce que tu as des sœurs ou des frères ?

C'était un interrogatoire en règle.

— Oui.

— Combien ?

— Trois frères. Ils s'appellent... euh... John, Joe et Jim.

— Oh ! Et quel âge ont-ils ?

Là, elle m'avait coincé. Je ne savais même pas où ils habitaient. Alors, pour ce qui était de leur âge...

— Je ne sais pas exactement.

— Et pourquoi ?

Je ne trouvai rien à répondre sur le moment, car je me rendis compte que je ne le savais pas moi-même.

— Allez, on termine le parcours, lui dis-je. On est en train de bloquer tout le monde.

Tandis que nous regagnions l'hôtel, je me rendis compte que je me sentais étrangement proche d'elle, et cela m'inquiéta. Elle semblait m'avoir élu comme père de remplacement, et nous n'avions été ensemble que six jours. Or, je ne pouvais prendre la place de Kev et de Marsha même si je l'avais voulu.

Nous prîmes des crèmes glacées en guise de petit déjeuner, puis, à dix heures et quart, nous allâmes aux nouvelles. Un message nous attendait à *Cybercino*. Frankie de Sabatino, ou tout au moins un homme se faisant appeler le Gros Al, était prêt à nous parler. Kelly me servant d'opératrice, j'allai droit au but :

— J'ai besoin de ton aide.

— Qu'est-ce que tu veux ?

— J'ai quelque chose ici, et j'ai besoin que tu me le décodes ou que tu me le traduises. Je ne sais pas très précisément de quoi il s'agit, mais je pense que tu pourras me le dire.

— C'est pour quoi ? Le boulot ?

Il fallait que je l'accroche d'une façon ou d'une autre. Lorsqu'il avait détourné l'argent de la Mafia, cela avait dû être au moins en partie pour le simple plaisir de la chose – pour le « jus », comme eût dit Pat. Il fallait donc le prendre par son point faible. Je fis répondre par Kelly :

— Je ne te le dirai pas ! Si tu veux savoir, il faut que tu me rencontres. Je suis à Daytona. Il y a des gens qui me disent que c'est impossible à déchiffrer, alors j'ai pensé à toi...

Je le tenais. Il demanda immédiatement comment se présentait le matériel, et je lui donnai tous les détails.

— Je ne peux pas te voir avant 21 heures ce soir. Devant le *Boot Hill Saloon*, dans Main Street.

— J'y serai.

Kelly mit fin à la communication, et j'eus 12 dollars à payer. À peu près le centième de ce que m'aurait coûté un détective privé.

Nous avions maintenant des heures à tuer. J'achetai des lunettes de soleil et, pour Kelly, un short dernier cri, un T-shirt et des sandales. Je dus, quant à moi, rester tel que j'étais, ma chemise passée par-dessus mon pantalon afin de dissimuler mon pistolet. La seule adjonction à ma tenue était un foulard noué autour de la tête pour cacher la blessure que j'avais au front, l'autre étant plus ou moins couverte par les lunettes de soleil.

Le nez au vent, nous flânâmes un peu le long de la plage. Puis, quand nous fûmes revenus à l'hôtel, je donnai quelques coups de téléphone pour m'enquérir des vols internationaux. Si ce que « le Gros Al » avait déchiffré me semblait pouvoir convenir à Simmonds, Kelly et moi allions nous esquiver le plus rapidement possible. J'étais sûr que notre homme aurait les contacts nécessaires pour nous procurer des passeports et même de l'argent.

Nous allâmes déjeuner, fîmes dix-huit trous de golf miniature – je laissai, bien sûr, Kelly gagner – puis l'heure de notre rendez-vous ne tarda pas à approcher.

Vers dix-neuf heures trente, le soleil commença à se coucher et les néons à s'allumer en ville. Je ne sais pourquoi, à cause du climat peut-être, je me sentais très détaché, presque oublieux de la situation dans laquelle je me trouvais. Nous étions là tous deux, Kelly et moi, flânant, mangeant des glaces et léchant les vitrines comme des touristes normaux, comme un vrai père et sa fille.

Il n'empêche que je m'inquiétais pour elle. Je me disais qu'elle n'aurait pas dû, normalement, prendre aussi bien les choses, paraître aussi insouciante. Peut-être n'avait-elle pas vraiment compris ce que je lui avais dit au sujet de sa famille, peut-être son subconscient bloquait-il tout. Quoi qu'il en soit, elle se comportait en ce moment précis du mieux que j'aurais pu le souhaiter : comme une petite fille semblable à tant d'autres.

Devant la vitrine d'un magasin, elle me demanda de lui acheter une petite bague, et je lui répondis que je n'avais pas l'argent nécessaire.

— Tu ne pourrais pas la voler pour moi ? dit-elle alors.

Je dus lui parler sérieusement du bien et du mal. Elle avait quelques excuses à ne pas très bien s'y retrouver.

Peu avant vingt et une heures, nous dînâmes d'une pizza et d'une glace, puis, longeant des séries de motocyclettes à l'arrêt, gagnâmes, en prenant notre temps, le lieu du rendez-vous avec Al.

Nous prîmes position à un endroit d'où je pouvais surveiller les deux accès au *Boot Hill Saloon*, dans un vieux cimetière situé de l'autre côté de la rue. C'était tout ce qui restait de la ville ayant existé dans les années vingt, le seul endroit où l'on n'avait pas réussi à construire un hôtel. Ignorant les bruits de moteur qui emplissaient la rue et les flots de rock et de rap déversés par les haut-parleurs, nous nous installâmes, nos glaces à la main, sur un banc proche de l'endroit où reposait Mrs. J. Mostyn, rappelée à Dieu le 16 juillet 1924. Le Seigneur ait son âme.

32

Le Gros Al, comme il se faisait dorénavant appeler, était repérable à un kilomètre à la ronde. Son corps, encore plus grassouillet que dans mon souvenir, était revêtu d'une chemise hawaïenne bleu, blanc et jaune et d'un pantalon rose pâle. Cet accoutrement était complété par des mocassins blancs et une tignasse évoquant celle d'un troisième rôle de *Deux flics à Miami*. Il tenait de la main gauche une grosse serviette, ce qui était bon signe ; il s'était muni de ses outils de travail. Je le vis entrer dans un luxueux bureau de tabac de Main Street et en émerger avec un énorme cigare aux lèvres.

Il alla se planter devant le saloon, au milieu des Harley Davidson garées de toutes parts, posa sa serviette entre ses pieds et continua à mâchonner son cigare avec un air de propriétaire. Je poussai Kelly du coude.

— Tu vois le type, là-bas ?

— Lequel ?

— Le gros avec la chemise à fleurs. Eh bien, c'est l'homme avec qui nous avons rendez-vous.

Un car passa alors dans la rue, entre notre client et nous. Sur l'un de ses flancs tout entier était placardée une gigantesque publicité pour le SeaWorld montrant un dauphin jaillissant d'un bassin. Kelly et moi contemplâmes le car puis nous nous regardâmes en éclatant de rire simultanément.

— Pourquoi est-ce qu'on n'est pas allés l'attendre de l'autre côté ? demanda ensuite Kelly en désignant Frankie-Al.

— Non, lui répondis-je. Ce que l'on fait, dans ces cas-là, c'est d'abord rester à l'écart et bien observer. Tu vois ce que je fais ? Je regarde la rue des deux côtés pour m'assurer qu'il n'y a pas des gens qui le suivent. Regarde un peu toi-même. Qu'est-ce que tu en penses ? Tu crois que tout est OK ?

Brusquement, elle se sentit importante. Elle regarda d'un côté puis de l'autre et me dit :

— C'est OK.

— Alors, viens, en me donnant la main. À la vitesse à laquelle vont les voitures, c'est dangereux.

Lorsque nous nous approchâmes de Frankie, je me rendis compte qu'il avait quelque peu vieilli. Il ne m'en refit pas moins son numéro du *Parrain*. Le cigare dans la main droite, les bras écartés et la tête penchée de côté, il se mit à mugir :

— Aaah ! Voilà Nicky Deux !

Il avait un sourire large comme une pastèque. Il était vraisemblable que, vivant en clandestin, il s'ennuyait à mourir et était ravi d'avoir enfin quelqu'un à qui parler librement.

Il remit son cigare dans sa bouche, ramassa sa serviette et vint vers nous, ses grosses cuisses frottant l'une contre l'autre.

— Hé ! Comment ça va ?

Il se mit à me secouer la main à m'en disloquer le bras tout en observant Kelly d'un air intrigué. Il empestait l'after-shave à la violette.

— Et qui est cette jolie petite dame ? demanda-t-il.

Il se pencha pour la saluer, et je ne pus réprimer un sournois sentiment de méfiance et de dégoût.

— C'est Kelly, lui dis-je. La fille d'un de mes amis. Je m'occupe d'elle pour le moment.

Je doutais fort qu'il fût au courant de ce qui s'était passé à Washington et il ne connaissait certainement pas Kev.

Toujours courbé et tenant la main de Kelly un peu trop longtemps pour mon goût, il proclama :

— C'est formidable, ici ! Nous avons SeaWorld, Disney-world, tout ce qu'il faut pour rendre heureuse une petite demoiselle. Nous sommes l'État du Soleil !

Il se redressa et dit, légèrement essoufflé :

— Où allons-nous ? Un bistrot ? Un restaurant ?

Je secouai la tête.

— Non, fis-je. Nous retournons à notre hôtel. C'est là que j'ai tout ce que tu dois regarder. Tu me suis.

Je mis Kelly sur ma gauche, en lui tenant la main, et je plaçai Frankie sur ma droite. En chemin, nous bavardâmes de choses et d'autres, mais il savait très bien que le véritable but de cette rencontre n'était pas là – et, en fait, il en jubilait d'avance. Il se jouait déjà la comédie, comme Robert et Al sur l'écran.

Nous tournâmes à droite, puis à gauche, et nous nous retrouvâmes dans un parc de stationnement derrière une rangée de magasins. Je regardai Kelly, lui fis signe que tout allait bien et lui lâchai la main. Al-Frankie continuait à jacasser. Des deux mains, je lui saisis le bras gauche et le retournai d'un seul mouvement contre un mur, qu'il alla heurter avec quelque violence. Je le poussai dans l'embrasure d'une porte – la sortie de secours d'un restaurant.

— C'est régulier, fit-il à voix basse. Je suis clair...

Il savait où je voulais en venir. À le voir, on se doutait qu'entre sa graisse et ses vêtements, il ne pouvait à peu près rien dissimuler, et surtout pas une arme. Je lui passai néanmoins la main jusqu'au bas de la colonne vertébrale, car les rotondités de sa région lombaire auraient quand même pu servir de cachette. Il regarda Kelly, qui suivait l'opération avec une attention soutenue et lui cligna de l'œil.

— Je suppose, lui dit-il, que tu l'as vu faire cela des tas de fois...

— Mon papa fait cela aussi, au Ciel.

Frankie-Al fut visiblement pris de court par cette réplique. Regardant Kelly d'un air curieux, il marmonna :

— Ah, oui ? Tu es une petite futée, toi. Une vraie petite futée...

J'en étais arrivé, quant à moi, au stade de la fouille qu'il appréciait sans doute le plus, celui où j'étais amené à palper consciencieusement et jusqu'en haut ses jambes de pantalon. La besogne achevée, je lui dis :

— Tu sais qu'il va falloir que je fouille aussi ta serviette, hein ?

— Bien sûr. Vas-y.

Il l'ouvrit lui-même. J'y trouvai deux cigares dans des tubes métalliques et tout un échantillonnage de ses instruments de travail habituels, fils, câbles de raccordement et disquettes de toutes sortes. Je palpai rapidement les parois de la serviette pour m'assurer qu'elle ne comportait pas de compartiment secret.

À la fin, je me déclarai satisfait. De toute évidence, il était satisfait lui aussi. En fait, il était probablement entré en érection au stade ultime de la fouille.

— Très bien, fis-je. On y va.

— Si on s'achetait quelques glaces en chemin ? suggéra-t-il.

Nous nous entassâmes ensuite dans un taxi, Kelly et moi à l'arrière, et Frankie sur le siège avant, avec, sur les genoux, sa serviette et une boîte de crème glacée Ben and Jerry d'un litre et demi.

Arrivés à l'hôtel, nous gagnâmes directement notre chambre. Tous les gestes de Frankie trahissaient son excitation à la perspective de jouer les espions et les conspirateurs comme au bon vieux temps, et l'aspect sordide de la chambre ne faisait qu'ajouter à son plaisir. Il déposa sa serviette sur l'un des lits et commença à déballer son petit matériel.

— Qu'est-ce que tu fais au juste ces temps-ci ? me demanda-t-il en passant.

Je ne répondis pas.

Assis côte à côte sur l'autre lit, nous le regardions, Kelly et moi, aligner ses instruments. Kelly commençait, de toute évidence, à être fascinée.

— Vous avez des jeux, là-dedans ? demanda-t-elle.

Je m'attendais à ce que Frankie la traite par le mépris, en soulignant qu'il était un homme sérieux, un technicien de génie, et qu'il n'avait que faire de ce genre de fariboles, mais il n'en fut rien.

— Et comment ! s'exclama-t-il au contraire. Des tas ! Peut-être que, si nous avons le temps, nous pourrons jouer à quelques-uns ensemble. Lesquels préfères-tu ?

Sur quoi ils se lancèrent dans une discussion animée sur

les mérites comparés de *Tremblement de terre* et de *Troisième dimension*. Je dus les interrompre pour demander à Frankie :

— Et toi, qu'est-ce que tu fais exactement ces temps-ci ?

— J'apprends aux gens à se servir de trucs de ce genre, répondit-il en désignant l'ordinateur portable. Je fais aussi des petits boulots pour quelques détectives privés ici ou là, pour vérifier en douce des comptes en banque, et d'autres opérations de ce genre. C'est vraiment du bricolage, mais tant pis ; il ne faut pas que je me fasse remarquer.

Je louchai de nouveau sur ses vêtements et sur son cigare et me demandai un instant ce qu'il pourrait bien faire s'il voulait vraiment attirer l'attention.

Il se crut toutefois obligé d'ajouter :

— J'ai quand même réussi à mettre quelques centaines de milliers de dollars à gauche. Alors, avec la prime de reclassement du gouvernement en plus, ça ne va pas trop mal.

Tout en commençant à équiper l'ordinateur portable, il revint à la charge à mon sujet :

— Et toi ? Toujours la même chose ?

— Oui, me décidai-je à lui dire. Même genre de choses. Des bricoles ici et là.

— Tu es toujours une sorte d'espion, alors ?

— À peu près.

— Et là, tu es en mission ?

— C'est cela, je suis en mission.

Il se mit à rire.

— Espèce de foutu enfoiré de menteur ! s'exclama-t-il.

Il regarda Kelly d'un air faussement contrit et lui dit :

— Tu n'as rien entendu !

Puis, se retournant vers moi, il reprit :

— Ne crois pas que tu peux empapaouter comme ça le Gros Al !

Et, à Kelly de nouveau :

— Toi, bouche-toi les oreilles !

Il en revint à moi alors que l'écran du portable commençait à s'animer :

— Tu es toujours marié ?

— Divorcé depuis près de trois ans, lui dis-je. Le boulot et le reste. Je n'ai pas eu de nouvelles d'elle depuis deux ans au moins. Je crois qu'elle vit en Écosse ou quelque part par là. Je ne sais pas vraiment.

Je m'aperçus soudain que Kelly n'en perdait pas une miette. Frankie lui fit un grand clin d'œil.

— Il est comme moi, dit-il. Jeune, libre et célibataire ! Ouais !

Gros Al ou non, il n'était en fait qu'un malheureux solitaire. J'étais certainement pour lui ce qui ressemblait le plus à un ami. C'était tout dire.

Une tonitruante musique de rap parvenait jusque dans la chambre, venant du palier. Des voix féminines se faisaient entendre ; apparemment, les faux étudiants dépenaillés occupant les chambres voisines avaient réussi à recruter quelques majorettes en folie. Peut-être le Gros Al aurait-il eu intérêt à investir une partie de ses économies en jeans coupés aux genoux, en débardeurs et en tatouages sur les biceps.

La première série de documents récoltés dans la maison de Ball Street commença à apparaître sur l'écran. Je regardai par-dessus l'épaule de Frankie et lui dis :

— C'est là que j'ai un problème. Je n'ai pas la moindre idée de ce que tout cela veut dire. Et toi ?

— Je peux te dire ce que c'est, répondit-il sans quitter l'écran des yeux. Ce sont des bordereaux d'expédition et des fiches de paiement. Mais de quoi, je n'en sais rien...

Disant cela, il toucha accidentellement l'écran du bout de l'index, et tout se brouilla un instant.

— Ne jamais toucher à l'écran ! clama-t-il, comme s'il rappelait à l'ordre un élève.

Il s'excitait visiblement ; toute cette besogne lui plaisait. Son ton même avait changé, et était devenu précis et assuré.

— Tu vois cela ? me dit-il.

Il s'agissait de colonnes précédées par des initiales telles que UM, JC, PJS.

— Cela fait référence à des expéditions, expliqua-t-il. Cela indique la nature des envois et leur destination.

Il continua un moment à inventorier les documents se déroulant sur l'écran et hocha vigoureusement la tête.

— Ce sont à coup sûr des relevés d'expéditions et de paiements. De toute manière, comment as-tu réussi à te faufiler là-dedans ? Tu n'es pas exactement un génie de l'ordinateur, et il est sûr que ce truc était protégé, mot de passe et tout...

— J'avais un programme de piratage.

— C'est pas vrai ? Et lequel ?

— Mexy Vingt et un, mentis-je.

— C'est de la merde ! C'est bon pour la casse ! Il y en a maintenant qui font le boulot trois fois plus vite.

Il se tourna vers Kelly et lui dit :

— Ça, c'est l'ennui avec les Angliches ; ils en sont encore à l'âge de la machine à vapeur.

J'ignorai le propos.

— Il y a une autre série de dossiers, repris-je, avec lesquels j'ai des problèmes. Est-ce que tu pourrais les décrypter pour moi ?

— Je ne comprends pas, fit-il. Qu'est-ce que c'est que ces dossiers ?

— Eh bien, ils doivent être en code ou quelque chose comme cela. Il y a juste une série de lettres et de chiffres. Tu pourrais en venir à bout ?

J'avais l'impression d'être un gamin de dix ans demandant qu'on lui noue ses lacets.

Il fit se dérouler les dossiers sur l'écran.

— Tu veux dire ceux-là ? dit-il. Ce sont simplement des fichiers d'images. Il suffit d'un programme adéquat pour les déchiffrer.

Il frappa quelques touches, trouva ce qu'il cherchait et sélectionna l'un des dossiers.

— Ce sont des scans de photos, dit-il.

Il se pencha, ouvrit la boîte de crème glacée, prit l'une des petites cuillers en matière plastique et se mit à piocher dans la crème. Il s'interrompit et lança une cuiller à Kelly en lui disant :

— Tu ferais mieux de t'y mettre avant que l'Oncle Al ait tout fini.

La première image apparaissait sur l'écran. C'était la photo en noir et blanc très tramée de deux personnages debout en haut d'une volée de marches conduisant à un bâtiment d'allure grandiose. Je les connaissais très bien l'un et l'autre. Seamus Macauley et Liam Fernahan étaient des « hommes d'affaires » servant de couverture à de nombreuses opérations de financement de l'IRA. Ils étaient très forts à ce jeu, ayant même réussi, une fois, à faire soutenir financièrement l'un de leurs projets par le gouvernement britannique. Il s'agissait en principe d'un plan de rénovation de certaines villes d'Irlande du Nord visant en même temps à donner du travail aux populations locales. On avait convaincu le gouvernement que si une communauté était appelée à reconstruire elle-même des logements, elle aurait moins tendance, ensuite, à les faire sauter. Mais ce que ce même gouvernement ignorait, c'était que les entrepreneurs ne pouvaient embaucher que du personnel désigné par l'IRA. Ces ouvriers continuaient, pendant ce temps, à toucher des allocations de chômage, et l'IRA prenait sa part des salaires qu'ils percevaient illégalement sur les nouveaux chantiers. Bien sûr, les « hommes d'affaires » avaient aussi leur commission. De plus, étant donné que c'était le gouvernement qui payait, pourquoi ne pas faire sauter les immeubles et les reconstruire de nouveau ensuite ?

À cet égard, l'IRA avait fait du chemin depuis l'époque où elle se bornait à agiter la sébile à Belfast Ouest, à Kilburn ou même à Boston. Tant et si bien que le Secrétariat d'État à l'Irlande du Nord avait dû, en 1988, créer une Section Financière Antiterroriste, employant des spécialistes de la comptabilité, de l'informatique et de la fiscalité. Ewan et moi avions beaucoup travaillé avec eux.

Frankie nous projeta ensuite toute une série de photos de Macauley et de Fernahan serrant la main à deux autres personnages, puis descendant les marches et montant dans une Mercedes. L'un de ces deux personnages était le défunt Morgan McGear, très élégant dans un complet que je reconnus aussitôt. Je jetai un rapide coup d'œil à Kelly, mais elle n'eut aucune réaction. J'ignorais l'identité du quatrième homme.

Les photos étaient sombres et de médiocre qualité, mais je pus quand même voir, par les voitures garées à l'arrière-plan, qu'elles avaient été prises en Europe.

— Passons à la série suivante, dis-je.

Frankie savait que j'avais reconnu quelque chose ou quelqu'un, et il me regarda en haletant presque, brûlant de savoir de quoi il pouvait bien retourner. Cela faisait cinq ans qu'il était sur la touche, et il aurait bien aimé être de nouveau dans un coup. Mais il n'était pas question que je le prenne pour confident.

— Allez, la suite ! lui dis-je simplement.

Les photos suivantes ne me dirent absolument rien, mais quand Frankie les regarda, son sourire en forme de pastèque réapparut aussitôt.

— Je sais, fit-il, ce que tous ces documents concernent.

— Et qu'est-ce que c'est ?

— *Esta es la coca, señor !* Je connais ce type. Il travaille pour le Cartel.

Je voyais, sur la photo, un Latino d'une quarantaine d'années, très élégant, descendant d'une voiture. Le décor m'indiquait, cette fois, que la photo avait été prise aux États-Unis.

— C'est Raoul Martinez, déclara Frankie. Il fait partie de la mission commerciale colombienne.

Cela devenait de plus en plus intéressant. L'IRA Provisoire avait toujours nié être associée en quoi que ce soit au trafic de drogue, et ce que j'avais sous les yeux revenait presque à la preuve de ses liens avec le Cartel.

— Je te garantis, fit Frankie, que, dans une minute, tu vas voir Raoul avec quelqu'un d'autre.

Un ou deux cliquetis plus tard, il s'exclama :

— Et voilà ! Sal, le grand méchant loup...

L'autre personnage avait à peu près le même âge que Martinez, mais il était beaucoup plus grand et plus fort. Sal avait une carrure d'haltérophile engraissé et une calvitie fort avancée.

— Martinez ne se déplace jamais sans lui, m'expliqua Frankie. Nous faisions pas mal d'affaires avec eux, au bon vieux temps. Nous acheminions la cocaïne tout le long de côte Est, jusqu'à la frontière canadienne. Nous avions besoin qu'on arrange un peu les choses pour nous, qu'il n'y ait pas d'histoires en route, et ces gars-là faisaient le nécessaire.

Tout le monde s'y retrouvait en fin de compte. Oui, des gaillards très utiles...

Quand nous inventoriâmes d'autres fichiers d'images, nous tombâmes sur les deux mêmes personnages installés dans un restaurant avec un troisième homme, d'allure anglo-saxonne.

— Celui-là, je ne sais vraiment pas qui c'est, déclara Frankie.

Je regardais par-dessus son épaule, fixant l'écran avec une attention soutenue. À ce moment, Kelly parut se réveiller.

— Nick ? fit-elle.

— Une minute, lui dis-je.

Je me retournai vers Frankie.

— Aucune idée ? lui demandai-je.

— Pas la moindre.

— Nick ?

— Pas maintenant, Kelly, s'il te plaît !

Mais elle insista :

— Nick, Nick !

— Mange ta glace.

— Nick, Nick ! Je sais qui est cet homme.

Je la regardai.

— Quel homme ?

— L'homme sur la photo, fit-elle avec un large sourire. Tu dis que tu ne sais pas qui c'est, mais moi, je le sais !

— Celui-là ? demandai-je en désignant Martinez.

— Non, celui d'avant.

Frankie revint en arrière.

— Lui ! clama Kelly. Celui-là !

C'était l'homme de type anglo-saxon attablé avec Martinez et le grand méchant Sal.

— Tu es sûre ? demandai-je à Kelly.

— Oui.

— Et qui est-ce ?

Après notre expérience vidéo, je m'attendais à ce qu'elle me nomme Clint Eastwood ou Tom Cruise.

— C'est le patron de Papa.

Il y eut, après cette déclaration, un long silence épais, presque palpable. Puis j'entendis Frankie siffloter entre ses dents.

— Qu'est-ce que tu veux dire par là, le patron de Papa ?
— Il est venu une fois dîner chez nous avec une dame.
— Et tu te rappelles son nom ?
— Non. J'étais descendue chercher un peu d'eau, et ils dînaient avec Maman et Papa. Papa m'a permis de venir leur dire bonjour, et il m'a dit : « Un grand sourire, Kelly, s'il te plaît. C'est mon patron. »
C'était une bonne imitation de Kev, et je décelai une lueur de tristesse dans ses yeux.
— Eh bien ! intervint Frankie. En voilà une bonne ! Et qui donc est ton papa ?
Je me retournai vers lui.
— La ferme ! fis-je.
Je l'écartai et pris Kelly sur mes genoux afin qu'elle ait une meilleure vue de l'écran.
— Tu es vraiment sûre que c'est le patron de Papa ?
— Oui, je sais que c'est son patron. Papa me l'a dit. Et le lendemain, Maman et moi, on a fait des plaisanteries sur sa moustache. On a dit qu'il avait l'air d'un cow-boy.
C'était vrai ; il aurait pu figurer dans une publicité pour les Marlboro. Mais, à regarder son image en tenant Kelly dans les bras, je n'avais, de toute manière, qu'une idée, c'était de le trucider.
— Repasse-moi toutes les photos, dis-je à Frankie.
Nous remontâmes jusqu'aux images de Macauley et Fernahan avec McGear.
— Est-ce que tu connais ces gens ?
Kelly répondit par la négative, mais, à ce moment, je ne l'écoutais plus qu'à peine. J'avais remarqué deux voitures garées de l'autre côté de la rue, et, en regardant plus attentivement leurs plaques, j'avais découvert où les photos avaient été prises.
— Gibraltar, ne pus-je m'empêcher de dire entre haut et bas.
Frankie désigna du doigt Macauley et les autres.
— Ces gaillards-là, demanda-t-il, ce sont des terroristes irlandais ?
— En quelque sorte.
— Alors, je vois très bien ce qui se passe.

— Et quoi donc, au juste ?

— Je savais que les terroristes irlandais achetaient de la cocaïne aux Colombiens. Elle venait par la route habituelle jusqu'aux keys de Floride, puis passait par les Caraïbes et l'Afrique du Nord. Ensuite, ils utilisaient Gibraltar comme plaque tournante pour alimenter le reste de l'Europe. Ils se faisaient des fortunes, et nous, en même temps, nous prenions notre commission pour les laisser passer par la Floride. Et puis, tout à coup, à la fin de 87, la marchandise a cessé de passer par Gibraltar.

— Et pourquoi donc ?

J'avais du mal à garder mon calme en posant cette question.

Frankie haussa les épaules.

— Je ne sais pas au juste, fit-il. Un gros problème avec les gens du coin. Je crois que, maintenant, ils font passer directement la came d'Afrique du Sud à la côte ouest d'Espagne, ou quelque chose comme cela. Ils ont des liens avec d'autres groupes terroristes par là.

— Avec l'ETA ?

— Je n'en sais foutre rien. Des terroristes, des indépendantistes ; tu peux les appeler comme tu veux, pour moi, ce sont tous des dealers, un point, c'est tout. En tout cas, ce sont eux qui aident les Irlandais maintenant. Aucun doute que ce vieux Raoul a arrangé les choses du côté américain avec le patron de Papa pour que la route de Floride reste ouverte aux Irlandais, car, autrement, les Colombiens se seraient trouvé d'autres clients.

— À t'entendre, on croirait qu'il s'agit d'une simple attribution de marchés.

Il haussa de nouveau les épaules.

— Bien sûr. Ce sont les affaires.

Il parlait comme si tout cela était de notoriété publique, mais, pour moi, c'était nouveau.

Alors, à qui diable les gens de l'IRA étaient-ils en train de parler à Gibraltar ? Essayaient-ils d'obtenir que leur drogue continue à passer par là ? Il me revint qu'en septembre 1988, Sir Peter Terry, qui avait beaucoup participé à la lutte contre le trafic de drogue et venait juste de quitter ses fonctions de gouverneur de Gibraltar, avait échappé de peu à un attentat à son domicile du Staffordshire. Un tueur, qui n'avait jamais été pris, avait tiré sur lui vingt cartouches d'AK 47 – exploit qui, il se trouvait, entrait tout à fait dans les compétences et habitudes de Mr. McGear. Peut-être le quatrième homme sur la photo faisait-il l'objet d'un avertissement similaire. Y avait-il une relation entre la fin du trafic à Gibraltar et la fusillade qui s'y était produite quelques mois plus tard ?

De toute manière, tout cela confirmait que d'étranges tractations avaient lieu avec certains membres de la DEA, dont le patron de Kev. Peut-être avaient-ils une commission sur les opérations de l'IRA et Kev l'avait-il découvert.

— Tu as un sacré matériel, ici, mon vieux, déclara soudain Frankie. Lequel de ces bonshommes vas-tu faire chanter ?

— Faire chanter ?

— Nicky, tu as là un personnage important de la DEA en train de parler à des caïds du Cartel, à des terroristes, à des officiels de Gibraltar et que sais-je ? Tu ne vas pas me dire que ces photos n'ont pas été prises pour faire chanter quelqu'un. Reviens un peu sur terre ! Si toi, tu ne t'en sers pas, celui qui les a prises s'en sert certainement.

33

Nous repassâmes une fois encore toutes les photos. Kelly ne reconnut personne d'autre. Je demandai à Frankie s'il y avait un moyen d'agrandir les images.

— À quoi cela servirait-il ? Apparemment, tu connais tout le monde.

Il n'avait pas tort, mais j'aurais voulu que Kelly regarde mieux le « patron de Papa ».

Nous restâmes silencieux quelques minutes pendant que Frankie achevait de repasser les photos, puis je lui demandai :

— Qu'est-ce que tu sais d'autre à propos de Gibraltar ?

— Pas grand-chose. Qu'est-ce que tu veux de plus ?

Son deuxième cigare était déjà bien entamé, et Kelly agitait la main pour essayer de chasser la fumée.

— C'est du simple bon sens, poursuivit-il. Si tu as assez de fric, tu passes accord avec les Colombiens et tu transportes la came en Europe. Les derniers imbéciles venus le font, alors, pourquoi pas tes Irlandais ?

Il se tut un moment, puis reprit :

— Quoi qu'il en soit, avec ces photos, il est évident que quelqu'un veut faire chanter quelqu'un d'autre.

Je n'en étais pas si sûr. Peut-être était-ce simplement une sorte d'assurance prise par l'IRA contre une éventuelle défection du patron de Kev ou des gens de Gibraltar. Je jetai un coup d'œil à Kelly.

— Pourrais-tu nous rendre un service, lui dis-je, et aller nous acheter quelques boissons ?

Elle parut très contente d'échapper un moment à la fumée qui emplissait la pièce. Je l'accompagnai jusqu'à la porte et, après l'avoir vue traverser le palier et aller jusqu'au distributeur, je revins m'asseoir sur un des lits et expliquai à Frankie, qui continuait à jouer avec l'ordinateur :

— Je suis arrivé à la maison de ses parents il y a une semaine, et j'ai trouvé tout le monde mort. Son père était à la DEA, et il a été tué par des gens qu'il connaissait. Et maintenant, nous retrouvons son patron copinant avec des gens du Cartel. Il est raisonnable de supposer qu'il y a corruption au sein de la DEA, et particulièrement au sujet d'un trafic de drogue effectué par des terroristes irlandais via la Floride et, ensuite, via Gibraltar. Mais il semble qu'ils aient eu des problèmes à la fin de 87.

Frankie n'écoutait pas vraiment ce que je lui racontais. L'idée d'un ponte de la DEA corrompu l'avait transporté au septième ciel.

— Tu vas te faire ce salaud, j'espère ? me dit-il.

— Je ne sais pas ce que je vais faire.

— Mais, bon Dieu, Nicky, il faut que tu te le farcisses ! Je hais les flics ! Je hais la DEA ! Je hais tous ces connards qui ont détruit mon existence ! Maintenant, à cause d'eux, il faut que je vive comme un foutu ermite. Programme fédéral de protection des témoins, mon cul !

Cette brusque explosion après cinq années de frustration m'inquiéta. Je n'avais pas le temps de jouer les psychiatres.

— J'ai besoin d'une voiture, lui dis-je.

Il revint lentement sur terre.

— D'accord, fit-il. Pour combien de temps ?

— Deux jours, peut-être trois. Et il me faut un peu d'argent.

— Quand en as-tu besoin ?

— Maintenant.

Frankie était tout ce qu'on voulait, un pauvre type et un tordu, mais je ne pouvais m'empêcher de le plaindre intérieurement. Ma soudaine apparition avait peut-être été la meilleure chose qui lui était arrivée depuis des années. Vivre sans ami et en redoutant de se faire descendre à tout moment devait être terrible. Et c'était ce qui risquait de m'arriver si je ne rapportais pas quelque pâture à Simmonds.

Frankie téléphona de la chambre à une société de location de voitures. La livraison du véhicule allait demander environ une heure, et, en attendant, nous nous rendîmes tous trois à pied à un guichet automatique. Là, Frankie tira 1 200 dollars de quatre comptes différents.

— On ne sait jamais quand on risque d'avoir besoin de *mucho dinero* à l'instant même, remarqua-t-il avec un large sourire.

Il n'était pas si bête qu'il voulait bien en avoir l'air.

Comme, revenus dans la chambre, nous attendions toujours la voiture de louage, je sentis qu'il avait quelque chose d'autre à me dire. Il ruminait depuis une bonne demi-heure et semblait avoir une idée assez précise en tête.

— Est-ce que tu ne voudrais pas te faire un peu de fric, Nicky ? me demanda-t-il soudain. Une bonne pincée ?

J'étais en train de vérifier mon sac pour m'assurer que je n'avais rien oublié.

— Pourquoi ? Tu vas encore m'en donner ?

— En quelque sorte, fit-il.

Il se leva, vint se placer tout près de moi et me dit :

— Écoute un peu. Dans ces dossiers, il y a quelques numéros de comptes bourrés de jolis petits narco-dollars. Donne-moi deux minutes pour copier ce que tu as et j'y entre les doigts dans le nez.

Il me passa un bras autour des épaules.

— Nick, deux minutes sur ma petite machine, et nous nous retrouvons nettement plus riches qu'avant. Qu'est-ce que tu en penses ?

Il me faisait vraiment du charme, la tête de côté et le regard rivé au mien. Je le laissai transpirer un peu, puis je lui demandai :

— Et comment pourrai-je être sûr que tu vas me payer ma part ?

— Je peux transférer le fric où tu veux immédiatement. Et ne t'en fais pas, dès que l'opération sera faite, personne ne pourra savoir où le blé est parti...

Je ne pus retenir un sourire ; s'il y avait une chose pour laquelle Frankie de Sabatino avait révélé ses dons, c'était bien l'art de camoufler les fonds.

— Allez, Nicky Deux ! reprit-il. Qu'est-ce que tu en dis ?

Il avait les bras grands ouverts et me regardait comme un enfant quémandant une sucrerie.

Je lui donnai tout le temps requis par lui et lui inscrivis le numéro du compte sur lequel transférer ma moitié du butin. Après tout, il allait falloir de l'argent pour payer l'entretien et les études de Kelly, et j'estimais qu'après tout ce que j'avais fait, j'avais bien droit à quelques arriérés de solde. Ma conscience ne me troublait nullement ; les affaires sont les affaires.

Il termina son opération, la mine sérieuse, puis me demanda :

— Où vas-tu maintenant ?

— Je ne te le dirai pas. Tu sais ce qui s'est passé ; tous les gens avec qui j'ai été en contact sont maintenant morts. Je ne tiens pas à ce que cela t'arrive aussi.

— Foutaises !

Il jeta un regard hâtif à Kelly, puis haussa les épaules.

— Tu ne veux pas, reprit-il, que je le sache, parce que tu as peur que je bavarde.

— Ce n'est pas cela, affirmai-je – alors qu'en fait, c'était bien cela. D'ailleurs, si tu bavardais ou si tu n'avais pas envoyé l'argent où je te l'ai dit, tu sais bien ce que je ferais.

Il leva un sourcil interrogateur. Je lui précisai alors avec un doux sourire :

— Je ferais en sorte que les personnes idoines sachent où tu es.

Il se décomposa un instant, puis le sourire en forme de tranche de pastèque revint sur ses lèvres.

— Cela fait un certain temps que je ne suis plus dans ce genre de coups, fit-il en secouant la tête, mais je vois que rien n'a changé.

Le téléphone sonna à ce moment. Une Nissan bleue nous attendait devant l'hôtel. Frankie signa et me donna le double du formulaire, à remettre quand je rendrais la voiture. Kelly et moi y prîmes place. Frankie restait sur le trottoir, sa serviette à la main. Je baissai les vitres. On entendait le rap jusqu'à l'extérieur de l'hôtel.

— Je te ferai savoir par Internet où j'ai laissé la voiture, dis-je à Frankie. D'accord ?

Il hocha lentement et tristement la tête. Il venait de comprendre qu'il allait de nouveau se retrouver seul.

— Tu veux que je te dépose quelque part ?

— Non. J'ai du boulot. Demain matin, nous serons riches.

Nous nous serrâmes la main par la portière. Puis il sourit à Kelly et lui dit :

— Arrange-toi pour revenir voir l'Oncle Al dans une dizaine d'années, petite dame. Sûr que je t'offrirai une glace.

Nous descendîmes lentement la rue toujours bondée, malgré l'heure tardive. Il y avait tant de néon partout que les réverbères étaient superflus.

Kelly, à l'arrière, regardait par la vitre. Elle semblait très loin, perdue dans son petit monde personnel. Je ne lui avais pas dit que nous avions quelque 1 200 kilomètres à parcourir.

Nous ne tardâmes pas à laisser Daytona derrière nous pour reprendre la grande route, qui semblait se dérouler devant nous à l'infini. Tout en conduisant, je me remémorais les paroles de Kev : « Tu ne peux pas savoir sur quoi je suis tombé. Tes copains de l'autre côté de la mer ne chôment vraiment pas... » Il avait également dit : « Il y a une affaire sur laquelle j'aimerais bien avoir ton avis. Je te jure que tu vas aimer ! »

Cette affaire concernait-elle son patron ? Et était-ce son patron, qui, à la suite de cette découverte, l'avait fait descendre ? Mais si Kev avait soupçonné de la corruption au sein de la DEA, il était assez malin et assez expérimenté pour ne pas essayer de tirer la sonnette d'alarme de ce côté. Il avait dû s'adresser à quelqu'un d'autre. Mais à qui ?

J'avais récolté des éléments très valables dans les bureaux de l'IRA, mais Kev en avait peut-être plus. Et plus je recueillerais de renseignements, mieux cela risquait de se passer pour moi lorsque je pourrais faire mon rapport à Simmonds. C'est pourquoi nous retournions à Washington.

Une fois sur l'autoroute inter-États, je pris une vitesse de croisière, tant techniquement que mentalement. Nous roulâmes toute la nuit, ne nous arrêtant que pour reprendre de l'essence, un brin de caféine pour moi et des boîtes de Coca pour Kelly, bien qu'elle fût la plupart du temps assoupie.

Au petit matin, je vis le paysage changer quelque peu, nous confirmant que nous remontions vers le nord et vers des climats plus tempérés. Puis le soleil acheva de se lever, et les yeux commencèrent à me brûler. Nous nous arrêtâmes à une nouvelle station d'essence, et, cette fois, Kelly commença à s'agiter.

— Où on est ? demanda-t-elle en bâillant.

— Je ne sais pas.

— Bon. Et où on va ?

— C'est une surprise.

— Parle-moi de ta femme, dit-elle soudain, me prenant quelque peu au dépourvu.

— Cela me semble si loin, lui répondis-je, que je peux à peine m'en souvenir.

Je la regardai dans le rétroviseur. Elle s'était de nouveau affalée sur le siège arrière, trop fatiguée pour poursuivre la conversation.

J'avais décidé d'aller fouiller la maison de Kev afin d'essayer de connaître les éléments dont il disposait. Je comptais me livrer à cette opération le soir même au crépuscule. Je me disais qu'il y avait assurément une cache dans la maison, et il me fallait la trouver. Je voulais être reparti de Washington avant l'aube suivante. Frankie de Sabatino ne le savait pas encore, mais il allait devoir, de gré ou de force, se débrouiller pour nous faire quitter les États-Unis, Kelly et moi.

Vers le milieu de la matinée, Kelly était totalement réveillée. Étendue sur la banquette arrière, pieds nus, elle était plongée dans un magazine que je lui avais acheté à une station-service. Autour d'elle s'entassaient enveloppes de bonbons, gobelets de papier, sacs de chips et boîtes de Coca.

— Kelly ?

— Mmm ?

— Dans ta maison, Papa avait une cachette pour Aida et toi.

— Oui.

— Bien. Sais-tu si Papa avait aussi une cachette pour des choses importantes, comme l'argent ou les bijoux de Maman ? Une cachette spéciale ?

— Oui. Bien sûr. Papa avait sa cachette spéciale à lui.

— Ah, oui ? Et où cela ?

— Dans son bureau.

Cela semblait logique, mais c'était justement la pièce qui avait été fouillée de fond en comble.

— Et où est-ce, exactement ?

— Dans le mur.

— À quel endroit ?

— Dans le mur ! J'ai vu Papa l'ouvrir, une fois. Nous n'avions pas le droit d'aller dans le bureau, mais nous venions juste d'arriver de l'école, et la porte était ouverte. Nous avons vu Papa mettre quelque chose dans sa cachette. Nous étions à la porte, et il ne nous a pas vues.

— Est-ce que c'est derrière un tableau ? demandai-je, tout en me disant que Kev ne pouvait avoir été aussi simpliste.

— Non, c'est derrière le bois.

— Le bois ?

— Oui, le bois.

— Tu me montreras ?

— C'est là que nous allons ?

Du coup, elle se dressa toute droite sur son siège et clama :

— Je veux Jenny et Ricky !

— Ils ne seront sûrement pas là quand nous arriverons. Ils seront à l'école...

Elle me regarda comme si j'étais soudain devenu fou.

— Ce sont mes ours ! Je te l'ai déjà dit. Ils sont dans ma chambre. Est-ce que je pourrai aller les chercher ? Ils ont besoin de moi.

Je me faisais l'effet du dernier des crétins.

— Bien sûr que tu pourras aller les chercher ! À condition de ne pas faire de bruit.

Mais je savais que je n'allais pas m'en tirer à si bon compte.

— Je pourrai aller voir Melissa pour lui dire que je regrette d'avoir raté sa soirée ?

— Nous n'aurons pas le temps.

Elle s'enfonça de nouveau dans son siège, la mine boudeuse.

— Mais tu pourras téléphoner à sa maman ? reprit-elle au bout d'un instant.

Je hochai la tête.

Lorsque je commençai à apercevoir des panneaux indiquant Washington, j'avais déjà roulé près de dix-huit heures. Les yeux me faisaient de plus en plus mal. Il nous restait encore environ deux heures à parcourir pour atteindre la capitale, mais là, nous aurions encore un long moment à tuer avant la tombée de la nuit. Je me garai sur une aire de repos et m'efforçai de dormir. La nuit promettait d'être agitée.

Il était près de dix-huit heures lorsque nous approchâmes de la bretelle de Lorton. Pour une fois, il ne pleuvait pas, mais le temps était quand même très couvert. Il me restait environ trois quarts d'heure avant le moment propice. Je ne pouvais voir Kelly dans le rétroviseur. Elle s'était de nouveau enfoncée au fond du siège arrière.

— Tu es réveillée ? demandai-je.

— Je suis fatiguée, Nick, fit-elle. On est arrivés ?

— Je ne te le dirai pas. Je veux que ce soit une surprise. Et je veux aussi que tu restes comme tu es. Ne te redresse pas.

J'entrai très lentement et prudemment dans Hunting Bear Path, de façon à bien examiner les environs. Tout semblait tout à fait normal. Je pouvais voir l'arrière du garage de Kev, mais pas encore la façade de la maison.

Lorsque j'arrivai à la hauteur de l'allée qui y menait, je vis qu'une voiture de police bleue et blanche était garée devant la porte principale. Pas de problème. Il suffisait de continuer son chemin, la tête haute et l'air éminemment normal.

C'est ce que je fis, mais en regardant dans mon rétroviseur. La voiture de police avait ses feux de position allumés, et il y avait deux personnes à l'intérieur. Une surveillance de routine, de toute évidence. Il y avait toujours, autour de la maison, les rubans jaunes indiquant qu'il s'agissait du lieu d'un crime.

Je ne pouvais savoir si les policiers, dans la voiture, m'avaient remarqué au passage. Mais même s'ils procédaient à une vérification de la plaque minéralogique, ils ne pourraient aboutir qu'à un certain Al de Niro. J'essayais aussi de me dire qu'en cas de réel problème, je prendrais la fuite en laissant Kelly sur place. Les flics en uniforme étaient certainement de bons bougres, et ils s'occuperaient d'elle sans qu'elle se trouve en danger. Cela semblait la solution la plus logique, mais, en fait, les choses n'étaient pas aussi simples. Je lui avais promis que je ne l'abandonnerais pas, et je découvrais que cette promesse comptait vraiment pour moi.

J'allai jusqu'à l'extrémité de la rue et tournai à droite afin de me soustraire le plus rapidement possible aux regards, puis je revins jusqu'à la petite galerie commerciale derrière la maison. Le parking était aux trois quarts plein, et nous pûmes donc nous y garer sans attirer l'attention.

— Les magasins ! glapit Kelly.

— Exact, fis-je. Mais nous ne pouvons rien acheter, car il ne me reste plus beaucoup d'argent. Mais nous pouvons aller à la maison.

— Ouiii ! Et dans ma chambre, est-ce que je peux prendre aussi mes Pollypockets et mes Yak-backs ?

— Oui, bien sûr.

Je n'avais pas la moindre idée de ce dont elle parlait.

Je fis le tour de la voiture, ouvris le coffre, en sortis mon sac. Puis j'ouvris la portière arrière et mis le sac sur le siège, à côté de Kelly.

— On va à la maison maintenant ? demanda celle-ci, tandis que je triai dans le sac le matériel nécessaire à mon expédition.

— Oui, dis-je. Et je voudrais que tu me montres la cachette de Papa. Tu peux faire cela ? C'est important. Ton papa voulait me montrer quelque chose qui se trouvait dedans. Il va falloir que nous fassions attention en entrant, car la police est devant. Tu feras bien tout ce que je dis ?

— Oui ! Est-ce que je peux prendre aussi Pocahontas ?

— Oui.

J'aurais accepté n'importe quoi pourvu qu'elle me montre où était la cachette.

— Tu es prête ? lui demandai-je. Relève bien ta capuche.

Il faisait sombre, et, Dieu merci, la route que nous prenions n'était pas particulièrement faite pour les piétons. Nous ne risquions guère d'y rencontrer Melissa ou quelqu'un d'autre.

Quittant la route, nous commençâmes à traverser le terrain vague à l'arrière de la maison. J'avais mon sac accroché à l'épaule et je tenais Kelly par la main. La boue était telle que nous faillîmes y perdre nos souliers.

Kelly tremblait presque d'excitation.

— C'est là qu'habite mon amie Candice, me dit-elle en désignant une maison. Je l'ai aidée pour sa collecte, et nous avons eu vingt dollars.

— Chut ! lui murmurai-je en souriant. Il ne faut pas que nous faisions de bruit du tout, sinon les policiers vont nous prendre.

Elle comprit immédiatement.

Dans l'ombre ménagée par le garage de la maison voisine, je posai le sac à terre, et restai un moment à écouter et observer. La voiture de police était à moins de vingt mètres de nous, de l'autre côté de la maison. J'entendais vaguement sa radio, mais sans pouvoir distinguer la teneur des messages. De temps à autre, une voiture passait, freinait pour amortir le choc des ralentisseurs, sur la chaussée, et accélérait de nouveau avant de s'éloigner.

Certaines fenêtres étaient éclairées, et je pouvais voir à l'intérieur des pièces. Je dois confesser que cette sorte de voyeurisme – découverte de l'espèce humaine dans son habitat naturel – m'a toujours un peu excité. J'en ai fait la première expérience comme jeune soldat en Irlande du Nord vers la fin des années soixante-dix. Nous restions des heures entières, la nuit, à l'affût dans les ombres propices, guettant le moindre mouvement suspect ou le reflet d'une arme, mais plongeant en même temps, par les fenêtres éclairées, dans l'intimité des gens. Nous y avions ainsi surpris les spectacles les plus inattendus, et la chose n'avait cessé de me fasciner.

Arrivé à proximité du patio de la maison de Kev, je fis halte, caressai les cheveux de Kelly en lui souriant, et, silencieusement, ouvris mon sac pour en extraire le matériel nécessaire. Puis je chuchotai à l'oreille de Kelly :

— Je veux que tu restes là pour le moment. Tu dois garder le sac. C'est très important. Je reviendrai te chercher. Entendu ?

Elle hocha la tête, et je pris le départ.

J'arrivai aux portes du patio. Première chose : s'assurer qu'elles étaient fermées à clé. Elles l'étaient. Je sortis alors ma minitorche Maglite et vérifiai qu'il n'y avait pas de verrous en haut ni en bas de l'armature. Cela n'avance à rien de venir à bout d'une serrure s'il y a des verrous, et c'est là l'une des raisons pour lesquelles on s'attaque toujours, dans une maison, au dernier point de sortie des habitants, car ceux-ci n'ont pu tirer d'éventuels verrous de l'extérieur.

Normalement, ce qu'on fait ensuite, c'est chercher s'il n'y a pas une clé dissimulée à proximité de la porte. À quoi bon passer une heure à travailler une serrure si la clé est à un mètre ? Or, bien des gens persistent à laisser une clé de secours suspendue à l'intérieur de la boîte aux lettres, cachée sous une pierre ou posée au-dessus de la porte. Mais je savais que c'était la maison de Kev, et qu'il n'y avait donc pas de clés traînant ici ou là. Je mis mon voile de photographe sur ma tête et mes épaules, pris ma petite torche dans la bouche et m'activai avec mon pistolet spécial. Il ne me fallut pas longtemps pour arriver à mes fins.

J'ouvris doucement les portes, écartai le rideau et jetai un coup d'œil à l'intérieur de la salle de séjour. La première chose que je remarquai, ce fut que tous les volets et les autres rideaux étaient fermés, ce qui faisait tout à fait notre affaire. La deuxième fut l'affreuse odeur de produits chimiques qui vint m'assaillir les narines.

34

Je revins trouver Kelly sur la pointe des pieds, et lui chuchotai :

— Allez, viens !

Nos souliers étaient couverts de boue. Nous les ôtâmes sur le sol de béton de la terrasse et les mîmes dans le sac. Puis nous entrâmes et je refermai les portes derrière nous.

Je tenais la Maglite à la main en couvrant l'extrémité de l'index et du médius pour en réduire le faisceau lumineux pendant que nous traversions la salle de séjour. La moquette avait été enlevée et les meubles tous poussés d'un seul côté. Sur les planches mises à nu, on avait réussi à effacer les taches de sang, ce qui expliquait la violente odeur de produits chimiques. Classique : après les experts en criminologie étaient passées les femmes de ménage de la Mort [1].

Nous atteignîmes la porte conduisant au vestibule. Vieille routière, dorénavant, de ce genre d'opérations, Kelly s'immobilisa sur place. Je me mis sur les genoux, entrebâillai la porte et regardai. La porte principale était fermée, mais la lueur des lampadaires de la rue pénétrait dans le vestibule par la vitre la surplombant. J'éteignis ma torche et mis Kelly en faction auprès du sac.

---

1. Aux États-Unis, les autorités emploient des entreprises privées spécialisées pour nettoyer, lorsque les constatations ont été faites, les lieux des crimes. *(N.d.T.)*

Je restai un instant immobile, à écouter, puis je sentis Kelly me tirer par la veste.

— Nick ?

— Chut !

— Où est partie la moquette ? Et qu'est-ce que c'est que cette horrible odeur ?

Je me retournai, mis mon doigt sur mes lèvres et lui chuchotai :

— Nous en parlerons plus tard.

Nous entendîmes alors un signal sonore provenant de la radio de la voiture de police, au-dehors. Nos deux flics devaient probablement être en train de boire du café en maudissant le sort d'avoir à passer toute la nuit là. Puis la radio se fit de nouveau entendre. La fille qui était au central sonnait comme feu Adolf Hitler en personne, et elle était en train de passer un savon mémorable à quelqu'un.

Faisant signe à Kelly de rester où elle était, je traversai le vestibule et allai tout doucement ouvrir la porte du bureau. Puis je revins, pris le sac et conduisis Kelly jusque dans la pièce. J'en calai la porte avec le sac pour y laisser pénétrer la lumière venue de l'extérieur.

Tout ce qui avait été projeté et éparpillé un peu partout la dernière fois que j'avais vu la pièce était maintenant très proprement aligné contre l'un des murs. L'ordinateur, en revanche, était toujours couché de côté sur le bureau, et l'imprimante et le scanner étaient à leur place habituelle sur le sol. Tous les instruments portaient encore trace de la poudre servant à relever les empreintes.

Je sortis du sac mon voile de photographe et une boîte de punaises et tirai le fauteuil de bureau près de la fenêtre. En prenant mon temps, je montai sur le fauteuil et fixai le voile à l'encadrement de la fenêtre à l'aide de punaises.

Je pouvais maintenant fermer la porte et rallumer ma torche, en évitant qu'elle m'éclaire le visage de plein fouet, car je voulais éviter d'effrayer Kelly. Je m'étais retrouvé un jour dans une opération du même genre avec une mère et son enfant, venus du Yémen, et le petit garçon était devenu fou de peur parce que nous nous déplacions avec nos torches électriques dans la bouche, ce qui nous faisait ressembler à des démons. J'étais très satisfait de m'en être souvenu ; peut-être n'étais-je pas si nul que cela avec les enfants...

J'approchai ma tête de celle de Kelly, qui sentait à la fois les cheveux sales, le Coca-Cola, le chewing-gum et le chocolat, et lui demandai à l'oreille :

— Où est-ce ? Tu me montres seulement l'endroit avec ton doigt.

Je promenai le faisceau de ma torche tout autour de moi, et elle me désigna soudain la plinthe, juste derrière la porte. C'était parfait ; personne ne semblait y avoir touché.

Je commençai immédiatement à écarter le bois du mur avec un tournevis. Un véhicule passa, à ce moment, devant la maison, et j'entendis des rires en provenance de la voiture de police – probablement aux dépens de la fille du central. Les policiers n'étaient sans doute là que pour décourager les curieux et les pervers de venir fureter dans la maison. Celle-ci, d'ailleurs, allait sans doute être démolie sous peu. Qui voudrait acheter une demeure où toute une famille avait été massacrée ?

Je gardais Kelly juste à côté de moi ; je voulais surtout éviter qu'elle ait peur. Elle s'intéressait de très près à ce qui se passait, et je lui souriais de temps à autre pour lui montrer que tout allait bien.

Une partie de la planche formant la plinthe commença à céder avec un léger craquement. Je la tirai hors du mur et la posai à côté de moi. Puis, me courbant de nouveau, je braquai le faisceau de la torche dans l'ouverture ainsi ménagée. L'éclat du métal apparut ; un petit coffre-fort d'une quarantaine de centimètres carrés était logé dans le mur. Il ressemblait à un Chubb anglais, et j'allais devoir trouver la combinaison. Cela pouvait demander des heures.

Je sortis ma trousse noire et me mis au travail, n'oubliant pas de sourire périodiquement à Kelly pour tenter de lui faire prendre patience. Mais je la sentais devenir nerveuse. Dix minutes s'écoulèrent, puis quinze, puis vingt. Finalement, ce fut trop pour elle. Entre haut et bas, elle me demanda avec colère :

— Et mes ours ?

— Chut ! fis-je en portant un doigt à mes lèvres. La police !

Je me remis à l'œuvre. Il y eut une pause, et, soudain :

— Mais tu avais promis !

Cette fois, ce n'était même plus entre haut et bas, c'était carrément haut. La méthode souriante n'opérant visiblement pas, je me retournai vers elle d'un seul mouvement et fis :

— On s'en occupera dans une minute. En attendant, tu te tais !

Elle en fut sidérée, mais cela marcha.

J'eus quelque chance dans mon entreprise. Peu après, j'étais en train de ranger mes instruments et m'apprêtais à ouvrir le coffre, lorsque Kelly se mit soudain à gémir :

— Je ne veux pas rester là, Nick ! Tout a changé.

Je me retournai une fois de plus, la saisis et lui plaquai une main sur la bouche.

— Pour l'amour du Ciel, ferme-la !

Elle en fut encore plus saisie, mais je n'avais pas le temps de m'expliquer.

La main toujours plaquée sur sa bouche, j'allai jusqu'à la fenêtre, attendis et écoutai. On n'entendait rien de particulier. Juste un bavardage à bâtons rompus, quelques rires, et le fond sonore des communications radio.

Mais, comme je me retournais, il y eut une sorte de raclement métallique.

Puis, pendant une fraction de seconde, rien.

Puis, comme une chope en étain pleine de stylos et de crayons s'écrasant sur le plancher nu, un véritable fracas. Quand je m'étais retourné, un pan du manteau de Kelly avait dû balayer la chope sur le bureau de Kev et la précipiter au sol, projetant les crayons dans toutes les directions.

Je savais que le bruit avait dû, sur le moment, me paraître vingt fois ce qu'il avait été en réalité, mais je savais aussi que les policiers, dehors, l'avaient certainement entendu.

Kelly choisit ce moment pour se laisser complètement aller, mais je n'avais pas le loisir de m'en préoccuper. Je la laissai où elle était, allai à la porte et écoutai, percevant aussitôt le bruit de portières qui s'ouvraient, en même temps qu'une brusque amplification des communications radio.

Tirant mon pistolet de mon jean et en vérifiant le fonctionnement, je sortis du bureau. En trois enjambées, je traversai le vestibule et gagnai la cuisine. Je fermai la porte derrière moi, respirai profondément à deux reprises et attendis.

La porte d'entrée s'ouvrit, et j'entendis les deux policiers pénétrer dans le vestibule. Il y eut un déclic, et un rai de lumière apparut sous la porte de la cuisine.

J'entendis ensuite, à travers la porte, des pas, le bruit de respirations un peu haletantes, et le cliquetis de clés à une ceinture.

Puis j'entendis la porte du bureau s'ouvrir, et un appel entre haut et bas :

— Melvin, Melvin – ici !

Je savais que c'était le moment d'intervenir. Je braquai le pistolet devant moi, posai la main sur le bouton de la porte et tournai doucement. J'étais de nouveau dans le vestibule.

Melvin se tenait dans l'encadrement de la porte du bureau. Il était jeune et de stature moyenne. Je fis deux grands pas, le saisis par le front de la main gauche, lui tirai la tête en arrière et lui enfonçai le canon de mon pistolet dans la nuque. D'un ton que je réussis à rendre égal, je lui dis :

— Jette ton arme, Melvin. Ne fais pas le con avec moi. Allez, jette-la !

Il abaissa le bras et laissa son pistolet tomber sur le sol.

Je ne pouvais voir si l'autre avait ou non son pistolet à la main. Il faisait toujours noir dans le bureau. Leurs torches électriques n'éclairaient pas grand-chose, et, debout dans l'encadrement de la porte, Melvin et moi bloquions la lumière venant du vestibule. J'espérais que l'autre agent avait rengainé son arme, car les policiers étaient généralement dressés à ne pas effrayer les enfants, et, pour ce qu'il avait pu en savoir sur le coup, Kelly n'était qu'une enfant, seule dans la pièce.

— Allume les lumières, Kelly ! criai-je. Allez !

Rien ne se produisit.

— Kelly, allume les lumières !

J'entendis des petits pas venant dans notre direction, un déclic, et les lumières s'allumèrent.

— Maintenant, attends ici.

Je voyais qu'elle avait les yeux rouges et gonflés.

Dans le bureau, se tenait le Bonhomme Michelin. Il devait peser environ 110 kilos, mais on pouvait voir immédiatement qu'il n'était plus qu'à deux ou trois ans de la retraite. Son pistolet était dans l'étui, mais il avait la main prête à dégainer.

— Ne fais pas cela ! lui criai-je, en enfonçant un peu plus mon arme dans la nuque de son camarade. Dis-le-lui, Melvin.

— Je me suis fait avoir, Ron, dit Melvin.

Et je repris aussitôt :

— Ron, ne fais pas le con ! Tu ne t'en sortiras pas. Ça ne vaut pas le coup. Vraiment pas !

Je voyais que Ron s'était mis à réfléchir à toute vitesse. Il devait penser à sa femme, à son hypothèque et à ses chances de voir le lendemain matin.

La radio de Melvin se mit soudain en route. La voix de la fille du central résonna dans la pièce :

— Soixante-deux. Soixante-deux, m'entendez-vous ?

Cela sonnait comme un jappement. Ça devait être charmant d'être marié à cette créature.

— C'est vous, hein, Melvin ? lui demandai-je.

— Oui, c'est nous, monsieur.

— Alors, tu leur dis que tout va bien.

J'enfonçai encore un peu plus le canon du pistolet dans sa nuque pour mieux lui faire comprendre mon point de vue.

— J'ai ôté le cran de sûreté, Melvin, et j'ai le doigt sur la queue de détente. Tu leur dis simplement que tout va bien. Cela ne vaut pas la peine de faire le con, camarade.

— Je vais le faire, intervint Ron.

Le central insistait :

— Soixante-deux, répondez !

— Entendu, dis-je à Ron. Tu lèves la main droite et tu

prends ta radio de la gauche. Kelly, tu ne fais aucun bruit ? Compris ?

Elle hocha la tête. Ron actionna le poussoir de sa radio.

— Central ? Vérification effectuée. Rien à signaler.

— Bien reçu, Soixante-deux.

Ron mit fin à la communication.

Kelly se remit immédiatement à pleurer, en s'effondrant sur le plancher. Je restai dans l'encadrement de la porte, mon pistolet planté dans la nuque de Melvin. Ron, qui avait toujours son arme dans la gaine, se tenait au milieu de la pièce, me faisant face.

— Si tu ne joues pas le jeu, Ron, lui dis-je, Melvin va y passer – et toi aussi en fin de compte. Tu piges ?

Ron hocha la tête affirmativement.

— D'accord, fis-je. Alors, retourne-toi.

Il s'exécuta.

— Mets-toi à genoux.

Il le fit. Il était à moins d'un mètre cinquante de Kelly, mais tant que celle-ci restait tranquille, elle ne se trouvait pas dans le champ de tir.

Melvin suait abondamment. Ma main glissait sur son front, et il y avait même des gouttes sur le bloc de culasse de mon pistolet. Sa chemise était si trempée qu'on distinguait, en dessous, la forme de son gilet pare-balles.

— Maintenant, Ron, repris-je, tu vas retirer ton pistolet de sa gaine de la main gauche. Très lentement, et en ne te servant que du pouce et de l'index. Ensuite, tu le jetteras à terre sur ta gauche. Tu m'as compris, Ron ?

Il hocha de nouveau la tête.

— Dis-lui, Melvin. Dis-lui de ne pas faire le con.

— Ne fais pas le con, Ron.

Ron retira lentement son pistolet de la gaine et le laissa tomber sur le plancher.

— Maintenant, toujours de la main gauche, tu décroches tes menottes et tu les laisses tomber juste derrière toi. Compris ?

Il hocha encore la tête.

— Maintenant, Ron, couche-toi à plat ventre sur le plancher.

Il obéit.

— Maintenant, Melvin, repris-je, je vais faire un pas en arrière. Je vais retirer ce pistolet de ta nuque, mais il continuera à être pointé sur ton crâne. Alors, ne te fais pas d'idées stupides. Lorsque j'aurai reculé, je te dirai de te mettre à genoux. Tu me comprends ?

Il hocha la tête et je reculai vivement d'un pas. Je voulais me mettre immédiatement hors de sa portée : je ne tenais pas à ce qu'il fasse quelque héroïque tentative pour saisir mon pistolet ou me le faire sauter de la main.

— Très bien. Maintenant, agenouille-toi, puis couche-toi à plat ventre. Exactement comme Ron. Bien. Maintenant, mets ta main à côté de celle de Ron.

Ils étaient tous deux étendus sur le ventre, leurs avant-bras se touchant. J'allai me placer derrière eux, ramassai les menottes, et, enfonçant le pistolet dans l'oreille de Melvin, j'attachai le poignet gauche de celui-ci au poignet droit de Ron. Puis je pris les menottes de Melvin à sa ceinture, reculai et dis :

— Je veux maintenant que vous vous tordiez un peu le corps pour que vos mains encore libres viennent aussi l'une contre l'autre. Vous me comprenez bien, l'un et l'autre ? Croyez-moi, les enfants, j'ai aussi hâte que vous que cela se termine. Tout ce que je veux, c'est foutre le camp d'ici.

Je terminai le travail. Tous deux étaient totalement immobilisés. Je pris leurs portefeuilles et les jetai dans mon sac. Je pris la radio de Melvin et la gardai. J'ôtai la pile de celle de Ron et la lançai dans le sac, dont je sortis en même temps le rouleau de tissu adhésif. Je commençai par leurs jambes, puis attachai leurs têtes ensemble. Je collai aussi de l'adhésif autour de leurs cous, puis sur leurs bouches. Je m'assurai ensuite qu'ils pouvaient respirer par le nez, puis les traînai dans le vestibule. Ce ne fut pas une mince besogne, mais je ne tenais pas à ce qu'ils voient ce que j'allais faire.

Kelly était toujours affaissée contre le mur du bureau, offrant un spectacle pathétique. Tout cela avait dû être terrible pour elle. Elle aspirait tant à rentrer chez elle, et elle ne l'avait finalement fait que pour découvrir que ce n'était plus l'endroit qu'elle avait connu et aimé. Il n'y avait pas que sa famille qui manquait ; tous les éléments de son décor familier avaient été bouleversés et baignaient dans une horrible odeur de produits chimiques.

— Va vite voir si tes ours sont là, lui dis-je.

Elle se remit debout et courut vers l'escalier.

Je m'agenouillai près de la plinthe défaite et pus enfin ouvrir le coffre. Il n'y avait à l'intérieur qu'une unique disquette.

Je rapportai le fauteuil près du bureau et remis l'ordinateur d'aplomb. Je le mis en route immédiatement. Il n'y avait pas de mot de passe protégeant le contenu de la disquette, et sans doute était-ce délibéré. Kev avait dû vouloir que, si quelque chose lui arrivait, le monde entier sache ce qu'il avait récolté.

Je parcourus divers dossiers mais n'y trouvai rien d'intéressant. Puis je tombai sur un autre, intitulé « Flavius », et je sus que j'avais tiré le gros lot. C'était le nom de code de l'opération de Gibraltar.

Je commençai à lire. Kev avait découvert une bonne partie de ce que Frankie de Sabatino m'avait déjà raconté : les relations de l'IRA Provisoire avec le Cartel colombien, et le transit de la drogue par l'Afrique du Nord et Gibraltar pour distribution en Espagne et dans l'ensemble de l'Europe. Les gens de l'IRA avaient commencé par servir de courriers aux Colombiens, qui les payaient grassement.

Puis ils avaient eux-mêmes investi dans le trafic leur propre argent, et notamment des fonds collectés aux États-Unis auprès de leurs sympathisants irlando-américains. Des sommes considérables étaient impliquées ; les chiffres donnés par Kev montraient que le Sinn Fein avait récolté plus de 500 000 livres par an.

L'argent de ces dons avait été investi dans de la drogue, qui avait été transportée en Europe et échangée contre des armes et des explosifs dans les pays de l'ancien Bloc soviétique. C'était l'union idéale : l'IRA avait la drogue, et l'Est avait les armes. L'effondrement de l'URSS et l'ascension de la Mafia russe n'auraient pu survenir à un meilleur moment.

Mais il fallait que je m'interrompe. Si passionnant que fût tout cela, je ne pouvais continuer à lire indéfiniment alors que j'avais sur les bras deux flics ligotés et une petite fille désespérée. J'éjectai la disquette et la mis dans la poche de ma veste.

À ce moment, la harpie du central revint en ligne :

— Soixante-deux, m'entendez-vous ?

La tuile.

Je retournai dans le vestibule et dis :

— Ron, il est temps de parler.

Ron leva la tête, et je sus immédiatement, à son air buté, qu'il allait m'envoyer paître. J'arrachai le tissu adhésif de sa bouche et de celle de Melvin.

— Si tu veux répondre, fit Ron, tu le fais toi-même. Tu ne vas pas nous tuer. Pas pour cela.

La harpie reprit, un ton plus haut :

— Soixante-deux !

Ron avait malheureusement raison. J'appelai :

— Kelly ! Kelly ! Où es-tu ?

— J'arrive. Je viens de trouver Ricky...

J'enjambai mes deux nouveaux amis pour aller retrouver Kelly au bas de l'escalier. Je n'avais pas le temps de me montrer consolant ou gentil.

— Mets ton manteau et tes souliers, lui dis-je simplement. En vitesse !

Je rassemblai tout mon matériel et vérifiai que Melvin et Ron ne risquaient pas d'étouffer. Tous deux semblaient plutôt contents, mais ils devaient déjà penser aux explications qu'ils allaient avoir à fournir.

Nous sortîmes en reprenant le chemin par lequel nous étions entrés. Je tenais Kelly par la main, la traînant plus ou moins derrière moi tout en gardant un œil attentif sur Jenny et sur Ricky. Je ne tenais pas à ce que tout le voisinage soit réveillé en sursaut par les hurlements d'une petite fille ayant perdu ses ours en peluche.

Tandis que notre voiture s'éloignait, je regardai Kelly dans le rétroviseur, à la lueur des lampadaires. Elle avait l'air misérable, les yeux humides et gonflés. Et elle avait bien le droit d'être aussi triste. Elle était assez intelligente pour comprendre qu'elle quittait probablement cet endroit pour toujours. Son foyer n'était plus là. Il n'était plus nulle part. À cet égard, elle se retrouvait au même point que moi.

Je vis les panneaux annonçant l'aéroport Dulles et accélérai. Je n'allais certainement pas prendre le risque de retourner en Floride.

35

À l'approche de l'aéroport, je pris la direction du parking de longue durée, en ne parvenant pas à réprimer un petit sourire ; au train où allaient les choses, l'endroit n'allait pas tarder à être bondé de mes diverses voitures volées. Je reçus une ou deux gouttes sur le bras en étendant celui-ci au-dehors pour prendre un ticket à la machine, et, le temps que nous nous garions, une pluie légère s'était mise à tambouriner sur le toit de la voiture.

Ron et Melvin avaient peut-être fait le rapprochement entre moi et la voiture qui était passée devant la maison peu avant notre rencontre mouvementée. Ils avaient peut-être été déjà secourus et avaient, encore peut-être, communiqué le numéro du véhicule. Je ne pouvais y faire grand-chose ; la seule solution était de rester, pour le moment, bien tranquilles là où nous étions, en espérant que la pluie et le nombre même des voitures garées nous permettraient de passer inaperçus.

Je me retournai sur mon siège et dis :

— Tu vas bien, Kelly ? Je suis désolé d'avoir dû crier, mais, parfois, les adultes sont obligés de se montrer fermes avec les enfants.

Elle regardait fixement l'un de ses ours et lui tirait les poils en faisant la moue. J'insistai :

— Tu n'es pas une mauvaise fille, et je suis désolé de t'avoir attrapée. Je me suis énervé, et c'est tout.

Elle hocha lentement la tête en continuant à triturer son ours.

— Veux-tu venir avec moi en Angleterre ?

Cette fois, elle leva la tête. Elle ne dit rien, mais je sus que c'était oui.

— C'est parfait, fis-je, parce que j'aimerais vraiment que tu viennes. Tu as été très sage et très gentille. Tu fais toujours ce que je dis. Veux-tu continuer à m'aider ?

Elle haussa les épaules. J'étendis le bras, saisis l'autre ours sur le siège arrière et le frottai contre la joue de la fillette.

— Et Jenny et Ricky pourront m'aider aussi, qu'est-ce que tu en dis ?

Elle eut un hochement de tête encore réticent.

— Avant tout, repris-je, nous allons trier ce qu'il y a dans le sac.

J'allai m'installer sur le siège arrière, posai le sac entre nous et l'ouvris.

— Qu'est-ce que tu penses que nous devrions retirer ?

Je savais exactement ce que nous allions retirer : tout le contenu, sauf la couverture et le nécessaire de toilette, les deux seules choses dont nous allions continuer à avoir besoin.

— Qu'en penses-tu ? lui demandai-je. Est-ce bien tout ?

Elle approuva de la tête, comme si elle avait elle-même fait les bagages. J'allai mettre dans le coffre tout ce que nous n'emporterions pas. Il pleuvait de plus en plus fort. Je revins sur le siège arrière et déroulai la couverture.

— Nous allons devoir attendre encore deux bonnes heures ici, dis-je à Kelly. Il est trop tôt pour aller à l'aéroport. Tu peux dormir un peu si tu veux.

Je pliai le sac pour en faire un oreiller.

— Là, fis-je. C'est mieux. Fais un câlin avec Jenny et Ricky.

Elle me regarda et me sourit. Nous étions de nouveau copains.

— Tu ne vas pas encore t'en aller, n'est-ce pas, Nick ?

Pour une fois, je lui dis la vérité :

— Non, j'ai un peu de travail à faire. Toi, tu dors, et moi, je ne vais nulle part.

Je sortis de la voiture et allai me réinstaller sur le siège avant. Je pris sur mes genoux l'ordinateur portable et en levai l'écran. Je m'assurai que la clé de contact était en place et que je pouvais atteindre facilement le volant. Il fallait que je sois prêt à faire mouvement sur-le-champ si j'étais repéré.

Je mis l'ordinateur en route, et l'écran s'éclaira. J'insérai la disquette de Kev dans l'appareil. En attendant que le texte apparaisse, j'appelai tout doucement :

— Kelly ?

Il n'y eut pas de réponse. La fatigue et le clapotement régulier de la pluie avaient fait leur œuvre.

Je repris ma lecture là où je l'avais interrompue. Je savais que Gibraltar avait toujours été un centre de trafic international de drogue, de blanchiment d'argent et de contrebande en tous genres. Et il semblait qu'en 1987, l'Espagne, en plus de sa revendication permanente du « Rocher », avait demandé aux Britanniques de mettre fin au trafic de drogue. Le gouvernement Thatcher avait donné des instructions en ce sens aux autorités de Gibraltar, mais sans résultat ; les vedettes rapides continuaient à apporter la drogue d'Afrique du Nord dans la colonie. Les Britanniques menacèrent alors de prendre directement les choses en main si le trafic de drogue ne cessait pas, et, en même temps, engagèrent une opération hautement illégale contre les policiers et les fonctionnaires locaux qu'ils soupçonnaient de complicité avec les trafiquants. Ceux-ci comprirent très vite et cessèrent brutalement de collaborer avec l'IRA et les autres spécialistes du trafic.

Ce fut une remarquable opération de lutte contre la corruption, mais les Colombiens, on s'en doute, n'y applaudirent pas des deux mains. Ils furent même fort indisposés en voyant couper brutalement l'une de leurs principales voies d'acheminement de la drogue, et décidèrent de tout faire pour que cette route soit rouverte. Selon les renseignements réunis par Kev, ils estimèrent qu'à cette fin, une démonstration de force était nécessaire. Ils décidèrent une campagne d'attentats à la bombe à Gibraltar, afin de convaincre les fonctionnaires défaillants de reprendre leur aimable coopération, et ils chargèrent l'IRA Provisoire de cette campagne.

Les gens de l'IRA ne furent pas enchantés. Ils voulaient,

tout autant que les Colombiens, voir rouvrir la route de la drogue à Gibraltar, mais, après le catastrophique massacre d'Enniskillen, ils ne voulaient pas courir le risque de tuer des civils non britanniques et d'encourir une condamnation internationale plus cuisante encore.

Ils tentèrent donc de refuser. D'après les renseignements de Kev, la réponse du Cartel fut simple et catégorique : ou vous exécutez les attentats, ou nous faisons profiter de nos bonnes grâces les Paramilitaires protestants de l'UVF. Tempête sous quelques crânes pour l'IRA.

Puis la direction de l'organisation terroriste finit par accoucher d'une solution que je ne pus me retenir d'admirer. « Danny le Fou » McCann avait été expulsé de l'IRA, puis repris contre le vœu de Gerry Adams. Mairead Farrell était devenue, après la mort de son petit ami, trop fanatique pour son bien – et celui des autres. Le plan de l'IRA consista donc à envoyer à Gibraltar deux militants dont on était enchanté de se débarrasser, avec le malheureux Sean Savage, qui avait seulement la malchance de faire partie de la même unité.

Semtex et instructions techniques furent dûment fournis à l'équipe, mais celle-ci reçut ordre de laisser provisoirement le matériel en Espagne et d'aller faire une reconnaissance préalable à Gibraltar. Après quoi l'IRA munit les trois boucs émissaires de faux passeports particulièrement mal exécutés, et laissa filtrer l'information à Londres. Les dirigeants terroristes voulaient que les Britanniques réagissent et préviennent l'attentat en arrêtant les trois kamikazes. De cette façon, ils pourraient ensuite affirmer au Cartel colombien qu'ils avaient fait de leur mieux.

Nous avions, quant à nous, été informés de l'arrivée sur place de l'équipe terroriste, mais on nous avait dit aussi qu'elle était prête à passer à l'action, et qu'elle ferait détonner sa bombe à l'aide d'un dispositif manuel. Ces deux dernières précisions privaient McCann, Farrell et Savage de la moindre chance de survie. Dès le moment où nous pensions la bombe installée et armée, ils étaient tous trois morts, car il était obligatoire qu'à un moment ou à un autre, l'un d'eux fasse un mouvement qui serait interprété comme une tentative de mise à feu de l'engin. Je n'avais pas pris le risque avec Savage, et, de toute évidence, Ewan avait réagi de la même façon avec McCann et Farrell. Il y a un vieux dicton au Régiment : mieux vaut encore un bourgeron de taulard qu'une redingote en sapin.

À ce moment, un avis encadré apparut sur l'écran du portable m'informant que j'allais être à court d'énergie et qu'il me fallait une nouvelle source de courant pour alimenter l'appareil. C'était la tuile. Je fis se dérouler le texte plus vite en essayant d'en lire autant que je le pouvais.

Bien qu'il n'y ait pas eu de bombe en place, le Cartel colombien avait admis l'idée que ses employés irlandais, qui, au moins, avaient eu trois tués dans l'affaire, avaient tenté de faire honneur à leurs engagements. L'IRA put continuer à commercer avec les Colombiens, bien que, comme Frankie l'avait souligné, le trafic eût été détourné par l'Afrique du Sud et l'Espagne.

Au sein de la direction de l'IRA Provisoire, on était aux anges. On s'était débarrassé de deux gêneurs – peut-être pas de la façon escomptée – et on avait créé trois martyrs, ce qui avait, entre autres résultats, fait rentrer quantité de dollars irlando-américains dans les caisses. C'étaient les Britanniques qui avaient semblé perdre la face en cette affaire. Mais, si la communauté internationale se croyait tenue de condamner publiquement la fusillade de Gibraltar, la plupart des chefs d'État admiraient à peine secrètement l'attitude vigoureuse prise par le gouvernement Thatcher contre le terrorisme.

Un autre encadré apparut, m'enjoignant de brancher l'appareil sur une source d'énergie extérieure. Malade de déception, je me résignai à éteindre le portable et à le ranger. J'aurais désespérément voulu en savoir plus. Mais, en même temps, je savais que je tenais un véritable filon. Si je réussissais à regagner l'Angleterre avec cette disquette, je ferais le reste du travail avec Simmonds.

Il était trois heures et demie du matin. Il ne me restait plus qu'à attendre deux heures environ, que les premières vagues d'avions commencent à décoller et à se poser, créant suffisamment d'animation dans l'aéroport pour qu'un homme au visage curieusement abîmé remorquant une fillette de sept ans puisse y passer à peu près inaperçu.

J'abaissai légèrement mon appui-tête et m'efforçai d'adopter une position confortable, mais je n'arrivai pas à me détendre. Mon esprit continuait à travailler. Ainsi, toute l'opération de Gibraltar n'avait été qu'un montage destiné à permettre à l'IRA et aux Colombiens de continuer à gagner de l'argent ensemble. Bien, mais où, au juste, intervenions-nous, Kev et moi, dans ce schéma d'ensemble ? Je me posais la question, tout en écoutant la pluie battre sur le toit de la voiture.

Pour Ewan et moi, tout avait commencé le 3 mars, moins d'une semaine avant la fusillade. Nous étions tous deux sur des boulots différents en Irlande du Nord quand on nous avait amenés par hélicoptère à Lisburn, le quartier général de l'Armée britannique sur place. De là, on nous avait dépêchés, toujours par hélicoptère, aux Stirling Lines, à Hereford, le siège du Special Air Service.

Quand nous arrivâmes au PC régimentaire et vîmes des biscuits et des tasses en porcelaine sur une table devant la salle de réunion, nous nous dîmes qu'un gros coup devait être en préparation. La dernière fois qu'on avait sorti les tasses en porcelaine, ç'avait été pour une réunion à laquelle assistait le Premier ministre.

La salle était bondée et avait été laissée dans la pénombre. Un grand écran avait été installé à l'extrémité de l'estrade.

Comme nous cherchions un endroit où nous asseoir, nous entendîmes cette aimable invitation :

— Hé ! Par ici, têtes de nœud !

Kev et Pat le Décontracté étaient installés côte à côte, buvant du thé. Ils avaient avec eux les deux autres membres de leur équipe, Geoff et Steve. Tous appartenaient au Squadron A[1] et faisaient leur stage de six mois à la brigade antiterroriste.

---

1. Conformément à une tradition remontant à sa fondation par David Stirling durant la dernière guerre, le SAS est divisé en « squadrons » correspondant à peu près à des compagnies. *(N.d.T.)*

Se tournant vers Kev, Ewan demanda :

— Tu sais en quoi consiste le boulot ?

— On est en partance pour Gib, camarade. L'IRA veut tout faire péter là-bas.

Le colonel monta alors sur l'estrade, et la salle devint instantanément silencieuse.

— Deux problèmes, annonça-t-il. Numéro un, manque de temps. Vous partez immédiatement après la réunion. Numéro deux, manque d'informations concrètes. Néanmoins, le Comité des Opérations combinées veut que le Régiment intervienne. Nous vous ferons part de tout ce que nous savons actuellement, puis, au fur et à mesure, de tout ce que nous parviendrons à apprendre après votre départ.

Je me demandai subitement ce qu'Ewan et moi faisions dans cette opération alors que nous étions officiellement censés n'opérer qu'en Irlande du Nord. Mais je me gardai bien d'intervenir ; si je commençais à poser des questions, on allait me renvoyer chez moi et je manquerais la suite.

Je regardai autour de moi. Il y avait là plusieurs membres de l'état-major régimentaire, l'officier chargé des opérations et une myriade de gens des renseignements. L'effectif était complété par un officier artificier, spécialiste de la neutralisation des engins explosifs.

Quelqu'un que je n'avais encore jamais vu gagna ensuite l'estrade, une tasse à thé dans une main et un biscuit dans l'autre, et vint prendre place à côté du pupitre.

— Je m'appelle Simmonds, déclara-t-il, et je dirige le service d'Irlande du Nord au SIS, à Londres. D'abord, un très bref résumé des événements qui nous ont tous amenés ici aujourd'hui.

Les lumières baissèrent encore, et le faisceau d'un projecteur vint éclairer l'écran derrière lui.

— L'an dernier, poursuivit Simmonds, nous avons appris qu'une équipe de l'IRA Provisoire s'était installée dans le sud de l'Espagne. Nous avons intercepté le courrier émanant d'elle et trouvé ainsi une carte postale de Sean Savage en provenance de la Costa del Sol.

Une photo de Sean Savage apparut alors sur l'écran.

— Notre ami Sean, dit alors Simmonds avec un demi-sourire, prévenait Papa et Maman qu'il travaillait à l'étranger. Cela nous a fait immédiatement dresser l'oreille, car ce que le jeune Savage sait faire de mieux, ce sont les bombes.

Essayait-il d'être drôle ? Il n'en avait pourtant pas l'air.

— Puis, en novembre, deux hommes sont passés par l'aéroport de Madrid, se rendant de Malaga à Dublin. Ils avaient des passeports irlandais. Au terme d'un contrôle de routine, Madrid a communiqué les coordonnées, avec photos à l'appui, à Londres. Il s'est révélé que les deux passeports étaient faux.

Il s'était révélé aussi que l'un des détenteurs de ces passeports était Sean Savage, mais ce fut l'identité du deuxième qui causa le plus d'effervescence. Son visage apparut à son tour sur l'écran, et Simmonds déclara :

— Daniel Martin McCann. Je suis sûr que vous en savez plus long sur lui que moi.

« Danny le Fou » n'avait pas volé son surnom. Impliqué dans vingt-six assassinats, il avait été arrêté à deux reprises, mais n'avait pu être emprisonné que deux ans.

Simmonds précisa qu'aux yeux des services britanniques, la présence combinée de Savage et de McCann sur la Costa del Sol, ne pouvait vouloir dire que deux choses : soit que l'IRA s'apprêtait à attaquer un objectif britannique en Espagne, soit que c'était Gibraltar qui était visé.

— Une seule chose était sûre, ajouta Simmonds, c'était qu'ils n'étaient pas là pour fignoler leur bronzage.

Il eut enfin droit à des rires, et il eut l'air de les apprécier car ils arrivaient à point nommé. Ses petites plaisanteries successives avaient dû être calibrées en ce sens.

Un plan de Gibraltar apparut sur l'écran et je repensai au séjour que j'y avais fait dans une unité d'infanterie au cours des années soixante-dix. J'y avais vraiment pris du bon temps.

— Gibraltar, reprit Simmonds, est un objectif très vulnérable. Il y a plusieurs emplacements possibles pour une bombe, tels que la résidence du Gouverneur ou le Palais de Justice, mais nous pensons que la cible la plus probable est le régiment en garnison sur place, les Royal Anglians. Chaque mardi matin, la fanfare du Ier Bataillon joue en public à l'occasion de la relève de la garde. Nous estimons que le lieu le plus vraisemblable d'un attentat est la place où la fanfare se rend à l'issue de la parade. Il serait facile d'y dissimuler une bombe dans une voiture.

Et, aurait-il pu ajouter, avec le maximum d'efficacité meurtrière, l'endroit étant particulièrement resserré.

— Cette évaluation des risques faite, poursuivit-il, nous avons annulé la cérémonie du 11 décembre sous un prétexte banal. La police locale avait reçu le renfort d'éléments en civil venus d'Angleterre, et la surveillance finit par payer. Quand on reprit la cérémonie, le 23 février, une femme censée passer des vacances sur la Costa del Sol vint à Gibraltar et photographia la parade. On vérifia discrètement son identité et l'on découvrit qu'elle voyageait avec un passeport irlandais volé. La semaine suivante, elle était de nouveau là, et, cette fois, elle suivit la fanfare alors que celle-ci gagnait la place, avant dispersion. Même le moins doué des singes du Rocher aurait pu se douter de ce qu'elle était venue faire.

De nouveau, des rires vinrent saluer cette remarque. Je me demandais qui était cet homme qui se permettait de plaisanter ainsi au cours d'un briefing aussi important. Soit il se fichait de tout, soit il était assez puissant au sein de la hiérarchie pour se permettre n'importe quoi. D'une manière ou d'une autre, il serait positif de l'avoir avec nous à Gibraltar.

Il cessa soudain de sourire.

— Nos renseignements, dit-il, indiquent que l'attentat aura lieu à un moment ou à un autre cette semaine. D'un autre côté, rien ne semble indiquer que McCann et Savage s'apprêtent à quitter Belfast.

Il n'avait pas tort à ce sujet. Je les avais moi-même vus, la veille au soir, saouls comme des gorets devant un bar de Falls Road. Ils ne semblaient effectivement pas très prêts à partir en guerre. Sauf s'il s'agissait pour eux de l'ultime cuite avant le travail sérieux.

— C'est là, continua Simmonds d'un ton n'indiquant plus la moindre tendance à l'humour, que quelques problèmes se posent à nous. Que faire de ces gens ? Si nous intervenons trop tôt contre eux, nous ne ferons que permettre à d'autres équipes de l'IRA d'aller accomplir leur mission à leur place. De toute manière, si cette équipe-là débarque à l'aéroport de Malaga et reste en territoire espagnol jusqu'à la dernière minute, rien ne nous garantit que les Espagnols nous la livreront, pas seulement à cause de notre différend sur le Rocher mais aussi parce que les accusations que nous pouvons porter risquent de paraître hypothétiques.

Il marqua un temps d'arrêt et reprit :

— Donc, messieurs, nous devons les arrêter à Gibraltar. Et là, se présentent trois options. La première est d'appréhender nos clients au moment où ils franchissent la frontière, venant d'Espagne. Plus facile à dire qu'à faire. Il n'est pas sûr que nous puissions savoir dans quel véhicule ils circulent. Nous n'aurons que dix à quinze secondes environ pour faire l'identification et procéder à l'arrestation. Pas facile, surtout avec des gens en voiture et probablement armés. La deuxième option est de les arrêter lorsqu'ils se trouveront à proximité de la place que nous pensons visée par l'attentat, mais là aussi, nous sommes tributaires d'une identification rapide et positive, et nous devons les prendre ensemble, avec le dispositif de mise à feu de l'engin. À l'heure actuelle, nous nous orientons, par conséquent, vers la troisième option, et c'est pour cela que nous sommes tous réunis ici.

Il avala une gorgée de thé et demanda qu'on rallume les lumières, puis il poursuivit :

— Le Service de Sécurité va mettre en place des équipes de surveillance qui fileront le groupe terroriste jusque dans Gibraltar. Les deux soldats qui viennent d'arriver d'Irlande du Nord devront donner une identification positive des membres du groupe avant que les autorités civiles passent le relais et transmettent la responsabilité de l'opération aux militaires. Les quatre hommes de votre équipe anti-terroriste procéderont à une arrestation musclée, mais seulement après que les terroristes auront mis leur engin en place.

« Les deux soldats qui viennent d'arriver d'Irlande du Nord », c'étaient Ewan et moi.

— Une fois arrêtés, précisa Simmonds, les terroristes devront être remis aux autorités civiles. Bien sûr, les membres de l'équipe seront garantis contre toute convocation ou comparution en justice. Les deux hommes venus d'Irlande du Nord ne devront pas, je répète, ne devront pas procéder à une arrestation ou à une intervention directe. Vous comprenez pourquoi.

Il s'autorisa un sourire.

— Je pense que c'est tout, messieurs.

Puis il se tourna vers notre colonel et lui dit :

— Je crois comprendre, Francis, que nous partons dans dix minutes pour la base de Lyneham afin d'embarquer.

Trois heures plus tard, j'étais installé dans un avion C 130 avec Ewan, furieux d'avoir découvert une marque noire sur ses baskets toutes neuves. Kev s'employait à vérifier les armes, les munitions et les trousses médicales d'urgence – chose que je considérais, quant à moi, comme capitale. Si je prenais une balle dans la peau, je comptais bien que les copains soient en mesure de faire immédiatement le nécessaire.

Nous atterrîmes le jeudi 3 mars à 23 heures 30. Tout Gibraltar était encore éveillé et pratiquement illuminé. Des camions nous attendaient pour nous faire quitter l'aérodrome rapidement et discrètement.

Notre base avancée avait été installée à la station terrestre de la Royal Navy, « HMS Rooke ». Une demi-douzaine de pièces y avaient été réquisitionnées pour nous et transformées en unité autonome, avec cuisine, salle de transmissions et salle des opérations. Des fils couraient partout et des téléphones sonnaient constamment, tandis que s'agitaient des techniciens en jean ou en survêtement.

Dominant de la voix le fracas ambiant, Simmonds nous annonça :

— Les services de renseignement nous indiquent que le groupe terroriste comporte un troisième membre, probablement son chef. Il s'agit d'une femme nommée Mairead Farrell. Des photos vont arriver dans l'heure qui suit, mais voici déjà quelques tuyaux à votre intention. C'est une très méchante cliente – origines bourgeoises, trente et un ans, études dans un couvent.

Il y eut quelques ricanements, et quand ils se furent tus, Simmonds nous indiqua que Mairead Farrell avait passé dix ans en prison pour avoir posé une bombe à l'Hôtel Conway, à Bristol, en 1976, et que, dès sa libération, elle s'était précipitée reprendre du service au sein de l'IRA Provisoire. Un léger sourire apparut sur ses lèvres lorsqu'il nous expliqua que l'amant de la fille, un nommé Brendan Burns, s'était récemment fait sauter avec la bombe qu'il préparait.

On nous apporta ensuite une série de plans de Gibraltar sur lesquels avaient été indiqués tous les itinéraires et points de regroupement possibles pour l'opération en cours. Il y en avait plus d'une centaine à étudier. Je me demandai un instant ce qui était le plus redoutable : l'équipe terroriste ou le travail préalable à son interception.

— Des questions, les gars ? nous demanda l'homme qui nous avait distribué les plans.

— Oui, trois, répondit Kev. Où dormons-nous, où sont les chiottes et quelqu'un a-t-il préparé du thé ?

Dans la matinée, nous prîmes armes et munitions et nous rendîmes au pas de tir. Les quatre de l'équipe anti-terroriste avaient leurs propres pistolets. Ewan et moi avions des armes empruntées, les nôtres étant restées à Londonderry. Non que cela nous gênât beaucoup. On pense généralement que les hommes du Régiment sont très maniaques à propos de leurs armes, mais tel n'est pas le cas. Tant que vous savez que, lorsque vous presserez la queue de détente, l'engin fonctionnera du premier coup et que vos balles vont toucher ce que vous visez, vous êtes très content comme cela.

Sur le pas de tir, chacun fit ce qui lui convenait. Les quatre de l'équipe anti-terroriste voulaient seulement s'assurer que leurs chargeurs fonctionnaient correctement et que les pistolets n'avaient pas souffert du voyage. Ewan et moi souhaitions en plus étudier le comportement de nos nouveaux pistolets à différentes portées. Nous effectuâmes donc, après toutes les vérifications d'usage, des tirs à cinq, dix, quinze, vingt et vingt-cinq mètres. De bons tirs visés et posés, toujours dirigés vers le même point de la cible afin de bien déterminer où arrivaient les projectiles aux différentes distances. Nous découvrîmes ainsi qu'à quinze mètres, par exemple, il fallait viser le haut du torse. À cette distance, considérable pour une arme de poing, les balles tendaient à porter plus bas et à atteindre le sternum. Chaque arme est différente, et il faut une bonne heure, en moyenne, pour se familiariser avec elle.

Les tirs effectués, nous ne démontâmes pas les pistolets pour les nettoyer à fond. À quoi bon, puisqu'ils fonctionnaient parfaitement ? Nous nous bornâmes à un petit coup dans la chambre pour évacuer les résidus de carbone.

Nous vérifiâmes ensuite le fonctionnement de nos radios en nous assurant qu'il n'y avait pas trop de zones mortes dans le réseau. C'était ce que nous étions en train de faire quand, à 14 heures, Alpha intervint : « À toutes les unités, retour immédiat au centre. »

Simmonds était déjà dans la salle de briefing, et il semblait sous pression. Comme nous tous, il avait sans doute peu dormi. Il avait une barbe de deux jours et était un peu échevelé. Il avait déjà une vingtaine de papiers entre les mains, et on ne cessait de lui en apporter de nouveaux, en même temps qu'on nous distribuait nos instructions. Je vis que l'opération avait pour nom de code « Flavius ».

— Il y a une heure et demie exactement, annonça Simmonds, Savage et McCann ont passé les contrôles à l'aéroport de Malaga. Ils venaient de Paris. Farrell les a accueillis à l'aéroport. Nous ne savons pas comment elle était arrivée, mais l'équipe est au complet. Il y a juste un petit problème : les Espagnols les ont perdus au moment où ils prenaient un taxi. On est en train de placer des guetteurs tout le long de la frontière à titre de précaution. Je n'ai aucune raison de penser que l'attentat ne va pas avoir lieu comme prévu.

Il s'interrompit, nous dévisagea l'un après l'autre, puis reprit :

— On vient juste de me communiquer deux informations de première importance. D'abord, nos clients ne vont pas se borner à utiliser une voiture d'appoint pour bloquer une place au voisinage de l'objectif en vue du grand moment. Cette technique impliquerait deux voyages et deux passages de frontière, et, selon nos renseignements, ils ne sont pas décidés à prendre ce risque. Donc, leur véhicule, quand il arrivera, devra être considéré comme la voiture piégée Deuxièmement, la mise à feu sera assurée par un appareil de télécommande manuelle ; ils veulent être sûrs que l'explosion aura lieu exactement au bon moment. Et souvenez-vous, messieurs, que n'importe lequel des membres de l'équipe, ou même les trois, peuvent être en possession de cette télécommande. Cette bombe ne doit pas exploser. Il y aurait des centaines de vies humaines en danger.

Je fus réveillé par le bruit des réacteurs et celui des roues sur les pistes. Il était un tout petit peu plus de six heures du matin. J'avais dormi trois heures. Il faisait toujours sombre, mais la pluie s'était un peu calmée. Je me penchai vers le siège arrière et dis :

— Kelly, Kelly ! C'est l'heure de se réveiller.

Comme je la secouai, elle gémit doucement :

— D'accord ! Je me lève.

Elle s'assit en se frottant les yeux. Je lui frottai un peu la figure et remis un peu d'ordre dans sa coiffure. Je ne voulais pas qu'elle ait l'air trop lamentable quand nous entrerions dans l'aérogare.

Nous descendîmes avec le sac, et je fermai la voiture à clé. Nous allâmes prendre la navette qui nous conduisit à l'aérogare. Celle-ci commençait à s'éveiller. Il y avait déjà des voyageurs aux divers guichets d'enregistrement. D'autres, ressemblant souvent à des étudiants, paraissaient s'être installés en vue de longues attentes, avec des sacs de couchage déployés sur les banquettes et des sacs à dos posés à côté d'eux. Des préposés au nettoiement promenaient des cireuses sur le dallage avec des allures de zombies.

Je m'emparai d'un magazine gratuit sur un présentoir, en haut de l'escalier mécanique, et, le consultant, m'aperçus que le premier vol pour la Grande-Bretagne n'était pas prévu avant 17 heures. Ç'allait être une longue attente.

Je regardai Kelly. Nous avions tous deux besoin d'un sérieux brin de toilette. Je mis un peu d'argent dans une machine et obtins deux nécessaires de voyage qui vinrent en renfort de notre trousse de toilette commune. Puis nous allâmes nous installer dans une cabine des toilettes pour handicapés. Je me rasai tandis que Kelly se lavait le visage. J'essuyai ensuite ses souliers avec du papier toilette, la peignai et lui attachai les cheveux à l'arrière du crâne avec une bande élastique afin qu'ils ne paraissent pas trop sales. Au bout d'une demi-heure, nous paraissions presque respectables. Les plaies de mon visage semblaient se refermer correctement, mais il m'était encore pénible de sourire. Je ramassai le sac et demandai à Kelly :

— Prête ?

— On va en Angleterre maintenant ?

— J'ai encore une petite chose à faire. Suis-moi.

Nous reprîmes l'escalier mécanique et longeâmes les baies vitrées de l'aéroport en faisant semblant de contempler les avions sur les pistes. En fait, c'étaient deux choses tout à fait différentes que je recherchais.

— Il faut que je poste quelque chose, dis-je en apercevant la boîte FedEx.

Je me servis des numéros de carte de crédit figurant l'accord de location de la voiture pour remplir le formulaire d'expédition. Maintenant qu'il était riche, Frankie pouvait bien me faire ce petit cadeau. Kelly épiait tous mes mouvements.

— À qui tu écris ? demanda-t-elle.

— J'envoie quelque chose en Angleterre pour le cas où l'on nous arrêterait.

Je lui montrai la disquette.

— Et à qui tu l'envoies ?

Elle ressemblait chaque jour un peu plus à son père.

— Mêle-toi de tes oignons ! lui dis-je.

Je mis la disquette dans l'enveloppe, la fermai et y portai la destination. Dans le passé, nous avions fréquemment utilisé le système FedEx pour expédier au Service des photos que nous avions prises de quelque objectif « sensible » et développées nous-mêmes dans une chambre d'hôtel ou d'autres documents du même genre. Cela nous évitait le risque d'être pris en possession du matériel. Mais de nos jours, cette méthode était devenue désuète ; avec les appareils digitaux actuels, on peut prendre les photos, brancher son portable GSM, former un numéro en Angleterre et transmettre.

Continuant à longer les baies extérieures, je finis par trouver la prise de courant que je cherchais à l'extrémité d'une rangée de sièges en matière plastique noire où ronflaient déjà deux étudiants. Je désignai à Kelly les deux dernières places vacantes et lui dis :

— Asseyons-nous là. Je voudrais encore jeter un coup d'œil au portable.

Je branchai celui-ci pour pouvoir continuer à lire la copie du dossier de Kev, et, à ce moment, Kelly découvrit qu'elle avait faim.

— Donne-moi cinq minutes, lui dis-je.

D'après ce que j'avais lu, j'avais déjà compris que l'affaire de Gibraltar avait été un coup monté, mais cela n'expliquait pas encore ce que Kev avait à y voir. En continuant ma lecture, je ne tardai pas à le saisir.

Il apparaissait qu'à partir de la fin des années quatre-vingt, Margaret Thatcher avait commencé à faire sérieusement pression sur l'administration Bush pour qu'on mette bon ordre à la collecte systématique de fonds par l'IRA aux États-Unis. Étant donné le poids du vote irlando-américain dans ce pays, l'affaire était délicate. Un marché fut toutefois conclu : si les Britanniques pouvaient démontrer que les fonds ainsi collectés étaient utilisés pour acheter de la drogue, cela contribuerait à discréditer l'IRA aux yeux de l'opinion américaine, et Bush pourrait agir. Après tout, qui pourrait blâmer le gouvernement de Washington de lutter contre le trafic de drogue ?

Quand les services britanniques commencèrent à rassembler des informations sur la filière de drogue de l'IRA à Gibraltar, l'affaire sembla en bonne voie, et les Américains disposés à se laisser convaincre. Mais, après les événements du 6 mars, la porte se referma brutalement. Les voix irlando-américaines parurent de nouveau trop importantes à la Maison-Blanche pour qu'on y bouge une oreille.

Au début des années quatre-vingt-dix, les États-Unis eurent une nouvelle administration – et la Grande-Bretagne un nouveau Premier ministre. Les Américains furent alors avertis – et le message fut délivré au plus haut niveau – que s'ils ne faisaient pas pression sur l'IRA pour qu'elle engage des pourparlers de paix, les Britanniques allaient révéler ce qu'il advenait des fonds collectés par l'organisation terroriste aux États-Unis. Ce qui ferait quelque peu perdre la face à un gouvernement toujours si prompt à donner des leçons aux autres, surtout dans le domaine de la lutte contre la drogue.

Un autre marché fut conclu. En 1995, Clinton autorisa Gerry Adams à venir aux États-Unis, geste qui, outre qu'il était excellent pour le vote irlando-américain, faisait passer le nouvel occupant de la Maison-Blanche pour le roi des médiateurs. Cela paraissait, en même temps, un camouflet pour John Major, mais les Britanniques ne s'en offusquèrent pas ; ils connaissaient le dessous des cartes. En effet, à huis clos, les Américains firent savoir à Gerry Adams que si l'IRA ne laissait pas le processus de paix s'engager en Irlande du Nord, ils allaient eux-mêmes lui tomber dessus comme une tonne de béton.

Un cessez-le-feu fut donc instauré. Et il sembla que de véritables pourparlers allaient s'engager, se substituant à des négociations secrètes qui n'avaient jamais mené nulle part.

Mais, le 12 février 1995, une énorme bombe explosa à Canary Wharf, à Londres, tuant deux personnes et faisant plusieurs centaines de millions de livres de dégâts. Le cessez-le-feu était rompu. On était revenu à la case départ.

Mais l'affaire ne s'arrêtait pas là. Kev avait également découvert que l'IRA avait entrepris de faire chanter certaines personnalités officielles de Gibraltar, et ce avec quelque succès. Il apparaissait qu'à leurs yeux, Gibraltar restait la clé de l'Europe. Ils considéraient la filière purement espagnole comme beaucoup trop dangereuse. Ils faisaient également pression sur quelques personnalités importantes aux États-Unis, afin de pouvoir continuer à y opérer en toute impunité. L'une des victimes de ce chantage occupait un poste très élevé au sein même de la DEA. L'ennui était que Kev ne savait pas de qui il s'agissait.

Moi si ; j'avais la photographie de son patron.

Et je savais aussi pourquoi McGear, Fernahan et Macauley s'étaient rendus à Gibraltar. Quelle que fût la personnalité qu'ils y avaient rencontrée, ils étaient venus faire pression sur elle, avec documents a l'appui, pour qu'elle les aide à reconstituer la filière locale. Peut-être qu'en Espagne, l'ETA prenait une trop forte commission.

Je refermai le portable. Il fallait vraiment que je regagne l'Angleterre. Il fallait que je voie Simmonds.

— Bon, fit alors Kelly, qui m'observait attentivement. On peut prendre un petit déjeuner, maintenant ?

Nous allâmes aux Dunkin'Donuts. Elle prit un carton de lait, moi un café, et nous nous bourrâmes d'énormes beignets bien graisseux. Pour ma part, j'en engouffrai six.

Vers dix heures, nous descendîmes par les escaliers mécaniques jusqu'à la salle d'arrivée des vols internationaux. Il me fallait des passeports – britanniques ou américains, je n'en avais cure.

Comme à l'habitude, il y avait des gens des deux côtés derrière les barrières métalliques, attendant avec des fleurs et des appareils photographiques. Kelly et moi nous étions installés sur des sièges, devant les tapis roulants où arrivaient et tournaient les bagages. J'avais mon bras passé autour de ses épaules, et semblais bavarder très innocemment avec elle. En fait, je lui enseignais les subtilités du vol qualifié.

— Penses-tu que tu peux le faire ? lui demandai-je, au terme de mes explications techniques.

Nous assistâmes à l'arrivée d'une première vague de voyageurs venus chercher leurs valises. Je repérai une famille possible.

— C'est le genre de ce que nous cherchons, dis-je à Kelly. Mais ce sont deux petits garçons. Est-ce que tu voudrais être un garçon pour la journée ?

— Pas question, fit-elle, catégorique. Les garçons sentent mauvais.

Je reniflai brièvement mon sweat-shirt et approuvai de la tête.

— Entendu, dis-je. On attend.

Un vol arriva de Francfort, et, cette fois, nous tenions le bon bout. Les parents avaient entre trente-cinq et quarante ans, et les enfants dix ou onze ans : un garçon et une fille. La mère avait un sac à main en mailles de plastique blanc ; on voyait qu'il contenait tout ce qu'il nous fallait. Je n'arrivais pas à croire à notre chance.

— Tu les vois ? fis-je à Kelly. C'est notre affaire. On y va ?

Son « oui » fut quelque peu hésitant. Elle ne semblait plus très chaude, soudain. Que faire ? Comme le groupe se dirigeait vers les toilettes, il me fallut prendre une décision instantanée, et je résolus de tenter le coup quand même.

— Elle y va avec sa fille, dis-je à Kelly. Assure-toi qu'il n'y a personne derrière toi. Et souviens-toi que je t'attends.

Nous suivîmes, en prenant notre air le plus décontracté. Le mari avait disparu avec le petit garçon, peut-être à la recherche d'un taxi. La femme et sa fille entrèrent aux toilettes des dames en bavardant gaiement. La femme avait son sac à l'épaule. Nous prîmes, nous, l'entrée des hommes, immédiatement à droite des toilettes pour handicapés, et pénétrâmes aussitôt dans l'une des cabines réservées à ceux-ci.

— C'est là que je serai, dis-je. Dans celle-là. OK, Kelly ?

— OK.

— Tu te souviens de ce que tu as à faire ?

Cette fois, j'eus droit à un grand hochement de tête catégorique.

— Alors, tu y vas...

Je fermai la porte et la verrouillai. La cabine était assez vaste pour permettre à un fauteuil roulant d'y évoluer, et le moindre son semblait y susciter un écho. Le dallage était humide et sentait l'eau de Javel. Un panneau, derrière la porte, indiquait que l'endroit avait été nettoyé quinze minutes auparavant.

J'avais le cœur qui battait si fort qu'il en était presque douloureux. Mon sort et tout mon avenir, en fait, dépendaient de l'action d'une petite fille de sept ans. Elle devait passer la main sous la paroi de la cabine, attraper le sac à main, le glisser sous son manteau et s'éloigner sans regarder derrière elle.

Ce n'était pas difficile, mais c'était, je le savais, horriblement mal. Mais sans passeports, nous ne pouvions sortir du pays, c'était aussi simple que cela. Il n'était pas question que je retourne en Floride trouver Frankie. En plus des risques à courir pendant le voyage, je ne pouvais lui faire confiance pour la bonne raison que j'ignorais ce qu'il avait pu faire depuis que je l'avais quitté. Tout cela était beaucoup trop compliqué. Il nous fallait bel et bien sortir du pays, et sur-le-champ.

Je fus arraché à mes ruminations par une série de coups frappés à la porte, et un appel où la nervosité frôlait presque l'hystérie :

— Niiick !

J'ouvris très vite la porte, sans même regarder, et elle se précipita à l'intérieur. Je refermai la porte, la verrouillai, saisis Kelly par la taille et la transportai jusqu'à la toilette. J'abaissai le couvercle du siège, et nous nous y assîmes tous deux. Je lui fis un grand sourire et lui dis :

— Bien joué !

Elle semblait à la fois excitée et effrayée. Je n'étais, quant à moi, qu'effrayé, car je savais que, d'une minute à l'autre, le bruit et la fureur allaient se déchaîner.

Cela ne tarda guère. La mère se précipita hors des toilettes en hurlant :

— On m'a volé mon sac ! Où est Louise ?

La fille sortit à son tour, et se mit à crier de toutes ses forces :

— Maman ! Maman !

Ce n'était surtout pas le moment de sortir de notre trou. Tout le monde allait se mettre à chercher en tous sens. Il nous fallait rester bien tranquilles où nous étions et jeter un coup d'œil aux passeports que nous venions de nous approprier.

Nous avions dévalisé Mrs. Fiona Sandborn et sa famille. C'était parfait, à ceci près que Mr. Sandborn ne ressemblait pas du tout à Mr. Stone. N'importe, je m'en occuperais ultérieurement. Les noms des deux enfants étaient portés sur le passeport de chaque parent.

Je retirai aussi du sac l'argent liquide et les lunettes de

lecture. La citerne de la toilette se trouvant derrière le mur, il n'y avait pas d'endroit où cacher le sac dans la cabine. Je me levai et allai écouter à la porte. La femme avait trouvé un agent de police, et j'imaginai aisément la scène : une petite foule se rassemblant, le flic prenant des notes et entrant en contact radio avec le central. La prochaine consisterait sans doute à fouiller les cabines. Je sentis la sueur me couler le long de la nuque.

Marchant sur la pointe des pieds avec une application qui eût été désopilante en d'autres circonstances, Kelly vint me rejoindre derrière la porte. Je me penchai vers elle, et elle me demanda à l'oreille :

— C'est fini ?

— Presque, lui dis-je.

Puis j'entendis toute une série de bruits dans les toilettes. On poussait violemment la porte des cabines vacantes et on frappait aux autres. On cherchait le voleur ou, tout au moins, l'endroit où le sac avait pu être abandonné. Cela allait être notre tour d'un moment à l'autre.

— Kelly, lui dis-je en hâte, il faut que tu répondes si on frappe à la porte. Il faut que tu...

Mais on frappait déjà, et l'écho s'en répercutait dans toute la cabine. Une voix d'homme lança :

— Police ! Il y a quelqu'un ?

On secouait en même temps le loquet de la porte.

Je ramenai vivement Kelly à côté du siège et lui chuchotai à l'oreille :

— Dis que tu vas bientôt sortir.

— Je vais bientôt sortir ! cria-t-elle docilement.

Il n'y eut pas de réponse, et le policier passa à la cabine suivante. Le danger s'était éloigné.

Tout ce qui me restait à faire était de me débarrasser du pistolet et des chargeurs de rechange. C'était facile. Je les glissai dans le sac de Fiona, dont je fis une sorte de paquet pouvant être glissé aisément dans une poubelle.

Je laissai passer une heure avant de me décider à sortir. Je me tournai vers Kelly et lui dis :

— Tu t'appelles maintenant Louise. C'est entendu ? Louise Sandborn.

— Entendu.

Elle ne semblait pas troublée le moins du monde.

— Louise, poursuivis-je, quand nous sortirons d'ici, je veux que tu me donnes la main en ayant l'air vraiment heureuse. Allez, on y va !

— En Angleterre ?

— Bien sûr. Mais, d'abord, il faut que nous trouvions un avion. À propos, tu as été très bien. C'était très bien joué.

Nous arrivâmes dans la salle des départs à onze heures et demie. Nous avions encore plusieurs heures à attendre avant le premier vol possible, le 216 de British Airways à destination d'Heathrow, qui devait décoller à 17 heures 10.

J'allai jusqu'à un téléphone et appelai successivement toutes les compagnies ayant des vols à destination de Londres ce jour-là pour savoir s'il y avait des places disponibles. Le BA 216 était plein, ainsi que le 918 d'United Airways à 18 heures 10, le BA de 18 heures et l'United de 18 heures 40. Je finis par trouver deux sièges séparés sur un vol Virgin à 18 heures 45. Je donnai l'identité de Mr. Sandborn, en annonçant qu'il était déjà en route pour l'aéroport. Le règlement s'opéra avec le numéro de carte de Mr. Al de Niro.

Je passai ensuite devant le guichet de Virgin et vis qu'il n'ouvrait pas avant 13 heures 30. Encore une heure et demie à attendre et à transpirer.

Terry Sandborn était un peu plus âgé que moi, et ses cheveux longs commençaient à devenir gris. Mes cheveux à moi étaient courts et châtain foncé. Heureusement, son passeport était vieux de quatre ans.

À la grande joie de Kelly et du coiffeur de l'aéroport, je me fis pratiquement mettre la boule à zéro. En sortant, je ressemblais à un Marine américain venant de commencer ses classes.

Nous allâmes ensuite à la pharmacie, où je fis emplette d'un médicament qui était censé combattre victorieusement les règles douloureuses. D'après la formule chimique, c'était exactement ce qui s'imposait dans mon cas.

Je persistais à espérer que, pour la police, le seul motif du vol dont avait été victime Fiona Sandborn avait été de lui dérober son argent liquide, et qu'elle avait laissé aux intéressés le soin de déclarer la disparition de leurs passeports et de leurs cartes de crédit. Je ne tenais pas à me présenter au guichet de Virgin pour me retrouver terrassé par quelques centaines de kilos de flics assoiffés de sang.

Il nous restait une demi-heure avant l'ouverture du guichet, et j'avais encore une chose à faire.

— Kelly, lui dis-je, nous allons retourner un moment aux toilettes.

— Mais je n'ai pas envie !

— C'est moi qui ai besoin de me déguiser un peu. Viens voir.

Nous nous rendîmes dans les toilettes pour handicapés de la salle des départs. Je fermai et verrouillai la porte, et sortis de ma poche les lunettes de Fiona Sandborn. Elles avaient une monture dorée, et leurs verres étaient aussi épais que des fonds de bouteilles de Coca-Cola. Je les essayai. La monture était un peu trop petite, mais, à part cela, tout allait bien. Je me retournai vers Kelly en louchant. Ensuite, je dus lui mettre la main sur la bouche pour maîtriser son fou rire.

Je sortis mon médicament du sac et expliquai :

— Je vais prendre ce truc, et cela va me rendre malade. Mais il y a une raison à cela. Entendu ?

Kelly avait l'air un peu dubitatif.

— Entendu, entendu, fit-elle néanmoins.

J'avalai six gélules et attendis. Les bouffées de chaleur commencèrent puis les sueurs froides. Je levai et agitai les mains pour montrer que tout allait bien tandis que je vomissais dans le lavabo six beignets et un café.

Kelly continuait à me fixer avec effarement tandis que je me rinçais la bouche et le visage. Je me contemplai un instant dans la glace. Comme je l'avais espéré, j'étais tout pâle et avais l'air aussi malade que je me sentais. Je pris quand même deux gélules de plus.

Il y avait peu de clients le long des comptoirs des diverses compagnies, et une seule employée était de service au guichet de Virgin. Elle avait environ vingt-cinq ans, elle était noire et superbe, avec des cheveux souples réunis en catogan derrière la nuque.

— Bonjour, dis-je. Je m'appelle Sandborn. Vous devez avoir deux billets pour moi.

La codéine que j'avais absorbée m'avait rendu la voix basse et rauque, et je m'efforçais d'avoir l'air effaré et un peu perdu.

— Mon beau-frère, ajoutai-je, devrait les avoir retenus pour moi. Je l'espère, du moins…

— Bien sûr. Avez-vous un numéro de référence ?

— Désolé, il ne m'en a pas donné. Juste Sandborn.

Elle frappa quelques touches d'ordinateur, et me dit :

— C'est bon, monsieur Sandborn. Deux places, pour Louise et pour vous. Quels bagages enregistrez-vous ?

J'avais l'ordinateur portable accroché à l'épaule, et le sac à la main. Je fis mine d'hésiter, de me demander si j'allais avoir besoin du portable durant le voyage. Je finis par déposer le sac sur la bascule.

— Juste cela, dis-je.

Le sac ne pesait guère lourd, mais la couverture qu'il contenait lui donnait des dimensions honorables.

— Puis-je voir votre passeport, s'il vous plaît ? demanda la jeune Noire.

Je commençai à fouiller toutes mes poches, apparemment en vain. Je ne voulais pas produire immédiatement les papiers de Sandborn. Il me fallait d'abord amuser un peu le tapis.

— Écoutez, dis-je à l'employée, je sais que nous avons déjà eu de la chance de trouver des places, mais est-ce qu'il ne serait pas possible que nous soyons ensemble ?

Je me penchai un peu plus vers elle et chuchotai à moitié.

— Louise déteste l'avion.

Kelly et moi échangeâmes des regards.

— Tout va bien, chérie, tout va bien ! fis-je.

Puis je baissai de nouveau la voix et dis à l'employée :

— Nous sommes un peu en mission humanitaire.

Je regardai encore Kelly, puis l'employée, avec une mine de circonstance.

— Sa grand-mère…

Je m'interrompis, comme si la suite était trop pénible pour être captée par des oreilles enfantines.

— Je vais voir ce que je peux faire, monsieur, dit l'employée.

Elle pianota à toute vitesse sur son ordinateur, tandis que je posai discrètement le passeport sur le comptoir. Elle leva la tête et sourit.

— Pas de problème, monsieur Sandborn.

— C'est merveilleux.

Mais je voulais prolonger encore un peu la conversation.

— Je me demandais s'il ne nous serait possible d'utiliser l'un de vos salons particuliers ? C'est simplement que, depuis ma chimiothérapie, je me fatigue très vite. Nous avons été un peu bousculés aujourd'hui, et je ne me sens pas très bien. Et dès que je me cogne quelque part, je me fais une plaie...

L'employée regarda mon visage pâle et couturé. Après un silence, elle me déclara d'un ton encourageant :

— Ma mère a subi une chimio pour un cancer du foie. Elle a souffert, mais elle a fini par très bien se remettre. Laissez-moi voir ce que je peux faire...

Souriant à Kelly, elle décrocha le téléphone et entama une brève conversation dans l'inintelligible jargon des compagnies aériennes. Puis elle me regarda en hochant la tête.

— Tout va bien, monsieur, dit-elle. Nous partageons des salons avec United. Je vais vous remplir une invitation.

Je la remerciai, et elle saisit le passeport. J'espérais qu'après cette prise de contact détaillée, l'examen du document ne serait qu'une formalité. Pendant qu'elle ouvrait le passeport, je me tournai vers Kelly et commençai à lui expliquer combien il allait être excitant de prendre ainsi l'avion pour aller voir grand-mère.

— Vous embarquerez vers dix-sept heures trente, dit alors l'employée.

Je relevai la tête, tout sourire.

— Vous allez à la porte C, poursuivit-elle. Là, une navette vous conduira à votre salon. Je vous souhaite à tous deux un agréable voyage.

— Merci infiniment ! Allez, viens, Louise, nous avons un avion à prendre.

Je laissai Kelly s'éloigner un peu, puis, me retournant vers la jeune Noire, je lui dis :

— J'espère simplement que sa grand-mère tiendra jusque-là…

Elle me répondit par un signe de tête compatissant.

Tout ce que je voulais, dans l'immédiat, c'était passer sans encombre dans la zone d'embarquement et me retrouver dans la relative tranquillité d'un salon d'attente réservé. Le premier obstacle était le contrôle de sécurité. Kelly passa la première et je suivis. Il n'y eut pas de problème. Je dus ouvrir l'ordinateur portable et le mettre en route pour prouver qu'il marchait, mais j'avais prévu la chose. Les documents « Flavius » étaient sagement rangés sous le titre « Jeux ».

À la porte C, nous prîmes la navette et, après un détour à un distributeur de boissons, nous gagnâmes le salon d'attente où nous nous installâmes avec un grand cappuccino et un Coca. L'endroit était confortable et animé. On y entendait de nombreux accents britanniques et, de temps à autre, des bribes de français et d'allemand.

Je n'arrivais toutefois pas à me débarrasser de mes inquiétudes. À un moment, un membre du personnel de sécurité pénétra dans le salon et alla dire quelques mots aux gens se tenant au bureau. Mon cœur battit plus vite. Nous étions si près de l'avion, de l'autre côté de la vitre, que j'avais l'impression que j'aurais pu le toucher rien qu'en étendant la main…

Je tentai de me forcer au calme. Logiquement, si l'on nous avait recherchés, on nous aurait déjà trouvés. Mais, à la vérité, il y avait tant de choses qui pouvaient encore mal tourner… Je continuais à suer par tous les pores. J'en avais le visage luisant. Et, peut-être sous l'effet des gélules que j'avais absorbées, je commençais à me sentir faible.

— Nick ? demanda soudain Kelly. Est-ce que je suis Louise toute la journée ou seulement pour le moment ?

Je fis mine d'y réfléchir et dis :

— Pour toute la journée. Tu es Louise Sandborn toute la journée.

— Pourquoi ?

— Parce qu'autrement, on ne nous laissera pas entrer en Angleterre.

Elle sourit et hocha la tête.

— Tu veux savoir quelque chose d'autre ? ajoutai-je.

— Quoi donc ?

— Si je t'appelle Louise, il faut que tu m'appelles Papa. Mais seulement aujourd'hui.

Je ne savais pas à quelle réaction m'attendre, mais elle eut un geste d'indifférence.

— Comme tu veux, fit-elle.

Les trois heures qui suivirent furent longues à passer, mais, au moins, nous étions à peu près abrités. Si j'avais eu la moindre affection cardiaque, je serais sans doute mort sur place, tant ma circulation s'était accélérée et tant le sang venait me battre aux oreilles.

Je m'appliquais à me répéter : tu es là, il n'y a plus rien que tu puisses faire, il te faut l'accepter. Maintenant, il faut monter dans ce foutu zinc !

Je regardai Kelly.

— Ça va, Louise ?

— Oui, ça va, Papa.

Elle avait un grand sourire. J'espérais qu'elle allait pouvoir le conserver.

La réceptionniste prit alors son micro, annonça notre vol et nous dit combien elle avait été ravie de nous avoir tous dans ce salon. En plus de nous, une douzaine de personnes se levèrent et commencèrent à rassembler journaux et bagages à main.

— Louise ? dis-je.

— Oui ?

— En route pour l'Angleterre !

Nous allâmes vers la porte, main dans la main, bavardant tranquillement de père à fille. Ma théorie était que, pendant que je lui parlais, personne n'allait tenter de nous adresser la parole.

Il y avait quatre ou cinq personnes devant nous dans la file d'attente. Le contrôle des passeports était opéré par un jeune Latino avec un badge d'identité accroché au cou.

J'étais trop loin pour voir ce qui y était inscrit. Appartenait-il à la compagnie ou au service de sécurité de l'aéroport ?

Deux gardes en uniforme vinrent se placer derrière lui en bavardant d'un air que je trouvai aussitôt un peu trop naturel. De ma manche, j'essuyai la sueur qui me baignait le visage. Les deux gardes étaient armés.

Nous avançâmes. L'ordinateur portable accroché à l'épaule, je gardais tout près de moi Kelly, qui avait un ours en peluche sous chaque bras. Je jouais les pères inquiets craignant de perdre leur enfant dans la cohue.

Nous fîmes quelques pas de plus et nous retrouvâmes devant le jeune Latino. J'étais décidé à tout faire pour lui faciliter la tâche. Avec un grand sourire, je lui tendis le passeport et les cartes d'embarquement. J'avais la tenace impression que les deux gardes en uniforme me fixaient. Je me mis dans la peau du boxeur entièrement concentré sur son adversaire. Seul le Latino existait pour moi ; le reste du monde était rejeté au deuxième plan, flou, lointain et irréel. Une grosse goutte de sueur glissait le long de ma joue, et j'étais sûr que le Latino l'avait remarquée. Comme il avait remarqué mon souffle presque haletant.

Kelly était juste derrière, sur ma droite. Je la regardai et souris.

— Monsieur ?

J'expirai lentement et silencieusement, prêt à tout, et le regardai.

— Seulement le passeport, monsieur.

Il me rendit les cartes d'embarquement, que je pris avec le sourire idiot du voyageur inexpérimenté. Il feuilleta le passeport, s'arrêta sur la photo de Sandborn et me regarda. Puis il regarda de nouveau la photo.

Je suis dans la merde.

Je fis comme si j'avais lu dans ses pensées.

— L'andropause, proclamai-je en souriant et en frottant de la main mon crâne presque rasé. Le look Bruce Willis !

Mon crâne était, en fait, trempé de sueur. Le Latino ne rit pas. Il devait réfléchir. Puis il referma le passeport et me le rendit.

— Je vous souhaite un agréable vol, monsieur.

Je le remerciai d'un signe de tête, mais il avait déjà reporté son attention sur les passagers suivants.

Nous fîmes quelques pas de plus et remîmes nos cartes d'embarquement aux hôtesses de Virgin. Les deux gardes de sécurité n'avaient pas bougé.

Néanmoins, le Latino continuait à me préoccuper. Je ne cessai de penser à lui en montant dans l'avion. Quand j'eus trouvé nos sièges, mis l'ordinateur dans le compartiment à bagages au-dessus de nos têtes, me fus assis et eus déployé le magazine gratuit de la compagnie, j'inspirai puis expirai très lentement. Mais ce n'était pas là un soupir de soulagement ; je tentais de faire remonter le taux d'oxygène dans mon sang. Non, le Latino n'avait pas été totalement convaincu. Il avait eu des soupçons, mais n'avait pas posé la moindre question. Nous étions peut-être sortis de l'eau pour prendre pied sur le rivage, mais nous n'étions pas encore en terrain sec.

Des employés entraient dans l'avion et en sortaient avec des listes à la main. À chaque fois qu'ils apparaissaient, je m'attendais à voir les deux gardes de sécurité sur leurs talons. Il n'y avait qu'une entrée et qu'une sortie, aucun moyen d'évasion. De toute manière, les jeux étaient faits. Chaque fois, d'ailleurs, que j'avais pris place à bord d'un avion, qu'il fût civil ou militaire, j'avais eu ce sentiment de me trouver entre les mains d'autres personnes, impuissant, et j'avais détesté cela.

Des passagers continuaient à arriver et à prendre leurs places. Je regardai Kelly assise à côté de moi et lui fis un clin d'œil. Elle passait un merveilleux moment à essayer d'attacher ses ours à son siège à l'aide de la ceinture de sécurité.

Soudain, l'un des stewards surgit dans notre allée. Il portait toujours sa tunique d'uniforme et n'était pas encore en bras de chemise, comme pendant le vol. Il arriva près de nos sièges et s'arrêta. À en juger par sa ligne de vision, il paraissait vérifier l'attachage des ceintures. Mais n'était-il pas trop tôt pour cela ? À tout hasard, j'inclinai la tête et souris. Il vira de bord et disparut dans l'office.

Je me mis à observer la porte d'entrée, m'attendant au pire. L'une des hôtesses y passa la tête et me regarda très directement. J'entrepris d'étudier très attentivement les ours de Kelly. Je me sentais des démangeaisons jusque dans les pieds et j'avais l'estomac entièrement contracté. Je relevai la tête. Elle avait disparu.

Le steward revint, portant un sac en plastique. Il s'approcha de nouveau de nous, s'arrêta et s'accroupit à la hauteur de Kelly.

— Salut ! fit-il.

— Salut !

Il plongea la main dans son sac et je m'attendis à l'en voir sortir un 45. Une belle astuce, que de m'avoir fait croire qu'il était un membre de l'équipage s'occupant de la fillette !

Il en sortit en fait une pochette en nylon portant l'emblème de Virgin avec les mots « Enfants très haut placés ».

— Nous avions oublié de te donner cela, dit-il à Kelly.

J'aurais voulu l'embrasser !

— Merci beaucoup, fis-je avec un sourire d'évadé de l'asile, mes yeux grossis cent fois par les lunettes de Fiona. Merci infiniment !

Le steward fit de son mieux pour éviter de me regarder, et nous proposa une boisson avant le décollage. Je mourais d'envie d'une bière, mais je risquais d'avoir à passer à l'action dès notre arrivée et, de toute manière, j'étais trop fatigué. Je pris un jus d'orange comme Kelly.

Vingt minutes plus tard, à l'heure dite, l'avion décolla. Il m'était soudain devenu égal de me retrouver entre les mains d'un pilote.

36

Nous écoutâmes pieusement le commandant se présenter, nous dire combien il était ravi de nous avoir à son bord et nous préciser à quelle heure nous serions nourris. Mon corps commençait tout doucement à sécher, après une suée qui avait imprégné jusqu'à mes chaussettes. Je jetai un coup d'œil à Kelly. Elle avait une petite mine triste. Je la poussai du coude et lui demandai :

— Ça va ?

— Je crois, fit-elle. C'est juste que Melissa me manque. Et puis je ne lui ai même pas dit que j'allais en Angleterre.

Je savais maintenant comment me tirer de ce genre de situations.

— Eh bien, lui dis-je, tout ce que tu as à faire, c'est te rappeler tout ce que tu as vécu de mieux avec Melissa, et cela te rendra aussitôt heureuse.

J'attendais et prévoyais la réplique.

— À quoi penses-tu à propos de ton meilleur ami David quand tu veux être heureux ?

Ma réponse était prête.

— Eh bien, commençai-je, il y a une douzaine d'années, il reconstruisait sa maison. Nous travaillions ensemble et il avait besoin d'un plancher neuf...

Tandis que se déroulait mon histoire, je sentis Kelly se pelotonner contre moi. Je lui racontai comment nous avions, Ewan – ou David – et moi, volé à trois heures du matin, planche à planche, avec des marteaux et des ciseaux, le plancher d'un court de squash appartenant à notre état-major en Irlande du Nord, et comment nous l'avions remonté, également planche à planche, dans la maison.

Puis je la regardai avec un large sourire, guettant sa réaction, mais elle dormait déjà à poings fermés.

Je tentai de regarder un film, mais je sentis que je n'allais pas tarder à tomber, moi aussi, endormi. En attendant, je ne pouvais empêcher les mêmes pensées de revenir me hanter.

Il existait, c'était sûr, une alliance entre l'IRA Provisoire et des éléments corrompus de la DEA – et il semblait bien que le patron de Kev fût au centre de l'affaire. Kev avait découvert la chose, mais sans trouver qui y était impliqué. Il voulait alerter quelqu'un à ce sujet. Était-ce son patron à qui il avait, en toute innocence, demandé son avis le jour où j'étais arrivé à Washington ? C'était très improbable, car Kev, logiquement, avait dû l'inclure dans sa liste de suspects. Plus probablement, c'était quelqu'un n'appartenant pas à la DEA mais connaissant ce genre de problèmes, un homme à l'opinion duquel Kev attachait de la valeur. Était-il possible que ç'ait été Luther ? Il connaissait Kev. Kev avait-il pu lui faire confiance ? Comment savoir ? Mais quelle que fût la personne en question, Kev était mort aussitôt après l'avoir alertée.

La lumière se ralluma dans la cabine environ deux heures avant l'atterrissage, et l'on nous servit le petit déjeuner. Je poussai Kelly du coude, mais elle grogna et s'enfouit sous sa couverture. Quant à moi, je n'avais pas faim. Je m'étais endormi presque euphorique, soulagé d'avoir pu quitter les États-Unis, mais je me réveillais totalement déprimé. Mes idées étaient aussi noires que le café posé devant moi. J'avais été fou de me croire délivré. Nous n'en étions pas sortis, tant s'en fallait. Si on nous savait à bord de cet avion, on ne ferait évidemment rien avant l'atterrissage. Mais je risquais encore de me faire appréhender dès que j'aurais posé le pied sur le sol. Et même si cela ne se produisait pas, il y avait encore les contrôles d'immigration. Les fonctionnaires chargés de détecter les indésirables à l'arrivée sont évidemment plus vigilants que ceux qui se bornent à vous laisser sortir. Ils regardent plus attentivement vos papiers, étudient vos mimiques et vos attitudes, s'efforcent de déchiffrer votre regard. Kelly et moi voyagions avec un passeport volé. Nous étions passés à Dulles, mais cela ne voulait pas dire que nous nous en tirerions toujours aussi bien.

Je pris quatre gélules et terminai mon café. Je devais me rappeler que j'étais dorénavant un citoyen américain. Lorsque l'hôtesse passa proposer les cartes de débarquement, je lui en demandai une. Kelly dormait toujours profondément.

En remplissant la carte, je décidai que les Sandborn venaient juste de déménager et habitaient maintenant à une maison de celle des Brown. Hunting Bear Path était la seule adresse à Washington dont je pouvais parler de façon à peu près convaincante.

Si je me faisais arrêter au contrôle d'immigration, ce ne serait pas la première fois. Revenant un jour de mission et débarquant à l'aéroport de Gatwick, j'avais remis mon passeport au fonctionnaire de service. Pendant que celui-ci l'examinait, deux hommes surgirent, me saisirent chacun par un bras et prirent mon passeport des mains du fonctionnaire en me disant :

— Monsieur Stamford ? Spécial Branch. Venez avec nous.

Je ne perdis pas de temps à discuter. Ma couverture était bonne. J'étais en Angleterre. Tout allait bien se passer.

Ils me conduisirent dans une salle d'interrogatoire, où ils me fouillèrent à corps avant de me cribler de questions. Celles-ci fusaient de toutes parts, de la droite, de la gauche et du centre. Je leur débitai toute l'histoire dûment préparée pour me couvrir. Ils téléphonèrent à mon prétendu logeur, et James confirma mon histoire.

Je me retrouvai néanmoins dans l'une des cellules de détention de l'aéroport, et trois policiers entrèrent. Ils ne perdirent pas une minute et me foncèrent dessus. Deux d'entre eux m'immobilisèrent les bras tandis que le troisième me démolissait scientifiquement la figure. Ils se relayèrent et me flanquèrent une terrible correction, sans un traître mot d'explication.

Puis je fus ramené dans la salle d'interrogatoire et accusé

d'être un pédophile exploitant la prostitution enfantine en Thaïlande – ce qui était pour le moins étrange, puisque je revenais d'une opération illégale en Russie. Il n'y avait rien que je puisse dire. La seule solution était de continuer à nier en attendant que le Service vienne me tirer d'affaire.

Comme je moisissais dans ma cellule après quatre heures d'interrogatoire, je vis débarquer les gens du Service chargés d'analyser ma performance ; tout cela n'était qu'une saloperie d'exercice. Tous les agents « K » rentrant en Grande-Bretagne avaient été ainsi mis à l'épreuve. Le seul ennui était que nos chers patrons avaient choisi le pire des motifs pour nous faire appréhender. Les policiers croyaient visiblement à la justice sommaire quand il s'agissait de gens abusant des enfants, et nous en avions tous fait l'expérience. L'un d'entre nous, qui avait débarqué à Jersey, avait été si bien servi qu'il s'était retrouvé à l'hôpital.

Kelly était encore à moitié endormie et elle avait toute l'allure d'un clochard venant de sortir de sous une haie. Elle bâilla et tenta vaguement de s'étirer. Comme elle ouvrait les yeux et regardait autour d'elle, complètement effarée, je lui souris et lui tendis un carton de jus d'orange.

— Comment vas-tu ce matin, Louise ? lui demandai-je.

Elle sembla perdue pendant une seconde ou deux, puis elle retomba sur ses pieds.

— Bien, dit-elle.

Elle marqua une pause, sourit et ajouta :

— Papa.

Puis elle referma les yeux et se retourna, s'enfouissant de nouveau dans son oreiller et sa couverture. Je n'eus pas le cœur de lui dire que nous n'allions pas tarder à atterrir.

Tandis que je me décidais à boire son jus d'orange, on nous projeta une vidéocassette nous présentant le Londres cher aux touristes, avec relève de la Garde à Buckingham Palace et tout le reste. Pour ma part, je n'avais jamais vu Londres aussi pimpant.

Puis l'avion atterrit, roula un moment sur la piste et atteignit notre point de débarquement. Il allait falloir recommencer à jouer. Tous les passagers jaillirent de leurs sièges comme s'ils risquaient de manquer un grand événement. Je me penchai vers Kelly et lui dis :

— Attends. Nous ne sommes pas pressés.

Je voulais sortir au milieu de la foule.

Finalement, nous enfouîmes tout ce qui traînait dans la pochette Virgin offerte à Kelly, nous prîmes les ours et joignîmes la file des passagers. J'essayais en vain de voir ce qui se passait en tête. Nous finîmes, après être passés devant l'office, par arriver à la porte. Sur la rampe de débarquement, trois employés de l'aéroport en vestes jaunes fluorescentes aidaient une femme dans un fauteuil roulant à quitter l'avion. La situation semblait, jusqu'ici, favorable.

Nous descendîmes la rampe et empruntâmes le corridor conduisant au terminal principal. Kelly semblait n'avoir aucun souci au monde, et je tenais à ce qu'elle reste dans cet état d'esprit le plus longtemps possible.

Heathrow est l'aéroport le plus surveillé visuellement du monde – et donc le plus sûr. Partout, des caméras épient les voyageurs. D'innombrables regards étaient donc posés sur nous ; ce n'était pas le moment de prendre des allures furtives ou des mines coupables. J'attendis que Kelly et moi nous retrouvions un peu isolés sur le tapis roulant pour me pencher vers elle et lui dire :

— Tu ne dois pas oublier qu'aujourd'hui, je suis ton papa. N'est-ce pas, Louise Sandborn ?

— Et comment ! répondit-elle avec un large sourire.

À l'extrémité du tapis roulant, nous descendîmes par un escalier mécanique vers le contrôle des passeports. C'était là que tout allait se jouer.

Quatre ou cinq personnes attendaient à chacun des bureaux. Je me mis à plaisanter avec Kelly pour dissimuler ma nervosité. J'étais entré illégalement dans des pays à des centaines de reprises, mais jamais avec si peu de préparation et sous une telle pression.

— Prête, Louise ?

— Prête, Papa.

Je lui remis la pochette Virgin de façon à pouvoir sortir de ma poche le passeport et la carte de débarquement. Nous rejoignîmes l'une des files d'attente. Je m'efforçais de me rappeler un ami américain qui s'était rendu de Boston au Canada, puis du Canada en Angleterre. Il avait pris par mégarde le passeport d'un camarade avec lequel il partageait une chambre d'hôtel, et, faute de pouvoir faire autre chose, il avait décidé de tenter le coup au bluff. Nul ne sourcilla à aucun contrôle.

L'ordinateur toujours accroché à l'épaule droite, je tenais la main de Kelly. Je continuais à lui parler et à lui sourire, mais sans trop en faire, car je savais qu'on nous surveillait par des caméras et des faux miroirs. Le personnage aux allures d'homme d'affaires qui se trouvait devant nous fut évacué d'un simple geste de la main et d'un sourire. C'était notre tour.

Nous nous approchâmes du bureau et je remis mes papiers à la femme qui y siégeait. Elle parcourut des yeux la carte de débarquement, regarda Kelly et lui dit

— Bonjour. Bienvenue en Angleterre.

Kelly répondit par un « Salut ! » très américain

La femme approchait vraisemblablement de la quarantaine, et sa permanente n'était pas une totale réussite de l'art capillaire.

— Tu as fait bon voyage ? demanda-t-elle.

Kelly tenait par une oreille Jenny ou Ricky et avait l'autre ours qui émergeait de sa pochette.

— Oui, dit-elle, c'était chouette. Merci.

La femme poursuivit la conversation.

— Et quel est ton nom ? demanda-t-elle, les yeux fixés sur la carte de débarquement.

Pouvais-je faire confiance à Kelly ou devais-je intervenir ?

Kelly sourit et dit :

— Kelly.

C'était l'ironie du sort ; nous avions traversé les pires difficultés et une simple étourderie allait nous faire tomber ! Risquant le tout pour le tout, je souris à Kelly et lui dis :

— Non, ce n'est pas vrai.

Je n'osais regarder la femme. J'avais l'impression de sentir son regard me déshabiller. Il y eut une pause qui me parut durer une heure. J'essayais de trouver quoi faire ou quoi dire, et, en même temps, j'imaginais le doigt de la fonctionnaire pressant un bouton dissimulé sous son bureau.

Ce fut Kelly elle-même qui régla le problème.

— Je sais, fit-elle en pouffant de rire. Je plaisante.

Et elle brandit son ours en peluche.

— Lui, c'est Kelly, déclara-t-elle. Moi, je m'appelle Louise. Et vous ?

— Je m'appelle Margaret.

Le sourire était revenu. Si elle avait su combien elle avait été près d'un exploit spectaculaire !

Elle ouvrit le passeport. Son regard alla de la photo à mon visage et retour. Elle posa le passeport sous son pupitre et j'entrevis la lueur révélatrice de l'ultraviolet. Puis elle me regarda bien en face et me demanda :

— Quand cette photo a-t-elle été prise ?

— Il y a à peu près quatre ans, je crois.

Puis j'eus un faible sourire et baissai la voix comme si je voulais éviter que Kelly entende.

— J'ai eu une chimiothérapie, dis-je. Les cheveux commencent juste à repousser.

Je me frottai le crâne. J'avais la peau humide et froide, et, heureusement, les gélules aidant, je devais avoir une mine horrible.

— J'emmène Louise voir les parents de ma femme, expliquai-je. Ma femme a dû rester avec notre petit garçon, car il est malade. Quand la déveine s'y met...

— Oh ! fit-elle, d'un ton qui semblait sincèrement attristé.

Mais elle ne me rendit pas le passeport, et rien ne se passa pendant un moment. C'était comme si elle attendait que je passe aux aveux. Mais peut-être cherchait-elle simplement un mot de sympathie ou de compassion. Finalement elle me dit :

— Bon séjour à vous deux.

Elle posa mes papiers sur le pupitre. J'avais une terrible envie de m'en emparer et de m'enfuir, mais ce n'était pas là la bonne méthode.

— Merci beaucoup, fis-je en glissant posément le passeport dans ma poche, que j'eus soin de reboutonner, comme tout homme soigneux l'aurait fait.

Après quoi seulement je me tournai vers Kelly et lui dis :

— Allez, viens, ma chérie. On y va…

Je commençai à m'éloigner, mais Kelly restait encore sur place. À quoi pensait-elle ?

— Au revoir, Margaret, fit-elle avec un grand sourire. Bonne journée !

Nous n'eûmes pas à attendre la livraison des bagages, car j'avais décidé de ne pas récupérer le sac que j'avais fait enregistrer. Il n'y avait personne à la douane. Nous étions libres.

37

Nous sortîmes dans le hall entre les deux rangées habituelles de personnes brandissant des pancartes avec des noms ou des raisons sociales de compagnies de taxis, et personne ne nous prêta la moindre attention.

J'allai droit au bureau de change. Je n'avais pas perdu mon temps avec Melvin, Ron et les Sandborn et j'eus droit à 300 livres en espèces. Puis nous prîmes le métro jusqu'à la City, et le trajet d'une heure ne me parut pas, pour une fois, désagréable. J'étais un homme libre au milieu de gens ordinaires. Nul ne savait qui nous étions, Kelly et moi, et personne n'allait soudain braquer un pistolet sur nous.

La succursale de la National Westminster Bank où je me rendais se trouvait dans Lombard Street, une rue si étroite qu'une seule voiture à la fois pouvait y passer. Nous franchîmes les portes à tambour en verre et acier et gagnâmes le bureau de réception où siégeaient un garçon et une fille d'une vingtaine d'années portant tous deux des blazers à l'emblème de la NatWest. Ils nous lancèrent, à Kelly et à moi, un regard passablement dédaigneux. J'ignorai leurs airs supérieurs et demandai à voir Guy Bexley.

— Puis-je avoir votre nom, s'il vous plaît ? demanda à son tour la fille, en décrochant le téléphone.

— Nick Stevenson.

Je me penchai vers Kelly et lui murmurai à l'oreille :

— Je t'expliquerai plus tard.

La fille raccrocha et me dit :

— Il sera là dans une minute. Si vous voulez bien vous asseoir...

Nous nous installâmes sur une très longue banquette en pure matière plastique. Je pouvais presque entendre Kelly réfléchir. La suite ne se fit guère attendre :

— Nick, est-ce que je suis Louise Stevenson, maintenant, ou Louise Sandborn ?

Je fis la grimace en me grattant la tête.

— Hum ! lui dis-je. Voyons voir ! Tu es... Kelly !

Guy Bexley apparut alors. C'était, pour employer le titre qu'on lui donnait, mon « gestionnaire de compte ». Tout ce que je savais, quant à moi, c'est que c'était l'homme auquel je m'adressais lorsque je voulais avoir accès à ma réserve spéciale. Il avait entre vingt-cinq et trente ans, des cheveux hirsutes et une barbiche, et on le sentait mal à l'aise dans sa tenue NatWest. Nous nous serrâmes la main.

— Bonjour, monsieur Stevenson, dit-il, cela fait longtemps qu'on ne vous a pas vu.

J'eus un geste vague et répondis :

— Le travail. Je vous présente Kelly.

Il se pencha d'un air faussement désinvolte et dit :

— Salut, Kelly.

— J'ai juste besoin, précisai-je, d'avoir accès à mon coffret pendant cinq minutes.

Je le suivis jusqu'à une rangée de petits compartiments, de l'autre côté de la grande salle. J'y étais déjà allé maintes fois. Ils étaient tous identiques, avec une table ronde, quatre chaises et un téléphone. C'était là que les gens venaient compter leur argent ou quémander un prêt.

— Pourrais-je avoir aussi un relevé de mon compte Diamant ?

Bexley fit un signe affirmatif et s'éloigna.

— Qu'est-ce qu'on fait là ? demanda Kelly.

Elle voulait toujours tout savoir. Comme son père.

— Tu verras bien, lui dis-je avec un clin d'œil.

Quelques minutes plus tard, Bexley réapparut. Il posa une boîte métallique sur la table, devant moi, et me tendit une feuille discrètement pliée en deux. Avec une certaine nervosité, je la dépliai et mon regard se porta directement au total inscrit dans le coin inférieur droit.

Quatre cent vingt-six mille cinq cent soixante-dix dollars, convertis au taux de 1,58 dollars pour une livre.

Frankie avait réussi son coup ! Je m'efforçai de rester impassible, car Bexley était encore là.

— Je n'en ai que pour cinq minutes, lui dis-je.

— Vous préviendrez la réception quand vous aurez terminé, me répondit-il. Ils remettront votre boîte dans la chambre forte pour vous.

Il me serra la main, dit au revoir à Kelly et quitta le compartiment.

Le coffret était une simple cassette métallique de 45 centimètres sur 30 centimètres que j'avais achetée dix livres à Woolworths, avec une serrure à bon marché s'ouvrant par pression. J'avais bien pensé louer un véritable coffre-fort quelque part, mais je m'étais souvenu du cambriolage qu'il y avait eu quelques années plus tôt à Knightsbridge et m'en étais tenu à ce système plus anonyme et moins tentant pour les spécialistes. Le seul problème était que, si j'avais besoin de fuir le pays, je ne pouvais le faire qu'aux heures d'ouverture des banques.

J'ouvris la boîte et en tirai deux ou trois vieux exemplaires de *Private Eye*[1] que j'avais placés sur le dessus pour le cas d'une ouverture accidentelle. Je les lançai à Kelly en lui disant :

— Regarde si tu peux y comprendre quelque chose.

Elle en prit un et commença à le feuilleter le plus sérieusement du monde.

La première chose que je sortis ensuite fut le téléphone portable et son rechargeur. Je le branchai. La pile fonctionnait encore, mais je le plaçai quand même dans le rechargeur que je branchai à une prise de courant.

Puis je sortis un sac en plastique contenant des liasses de dollars américains et de livres sterling en billets, cinq kruger-

1. Bimensuel satirique britannique célèbre pour son esprit frondeur. *(N.d.T.)*

rands sud-africains et dix demi-souverains en or que je m'étais appropriés à la fin de la guerre du Golfe. Tous les hommes des unités opérant derrière les lignes ennemies en Irak avaient reçu vingt de ces pièces pour pouvoir acheter des complicités locales si elles se trouvaient dans le pétrin. Dans ma patrouille, nous avions réussi à en garder dix chacun en affirmant que nous avions perdu le reste lors d'un engagement. Je les avais d'abord conservées comme souvenirs, mais leur valeur n'avait pas tardé à augmenter. Je ne pris toutefois dans le sac que des livres en billets.

Je pêchai ensuite dans le coffret un portefeuille en cuir où je gardais un jeu complet de pièces d'identité – passeport, cartes de crédit, permis de conduire, etc. – au nom de Nicholas Duncan Stevenson. Il m'avait fallu des années pour me constituer une couverture aussi complète, à partir d'un numéro de sécurité sociale acheté cinquante livres dans un pub de Brixton.

Je produisis ensuite un agenda électronique. C'était un merveilleux instrument, devant me permettre, où que ce soit dans le monde, d'envoyer des messages, de faxer, de faire du traitement de texte et de maintenir une banque de données. Le seul problème était que j'ignorais absolument comment le faire marcher. Je l'utilisais simplement comme carnet d'adresses et répertoire téléphonique, car on ne pouvait y accéder qu'avec un mot de passe.

Je jetai un rapide regard à Kelly. Elle continuait à feuilleter consciencieusement *Private Eye* sans comprendre un traître mot de ce qu'elle lisait. Je plongeai la main tout au fond de la boîte et en sortis le pistolet semi-automatique Browning 9 mm quc j'avais piratć cn Afrique à la fin des années quatre-vingt. Je garnis les chargeurs avec des cartouches prises dans une petite boîte Tupperware et vérifiai le fonctionnement de l'arme. Kelly leva les yeux, mais n'accorda au pistolet qu'un regard blasé.

Je mis en marche l'agenda électronique, tapai 2242 et trouvai le numéro que je désirais. Je décrochai le téléphone sur la table. Kelly leva de nouveau la tête.

— À qui tu téléphones ? demanda-t-elle.

— À Ewan.

— Qui est-ce ?
— Mon meilleur ami, dis-je en composant le numéro.
— Mais…
Je mis mon doigt sur mes lèvres.
— Chut…
Il n'était pas là. Je laissai un message à mots couverts sur son répondeur. Puis je commençai à entasser dans la boîte tout ce dont je n'avais pas un besoin immédiat, y compris le relevé de compte.
Kelly avait eu, de toute évidence, plus que sa ration de *Private Eye*. Je lui repris donc les exemplaires pour les remettre dans la caissette. Je savais, en même temps, qu'une question n'allait plus guère tarder.
— Nick ?
Je poursuivis mes exercices d'emballage.
— Oui ?
— Tu m'avais dit que ton meilleur ami, c'était David.
— Ah, oui ! Eh bien, c'est simple. Ewan est mon meilleur ami. Mais, parfois, je dois l'appeler David parce que…
Je cherchais un gros mensonge, mais pourquoi, au fond ?
— Je t'ai dit cela, repris-je, parce qu'ainsi, si nous nous étions fait prendre, tu n'aurais pas su son vrai nom. Et, comme cela, tu n'aurais pas pu le dire à qui que ce soit. C'est quelque chose que nous faisons tout le temps. Cela s'appelle SECOP – sécurité opérationnelle.
Je finis de remplir la boîte. Et, en même temps, elle finit de réfléchir.
— D'accord, fit-elle. Alors, il s'appelle Ewan.
— Et quand tu le verras, il pourra même confirmer l'histoire du plancher que je t'ai racontée.
Je passai la tête à la porte du compartiment et fis signe à la réceptionniste. Elle arriva, prit la boîte et s'en alla. Je me tournai vers Kelly et lui dis :
— Bien. Le moment est venu de faire un peu de shopping. Nous allons nous acheter quelques jolies choses pour nous deux, nous installer dans un hôtel et attendre qu'Ewan appelle. Qu'est-ce que tu en penses ?
Son visage s'illumina.
— Super ! fit-elle.

Quand tout serait fini, j'allais devoir transférer l'argent sur un autre compte et cesser d'être Nick Stevenson. Ce serait assommant à organiser, mais, avec 426 570 dollars, on pouvait faire un certain nombre de choses.

Nous gagnâmes le Strand en taxi, en passant par Trafalgar Square, puis nous allâmes faire nos emplettes. Nous nous achetâmes des jeans et des T-shirts neufs, ainsi que des objets de toilette. Puis nous prîmes un autre taxi et je demandai à ce qu'on nous conduise au Brown's Hotel.

— Tu vas aimer cet endroit, dis-je à Kelly. Il a deux entrées. Tu peux, par exemple, entrer par Dover Street et sortir de l'autre côté, par Albermarle Street. Très important pour des espions comme nous.

Je pris mon téléphone portable, demandai les renseignements et appelai ensuite l'hôtel pour réserver une chambre. Moins d'une demi-heure plus tard, nous y étions, mais j'avais un peu perdu la face en découvrant que l'entrée de Dover Street n'existait plus. Mieux vaut se tenir au courant.

La chambre était aux antipodes de celles que nous avions connues en Amérique. Elle était élégante, confortable et, chose capitale, elle avait un minibar avec des Toblerones. De nouveau, je mourais d'envie d'une bière, mais j'avais encore de la besogne devant moi.

Le décalage horaire commençait à se faire sentir. Kelly semblait épuisée. Elle se laissa tomber sur le lit. Je la déshabillai et la précipitai littéralement entre les draps.

— Tu prendras un bain demain, lui dis-je.

Elle était endormie en étoile de mer moins de deux minutes plus tard.

Je vérifiai une fois de plus le bon fonctionnement de mon téléphone portable. Ewan connaissait ma voix et il avait dû saisir le sens de mon message :

« C'est John le plombier. Quand voulez-vous que je vienne, pour ce robinet. Passez-moi un coup de fil... »

Je décidai de faire un petit somme d'une dizaine de minutes, de prendre une douche, de manger un morceau et d'aller me coucher ensuite. Après tout, il n'était que dix-sept heures.

À six heures moins le quart du matin, je fus réveillé en sursaut par la sonnerie de mon portable. Je pressai le bouton de réception, et j'entendis :

— Allô ?

Je connaissais très bien cette voix très basse, très contrôlée.

— J'ai besoin d'un coup de main, vieux, dis-je. Peux-tu venir à Londres ?

— Quand cela ?

— Maintenant.

— Je suis dans le Pays de Galles. Cela prendra un peu de temps.

— J'attendrai à ce numéro.

— Pas de problème. Je vais prendre le train. Ce sera plus rapide.

— Merci, camarade. Tu m'appelles environ une heure avant d'arriver à Paddington.

— D'accord.

Je ne m'étais jamais senti aussi soulagé après un coup de fil. C'était comme si j'avais raccroché après avoir entendu le médecin me dire que je n'avais finalement pas le cancer.

Le voyage en train allait prendre plus de trois heures. Il n'y avait donc rien à faire d'autre dans l'immédiat que de profiter de la trêve. Kelly s'éveilla alors que je reprenais contact avec l'actualité politique grâce à un exemplaire du *Times* qu'on avait glissé sous la porte. J'appelai le service de chambre et essayai les diverses chaînes de télévision. Aucun des programmes favoris de Kelly. Ouf !

Tout à loisir, nous fîmes notre toilette et nous habillâmes de frais. Puis nous partîmes tranquillement à pied, passant par Piccadilly Circus, Leicester Square et Trafalgar Square. Je gratifiai Kelly d'une petite conférence touristique dont elle n'écouta pas un mot. Tout ce qu'elle voulait, c'était nourrir les pigeons. Je regardais constamment ma montre, guettant l'appel d'Ewan. À 9 heures 50, alors que Kelly était toujours couverte de pigeons, mon téléphone portable se décida à sonner.

— Je suis à une heure de Paddington.

— Parfait. On se retrouve au quai numéro trois, gare de Charing Cross. C'est d'accord ?

— À tout à l'heure.

Le Charing Cross Hotel jouxtait la station de chemin de fer et se trouvait à deux minutes de marche de Trafalgar Square. Je l'avais choisi parce que je savais que, du hall, on pouvait voir les taxis arriver à la gare et y débarquer leurs clients.

Nous nous installâmes, Kelly et moi, et attendîmes. Le hall était plein d'Américains, qui se précipitaient au bureau de tourisme afin de retenir des places pour tous les spectacles de la ville, et d'Italiens qui s'interpellaient en agitant les bras.

Au bout d'une demi-heure environ, je vis arriver un taxi avec une silhouette familière à l'arrière. Je le montrai à Kelly.

— On va le retrouver ? demanda-t-elle.

— Non. On va rester un moment ici, à regarder. On va lui faire une surprise. Comme on a fait à Daytona, tu te souviens ?

— Oh, oui !

Je regardai Ewan descendre de son taxi. J'étais si heureux de le voir arriver que, si je ne m'étais pas retenu, je me serais précipité au-dehors pour lui sauter au cou. Il portait un jean et le genre de souliers dont on voit la publicité dans les journaux populaires. En comparaison, les Hush Puppies auraient ressemblé à des mocassins Gucci. Il portait aussi un blouson de nylon noir de façon à être plus facile à repérer sur un quai de gare.

— On lui laisse quelques minutes, dis-je à Kelly, puis on va le surprendre. D'accord ?

— Oui ! fit-elle.

Elle semblait tout excitée. Elle avait deux crottes de pigeon sur son manteau, mais je décidai d'attendre qu'elles soient sèches pour les retirer.

Je restai cinq minutes aux aguets, surveillant les arrières d'Ewan. Puis nous nous dirigeâmes vers la gare, passant sous deux arcades jusqu'aux guichets puis au quai numéro trois. Il était là, adossé à un mur et lisant un journal. De nouveau, je réprimai l'envie de me précipiter vers lui. Nous avançâmes lentement. Il leva la tête et me vit. Nous sourîmes tous deux et nous exclamâmes simultanément :

— Salut ! Comment ça va ?

Il me regarda, regarda Kelly mais ne posa pas de questions ; il savait que j'allais tout lui expliquer en temps utile. Nous sortîmes de la gare par des marches descendant en direction de la Tamise. Chemin faisant, il contempla mon crâne et tenta de réprimer un sourire.

— Jolie coupe de cheveux ! dit-il néanmoins.

Arrivés à l'Embankment, nous prîmes un taxi. Les procédures de sécurité sont là pour nous protéger, et elles doivent être automatiques. Dès le moment où l'on commence à les négliger, on est, à plus ou moins long terme, fichu. Nous fîmes faire un assez long détour au chauffeur, gagnant le Brown's en vingt minutes au lieu de dix.

Dès que nous arrivâmes dans la chambre, je mis en route la télévision pour Kelly et téléphonai au service de chambre. Tout le monde avait faim.

Ewan était déjà en train de bavarder avec Kelly. Elle semblait heureuse d'avoir quelqu'un d'autre à qui parler, même s'il s'agissait d'un adulte. C'était parfait, elle semblait se sentir à l'aise avec lui.

Notre commande arriva. Il y avait un hamburger avec des frites pour Kelly et deux sandwiches clubs pour Ewan et moi.

— Nous allons te laisser manger tranquille, dis-je à Kelly. Nous allons dans la salle de bains pour que tu puisses regarder la télé en paix, car nous avons quelques affaires à discuter. Cela te va ?

Elle fit un signe affirmatif, la bouche déjà pleine.

Ewan lui sourit.

— À tout de suite, Kelly, lui dit-il. Garde-nous une frite.

Nous gagnâmes la salle de bains avec nos cafés et nos sandwiches, et je fermai soigneusement la porte.

J'entrepris de lui raconter ce qui s'était passé. Il m'écoutait avec une attention soutenue. Il fut visiblement bouleversé quand je lui dis ce qui était arrivé à Kev et à Marsha.

Quand j'en arrivai à ma rencontre avec Luther, il m'interrompit. Il était assis sur le rebord de la baignoire et semblait ne plus tenir en place.

— Les salauds ! fit-il. Et qui étaient-ce ? Tu penses que c'était le groupe qui avait effacé Kev ?

— Tout porte à le croire.

J'allai m'asseoir à côté de lui sur le bord de la baignoire.

— Kev, repris-je, connaissait les trois types qui l'ont descendu. Kelly a confirmé que Luther travaillait avec Kev. À mon avis, il était lui aussi de la DEA, et il était corrompu.

Je lui parlai alors de McGear et lui dis ce que j'avais trouvé grâce aux talents de décodeur de Frankie de Sabatino.

— Alors, fit Ewan, tout cela tourne autour des trafics de drogue de l'IRA à destination de l'Europe ? Pour maintenir les filières, il faut chantage et menaces. Mais McGear, est-ce qu'il t'a dit quelque chose avant que tu le butes ?

— Pas un mot. Il savait qu'il allait y passer de toute façon.

— Ce type, Frankie de Sabatino, est-ce qu'il a copie des docs ?

Je me mis à rire.

— Tu sais très bien que je ne te le dirai pas. SECOP, vieux, SECOP…

— Normal, fit-il en haussant les épaules. Je suis trop curieux.

Je poursuivis mon récit et expliquai ce que j'avais trouvé dans la maison de Kev. Ewan ne disait plus rien. Il se contentait d'ingurgiter les informations que je lui donnais. Je me sentis soudain épuisé, comme si, par le simple fait de me confier à Ewan, je laissais la fatigue et la tension des dix derniers jours s'abattre enfin sur moi.

Je regardai Ewan. Il semblait assez abattu lui aussi.

— Je ne vois qu'une chose qui ne colle pas dans ce que tu racontes, observa-t-il.

— Laquelle, vieux ?

— Est-ce que les Colombiens ne se seraient pas plutôt dit qu'une bombe à Gibraltar allait renforcer les mesures de sécurité et y rendre le trafic encore plus difficile ?

— C'était un avertissement. Un avertissement à l'usage de tous ceux qui auraient pu vouloir bloquer la mécanique. Et je te dis une chose : c'est que cette affaire est trop grosse pour moi. Je voudrais simplement refiler le paquet à Simmonds et m'en laver les mains.

— Je t'aiderai autant que je le pourrai, fit-il.

Il ouvrit un paquet de Benson and Hedges. Il avait visiblement repris le virus.

— Je ne veux pas t'impliquer directement, lui dis-je. Kev, Pat et moi, on s'est tous trouvés entraînés là-dedans, et tant pis pour nous. Mais toi, ce n'est pas la peine. J'ai simplement besoin de ton aide si les choses tournent mal.

— Tu n'as qu'à demander.

Je sentis distinctement le soufre de son allumette. Il sourit en agitant la main pour écarter la fumée de mon visage. Il savait fort bien que j'avais toujours détesté cela.

— Demain après-midi, dis-je, tu devrais recevoir par FedEx copie des dossiers. Si quelque chose nous arrivait, à Simmonds et à moi, ce serait à toi de jouer.

— Pas de problème, vieux, fit-il, de sa voix calme, lente et réfléchie.

Si on annonçait à Ewan qu'il venait de gagner le gros lot à la Loterie, il dirait simplement « C'est chouette » et continuerait à plier ses chaussettes ou à faire des piles égales avec ses pièces de monnaie.

Il demanda :

— Combien de copies de la disquette existe-t-il en dehors de ce que tu m'as envoyé ?

— Cela, je ne te le dirai pas, vieux. Pas besoin de le savoir !

Il sourit. Il savait que je ne visais qu'à le protéger.

— Autre chose, poursuivis-je. Je ne tiens pas à emmener Kelly avec moi à la rencontre avec Simmonds. Il n'était pas trop content de moi la dernière fois où nous nous sommes parlé. Si la discussion tourne mal, je ne veux pas qu'elle se retrouve prise entre deux feux. Tu es la seule personne à laquelle je puisse la confier. Ce ne sera que pour une nuit, peut-être deux. Tu peux faire cela pour moi ?

Je m'attendais à une réponse immédiate. Elle vint.

— Pas de problème, dit-il de nouveau.

Il eut l'ombre d'un sourire malin. Il savait fort bien que je l'avais laissé bavarder un assez long moment avec Kelly parce que je voulais qu'ils fassent connaissance.

— Tu vas l'emmener à Brecon ? lui demandai-je.

— Oui. Tu lui as dit que j'habitais dans le Pays de Galles ?

— Je lui ai dit que tu vivais dans un abri à moutons.

Il jeta son mégot dans la toilette car il savait que je détestais aussi l'odeur du tabac refroidi.

Je posai mes mains sur ses épaules et lui dis :

— Cela a vraiment été une semaine de merde, camarade !

— Ne t'en fais plus. Débrouille la chose avec Simmonds, et fini !

— Comment était le hamburger, Kelly ?

— Très bon. J'ai gardé des frites pour Ewan.

J'allai m'asseoir sur le lit à côté d'elle.

— Écoute, Kelly, lui dis-je, nous avons un peu parlé, Ewan et moi. J'ai encore quelques affaires à régler à Londres, et nous pensons que le mieux serait qu'en attendant, tu ailles à la campagne avec lui, dans sa maison. Ce n'est que pour une nuit. Je serai là demain. Qu'en penses-tu ? Tu pourras même voir ce plancher dont je t'ai parlé une fois. Tu te souviens ?

À sa mine, je vis qu'elle avait compris qu'en fait, on ne lui offrait pas le choix.

— Je ne serai pas long, insistai-je, et il y a des moutons tout autour de la maison d'Ewan.

Elle regarda ses ongles et murmura :

— Je veux rester avec toi…

Je feignis la surprise :

— Comment ? Tu ne veux pas y aller ? Tu ne veux pas voir les moutons ?

Elle était embarrassée. Elle était trop bien élevée pour dire non devant Ewan.

— Je ne serai pas long, lui répétai-je.

Puis, comme un traître, je refermai le piège :

— Tu aimes bien Ewan, n'est-ce pas ?

Elle ne put que hocher la tête.
— Ce ne sera que pour une nuit. Et je t'appellerai. Tu pourras me parler au téléphone.
Elle semblait quand même très malheureuse. Après tout, j'avais promis de ne plus la laisser. Mon regard se posa soudain sur mon téléphone portable, et j'eus une idée.
— Et si je te donnais mon téléphone ? lui dis-je. Je vais te montrer comment t'en servir... là, voilà, essaie toi-même. Tu pourras le mettre sous ton oreiller ; comme cela, tu seras sûre de l'entendre quand il sonnera.
Je regardai Ewan, sollicitant son aide.
— Car elle aura sa chambre à elle, n'est-ce pas ?
— C'est vrai, intervint aussitôt Ewan. Elle aura sa chambre. Celle qui donne sur le parc à moutons.
— Et, ajoutai-je, je crois qu'il y a une télé dans cette chambre...
— Oui, c'est vrai, affirma-t-il. Il y a une télé.
Il était sans doute en train de se demander où il allait bien pouvoir en trouver une.
Kelly n'était toujours pas enthousiaste, mais il lui fallait bien se résigner. Je branchai le portable et le lui préparai en lui expliquant comment le recharger.
— Eh bien, dit Ewan, tu ferais mieux de dire à tes ours de se préparer. Est-ce qu'ils ont déjà pris le train ?
Elle lui sourit. Nous descendîmes et prîmes un taxi pour nous rendre à la gare de Paddington.

38

Nous lui achetâmes des glaces, des bonbons, des boissons, des illustrés, tout pour lui faire oublier ce qui arrivait. Puis Ewan regarda sa montre et dit :

— Il va falloir y aller, camarade.

Je les accompagnai sur le quai et étreignis longuement Kelly à la porte du wagon.

— Je t'appelle ce soir, lui dis-je. Promis.

Émergeant de son sac, Jenny et Ricky me regardaient. Sur le quai, un employé longeait le train en fermant les portes. Ewan abaissa la vitre de leur compartiment.

— Nick ? appela Kelly.

Elle se penchait à la portière comme si elle voulait me dire quelque chose en confidence.

— Quoi donc ? fis-je en approchant mon visage du sien.

— Ça !

Elle me jeta les bras autour du cou et me planta un gros baiser sur la joue. Je fus si saisi que je restai planté sur place lorsque le train commença à démarrer.

— À demain ! lança Ewan. Et ne t'inquiète pas pour nous. Tout ira bien.

Comme le train s'éloignait lentement le long du quai, je ressentis la même impression de déchirement que j'avais éprouvée lorsque j'avais vu charger le corps de Pat dans l'ambulance. Mais, cette fois, je n'arrivais pas à comprendre pourquoi. C'était pour son bien que Kelly s'éloignait, et elle était en de bonnes mains. Je me forçai à chasser toute sombre pensée et me dirigeai vers l'un des téléphones publics de la gare.

À Vauxhall, on me demanda :

— Quel poste, s'il vous plaît ?

— 2612.

Il y eut un court instant d'attente, puis une voix que je reconnus aussitôt fit :

— Allô, ici 2612.

— C'est Stone. J'ai ce qu'il vous fallait.

— Nick ! Où êtes-vous ?

Je bouchai d'un doigt mon oreille libre comme les haut-parleurs annonçaient le départ d'un train.

— Je suis en Angleterre.

La précision était sans doute superflue, car il devait entendre l'annonce d'un départ imminent pour Exeter.

— C'est parfait, fit-il.

— J'ai assez hâte de vous voir.

— Moi aussi. Mais je suis coincé ici jusqu'à une heure très tardive.

Il s'interrompit un instant pour réfléchir puis reprit :

— Peut-être pourrions-nous faire un brin de promenade et bavarder à ce moment-là ? Peut-on dire quatre heures et demie du matin ?

— Où ?

— Je marcherai vers la gare. Je pense que vous me trouverez.

— C'est entendu.

Je raccrochai avec le sentiment qu'enfin, la chance avait tourné. Kelly était en sûreté. Simmonds était toute amabilité. Si tout allait bien, dans quelques heures, j'allais être sorti de cet horrible pétrin.

De retour à l'hôtel, je commandai une voiture de location et mangeai un morceau. Je repassais dans ma tête ce que j'allais dire à Simmonds et la manière dont j'allais le dire. C'était dommage que je n'aie plus la vidéocassette pour illustrer certains de mes dires, mais, même sans elle, ce dont je disposais était certainement plus que ce que Simmonds avait pu espérer. Dans le pire des cas, on passerait l'éponge sur mes erreurs antérieures et on me renverrait à mes chères études. Et, au moins, j'avais quelques sous pour refaire ma vie.

Je pensais à Kelly. Qu'allait-elle devenir ? Où allait-elle aller ? Allait-elle rester affectée par tout ce qu'elle avait vu et tout ce qui était arrivé à elle-même et à sa famille ? Je tentai de ne plus me tracasser à ce sujet, de me dire que, d'une façon ou d'une autre, le problème serait résolu. Simmonds pourrait d'ailleurs y contribuer. Il pourrait peut-être organiser la réunion avec les grands-parents ou, au moins, me dire où m'adresser pour trouver de l'aide.

Je tentai de dormir un peu, mais je n'y parvins pas. À trois heures du matin, je pris la voiture de location et me dirigeai vers le pont de Vauxhall.

Je fis un long détour le long du fleuve, d'abord parce que je voulais le temps de réfléchir avant ma rencontre avec Simmonds, et ensuite parce que, pour moi, l'Embankment désert et tous les vieux ponts de la Tamise illuminés représentent l'un des plus beaux spectacles qui soient au monde. Je me surpris à regretter que Kelly ne soit pas là pour en bénéficier avec moi.

J'arrivai quand même en avance au pont de Vauxhall. Suivant toujours le fleuve, j'allai jusqu'au pont suivant, celui de Lambeth. Je ne vis rien de suspect aux alentours du point de rendez-vous. Au loin, sur l'autre rive du fleuve, j'apercevais le Palais de Westminster. Je souris intérieurement en me demandant quelle tête feraient les parlementaires y siégeant s'ils connaissaient les vraies méthodes des services secrets. Si j'en croyais ce que j'avais entendu à la radio ou lu dans la presse, nous n'allions pas tarder à avoir un nouveau gouvernement. Quant à moi, je n'avais jamais réussi à voter pour personne. Depuis des années, je n'avais pas existé en temps réel, que ce soit comme Stone, comme Stamford, comme Stevenson ou comme qui que ce soit d'autre.

J'atteignis un rond-point où je fis un demi-tour complet et revins vers Vauxhall pour une deuxième reconnaissance. Ayant encore du temps devant moi, je m'arrêtai à une station-service pour prendre une boisson et un sandwich.

Ce que je projetais de faire, c'était de cueillir Simmonds

dans notre secteur de rendez-vous et de le prendre dans ma voiture après les précautions d'usage. De cette façon, nous serions l'un et l'autre protégés pendant notre conversation.

Je me garai à 400 mètres environ du lieu de rendez-vous, descendis de voiture et marchai un peu. Il était quatre heures moins cinq. Pour tuer le temps, j'allai contempler la vitrine du magasin de motocyclettes et choisis celle que, maintenant, j'allais vraiment pouvoir m'offrir. À titre de récompense autant qu'à celui de cadeau.

À quatre heures vingt, j'allai me poster dans l'ombre, sous les voûtes de la ligne de chemin de fer, face à la sortie que Simmonds allait certainement utiliser. Hormis un ou deux fêtards attardés, je ne vis passer ni n'entendis personne.

Je le reconnus immédiatement à son attitude et à sa démarche. Je le vis sortir de l'immeuble et se diriger vers la passerelle métallique enjambant la route à cinq voies qui le séparait de la gare. J'attendis, le laissant venir à moi.

Lorsqu'il arriva au bas des marches de la passerelle, de l'autre côté de la route, je sortis de l'ombre. Il sourit.

— Nick, fit-il. Comment allez-vous ?

Il continua à avancer et désigna d'un signe de tête la direction du pont de Lambeth.

— Nous marchons ?

À ce qu'indiquait son ton, ce n'était pas vraiment une question.

— Je suis en voiture, dis-je.

Simmonds s'arrêta et me regarda avec l'air d'un professeur à qui l'on vient de donner la mauvaise réponse.

— Non, déclara-t-il. Je préfère que nous marchions.

Puis, apparemment sûr que j'allais le suivre sans discuter plus avant, il se remit en marche. Je le suivis.

Il avait toujours la même allure, avec son nœud de cravate descendu de deux centimètres, sa chemise froissée et son complet semblant sortir d'une valise.

— Alors, Nick, qu'avez-vous pour moi ?

Il souriait mais ne me regardait pas. Tandis que je lui racontais mon histoire, il ne m'interrompit pas une seule fois, le regard fixé au sol, approuvant parfois de la tête. J'avais l'impression d'être un fils se confessant à son père, et ce sentiment était réconfortant.

Nous marchions depuis environ un quart d'heure quand j'eus terminé mon récit. C'était maintenant à lui de parler. Je m'attendais à ce qu'il cherche un banc où s'asseoir ou, au moins, à ce qu'il s'arrête, mais il continua à marcher.

Il tourna la tête vers moi et me sourit de nouveau.

— Nick, dit-il, je ne me doutais pas que vous aviez récolté tant de choses. À qui d'autre en avez-vous parlé ?

— À personne, à part de Sabatino et Ewan.

— Et Ewan et ce de Sabatino ont-ils copie des disquettes ?

Je mentis.

— Non, personne d'autre que moi.

Même quand on vient demander l'appui de quelqu'un, on a intérêt à ne pas dévoiler entièrement son jeu. On peut toujours avoir besoin d'un petit avantage supplémentaire.

Simmonds demeurait incroyablement calme.

— Ce dont nous devons nous assurer, fit-il, c'est que personne d'autre ne découvre tout cela – au moins pour le moment. C'est beaucoup plus qu'une simple affaire de corruption. L'IRA, Gibraltar, la DEA, tout cela constitue un ensemble extrêmement grave. Vous semblez vous être remarquablement bien débrouillé jusqu'ici, aussi laissez-moi vous poser une question.

Il marqua une pause, comme pour bien en souligner l'importance, puis demanda :

— Pensez-vous que cela aille plus loin encore ?

— Je ne sais pas, dis-je. Mais on ne saurait être trop prudent. C'est pourquoi j'ai voulu vous parler seul à seul.

— Et où est la fille Brown maintenant ?

Je mentis de nouveau.

— Dans un hôtel, dormant à poings fermés, affirmai-je. J'aurai besoin d'un peu d'aide pour la confier à ses grands-parents.

— Bien sûr, Nick. Chaque chose en son temps.

Nous marchâmes encore un peu, en silence. Simmonds tourna à droite, nous emmenant sous les arcades de la ligne de chemin de fer. Puis il reprit :

— Avant que je puisse faire quoi que ce soit pour vous aider, il me faut, bien sûr, les preuves.

Il ne me regardait pas, mais avait toujours les yeux fixés sur le sol, attentif à éviter les flaques d'eau.

— Je n'ai pas apporté les disquettes avec moi, si c'est ce que vous voulez dire.

— Nick, je vais faire de mon mieux pour que vous soyez tous deux protégés, la petite Brown et vous, mais j'ai besoin d'avoir les preuves – toutes les copies. Pouvez-vous me donner cela maintenant ?

— Pas possible maintenant. Pas avant plusieurs heures.

— Nick, je ne puis rien faire sans cela. Il me faut toutes les copies. Même celles que vous garderiez normalement dans votre réserve de sécurité.

Je haussai les épaules.

— Vous devez bien comprendre, lui dis-je, qu'il me faut me garantir.

Nous tournâmes de nouveau à droite et marchâmes en direction de la gare en suivant la voie ferrée. Pendant quelques minutes, nous avançâmes en silence. Simmonds semblait perdu dans ses pensées. Un train de marchandises passa à grand fracas au-dessus de nous. Pourquoi diable était-ce aussi important pour Simmonds de savoir combien il existait de copies et de récupérer toutes celles-ci ?

— Croyez-moi, lui dis-je en forçant la voix pour couvrir le bruit du train, j'ai le contrôle absolu de ce que je garde en réserve. J'en ai vu d'assez rudes comme cela. Vous savez aussi bien que moi qu'il me faut protéger tout le monde, y compris vous.

— Oui, bien sûr, mais j'ai besoin de contrôler moi-même toutes les informations. Personne d'autre, pas même vous, ne doit en disposer. Il y a trop de risques à la clé.

Tout cela devenait absurde.

— Je comprends bien, répondis-je. Mais si vous vous faites descendre ? Il ne resterait rien pour appuyer mes dires. Il n'y a pas que du côté américain qu'il y a corruption. Gibraltar était un montage. Cela nous implique, nous aussi.

Simmonds hocha lentement la tête en fixant une flaque d'eau.

— Il y a plusieurs choses qui m'intriguent, poursuivis-je. Pourquoi nous a-t-on affirmé que la bombe serait actionnée par télécommande ? Comment se fait-il que les renseignements étaient aussi exacts sur la composition de l'équipe terroriste et aussi faux sur la présence de la bombe ?

Il continuait à garder le silence.

Tout cela n'avait pas de sens.

Oh, merde !

J'eus la même impression que si l'on m'avait de nouveau frappé l'occiput avec un extincteur d'incendie. Comment n'y avais-je pas pensé plus tôt ? Le train de marchandises s'éloignait, et le silence était retombé.

— Mais vous, vous savez tout cela, n'est-ce pas ?

Toujours pas de réponse. Il ne ralentit même pas sa marche.

Qui nous avait dit, à Gibraltar, que la bombe allait être mise à feu par télécommande ? Simmonds, qui supervisait notre intervention. Pourquoi ne m'en étais-je pas avisé avant ?

Je m'arrêtai net. Simmonds continua à avancer.

— Ce n'est pas seulement une collusion Américains-IRA, n'est-ce pas ? lui dis-je. C'est beaucoup plus vaste. Et vous êtes dans le coup, hein ?

Cette fois, il se retourna pour me faire face et revint six pas en arrière vers moi. Pour la première fois, nous nous regardâmes dans les yeux.

— Nick, déclara-t-il, il faut que vous soyez bien conscient d'une chose. Vous allez me donner toutes les informations dont vous disposez – et je dis bien : toutes. Nous ne pouvons prendre le risque d'avoir des copies en circulation.

Son expression était celle d'un champion d'échecs sur le point de faire un coup décisif. La mienne ne devait pas être belle à voir.

— Nous n'approuvions pas nécessairement, poursuivit-il, l'acharnement des Américains à vous tuer, mais soyez bien certain que nous le ferons maintenant si vous nous y obligez.

— « Nous » ?

— Tout cela est beaucoup plus important que vous le pensez, Nick. Vous êtes intelligent ; vous devez comprendre les implications politiques et commerciales d'un cessez-le-feu. Révéler ce qu'il y a sur ces disquettes compromettrait encore plus de choses que ce que vous connaissez déjà. Ce qui est arrivé à Kevin et à sa famille est très malheureux, je vous l'accorde. Quand il m'a dit ce qu'il avait découvert, j'ai vraiment tenté de convaincre mes collègues américains d'employer des procédés plus subtils.

C'était donc pourquoi j'avais été rappelé si brutalement en Angleterre. Dès que Simmonds avait eu la communication de Kev, il avait voulu que je quitte les États-Unis – et en vitesse. Il ne voulait pas que je puisse parler à Kev – ou faire obstacle à son élimination.

Je pensai à Kelly. Au moins, elle était en sûreté.

Ce fut presque comme si Simmonds avait lu dans mes pensées.

— Si vous refusez de me donner toutes les informations, dit-il, nous tuerons l'enfant. Puis nous vous tuerons – après vous avoir arraché ce dont nous avons besoin. Ne soyez pas naïf, Nick. Nous sommes fabriqués de la même façon, vous et moi. Il ne s'agit pas d'émotions, ici, il s'agit d'affaires. D'affaires, Nick...

Il me regarda comme un père pourrait regarder un fils obstiné et ajouta :

— Vous n'avez pas le choix.

Je me dis qu'il devait bluffer.

— À propos, fit-il, Ewan vous adresse son meilleur souvenir et vous fait dire qu'il a trouvé un poste de télévision pour la chambre de la fillette... Croyez-moi, Nick, Ewan n'hésiterait pas à la tuer. Il tient à ses petits avantages financiers.

Je secouai lentement la tête, n'arrivant pas à y croire.

Il ouvrit alors son veston et sortit un téléphone portable de sa poche intérieure.

— Laissez donc Ewan vous expliquer. Il attendait de toute manière un coup de fil.

Il brancha son portable et s'apprêta à composer son PIN. Il se mit soudain à sourire et me dit :

— C'est comme cela que les Américains vous ont retrouvé, vous savez. On pense généralement qu'il ne peut y avoir détection que lorsque le téléphone fonctionne. C'est inexact. Dès qu'ils sont branchés, ces appareils sont des espions en miniature, même si aucun appel n'est émis ou reçu. C'est, en fait, une forme de repérage électronique que nous trouvons bien utile.

Il se décida à composer son PIN et poursuivit :

— Toutefois, après que vous leur avez eu faussé compagnie à Lorton, la seule solution qui s'offrait à nous était de vous laisser rentrer en Angleterre. Il me fallait savoir ce que vous aviez découvert. Je suis très heureux, je dois le dire, que votre chimiothérapie ait été aussi efficace.

Cela aussi, j'aurais dû le remarquer ; il ne s'était même pas étonné de ma coupe de cheveux. Parce qu'il était déjà au courant. Ewan avait été assez malin pour lui signaler ce détail. J'étais malade à l'idée que celui qui avait été mon meilleur ami utilisait maintenant toutes ses compétences contre moi.

Simmonds sourit de nouveau. Il savait qu'il me tenait par les couilles. Solidement.

Je n'avais plus le choix. Je ne pouvais pas risquer la vie de Kelly. Il ne fallait pas qu'il donne ce coup de fil, et il ne le donnerait pas...

Le bras droit replié, je me retournai avec toute la force et la vitesse dont j'étais capable, et mon coude vint heurter de plein fouet son nez. Il y eut un bruit sourd d'os fracturé, et il s'effondra avec un gémissement étouffé. Tandis qu'il se tordait de douleur sur le sol, j'envoyai, d'un coup de pied, sa serviette sous un camion en stationnement. D'un même mouvement, je saisis son portable de la main gauche, me plaçai derrière lui et lui plaçai l'appareil en travers de la gorge. Puis, l'attrapant aussi de l'autre main, je le lui enfonçai dans la pomme d'Adam.

Je regardai à droite et à gauche. Nous étions en terrain

trop découvert là où nous nous trouvions, et ce que j'avais l'intention de faire allait demander plusieurs minutes. Je me mis en marche à reculons et le traînai entre deux camions. Je me mis à genoux, en continuant à tirer vers moi l'appareil téléphonique. Il donnait de violents coups de pied dans le vide et ses mains tentaient convulsivement de crocher mon visage. Il haletait et gémissait. Je ripostais en me penchant en avant, utilisant tout le poids de mon torse pour lui courber la tête vers la poitrine tout en tirant de plus en plus fort sur le téléphone portable.

Au bout d'une trentaine de secondes, il se mit à se débattre avec plus de frénésie encore. Avec toute la vigueur désespérée qu'un homme peut tirer de la conviction d'être en train de mourir. Mais quoi qu'il fasse maintenant, il ne se relèverait pas.

Ses mains continuaient à me déchirer le visage. Je tentais de les esquiver, mais sans relâcher la pression sur sa gorge. Déjà, les plaies laissées par mon combat avec McGear avaient été rouvertes, mais je ne sentais pas beaucoup de sang couler. Puis Simmonds réussit à atteindre de ses ongles la coupure que j'avais juste au-dessous de l'œil. J'étouffai un véritable hurlement de douleur, et me blessai encore plus en reculant brusquement le visage et laissant un vaste morceau de peau sous les ongles de mon adversaire.

Je ne me souciais même plus de savoir s'il pouvait y avoir des témoins. J'avais dépassé ce stade. Je luttais moi-même pour conserver un peu de souffle, et la sueur venait inonder douloureusement les plaies de mon visage.

Progressivement, ses mouvements perdirent de leur vigueur, et, bientôt, ils se limitèrent à des contractions spasmodiques des jambes. Ses mains retombèrent. Quelques secondes plus tard, il avait sombré dans l'inconscience. J'eus alors la tentation fugitive de me lever et de m'en aller tout simplement, le laissant subir les effets de la carence d'irrigation du cerveau qu'il venait de connaître, avec les dégâts irréversibles qu'elle avait dû occasionner. Mais non : je le voulais mort.

Je maintins ma pression pendant trente secondes encore. Sa respiration cessa. Je posai les doigts sur sa carotide et ne sentis plus la moindre pulsation.

Je le tirai jusqu'à un mur et le mis en position assise. Puis je me relevai et commençai à m'épousseter. Ayant bien soin de rester dans l'ombre, je remis ma chemise dans mon pantalon, et, de la manche, essuyai la sueur et le sang sur mon visage. J'examinai le téléphone portable. Il s'était débranché durant la lutte. J'y effaçai mes empreintes et m'éloignai de la démarche la plus naturelle. Peu m'importait si quelqu'un m'avait vu. J'avais de beaucoup plus graves sujets d'inquiétude.

Je remontai en voiture et pris la direction de l'ouest, tenant ma manche contre mon œil pour freiner l'hémorragie. Tout commençait à se mettre lentement en place dans ma tête.

Je savais maintenant comment Luther et sa bande m'avaient retrouvé. Ils devaient avoir arraché le numéro à Pat et repéré le signal pendant que j'avais laissé le portable branché en attendant son appel.

Le problème était de savoir si Simmonds avait prévu de téléphoner à Ewan après notre entrevue. Ewan était à plus de trois heures de Londres, et le corps de Simmonds allait être découvert assez rapidement. Si Ewan apprenait ce qui s'était passé, il ne prendrait pas de risques. Il déménagerait en vitesse, et tuerait peut-être même Kelly sur-le-champ. D'une manière ou d'une autre, j'aurais perdu celle-ci. Cette fois-ci, il n'était pas question de la laisser, mais que faire ? Je pouvais l'appeler sur le portable que je lui avais laissé et lui dire de s'enfuir, mais à quoi cela servirait-il ? La maison d'Ewan était au milieu d'hectares et d'hectares de montagnes, d'herbe, de rochers et de crottes de mouton. Même si Kelly parvenait à courir pendant une demi-heure, cela n'avancerait à rien. Elle n'arriverait nulle part, et Ewan finirait par la retrouver.

Je pouvais appeler la police, mais allait-on me croire ? J'allais perdre des heures à essayer de convaincre les policiers, et si j'y parvenais finalement, il serait trop tard. Les flics pourraient aussi prendre sur eux de donner l'assaut à la maison d'Ewan, et le résultat serait tout aussi catastrophique.

Pendant un fugitif instant, je pensai à Frankie de Sabatino. J'espérais qu'il avait eu le bon esprit de prendre le large. Il n'avait pas ouvert des comptes d'urgence un peu partout pour rien. S'il m'avait viré 400 000 dollars, il était à peu près sûr qu'il en avait pris 800 000 pour lui. Le « Gros Al » était certainement tiré d'affaire. Je le chassai de mon esprit.

Peu avant Heathrow, des panneaux annonçaient une station-service. Il me vint une idée. Je mis le cap sur la station et gagnai son parc de stationnement. Il me fallait trouver un téléphone.

39

La station-service ne manquait pas de clients, et je dus me garer à près de cent mètres de l'entrée principale. Une grosse averse survint au moment précis où je descendais de voiture, et, le temps que j'atteigne les quatre cabines téléphoniques alignées devant le snack-bar, j'étais trempé. Les deux premières cabines que j'essayai n'acceptaient que les cartes. De toute manière je n'avais qu'environ trois livres en monnaie dans mes poches et ce n'était pas suffisant pour ce que je voulais faire.

Je me précipitai dans la boutique de la station après avoir essuyé un peu du sang qui m'avait coulé sur la figure. La caissière ne m'en regarda pas moins d'un air inquiet. J'achetai un journal avec un billet de cinq livres. Puis, réflexion faite, je revins et achetai un paquet de biscuits avec un billet de dix livres. La femme parut encore plus inquiète. Elle fut certainement très heureuse de me voir ramasser ma monnaie et m'en aller.

En composant le numéro, j'avais l'estomac noué comme un adolescent téléphonant pour solliciter son premier rendez-vous. Kelly avait-elle pensé à recharger le portable et à le brancher ? Mais pourquoi ne l'aurait-elle pas fait, après tout ? Elle ne m'avait jamais laissé tomber jusque-là.

La sonnerie se fit entendre.

J'eus une bouffée de joie, mais d'autres sujets d'inquiétude ne tardèrent pas à surgir. Et si c'était Ewan qui se trouvait maintenant en possession du portable ? Que faire si j'entendais soudain sa voix ? Raccrocher ou essayer de jouer le coup au bluff, en essayant de savoir où se trouvait Kelly ?

Il était trop tard pour se casser la tête. La sonnerie cessa, il y eut un silence, puis j'entendis une petite voix hésitante demander :

— Allô, qui c'est ?

— Salut, Kelly, c'est moi, Nick, dis-je en tentant de prendre mon ton le plus naturel. Tu es seule ?

— Oui. Tu m'as réveillée. Tu arrives maintenant ?

Elle semblait lasse et incertaine. Je cherchai vainement quoi lui répondre, mais, heureusement, elle poursuivit :

— Ewan a dit que j'allais peut-être rester un petit moment avec lui parce que tu devais partir. Ce n'est pas vrai, hein, Nick ? Tu as dit que tu ne me laisserais pas.

La communication était mauvaise. Je devais me boucher du doigt l'autre oreille pour pouvoir entendre, malgré la pluie tambourinant sur le toit de verre. Dans la cabine voisine, un chauffeur routier vociférait contre son patron à propos d'un chargement d'anoraks à livrer à Carlisle. À tout cela venaient s'ajouter le fracas de la circulation sur l'autoroute et le brouhaha de la station-service. Je devais me concentrer de toutes mes forces pour entendre Kelly et je ne pouvais pas lui dire de parler plus fort.

— Tu as raison, lui affirmai-je. Je ne te laisserai pas. Jamais. Ewan te ment. J'ai découvert de très vilaines choses sur lui, Kelly. Tu es dans la maison en ce moment ?

— Oui. Je suis couchée.

— Et Ewan, il est couché aussi ?

— Oui. Tu veux lui parler ?

— Non, non. Laisse-moi réfléchir une minute.

J'essayais désespérément de trouver la meilleure façon de lui dire ce que j'avais à lui dire.

— Bien sûr que je viens te chercher, repris-je. En fait, je serai là très bientôt. Maintenant, écoute bien. J'ai besoin que tu fasses quelque chose de très difficile et très dangereux. Et quand tu l'auras fait, tout sera fini.

En lui disant cela, je me faisais l'effet d'un salaud.

— Je ne vais pas encore avoir à me sauver ? demanda-t-elle.

— Non, non. Ce n'est pas cela, cette fois. C'est le travail le plus spécial qu'un espion puisse faire. Mais je voudrais d'abord vérifier quelque chose. D'accord ? Tu es au lit, n'est-ce pas ? Alors, mets-toi sous les couvertures et ne me parle qu'en chuchotant. Entendu ?

Je pus entendre des froissements comme elle plongeait sous ses couvertures.

— Qu'est-ce qu'on va faire, Nick ? demanda-t-elle.

— D'abord, je veux que tu regardes ton téléphone. La pile, comme je te l'ai montré. Combien de carrés sont allumés ? Est-ce que tu peux le voir ?

J'entendis de nouveaux froissements, puis :

— Je peux !

— Combien de carrés ?

— Trois. Mais il y en a un qui clignote.

— C'est très bien.

Ce n'était pas si bien que cela, en fait. Deux carrés, cela voulait dire qu'elle n'avait pas rechargé l'appareil et que la pile était maintenant à moins de la moitié de sa puissance, alors que j'allais avoir besoin de lui parler tout au long de l'opération à venir.

— Kelly, lui dis-je, je vais te dire quoi faire, mais il faut que tu continues à m'écouter tout le temps au téléphone. Tu peux faire cela ?

— Nick, pourquoi est-ce que Ewan est méchant ? Qu'est-ce...

— Écoute, Kelly, Ewan veut me faire du mal. S'il découvre que tu es en train de faire quelque chose pour moi, il te fera du mal à toi aussi. Tu comprends ?

J'entendis encore des froissements. De toute évidence, elle était encore sous les couvertures. Puis elle me dit très doucement :

— Oui.

Elle semblait toute triste. Il y avait sans doute un meilleur moyen de s'en tirer que celui que j'avais adopté, mais ce meilleur moyen, je ne l'avais tout simplement pas trouvé.

— Si Ewan se réveille, lui dis-je, ou si le téléphone cesse de fonctionner, je veux que tu sortes de la maison très, très doucement, sans aucun bruit. Je veux ensuite que tu descendes le chemin jusqu'à la route et que tu ailles te cacher derrière les arbres, juste à côté du grand portail. Tu vois où ?

— Oui.

— Tu devras rester cachée jusqu'au moment où tu entendras une voiture arriver et s'arrêter. Tu ne sortiras de ta cachette que lorsque tu entendras la voiture klaxonner deux fois. Tu me suis ? Je serai dans la voiture. C'est une Astra bleue. Entendu ?

Il y eut un silence, puis :

— Qu'est-ce c'est qu'une As... une Astra, Nick ?

J'avais simplement oublié qu'elle n'avait que sept ans et qu'elle était américaine.

— Bon, lui dis-je. Je serai dans une voiture bleue. Entendu ?

Je la fis répéter, puis, pour faire bonne mesure, j'ajoutai :

— Donc, si Ewan se réveille et te voit, je veux que tu coures vers les arbres aussi vite que tu le pourras et que tu te caches. Parce que si Ewan te surprend en train de faire ce que je vais te dire, nous ne nous reverrons plus jamais. Ne me laisse pas tomber. Et, souviens-toi, ne sors pas de derrière ces arbres même si Ewan t'appelle. Compris ?

— Compris. Tu vas venir me chercher, n'est-ce pas ?

Il y avait encore l'ombre d'un doute dans son esprit.

— Bien sûr que je vais venir te chercher ! Maintenant, avant tout, ce que je veux que tu fasses, c'est que tu sortes de ton lit et que tu t'habilles, très doucement et sans bruit. Mets un manteau bien chaud. Et tu sais, ces tennis que tu as ? Tu les prends aussi, mais tu ne les mets pas encore maintenant.

Je l'entendis reposer le téléphone et commencer à s'affairer dans la chambre.

Pour l'amour du Ciel, dépêche-toi !

Je me forçai à me calmer.

Près de deux minutes s'étaient écoulées lorsque j'entendis :

— Je suis prête, Nick.

— Maintenant, lui dis-je, écoute-moi très attentivement. Ewan n'est pas un ami. Il a essayé de me tuer. Tu comprends, Kelly ? Il a essayé de me tuer.

Il y eut un silence.

— Mais pourquoi ? Je... je ne comprends pas, Nick. Tu disais que c'était ton ami...

— Je sais, je sais. Mais les choses changent. Est-ce que tu veux m'aider ?

— Oui.

— Bien. Alors, tu dois faire exactement ce que je te dis. Je veux que tu mettes tes tennis dans les poches de ton manteau. Bon. Maintenant, il faut que tu descendes l'escalier. Je veux que tu gardes le téléphone avec toi. Compris ?

— Oui.

Le temps pressait et ma réserve de monnaie baissait.

— Souviens-toi que tu ne dois faire aucun bruit, car, autrement, tu vas réveiller Ewan. Si cela se produit, tu sors aussitôt de la maison et tu cours vers ta cachette. Promis ?

— Promis.

— Bien. Je veux que tu descendes l'escalier doucement, tout doucement. Ne me parle pas avant d'être arrivée dans la cuisine. Et, à partir de maintenant, tu ne dois plus que chuchoter. Compris ?

— Compris.

J'entendis la porte s'ouvrir. Elle devait maintenant passer devant la salle de bains, à sa gauche. À moins de quatre mètres devant elle, un demi-étage plus haut, se trouvait la porte de la chambre d'Ewan. Était-elle ouverte ou fermée ? Trop tard pour le lui demander. Quelques pas de plus, et elle allait être en haut des marches menant au rez-de-chaussée, près d'une vieille horloge. Je crus entendre son tic-tac majestueux, et cela me fit penser à une scène extraite d'un film d'Hitchcock.

Kelly devait descendre les escaliers très doucement, comme je le lui avais recommandé ; une seule fois, j'entendis craquer une marche. Je me posai de nouveau des questions sur la porte d'Ewan. Avait-il l'habitude de dormir la porte ouverte ? Je n'arrivais plus à m'en souvenir.

Au bas de l'escalier, elle avait à tourner sur sa droite pour gagner la cuisine. Je n'entendis rien pendant un moment. Puis je perçus, de façon à peine audible, le grincement d'un gond. C'était la porte de la cuisine. Je fus de nouveau assailli par un sentiment de culpabilité à l'idée d'utiliser ainsi cette gamine. Mais je n'avais pas le choix. Si cela marchait, très bien. Si cela ne marchait pas, elle était morte. Mais si je n'essayais pas, elle était morte de toute façon. Donc...

Elle murmura à ce moment :

— Je suis dans la cuisine, mais je n'y vois presque rien. Est-ce que je peux allumer la lumière ?

Elle murmurait, certes, mais c'était encore trop fort pour mon goût.

— Non, non, non, Kelly ! Il faut que tu parles très lentement et très doucement – comme ceci... Et n'allume pas la lumière ; cela réveillerait Ewan. Avance plus lentement et écoute tout le temps ce que je te dis. Si tu ne comprends pas quelque chose, tu demandes, et, souviens-toi, si une chose ne va pas ou si tu entends un bruit, tu t'arrêtes et nous écoutons tous deux. Compris ?

— Compris.

Elle parlait plus bas, maintenant, et le problème était que j'avais encore plus de mal à l'entendre. Ayant terminé son explication orageuse avec son patron, le routier avait quitté en trombe la cabine voisine pour gagner le snack-bar. Mais il avait été remplacé par une femme qui papotait bruyamment avec une amie.

Pour installer sa cuisine, Ewan avait réuni l'ancienne pièce arrière de sa maison de berger et l'allée qui séparait autrefois la maison d'habitant de la bergerie. Il l'avait recouverte d'une verrière, sous laquelle étaient alignés, comme dans un bateau, tous les éléments de cuisine. Il y avait, un peu partout, des plantes en pot sur des socles, et, au centre de la pièce, une grande table ronde en bois. J'espérais que Kelly n'allait rien renverser, rien envoyer s'écraser sur « notre » plancher – ce plancher que nous avions si frauduleusement récupéré en Irlande du Nord. À cette pensée, je ne pus m'empêcher de frissonner. Je songeais soudain à toutes ces années d'amitié, de confiance et même de fraternité perdues, irrémédiablement gâchées.

Puis je revins sur terre et me dis que la pile du portable n'allait certainement plus durer très longtemps.

— Tout va bien ? demandai-je.

J'essayais de ne pas laisser filtrer mon inquiétude, mais je savais que nous n'allions pas tarder à nous trouver dans le pétrin. Si le téléphone cessait de fonctionner, Kelly allait-elle se rappeler ce que je lui avais dit ?

— Je n'y vois rien, Nick !

Je réfléchis quelques secondes, tentant de me remettre plus précisément en mémoire la disposition des lieux.

— Bien, Kelly, dis-je, va très lentement vers l'évier. Puis mets-toi devant le fourneau à gaz.

— J'y suis.

— Bien. Il y a un commutateur sur la droite. Tu le trouves ?

— Je cherche.

Un instant plus tard, elle me dit :

— Nick, je vois, maintenant.

Elle avait allumé le tube fluorescent éclairant le fourneau. Elle semblait soulagée.

— Bien joué. Maintenant, je veux que tu retournes fermer très doucement la porte de la cuisine. Tu y vas ?

— Entendu. Mais, Nick, tu viens me chercher ?

Du coup, je me sentis presque sur le point de lui dire de tout plaquer et de m'attendre. Mais non ; Ewan risquait de recevoir d'une minute à l'autre un coup de téléphone l'informant de la mort de Simmonds.

— Bien sûr que je viens te chercher, repris-je. Mais je ne peux venir que si tu fais ce que je te dis. D'accord ? Garde le téléphone contre ton oreille et va très doucement fermer la porte.

J'entendis de nouveau le faible grincement du gond.

— Maintenant, va regarder sous l'évier et pose sur la table tout ce qui se trouve là, les bouteilles et le reste. Tu peux faire cela ?

— Non, je ne peux pas !

— Pourquoi ?

— Il y a trop de choses et il fait trop noir. Je ne peux pas !

Elle semblait maintenant au bord de la crise de nerfs. Sa voix tremblait.

Merde, on n'a plus le temps !

— C'est bien, Kelly, lui dis-je. Tout va bien. Maintenant, va vers le commutateur près de la porte, et allume. Ne te presse pas. Prends ton temps. Ça va ?

— Ça va.

Elle parlait comme si elle avait soudain attrapé un gros rhume. Je ne connaissais que trop bien, maintenant, ce genre de voix. Si je n'y faisais pas attention, le stade suivant serait la crise de larmes – et l'échec.

Je l'entendis aller à petits pas vers le commutateur.

— Maintenant, je vois, Nick.

— Bien. Retourne là-bas et lis-moi ce qu'il y a sur les étiquettes. Entendu ?

— Entendu.

Elle fouilla un instant dans les produits d'entretien, et m'annonça :

— Ajax.

— Bien, Kelly. Ensuite ?

Cela devenait fou. Je pressais de toutes mes forces contre mon oreille l'écouteur du téléphone en retenant ma respiration, comme si ce simple fait pouvait aider Kelly. Je me contorsionnais dans la cabine comme un dément dans sa camisole de force, mimant malgré moi les mouvements que je demandais à Kelly d'exécuter. La femme de la cabine voisine avait essuyé la buée sur la vitre qui nous séparait afin de ne rien perdre de mes gestes, qu'elle semblait commenter à l'usage de son interlocutrice. Avec mon visage déchiré, mes cheveux et mes vêtements trempés, je devais ressembler à un assassin fraîchement évadé.

Le bruit du métal rebondissant sur le bois me fit soudain sursauter.

— Kelly ? Kelly ?

Un silence, puis :

— Pardon, Nick. J'ai fait tomber une cuiller. Je ne l'avais pas vue. J'ai peur. Je ne veux plus faire ça. Je t'en prie, viens me chercher !

Elle n'allait visiblement pas tarder à éclater en sanglots.

— Kelly, ne t'en fais pas ! Tout va bien. Tout va bien…

J'entendis renifler au téléphone.

Non, pas maintenant, pour l'amour du Ciel !

— Tout va bien, Kelly, tout va bien ! Je ne pourrai pas aller te chercher si tu ne m'aides pas. Tu dois être courageuse. Ewan essaie de me tuer. Il n'y a que toi qui puisses m'aider. Peux-tu faire cela pour moi ?

— Je t'en prie, dépêche-toi, Nick ! Je veux être avec toi.

— Tout va bien, tout va bien…

Tout n'allait pas bien ; ma monnaie disparaissait à vue d'œil. J'en étais à mes dernières pièces d'une livre.

Kelly recommença à me réciter les étiquettes. Il y avait beaucoup de mots qu'elle n'arrivait pas à lire. Je lui demandais de me les épeler. Au bout de trois lettres, j'arrivais à deviner le reste.

— Non, lui disais-je, celui-là ne va pas. Passe au suivant.

Je tentais, à chaque fois, de me rappeler à toute allure la composition chimique du produit. Elle finit par arriver à quelque chose que je pouvais utiliser.

— Kelly, il faut que tu m'écoutes très attentivement. C'est une boîte verte, n'est-ce pas ? Pose-la où tu es sûre de pouvoir la retrouver facilement. Puis je veux que tu ailles tout doucement dans la pièce à côté, là où est la machine à laver. Tu sais où elle est ?

— Oui.

Avec Ewan, c'était une place pour chaque chose et chaque chose à sa place. Je repris :

— Juste à côté de la porte, il y a un placard, et dans ce placard, il y a une bouteille bleue. Sur l'étiquette, tu verras le mot « antigel ».

— Quoi ?

— Antigel. A – N – T – I… Je veux que tu apportes cette bouteille sur la table. Entendu ?

J'entendis le bruit du téléphone qu'on posait sur le plan de travail de la cuisine, et je retins mon souffle. Après ce qui me sembla une éternité, Kelly revint à l'appareil.

— Je l'ai, dit-elle.

— Pose-la sur la table et ouvre-la.

On reposa le téléphone, mais, cette fois, j'entendis des halètements, puis des reniflements tandis qu'elle essayait d'ouvrir la bouteille, apparemment en vain.

— Je n'y arrive pas, fit-elle.

— Tu tournes simplement. Tu sais quand même ouvrir une bouteille ?

— Je ne peux pas. Ça ne tourne pas. J'essaie, Nick, mais j'ai les mains qui tremblent.

Puis j'entendis un long gémissement étouffé. J'étais sûr que cela allait tourner à la crise de larmes.

Il ne faut pas ! Je n'ai vraiment pas besoin de cela !

— Kelly ? Kelly ? Ça va ? Parle-moi, allez, parle-moi !

Pas de réponse.

Allez, Kelly, allez !

Rien. Je l'entendais simplement renifler.

— Nick... Je veux que tu viennes me chercher ! Je t'en prie, Nick, je t'en prie !

Elle sanglotait carrément, maintenant.

— Prends simplement ton temps, Kelly, prends ton temps. Ça va. Tout va bien. Ne t'inquiète pas, je suis là. Tu t'arrêtes et tu écoutes simplement. Si tu entends quelque chose, tu me le dis aussitôt. Entendu ?

J'écoutais moi-même. Je voulais être sûr qu'Ewan ne s'était pas réveillé. Je voulais également faire une pause dans l'action pour détendre un moment l'atmosphère et éviter que la pression s'accumule chez Kelly.

La femme d'à côté quitta sa cabine en me gratifiant d'un sourire conciliant, pour le cas, sans doute, où je me serais apprêté à foncer sur elle avec un hachoir.

— Ça va mieux, Kelly ?

— Oui. Tu veux toujours que je dévisse le bouchon ?

Je n'arrivais pas à comprendre pourquoi elle n'y arrivait pas. Je recommençai à lui donner des explications détaillées, puis, soudain, je compris : le bouchon ne s'ouvrait que si l'on pressait et tournait à la fois – pour, précisément, éviter les accidents avec les enfants. Comme je commençais à lui dire que faire, il y eut un déclic étouffé.

Merde, la pile !

— Oui, tu presses sur le bouchon avant de tourner. Il faut aller vite, ou alors le téléphone va arrêter de marcher avant qu'on ait fini...

— Qu'est-ce que je fais maintenant, Nick ?

— Tu as défait le bouchon ?

Rien.

— Kelly ? Kelly ? Tu es là ?

La pile était-elle à plat ?

Puis brusquement, j'entendis de nouveau :

— Qu'est-ce que je fais maintenant ?

— Ouf ! Je croyais que la pile était morte. As-tu quelque chose pour ouvrir la boîte verte ? Ah, je sais ! Sers-toi de la cuiller. Tu poses le téléphone et, très, très soigneusement, en faisant bien attention, tu vas ouvrir la boîte. Entendu ?

J'attendis un instant, puis repris :

— Maintenant vient le plus difficile. Tu penses que tu peux le faire ? Il faut être doué, tu sais.

— Oui, tout va bien, maintenant. Pardon d'avoir pleuré, mais c'est juste que…

— Je sais, je sais, Kelly. Je suis nerveux moi aussi, mais nous allons faire cela ensemble. D'abord, tu vas mettre le téléphone dans la poche de ton manteau avec tes tennis. Puis tu prends l'une des grosses bouteilles qui sont sur la table, tu vas jusqu'à la porte d'entrée de la maison, la porte principale, et tu l'ouvres juste un petit peu. Pas en grand, juste un peu, puis tu mets la bouteille contre la porte pour l'empêcher de se refermer. Rappelle-toi que c'est une grosse porte très lourde, alors tu dois faire tout cela très lentement, très, très doucement, pour qu'il n'y ait pas de bruit. Tu as compris ?

— Oui. Et ensuite ?

— Je te le dirai dans une minute. En attendant, n'oublie pas : si le téléphone cesse de marcher et si tu ne peux plus m'entendre, je veux que tu coures te cacher derrière les arbres.

Il était probable qu'Ewan l'y retrouverait, mais que faire d'autre ?

— Entendu.

Le moment allait être difficile. Même si Ewan était complètement endormi, son subconscient allait probablement déceler le léger changement d'environnement occasionné par l'ouverture de la porte d'entrée, lui donnant, dans son sommeil, l'obscure impression que quelque chose n'allait pas.

— Je suis revenue dans la cuisine, annonça Kelly. Qu'est-ce que je fais ?

— Écoute-moi bien. C'est très important. Jusqu'à combien sais-tu compter ?

— Jusqu'à dix mille.

Elle semblait un peu plus détendue, maintenant, ayant l'impression que la fin de ses épreuves était en vue.

— Je veux seulement que tu comptes jusqu'à trois cents. Tu peux le faire ?

— Oui.

— Il faut que tu comptes dans ta tête.

— D'accord.

— D'abord, je veux que tu retournes jusqu'au fourneau. Tu sais allumer le gaz ?

— Bien sûr ! J'aidais souvent Maman à faire la cuisine.

Je sentis une bouffée de tristesse monter en moi en entendant ces mots. Mais je me forçai aussitôt à me concentrer sur ce que j'étais en train de faire. Ce n'était certes pas le moment de se laisser aller. Je devais me souvenir que Kelly, en ce moment même, risquait la mort.

— C'est bien, lui dis-je. Alors, tu sais tourner tous les boutons, et celui du four aussi ?

— Je te l'ai dit : je sais faire la cuisine.

À ce moment, un troupeau d'adolescents revenant d'un voyage scolaire débarqua d'un car, et six ou sept d'entre eux se précipitèrent vers les cabines téléphoniques en hurlant à tue-tête. Je n'arrivais plus à entendre ce que Kelly me disait. Il me fallait faire quelque chose.

— Attends juste une minute, Kelly, lui commandai-je.

Je me penchai hors de la cabine et criai :

— Vous allez la fermer, oui ? J'ai ma tante au bout du fil, et son mari vient de mourir. J'essaie de lui parler. C'est compris ?

Les gamins se turent et plusieurs se mirent à rougir, tout en faisant des clins d'œil à leurs copains pour dissimuler leur gêne.

Je revins au téléphone.

— Kelly, lui dis-je, c'est très important. Le téléphone peut s'arrêter de fonctionner très bientôt parce que la pile est presque à plat. Je veux que tu ouvres tout sur le fourneau. Prends le téléphone avec toi que je puisse entendre le bruit du gaz. Vas-y maintenant, pendant que je te parle.

J'entendis le sifflement du propane en bouteille qu'utilisait Ewan.

— Ça sent très mauvais, Nick, fit Kelly.

— C'est très bien. Maintenant, tu sors de la cuisine et tu fermes la porte. Mais ne fais aucun bruit quand tu seras sortie. Souviens-toi qu'il ne faut pas réveiller Ewan. Ne parle plus. Écoute seulement. Sors et ferme la porte de la cuisine. Compris ?

— Compris. Je ne parle plus.

— C'est cela.

J'entendis la porte se fermer.

— Nick ?

Je tentai de garder mon calme.

— Oui, Kelly ?

— Est-ce que je peux aller chercher Jenny et Ricky, s'il te plaît ?

Je me forçai plus encore au calme.

— Non, Kelly, on n'a pas le temps ! Tu m'écoutes. Ce n'est pas le moment, pour toi, de parler. Je veux que tu comptes jusqu'à trois cents dans ta tête. Puis je veux que tu prennes ta respiration très, très profondément et que tu retournes dans la cuisine. Ne cours pas. Il faut que tu marches. Tu vas dans la cuisine et tu verses tout l'antigel dans la boîte verte. Puis je veux que tu ressortes de la cuisine. En marchant, pas en courant. Il ne faut pas que tu réveilles Ewan.

Si jamais elle trébuchait et tombait, ce serait la catastrophe...

— Sors très lentement, ferme la porte de la cuisine derrière toi. Puis tu sors de la maison, tu fermes la porte d'entrée très, très doucement. Tu ne vas pas chercher Jenny ou Ricky.

— Mais je les veux ! Nick, s'il te plaît...

Je l'ignorai.

— Ensuite, je veux que tu coures aussi vite que tu le peux te cacher derrière les arbres. Pendant que tu cours, tu vas entendre une grosse explosion, et il va y avoir du feu. Ne t'arrête pas et ne regarde pas derrière toi. Et ne sors pas de derrière les arbres avant que j'arrive, quoi qu'il se produise. Je te promets que je serai là bientôt.

Je n'avais finalement pas perdu mon temps en apprenant laborieusement, il y avait bien des années, les fastidieuses techniques de fabrication d'engins explosifs et incendiaires improvisés. À l'époque, cela m'avait paru mortellement ennuyeux, mais il fallait bien le faire. Tout devait être appris par cœur, car on ne peut transporter ce genre de recettes dans un carnet, et, de même qu'on n'oublie jamais les poèmes serinés à l'école primaire, je m'étais toujours souvenu de l'art de fabriquer, avec les ingrédients de la vie de tous les jours, les bombes les plus simples ou même les plus compliquées.

Le procédé que j'utilisais pour tuer Ewan – mélange numéro cinq – était parmi les plus simples, mais il était toujours efficace. Dans quarante à cinquante secondes – peut-être un peu plus s'il y avait de l'humidité – tout allait sauter puis prendre feu. Kelly avait moins d'une minute pour sortir de la maison.

Je t'en prie, je t'en prie, ne va pas chercher ces foutus ours en peluche !

Entre-temps, là-bas, le portable avait rendu l'âme. Je courus vers ma voiture et repris la direction de l'ouest. Les premières lueurs du jour s'efforçaient de filtrer à travers les nuages.

40

C'est le pire voyage que j'aie fait de toute ma vie.

Je vis un panneau annonçant « Newport 110 kilomètres ». Je conduisis à toute allure pendant ce que je supposai être une bonne cinquantaine de kilomètres, puis je tombai sur un autre panneau proclamant « Newport 100 kilomètres ». J'avais l'impression d'être un coureur cycliste pédalant dans le vide.

Mon niveau d'adrénaline étant retombé, tout mon corps me faisait mal. Ma nuque me torturait littéralement. Au-dessous de mon œil, l'hémorragie avait cessé, mais une forte enflure en arrivait à gêner ma vision.

Ce salaud d'Ewan ! L'ami en qui j'avais eu toute confiance pendant tant d'années ! C'était si pénible que j'arrivais à peine à y penser. Je me sentais encore abasourdi. Ultérieurement, cette hébétude allait se muer en chagrin et en colère, mais, pour le moment, tout ce que je revoyais, c'était l'expression de Kelly au moment où le train avait quitté la gare de Paddington – et le sourire sur le visage d'Ewan.

Qu'allais-je devenir maintenant ? Aucun petit malin ne tenterait de s'en prendre à moi, car tous les intéressés sauraient que j'avais toujours les dossiers. Le paquet adressé à Ewan resterait à la poste faute d'un destinataire en état de le revendiquer. Le meurtre de Simmonds serait à tout prix camouflé, et si quelque flic au zèle excessif approchait un peu trop près de la vérité, on se chargerait de le décourager – ou de lui casser les reins.

Je comprenais maintenant pourquoi chaque fois que des pourparlers de paix avaient commencé à propos de l'Irlande du Nord, l'IRA ou quelqu'un se réclamant d'elle avait tué un soldat ou un policier, fait exploser une bombe en Angleterre. Les « troubles », comme on les appelait, représentaient une trop bonne affaire pour trop de gens.

De notre côté même, ils étaient nombreux à en profiter. Le Royal Ulster Constabulary était probablement la force de police la mieux payée d'Europe, si ce n'est du monde. Si vous en étiez le chef, il était de votre devoir d'affirmer que vous vouliez mettre fin aux troubles, mais il vous était difficile d'oublier que vous disposiez, grâce à eux, d'une autorité, de pouvoirs et de ressources presque sans limites. De plus, à la faveur de la lutte contre le terrorisme, des mini-empires s'étaient créés et prospéraient.

Même si vous étiez tout simplement, un simple policier de la RUC, âgé de vingt-cinq ans, marié avec deux enfants, quel intérêt aviez-vous à voir cesser les troubles ? Vous gagniez assez pour bien vivre, avoir une jolie maison et prendre vos vacances à l'étranger. Pourquoi auriez-vous voulu sérieusement voir arriver la paix – et le chômage ?

L'Armée britannique était dans le même cas. L'Irlande du Nord représentait un formidable terrain d'essai pour le matériel et d'entraînement pour les troupes – et, comme pour la RUC, elle justifiait l'attribution d'une plus large part du gâteau budgétaire. L'Armée pouvait arguer de son engagement sur le terrain pour résister victorieusement aux assauts de la Marine, demandant plus de fonds pour les sous-marins Trident, et de la Royal Air Force, brûlant de remplacer ses vieux Tornado par l'Eurofighter 2000. Les soldats eux-mêmes ne tenaient pas à perdre l'avantage d'un séjour en Irlande du Nord avec solde supplémentaire, logement et ordinaire exceptionnels. Après tout, c'était pour aller en opération qu'ils s'étaient engagés. J'avais été dans le même cas, et j'avais tenu le même raisonnement.

L'industrie risquait aussi des pertes considérables dans l'éventualité d'un véritable cessez-le-feu. Grâce au matériel essayé sur le terrain en Ulster, la Grande-Bretagne était devenue l'une des trois principales puissances exportatrices d'armes dans le monde, avec tout ce que cela représentait pour la balance des paiements britannique.

Je savais maintenant pourquoi McCann, Farrell et Savage devaient mourir. Enniskillen. Les retombées catastrophiques pour l'IRA. Les gens signant les registres de condoléances. Les Irlando-Américains cessant leurs donations. Il devait y avoir eu une véritable menace de paix et de réconciliation. Simmonds et ses petits camarades de tous les bords ne pouvaient l'accepter. Il leur fallait créer des martyrs pour continuer à faire bouillir la marmite.

Et moi ? Je n'avais sans doute été qu'un tout petit caillou dans les rouages d'une machine bien huilée. En fait, l'Irlande du Nord n'était probablement qu'une rubrique parmi tant d'autres dans les registres de comptes. Il y avait aussi le Proche-Orient, l'ex-Yougoslavie, que sais-je encore ? Comme l'avait si bien dit Simmonds, c'étaient les affaires. Il n'y avait rien que je puisse faire pour arrêter tout cela. Mais je ne m'en inquiétais pas. Cela n'aurait servi à rien. La seule chose que j'étais parvenu à faire, cela avait été de venger Kev et Pat. Il me fallait m'en contenter.

Je quittai l'autoroute pour prendre la route d'Abergavenny. Il avait cessé de pleuvoir, mais la route sur laquelle je venais de m'engager avait la réputation, malheureusement justifiée, d'être en travaux trois jours sur cinq. La maison d'Ewan était à une quinzaine de kilomètres de l'autre côté de la ville, en allant vers Brecon.

J'avançais en zigzag entre les voitures, dont les conducteurs klaxonnaient désespérément ou me montraient le poing. Puis, devant moi, je vis de multiples feux rouges. La ruée matinale avait commencé. Le flot de voitures se dirigeant vers la ville ralentit sensiblement, puis stoppa complètement, bloqué par des travaux de réfection de la chaussée.

Je passai à toute vitesse sur le talus longeant la route, tandis que les automobilistes immobilisés actionnaient furieusement leurs avertisseurs. Le bruit alerta les ouvriers travaillant sur la route, qui se mirent à courir derrière en hurlant et gesticulant. Je les ignorai. Tout ce que j'espérais, c'était que la police ne s'en mêlerait pas. Je revins sur la chaussée et accélérai encore. J'évitai le centre d'Abergavenny, mais, à un feu rouge, dus néanmoins monter sur le trottoir pour dépasser une file de véhicules.

De l'autre côté de la ville, je me retrouvai sur une route à une seule voie, que j'empruntai à 110 ou 120 à l'heure, comme si la chaussée entière m'appartenait. Je pouvais sentir parfois une haie frôler ma voiture sur le côté.

Mais, au bout d'un ou deux kilomètres, j'arrivai derrière un camion transportant des moutons qui occupait la totalité de la petite route. Il arborait, à l'arrière, une notice me donnant un numéro de téléphone à appeler si je n'étais pas satisfait de la façon dont le chauffeur conduisait. Comme le camion roulait à 35 à l'heure, j'eus tout le temps de la lire.

La route était toute en courbes et en virages. Le chauffeur me voyait parfaitement dans son rétroviseur, mais il se refusait obstinément à se ranger pour me laisser passer. Mon compteur de vitesse tomba à 20 à l'heure, et je regardai ma montre. Il était neuf heures trente-cinq et j'étais sur la route depuis près de trois heures.

Je continuais à essayer de doubler, mais en vain. Les moutons eux-mêmes s'étaient mis à me regarder. Quant au chauffeur du camion, il s'amusait bien. J'entrevis son visage dans son rétroviseur latéral, et pus constater qu'il riait. Je connaissais la route et savais que, s'il ne me laissait pas doubler, j'étais condamné à rouler à la même vitesse que lui pendant plusieurs kilomètres. La route était maintenant encadrée de deux rubans de boue d'une soixantaine de centimètres avant la haie. Tout cela semblait horriblement glissant, avec des ruisselets d'eau circulant au milieu de la fange, mais j'avais à courir le risque en espérant que rien ne venait en face. Sur cette route serpentant constamment, la visibilité était nulle.

Alors que le chauffeur du camion se préparait à aborder le virage suivant, j'accélérai brutalement et le doublai du mauvais côté de la route. Si quelqu'un s'était trouvé devant, nous aurions été tués l'un et l'autre. Il se mit à klaxonner comme un fou en multipliant les appels de phares, faisant sans doute de son mieux pour que je perde le contrôle de mon véhicule. Pour la première fois de la journée, j'avais de la chance. La route était dégagée et je ne tardai pas à laisser le camion loin derrière moi.

Un quart d'heure, j'étais à l'angle du petit chemin menant à la vallée d'Ewan. Ma chance se maintenant, je n'y trouvai ni tracteur ni autre machine agricole. Vingt minutes de plus, et j'arrivai à la vallée. En approchant, je pouvais déjà voir la colonne de fumée qui montait en spirale.

41

Les murs étaient presque intacts, mais la plus grande partie du toit s'était effondrée et il y avait des traces noires autour des fenêtres. Deux motopompes stationnaient devant la maison, et les pompiers étaient encore au travail, trempés et visiblement épuisés. Il y avait une ambulance de l'autre côté du bâtiment.

Un certain nombre de curieux étaient rassemblés, en anoraks et bottes de caoutchouc. Je me garai près du portail. Deux pompiers se retournèrent, mais ils avaient autre chose à faire que de me prêter attention.

Je descendis de voiture et traversai en courant la route en direction du bouquet d'arbres situé à une cinquantaine de mètres, hurlant comme un fou :

— Kelly ! Kelly !

Rien.

— C'est moi, Nick ! Tu peux sortir, maintenant !

Mais elle n'était pas là. Au plus profond de moi-même, j'avais sans doute su depuis le début qu'elle ne serait pas là. Elle était morte dès le moment où elle avait pris le téléphone.

Je me détournai et allai lentement vers le groupe de curieux. Ils me lancèrent quelques regards hautement suspicieux, n'appréciant visiblement ni ma tenue ni mon visage, puis ils recommencèrent à contempler les ruines de la maison.

— Il y avait quelqu'un, là-dedans ? demandai-je, sans m'adresser à personne en particulier.

Une femme me répondit :

— Ses lumières étaient allumées hier soir, et les ambulanciers sont allés voir à l'intérieur. C'est terrible ! C'était un jeune homme si gentil !

Je m'approchai des ruines, et un pompier vint vers moi, levant sa main gantée.

— Excusez-moi, monsieur, dit-il, mais veuillez reculer. L'endroit n'est pas encore sûr.

— Radio Pays de Galles, annonçai-je, en m'efforçant de prendre mon ton le plus officiel. Pouvez-vous me dire ce qui est arrivé ?

Je regardai par-dessus son épaule. D'autres pompiers sortaient de la maison des objets carbonisés et en faisaient une pile qui était ensuite arrosée au jet. Je sentais maintenant une forte odeur de brûlé.

— Il semble, me dit le premier pompier, qu'il y ait eu un début d'incendie, et qu'ensuite les bouteilles de gaz aient explosé. Si vous vouliez bien reculer, monsieur...

— Y a-t-il eu des tués ou des blessés ?

Comme je posais la question, une chose qu'on jetait sur la pile attira mon regard. C'était soit Jenny, soit Ricky, je n'avais jamais pu les reconnaître entre eux. Non que cela importât maintenant. Que ce soit l'un ou l'autre, il était pratiquement carbonisé et n'avait plus qu'un bras.

— Il faudra quelque temps avant que nous le sachions de façon certaine, me dit alors le pompier, mais personne n'a pu survivre à ce genre d'explosion.

Il avait raison. En d'autres circonstances, j'aurais pu être fier de mon explosion.

Kelly était morte. Peut-être était-ce mieux ainsi. Ce serait horriblement dur, mais j'arriverais à surmonter cela. Qu'aurais-je pu lui offrir, la pauvre gosse ?

Elle se serait sans doute complètement effondrée lorsqu'elle aurait compris ce qui s'était vraiment passé, et aurait certainement dû subir un traitement psychiatrique. D'autre part, elle s'était mise à aimer la façon dont nous vivions. C'était malsain. Je n'allais plus avoir à me préoccuper d'elle.

Je me détournai et me mis à marcher vers ma voiture, abîmé dans mes pensées. Ce qui était fait était fait. Je ne pouvais rien y changer. Je ne pouvais pas remettre la pendule en arrière.

Derrière moi, au loin, j'entendis le cri rauque d'un oiseau, peut-être d'un corbeau. Cela sonnait presque comme mon nom.

Je m'arrêtai et me retournai.

Et, soudain, elle était là, venant de derrière les arbres et courant vers moi.

J'allais courir vers elle, moi aussi, mais je me contrôlai. Je voulais paraître calme et détaché, alors même que tout en moi se bousculait.

Elle se jeta dans mes bras et enfouit son visage au creux de mon cou. Je la saisis et la tins à bout de bras.

— Pourquoi n'étais-tu pas près des arbres ? lui demandai-je.

J'étais à demi furieux, à demi soulagé, comme un père qui pense avoir perdu une enfant dans la foule, la retrouve et ne sait pas s'il doit lui donner une bonne correction ou simplement la serrer contre lui à en perdre le souffle. Je ne savais pas quoi faire, mais c'était si merveilleux !

— Pourquoi n'étais-tu pas près des arbres comme je te l'avais dit ?

Elle me regarda comme si j'étais le dernier des crétins.

— Parce que, dit-elle, tu m'as dit qu'il fallait toujours attendre et observer. C'est *toi* qui m'as dit ça !

Je la pris par la main, souris et reconnus :

— Bien joué !

La main dans la main, nous descendîmes le chemin. Elle était trempée, les cheveux collés au crâne. Nous gagnâmes la voiture et y montâmes sans échanger un mot. Puis je la regardai dans le rétroviseur. Elle me sourit, et je lui dis :

— Veux-tu bien attacher ta ceinture !

Je tournai la clé de contact et nous démarrâmes.

Achevé d'imprimer sur presse Cameron
dans les ateliers de **Bussière Camedan Imprimeries**
à Saint-Amand-Montrond (Cher)
en mars 1999

N° d'édition : 338. N° d'impression : 991009/4.
1er dépôt légal : janvier 1999.
Dépôt légal : mars 1999.

Imprimé en France